Bescherelle anglais

La méthode

A2 vers B2

Wilfrid Rotgé

Agrégé de l'Université
Professeur de linguistique anglaise
à l'université Paris Sorbonne

Hatier

Mode d'emploi

Le livre

Les 48 chapitres

Ils retracent l'histoire d'Oliver, un ingénieur américain spécialiste en éoliennes, qui voyage aux quatre coins du monde anglophone. Chaque chapitre est l'occasion :

- de découvrir un nouvel **épisode** de l'histoire ;
- de travailler sur différents **points clés de la langue** ;
- de s'informer, en VO, sur un aspect de la **civilisation anglo-saxonne**.

Selon quelle progression ?

Les 48 chapitres suivent une progression linguistique rigoureuse, qui vous conduit d'un niveau débutants/faux-débutants (A2) vers un niveau intermédiaire (B2).

- Le niveau de difficulté des épisodes et des focus évolue au fil des chapitres, les aides à la compréhension des 18 premiers chapitres laissant la place à des aides plus ciblées dans les chapitres qui suivent.
- Les rubriques de communication et de vocabulaire comportent de plus en plus d'idiomatismes.
- Les points de grammaire sont progressivement repris et approfondis.

Les pages de bilan *Check it!*

Tous les six chapitres, des pages de bilan vous permettent d'évaluer vos progrès à travers 10 exercices ultra rapides ; chacun vaut 10 points : votre **score sur 100** vous dit où vous en êtes.

Les compléments à la fin du livre

- Les verbes irréguliers
- Les verbes à particule (*phrasal verbs*)
- Un lexique anglais/français
- Un lexique français/anglais

ISBN 978-2-218-95218-0

Les fichiers mp3

Dans le livre, le picto 🎧 vous indique ce qui est enregistré.

Sont enregistrés intégralement au **format mp3** :

- les 48 épisodes de l'histoire d'Oliver ;
- les structures et le vocabulaire ;
- l'exercice audio numéroté 8 ;
- le focus.

La prononciation est britannique sauf pour illustrer les spécificités de l'anglais américain.

Le site

Les ressources

Le site **www.bescherelle.com/langues/anglais/methode** reproduit l'organisation du livre et met à votre disposition :

- tous les contenus associés à des fichiers mp3 ;
- des exercices supplémentaires.

Les services

Il propose également deux services :

- un **tableau de bord** pour mesurer votre progression ;
- un **abonnement** gratuit à une lettre d'information, hebdomadaire ou mensuelle.

À l'aide de ce flashcode, rendez-vous sur le site de la méthode pour visionner la démonstration. À l'intérieur du livre, d'autres flashcodes, au début de chaque chapitre, vous permettent d'accéder à leur contenu à partir d'un téléphone ou d'une tablette.

Where are we going?

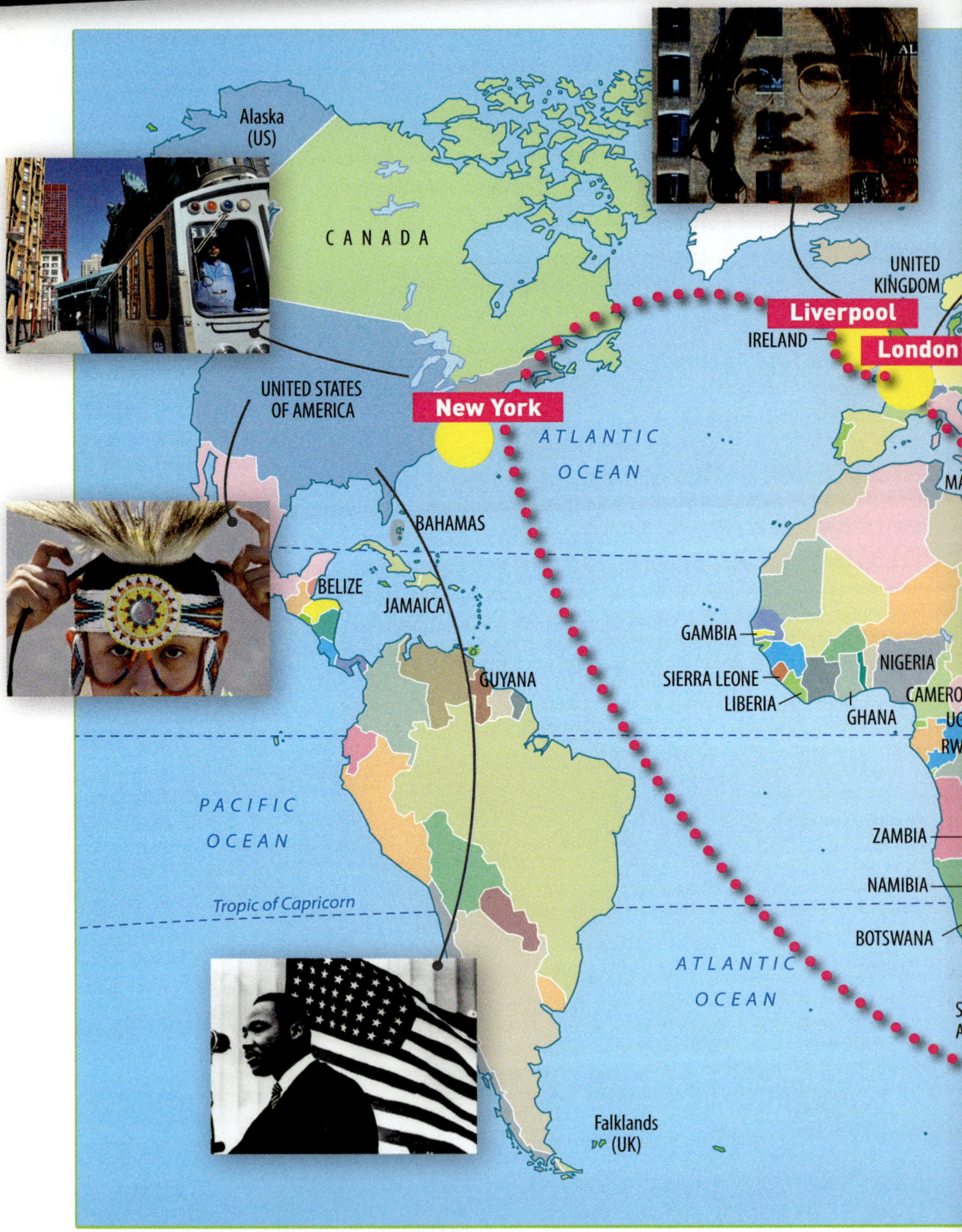

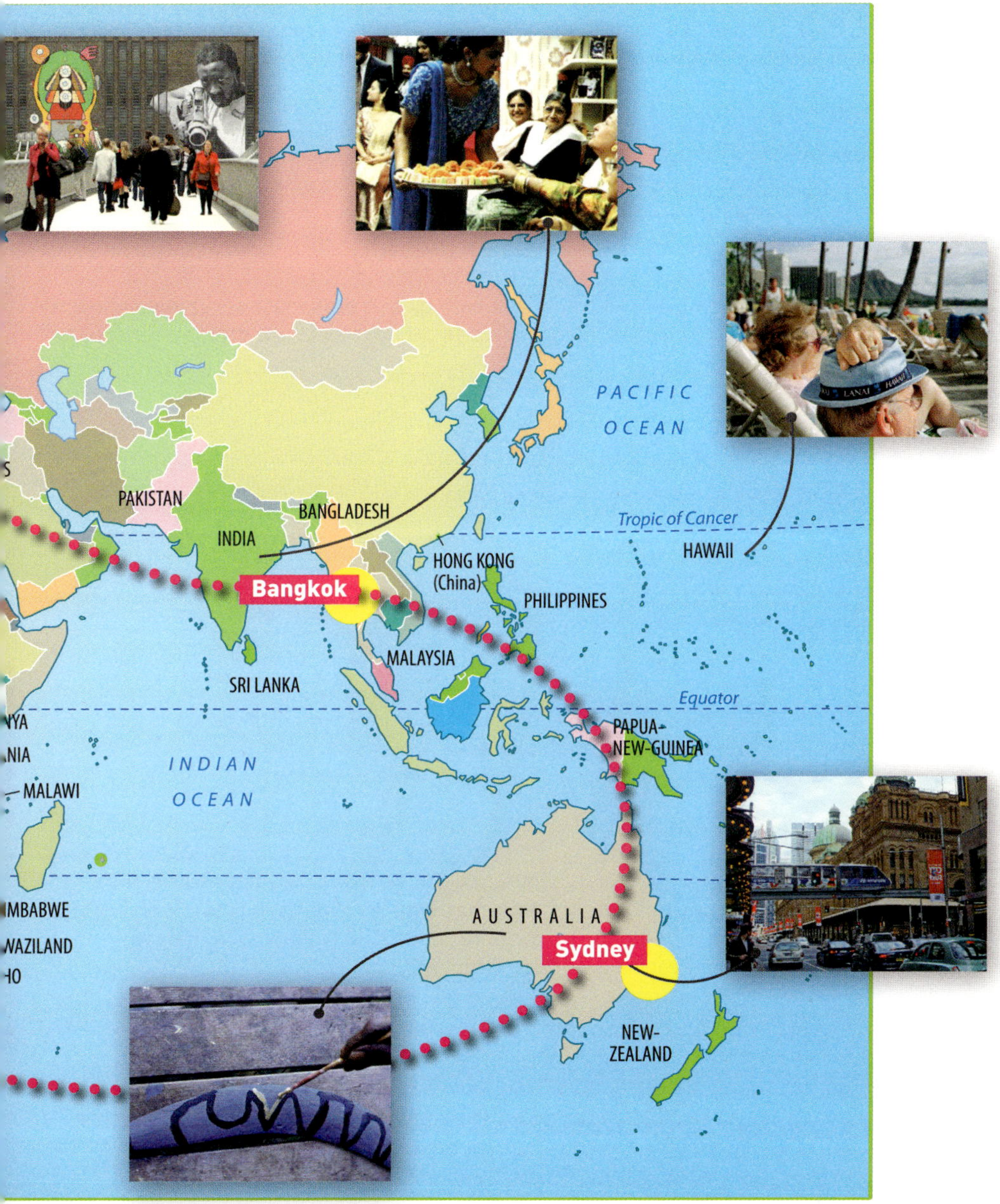
PACIFIC
OCEAN
PAKISTAN
BANGLADESH
INDIA
Tropic of Cancer
HAWAII
HONG KONG
(China)
Bangkok
PHILIPPINES
MALAYSIA
SRI LANKA
Equator
PAPUA-
NEW-GUINEA
INDIAN
OCEAN
MALAWI
AUSTRALIA
Sydney
NEW-
ZEALAND
LANAI
HAWAII

Quelques conseils pour aborder chaque chapitre

L'épisode

Chaque chapitre commence par un épisode de l'histoire d'Oliver. Écoutez le dialogue une ou deux fois avec ou sans l'aide du script (faites attention à la prononciation) puis répondez aux questions du quiz. Vous avez la traduction en fin de chapitre.

La communication et le vocabulaire

En lien avec le dialogue, les structures pour parler au quotidien et une liste de mots à connaître. Écoutez-les en faisant des pauses pour les répéter, mémorisez-les avec la bonne prononciation, puis faites les exercices.

La grammaire

Mémorisez les exemples ; souvent c'est par eux que vous maîtriserez le point abordé. Faites ensuite les exercices et corrigez-les en prenant le temps de comprendre vos erreurs.

Pour terminer

Les exercices 7 et 8 sont des exercices de bilan. L'exercice 8 exerce à la compréhension orale.

Tous les exercices sont corrigés.

Focus on...

Une ouverture sur la civilisation anglo-saxonne. Écoutez l'article sans vous inquiéter de ce que vous ne comprenez pas !

Going further

Une sélection de sites, de films et de livres pour en savoir plus sur le sujet et pour vous immerger dans le monde anglophone.

Les fichiers mp3 sont disponibles sur CD (version coffret) ou sur le site **www.bescherelle.com/langues/anglais/methode** (version livre seul). Écoutez-les de manière nomade ou sédentaire, dans le train ou à la maison, sur votre smartphone, votre tablette ou votre ordinateur.

---

sommaire

PARTIE 1

1 Arriving in Liverpool P. 14

L. Brown accueille son collègue O. Martin à l'aéroport de Liverpool.

Communication Saluer, présenter quelqu'un
Vocabulaire Expressions avec *be*
Grammaire *Be* au présent • Les sens de *be*
Focus on *Liverpool*

2 A call from New York P. 20

Linda et Oliver quittent l'aéroport en voiture. Un téléphone sonne.

Communication Téléphoner
Vocabulaire Le téléphone
Grammaire Le présent en *be + -ing*
Focus on *Central Park*

3 Meeting new colleagues P. 26

Oliver rencontre ses nouveaux collègues au siège social de Liverpool.

Communication Dire qu'on (ne) sait (pas)
Vocabulaire Le développement durable
Grammaire Les pronoms personnels
Focus on *Windfarms vs. landscape*

4 At the pub P. 32

Fin de journée ! Oliver et Linda sont au pub avec un collègue, John.

Communication Proposer
Vocabulaire Les boissons
Grammaire Le présent simple
Focus on *What future for pubs?*

5 Dinner at John's place P. 38

Oliver et Linda dînent chez John, près d'Albert Dock.

Communication Se présenter
Vocabulaire La famille et les amis
Grammaire *Have* (avoir) au présent et au passé
Focus on *Terraced houses*

6 Breakfast time P. 44

Oliver prend son petit déjeuner à l'hôtel, près d'Albert Dock.

Communication Dire qu'on aime, qu'on adore
Vocabulaire Le petit déjeuner
Grammaire *Have got* (avoir)
Focus on *English or continental?*

Check it! 1 > 6 P. 50

PARTIE 2

7 Hi, darling P. 54

2e soir à Liverpool : Oliver reçoit un appel de sa femme, Jennifer.

Communication Parler de la journée écoulée
Vocabulaire En train
Grammaire Le prétérit
Focus on *From New York to Philadelphia*

8 Seeing new customers P. 60

Oliver et Linda vont visiter un parc éolien offshore au nord de Liverpool.

Communication Commander un repas
Vocabulaire Au restaurant
Grammaire L'emploi de *the*
Focus on *An icon under threat*

9 A more personal question P. 66

Oliver et Linda se sont arrêtés pour dîner...

Communication Parler de soi
Vocabulaire La formation professionnelle
Grammaire *There is/ There are* • *Ago*
Focus on *A British Asterix?*

10 Back to work! P. 72

Un lundi matin au bureau... Linda et Oliver se racontent leur week-end.

Communication Dire l'heure
Vocabulaire Le découpage du temps
Grammaire Les prétérits irréguliers
Focus on *Greenwich*

sommaire

11 A chance encounter P. 78

Emma croise une amie, Rebecca, à l'arrêt de bus sur Atlantic Avenue, NY.

Communication Parler de ses habitudes
Vocabulaire Les transports en commun
Grammaire Les deux présents
Focus on *The L*

12 Away for the weekend? P. 84

Oliver et sa femme, Jennifer, discutent sur Skype.

Communication Parler de ses projets
Vocabulaire Le bulletin météo
Grammaire *Be going to*
Focus on *Tea and the Revolution*

Check it! 7 > 12 P. 90

PARTIE 3

13 Babysitting P. 94

Emma fait parfois du baby-sitting. Aujourd'hui, elle s'occupe d'Eve qui a 11 ans.

Communication Hésiter
Vocabulaire Le travail en entreprise
Grammaire *Will*
Focus on *Women's rights*

14 Dreaming P. 100

Oliver et Linda rêvent devant la machine à café...

Communication Parler de ses envies, de ses espoirs
Vocabulaire En avion
Grammaire *Would*
Focus on *Uluru vs. Ayers Rock*

15 Caught by the police! P. 106

Oliver ne retrouve pas sa voiture. Il demande à une policière de l'aider.

Communication Mettre en garde
Vocabulaire En voiture
Grammaire Les déterminants possessifs
Focus on *What's the right side?*

16 Lovely kids... P. 112

Emma a emmené Josh, 10 ans, dans un parc d'attraction à Coney Island.

Communication Donner raison, admettre
Vocabulaire La maison
Grammaire Quand deux verbes se suivent
Focus on *E.T. phone home*

17 What is happening? P. 118

Linda devait rappeler Cynthia d'urgence. Que se passe-t-il ?

Communication Décrire physiquement
Vocabulaire L'apparence physique
Grammaire Rapporter des paroles
Focus on *Dress-down Friday*

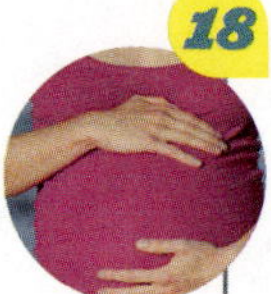

18 An explanation P. 124

Terry et Patricia parlent avec Cynthia, leur meilleure amie, chez eux.

Communication Réconforter, encourager
Vocabulaire Chez le médecin
Grammaire L'impératif • *Some*
Focus on *National Health Systems*

Check it! 13 > 18 P. 130

PARTIE 4

19 Something I need to tell you P. 134

Emma is writing an email to her friend Liz about something she just witnessed.

Communication Exprimer sa surprise...
Vocabulaire En ville
Grammaire Le prétérit en *be* + *-ing*
Focus on *Inner cities vs. suburbs*

20 Have you read it? P. 140

Brenda, Cynthia's mother, is talking to Dave, her husband.

Communication Changer de sujet
Vocabulaire La presse écrite
Grammaire Le *present perfect*
Focus on *The American press*

21 When did you two meet? P. 146

Oliver and Cynthia are in the canteen. She is telling him how she first met Johnny.

Communication S'informer sur quelqu'un
Vocabulaire Le caractère, le comportement
Grammaire Depuis : *for* ou *since* ?
Focus on *Queen's/King's speech*

22 You've made my day! P. 152

Oliver and Linda are in the lift. Oliver is telling Linda that Mark Camm really likes her.

Communication De « beaucoup » à « rien »
Vocabulaire Au cinéma
Grammaire « Beaucoup » et « assez »
Focus on *Oscars vs. Baftas*

23 Tell me more P. 158

Eileen Montgomery, the boss, has invited Oliver to lunch.

Communication Les nombres
Vocabulaire Dire et lire les nombres
Grammaire L'interrogation en *how* et *which*
Focus on *Thanksgiving or not?*

24 Too much TV! P. 164

Emma and her boyfriend, Chuck. At Chuck's place. It's Sunday...

Communication Faire des reproches
Vocabulaire La télévision
Grammaire « Tellement » et « trop »
Focus on *The Inuit*

Check it! 19 > 24 P. 170

PARTIE 5

25 Away to Hawaii P. 174

Emma is staying with her brother Evan in Hawaii, on the island of O'ahu...

Communication Exprimer la différence
Vocabulaire Le coût de la vie
Grammaire Le comparatif de supériorité • *Than*
Focus on *Hawaii, the 50th State*

26 Honolulu or Winnipeg? P. 180

Emma is talking to Akahi in a café on Kalakaua Avenue.

Communication Dire qu'on n'aime pas, qu'on déteste
Vocabulaire Les changements climatiques
Grammaire Le superlatif *(the best)*
Focus on *Global warming*

27 Addiction... P. 186

Emma is talking on the phone to Laurie, a friend of Evan's.

Communication Demander un service
Vocabulaire Les nouvelles technologies
Grammaire Le génitif
Focus on *A worldwide addiction*

28 Who's getting married? P. 192

Liverpool: Oliver and John have just arrived at the office.

Communication Déduire
Vocabulaire Au bureau
Grammaire Les modaux et la probabilité
Focus on *Marriage*

29 If I were you... P. 198

Oliver is trying to convince Cynthia to invest in property.

Communication Conseiller
Vocabulaire À la banque
Grammaire Conseil, possibilité, obligation
Focus on *Subprimes*

30 Packing! P. 204

Oliver is leaving the Liverpool office. He's going to Australia.

Communication Exprimer sa peur, son inquiétude
Vocabulaire Faire ses bagages
Grammaire Les pronoms possessifs
Focus on *London's Theatreland*

Check it! 25 > 30 P. 210

sommaire

PARTIE 6

31 Saying goodbye P. 214

Oliver is finally leaving. He's saying goodbye to Linda.

Communication Prendre congé
Vocabulaire La joie et la tristesse
Grammaire L'obligation passée et future
Focus on *Thirteen years without alcohol*

32 Can I take this seat? P. 220

Oliver is talking to a fellow passenger on the train to London.

Communication Demander/Recevoir une autorisation
Vocabulaire Les sports
Grammaire La permission
Focus on *Weird sports*

33 Online chatting P. 226

Evan is chatting online with Dan, a college friend from New York.

Communication Exprimer la ressemblance
Vocabulaire À la plage
Grammaire L'égalité et l'infériorité
Focus on *Equal opportunity*

34 An awful flight... P. 232

Jennifer, Emma's mother, is meeting her daughter at JFK Airport (New York).

Communication Plaindre quelqu'un
Vocabulaire Les vêtements
Grammaire La capacité
Focus on *JFK and Abraham Lincoln*

35 Did you book online? P. 238

Oliver is checking into a hotel in London.

Communication Faire une réservation
Vocabulaire À l'hôtel
Grammaire Modaux + *have* + participe passé
Focus on *Soho (London) vs. SoHo (New York)*

36 I'm so sorry! P. 244

Oliver is writing an email to his son, Jeff, about the show he saw the previous night.

Communication S'excuser
Vocabulaire Au théâtre
Grammaire Le *pluperfect*
Focus on *Musicals*

Check it! 31 > 36 P. 250

PARTIE 7

37 Off with her head! P. 254

Oliver is talking to two American tourists, Laura and Derek, while visiting the Tower of London.

Communication Exprimer ses regrets
Vocabulaire La royauté
Grammaire *Some* et *any*
Focus on *Anne Boleyn* (1507-1536)

38 To the Modern on foot P. 260

An email from Oliver to his wife.

Communication Exprimer son enthousiasme
Vocabulaire Au musée, dans les expositions
Grammaire Les pronoms relatifs
Focus on *The Tate Modern*

39 A little salt P. 266

Oliver is on the plane to Australia via Bangkok, talking to Raj, from India.

Communication Évaluer
Vocabulaire Faire la cuisine
Grammaire « Un peu de », « quelques », « peu de »
Focus on *Hinduism and food*

40 Let's remain polite P. 272

Oliver and another passenger are waiting for their luggage at Bangkok Airport.

Communication Demander des renseignements
Vocabulaire La civilité, l'incivilité
Grammaire Les noms indénombrables
Focus on *Being polite*

41 It's a great idea, isn't it? P. 278

An email from Emma to her family. She's with her grandmother in Vermont.

Communication Demander son avis à quelqu'un
Vocabulaire La campagne
Grammaire Les *question tags*
Focus on *The English countryside*

42 Whose bag is this? P. 284

Oliver and a female customs officer in Sydney. They've found unattended luggage.

Communication À qui est-ce ?
Vocabulaire À la frontière
Grammaire *Whose*
Focus on *The citizenship test*

Check it! 37 > 42 P. 290

PARTIE 8

43 At the Sydney Opera House P. 294

Oliver and Helena Retsas, a local entrepreneur, are talking about their afternoon meeting.

Communication Donner son opinion
Vocabulaire Les élections
Grammaire Le *present perfect* en *be + -ing*
Focus on *The Sydney Opera House*

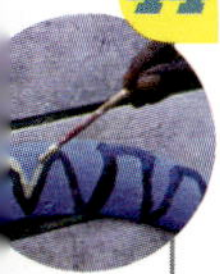

44 When I was a child P. 300

The next day, Oliver is having lunch with Helena.

Communication Parler de quelque chose de révolu
Vocabulaire La mémoire, l'oubli
Grammaire *Use, used to* et *would*
Focus on *Aboriginal culture*

45 I miss you... P. 306

Jennifer is calling her husband, Oliver. She's in Vancouver.

Communication Ordonner
Vocabulaire L'amour et l'amitié
Grammaire *Make sb do sth* • *Make* ou *do*?
Focus on *Vancouver*

46 You must be kidding! P. 312

Jennifer, Emma and Jeff are discussing the idea of a white Christmas.

Communication Exprimer son accord, son désaccord
Vocabulaire L'énervement, la colère
Grammaire Moi aussi, moi non plus
Focus on *The great British sea explorers*

47 A weird idea... P. 318

An email from Oliver to his wife and children.

Communication Exprimer une préférence
Vocabulaire La violence urbaine
Grammaire Les verbes en deux et trois parties
Focus on *The Southern belle*

48 It's a big Yes! P. 324

Emma's reply to the proposed vacation in New Orleans.

Communication Exprimer son impatience
Vocabulaire L'humour, la plaisanterie
Grammaire *Phrasal verbs* : place du complément
Focus on *Parades*

Check it! 43 > 48 P. 330

Annexes

Verbes irréguliers p. 334
Verbes à particule p. 336
Lexique anglais/français p. 338
Lexique français/anglais p. 349

PARTIE 1

1 Arriving in Liverpool

L. Brown accueille son collègue O. Martin à l'aéroport de Liverpool.

Communication Saluer, présenter quelqu'un p. 15
Vocabulaire Expressions avec *be* p. 15
Grammaire *Be* au présent • Les sens de *be* p. 16
Focus on *Liverpool* p. 18

2 A call from New York

Linda et Oliver quittent l'aéroport en voiture. Un téléphone sonne.

Communication Téléphoner p. 21
Vocabulaire Le téléphone p. 21
Grammaire Le présent en *be* + *-ing* p. 22
Focus on *Central Park* p. 24

3 Meeting new colleagues

Oliver rencontre ses nouveaux collègues au siège social de Liverpool.

Communication Dire qu'on (ne) sait (pas) p. 27
Vocabulaire Le développement durable p. 27
Grammaire Les pronoms personnels p. 28
Focus on *Windfarms vs. landscape* p. 30

4 At the pub

Fin de journée ! Oliver et Linda sont au pub avec un collègue, John.

Communication Proposer p. 33
Vocabulaire Les boissons p. 33
Grammaire Le présent simple p. 34
Focus on *What future for pubs?* p. 36

5 Dinner at John's place

Oliver et Linda dînent chez John, près d'Albert Dock.

Communication Se présenter p. 39
Vocabulaire La famille et les amis p. 39
Grammaire *Have* (avoir) au présent et au passé p. 40
Focus on *Terraced houses* p. 42

6 Breakfast time

Oliver prend son petit déjeuner à l'hôtel, près d'Albert Dock.

Communication Dire qu'on aime, qu'on adore p. 45
Vocabulaire Le petit déjeuner p. 45
Grammaire *Have got* (avoir) p. 46
Focus on *English or continental?* p. 48

p. 50-52 **Check it!** 1 > 6

1 Arriving in Liverpool

Pour les doc audio et + d'exercices, voir le site.

L'épisode

1 Écoutez le dialogue avec ou sans l'aide du script.

L. Brown accueille son collègue O. Martin à l'aéroport de Liverpool.

L. Brown – Hello. Are you Oliver Martin? I'm Linda Brown. Pleased to meet you.
O. Martin – Hello. Pleased to meet you too, Linda.
L. Brown – How are you?
O. Martin – I'm fine, thank you.
L. Brown – It's cold today. But the car is not far.
O. Martin – No problem. New York is cold too. Are we far from the city centre?
L. Brown – No, not too far and there isn't much traffic at this time.
O. Martin – What time is it in England? It's 6 o'clock in New York.
L. Brown – It's noon here. You're probably tired.
O. Martin – Yes, in fact I'm jet-lagged.
L. Brown – Are you hungry? It's lunchtime.
O. Martin – I'm not very hungry but I'm ready to eat a snack.
L. Brown – Good. There are nice cafés in Liverpool. By the way, welcome to Liverpool. Welcome to John Lennon Airport!

> TRADUCTION P. 19

too: aussi, trop • **far from**: loin de • **traffic**: la circulation • **noon**: midi • **in fact**: en fait • **to be jet-lagged**: souffrir du décalage horaire • **to eat a snack**: manger quelque chose • **by the way**: au fait

2 Répondez aux questions suivantes.

1. Quel est le prénom de Mr Martin ?
   - ❑ a. Paul.
   - ❑ b. John.
   - ❑ c. Oliver.
2. Quel est le prénom de Mrs Brown ?
   - ❑ a. Laura.
   - ❑ b. Lisa.
   - ❑ c. Linda.
3. Quelle heure est-il à New York ?
   - ❑ a. Midi.
   - ❑ b. 6h du matin.
   - ❑ c. 10h du matin.
4. Quelle heure est-il à Liverpool ?
   - ❑ a. Midi.
   - ❑ b. 6h du matin.
   - ❑ c. 10h du matin.

Saluer, présenter quelqu'un

- **Hello, sir/madam.** Bonjour, monsieur/madame.
- **Hi!** Salut ! Bonjour !
- **Good morning!** Bonjour ! [avant midi]
- **Good afternoon!** Bonjour ! [après midi]
- **Good evening!** Bonsoir !
- **Good bye!/Bye! See you (soon).** Au revoir ! À bientôt.

- **"What's your name?" "I'm John./My name is John."**
  « Comment vous appelez-vous ? » « Je m'appelle John. »
- **I'm sorry but I didn't catch your name.** Je suis désolée mais je n'ai pas saisi votre nom.
- **I'd like you to meet Laura.** Je voudrais vous présenter Laura.
- **"This is Ruth." "Pleased to/Nice to meet you."**
  « Voici Ruth. » « Enchanté./Ravi de faire votre connaissance. »
- **Have you two met?** Vous vous connaissez ?

3 Traduisez.

1. « Salut, Peter. » « Bonjour, Monsieur. »
2. « Comment t'appelles-tu ? » « Je m'appelle Sarah. »
3. Bienvenue au Canada !
4. Ravi de faire ta connaissance.

Expressions avec be

How are you?
Comment tu vas ?

- **I'm fine.** Je vais bien.
- **I'm OK.** Ça va.
- **I'm tired.** Je suis fatigué.
- **I'm hungry.** J'ai faim.
- **I'm thirsty.** J'ai soif.

How is the weather?
Quel temps fait-il ?

- **It's cold.** Il fait froid.
- **It's hot.** Il fait chaud.
- **It's raining.** Il pleut.
- **It's snowing.** Il neige.
- **It's sunny.** Il y a du soleil.

What time is it?
Quelle heure est-il ?

- **It's 5 o'clock.**
  Il est 5 heures.
- **It's noon.** Il est midi.
- **It's midnight.**
  Il est minuit.

4 Complétez en vous aidant des indications entre parenthèses.

1. It's ... (midi). So, it's lunchtime!
2. I ... ... (fatigué). I'm going to bed.
3. "... it ... in Liverpool?" (Est-ce qu'il y a du soleil ?) "No, it's snowing!"
4. "What ... ... ?" (Quelle heure est-il ?) "It's eight o'clock."
5. "... ... ... , Johanna?" (Comment vas-tu ?) "I'm OK."

Be au présent

• La forme contractée **I'm, he's, you're** est la plus fréquente.

• On trouve aussi **isn't** (**'s not**) et **aren't** (**'re not**)

affirmation	négation	question
I'm (I am)	I'm not	Am I...?
you're (you are)	you're not	Are you...?
he's (he is)	he's not	Is he...?
she's (she is)	she's not	Is she...?
it's (it is)	it's not	Is it...?
we're (we are)	we're not	Are we...?
you're (you are)	you're not	Are you...?
they're (they are)	they're not	Are they...?

5 **Transformez ces phrases en affirmation (+), négation (-) ou interrogation (?).**

1. I'm not thirsty. +
2. We're colleagues. -
3. It's cold. ?
4. London is far from Liverpool. ?
5. They're tired. -
6. She's in New York. -

Les pronoms personnels sujets

• **I** (je) se prononce /aɪ/ et s'écrit toujours avec une majuscule.

• **He** (il) s'emploie pour désigner un garçon ou un homme et **she** (elle) pour une fille ou une femme.

• **It** est le pronom neutre. Il s'emploie quand on ne parle pas d'êtres humains.

Les sens de be

Be s'emploie très souvent comme le verbe « être » mais pas toujours.
Par exemple :
• Pour se présenter : **I'm John.**
• Pour dire « Comment ça va ? » : **How are you?**
• Pour dire qu'on a faim ou soif : **I'm hungry./I'm thirsty.**
• Pour parler du temps : **It's cold.**

6 **Traduisez.**

1. Je m'appelle Linda. Bienvenue à Liverpool !
2. Il fait chaud aujourd'hui !
3. New York est loin d'ici.
4. Liz a soif. Eli a faim. Et moi, je vais bien !
5. « Comment vas-tu ? » « Je suis fatiguée. »

« Il y a »

« Il y a » se dit **there is** (+ nom singulier) ou **there are** (+ nom pluriel).

There is a letter on your desk. Il y a une lettre sur ton bureau.
There are three stamps on the envelope. Il y a trois timbres sur l'enveloppe.

Pour terminer

7 Complétez ces phrases avec le vocabulaire de l'épisode.

1. Trisha wants to drink. She's ... .
2. Errol wants to eat. He's ... .
3. I want to sleep. I'm ... .
4. "... ... is it?" "It's 4 o'clock."
5. "... ... you?" "I'm fine, thank you."
6. "Is it ... from here?" "No, it's very near."

8 *Salutations.* Écoutez ce dialogue et complétez le script.

– Hello, Trish. ... ... meet you. My ... is Emma.
– Hi, Emma. ... ... meet you, too.
– ... ... Tom, my cousin.
– Hi, Tom. ... are ... ?
– ... fine, thank you. Welcome ... Manchester.
– ... ... is it? I'm hungry.
– It's one ... . Let's go and have a snack!

CORRIGÉ DES EXERCICES

2 **1. c.** Oliver. **2. c.** Linda. **3. b.** 6h du matin. **4. a.** Midi.

3 **1.** "Hi, Peter." "Good morning/Hello, sir." **2.** "What's your name?" "I'm Sarah./My name is Sarah." **3.** Welcome to Canada! **4.** Pleased to/Nice to meet you.

4 **1.** It's noon. **2.** I'm tired. **3.** "Is it sunny in Liverpool?" **4.** "What time is it?" **5.** "How are you, Johanna?"

5 **1.** I'm thirsty. **2.** We're not colleagues. **3.** Is it cold? **4.** Is London far from Liverpool? **5.** They're not tired. **6.** She's not in New York.

6 **1.** My name is Linda./I'm Linda. Welcome to Liverpool! **2.** It's hot today. **3.** New York is far from here. **4.** Liz is thirsty. Eli is hungry. And I am fine! **5.** "How are you?" "I'm tired."

7 **1.** She's thirsty. **2.** He's hungry. **3.** I'm tired. **4.** "What time is it?" **5.** "How are you?" **6.** "Is it far from here?"

8 – Hello, Trish. Nice to meet you. My name is Emma.
– Hi, Emma. Nice to meet you, too.
– This is Tom, my cousin.
– Hi, Tom. How are you?
– I'm fine, thank you. Welcome to Manchester.
– What time is it? I'm hungry.
– It's one o'clock. Let's go and have a snack!

Focus on... Liverpool

The Albert Dock illuminated with an image of John Lennon by Bill Zygmant (2010).

Liverpool est la capitale de la pop music grâce aux Beatles, mais c'est aussi un port où il fait bon vivre...

Liverpool is a very special city in **the UK**. It has its **own** accent and dialect.

The city was immensely rich in the 19th century: the wealth of Liverpool exceeded that of London itself. In 1851, it was described as "the New York of Europe"! **At some point** 40% of **the world's trade** passed through Liverpool's docks. It's very different now! The docks and specially Albert dock are full of cafés, shops, **flats** and museums. It's a very nice place **to walk around**.

Liverpool is considered the world capital city of pop. The Beatles were Liverpudlians (inhabitants of Liverpool). John Lennon had a typical Liverpool accent.

People like **to make fun of** Liverpudlians. Just type "Liverpool **jokes**" on a search engine... Be prepared to be shocked! In these jokes, they are stereotyped as **rude** and criminals! But **even** Liverpudlians laugh when they hear these jokes!

the UK: the United Kingdom
own: à soi, particulier
at some point: à un certain moment
the world's trade: le commerce mondial
a flat: un appartement
to walk around: se promener
to make fun of: se moquer de
a joke: une plaisanterie
rude: mal élevé
even: même

THE LIVERPOOL HARBOUR

Liverpool was engaged in the **infamous** "Triangular trade": **goods** were sent from Liverpool to Africa, slaves were bought in Africa and sent to America, and finally sugar and rum **were shipped** to Liverpool. There is a Slavery Museum in Liverpool.

Penny Lane is a famous song by the Beatles. It was inspired by the name of a street in Liverpool. The street **is named after** James Penny, **a slave trader**! The song is about the street, not about slavery.

infamous: infâme • **goods**: des marchandises • **were shipped**: étaient transportés • **is named after**: doit son nom à • **a slave trader**: un trafiquant d'esclaves

Going further

- Learn about the **International Slavery Museum** on http://www.liverpoolmuseums.org.uk
- Listen to **John Lennon's** Liverpool accent on http://www.johnlennon.com
- For sports fans, don't forget to check **Liverpool Football Club** and their famous rivals Manchester United.

TRADUCTION DU SCRIPT

Linda Brown – Bonjour. Vous êtes Oliver Martin ? Je m'appelle Linda Brown. Enchantée.

Oliver Martin – Bonjour. Je suis enchanté moi aussi, Linda.

Linda Brown – Comment allez-vous ?

Oliver Martin – Je vais bien, merci.

Linda Brown – Il fait froid aujourd'hui. Mais la voiture n'est pas loin.

Oliver Martin – Ce n'est pas un problème. Il fait froid à New York aussi. Est-ce que nous sommes loin du centre ville ?

Linda Brown – Non, pas trop loin et il n'y a pas beaucoup de circulation à cette heure-ci.

Oliver Martin – Quelle heure est-il en Angleterre ? Il est 6 heures à New York.

Linda Brown – Il est midi ici. Vous êtes probablement fatigué.

Oliver Martin – Oui, en fait, je souffre du décalage horaire.

Linda Brown – Au fait, est-ce que vous avez faim ? C'est l'heure du déjeuner.

Oliver Martin – Je n'ai pas très faim mais je suis prêt à manger quelque chose.

Linda Brown – Bien. Il y a des cafés sympas à Liverpool. Au fait, bienvenue à Liverpool. Bienvenue à l'aéroport John Lennon !

2 A call from New York

Pour les doc audio et + d'exercices, voir le site.

L'épisode

1 **Écoutez le dialogue avec ou sans l'aide du script.**

Linda et Oliver quittent l'aéroport en voiture. Un téléphone sonne.

OLIVER – Oh, my telephone is ringing. I'm sorry, but it's my daughter... Hello, Emma, how are you?
EMMA – I'm fine, thanks. You're in Liverpool, right?
OLIVER – Yes, I am. My colleague Linda is taking me downtown. I can't talk for very long. Well, you know, I'm here on business...
EMMA – Yes, I know. Anyway, I'm calling to make sure that everything is fine. I'm already out. I'm walking to Bergen Street station.
OLIVER – You're brave! It's still early.
EMMA – I'm going to the library first. Anyway, I'm near the station now.
OLIVER – And we're arriving in Liverpool. Thank you for calling.
EMMA – You're welcome. Bye, Dad.
OLIVER – Bye, Emma.
LINDA – So, that was your daughter. It was nice of her to call.
OLIVER – Yes, she's a great girl. She's studying nuclear physics.
LINDA – Nuclear physics? Wow! That's impressive.

> TRADUCTION P. 25

downtown: le centre-ville • **anyway:** de toute façon, bon • **to be out:** être sorti • **still early:** encore tôt • **a library:** une bibliothèque • **impressive:** impressionnant

2 **Répondez aux questions suivantes.**

1. Qui téléphone à Oliver ?
- ❑ a. Sa fille.
- ❑ b. Sa femme.
- ❑ c. Sa collègue.

2. Où se trouve-t-elle ?
- ❑ a. Dans la rue.
- ❑ b. À la bibliothèque.
- ❑ c. Dans une station de métro.

3. Où va-t-elle ?
- ❑ a. Dans une librairie.
- ❑ b. Dans une bibliothèque.
- ❑ c. Au bureau.

4. Elle est :
- ❑ a. Étudiante.
- ❑ b. Enseignante.
- ❑ c. Secrétaire.

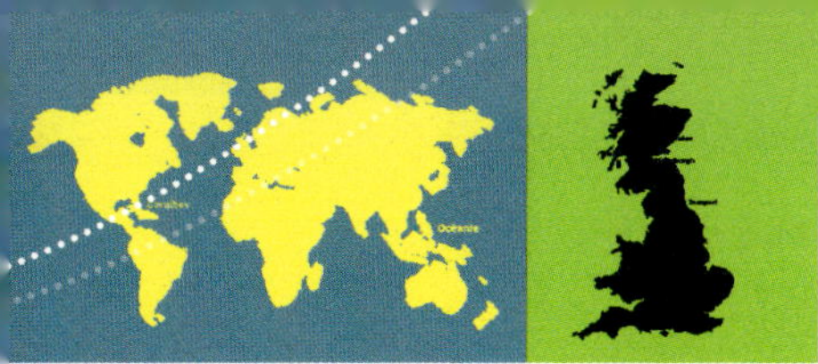

Téléphoner

- **"Can I speak to Emma, please?" "Speaking."**
  « Est-ce que je peux parler à Emma, s'il vous plaît ? » « C'est moi. »
- **Hello, I'm John Mason, I'd like to speak to Oliver, please.**
  Bonjour, je suis John Mason. Je voudrais parler à Oliver, s'il vous plaît.
- **Hi, I'm Paula. Is that Jeffrey?** Bonjour, c'est Paula. C'est Jeffrey ?
- **Hold the line, please. I'll put you through to Mrs Johnson.**
  Restez en ligne, s'il vous plaît. Je vais vous passer Mrs Johnson.
- **Bear with me, I'm trying to connect you.** Ne quittez pas, j'essaie de vous la passer.

- **Mr Martin is not available at the moment.**
  Mr Martin n'est pas disponible pour l'instant.
- **Sheila can't talk to you right now. Can you call her back?**
  Sheila ne peut pas vous parler pour le moment. Pouvez-vous la rappeler ?
- **I'm sorry, all our lines are busy.** Je suis désolé, toutes nos lignes sont occupées.
- **Please, leave a message after the tone and we'll get back to you as soon as possible.** Merci de laisser un message après le bip et nous vous rappellerons dès que possible.

3 Traduisez.

1. Nous ne sommes pas disponibles pour l'instant.
2. Rappelez-moi dans une demi-heure.
3. Toutes les lignes sont occupées.
4. Je vais vous passer ma collègue. Ne quittez pas.

Le téléphone

- **a mobile [GB], a cellphone [US]:** un téléphone portable
- **a sim card:** une carte sim
- **a landline:** un téléphone fixe
- **an answering machine:** un répondeur
- **to ring/to phone sb:** téléphoner à qqn
- **to call sb:** appeler qqn
- **to dial a number:** composer un numéro
- **a phone number:** un numéro de téléphone
- **extension 906** [nine zero six]**:** poste 906
- **to call sb back/to get back to sb:** rappeler qqn
- **to be on the phone:** être au téléphone
- **It's busy/engaged.** Ça sonne occupé.
- **to leave a message:** laisser un message
- **to lose the signal:** perdre la connexion
- **to get disconnected/to be cut off:** être coupé
- **to hang up:** raccrocher

4 **Complétez en vous aidant des indications entre parenthèses ou du contexte.**

1. You've reached ... 105. Please, leave your ... after the tone.
2. Mrs Watts can't ... ... you (ne peut pas vous parler). She's already ... the phone.
3. I can't use my ... ... (téléphone portable) because there's no sim ... in it.
4. You have ... the wrong ... (numéro).
5. We're going to get ... because my battery is very low.

Le présent en be + -ing : formes

• Pour conjuguer un verbe au présent en **be** + **-ing**, on conjugue **be** au présent suivi du verbe + **-ing**.

• Si le verbe se termine par **-e**, on supprime le **-e** avant **-ing** : **to take → taking**.

affirmation	négation	question
I'm (am) working	I'm not working	Am I working?
you're (are) working	you're not working	Are you working?
he's (is) working	he's not working	Is he working?
we're working	we're not working	Are we working?
you're working	you're not working	Are you working?
they're working	they're not working	Are they working?

5 **Mettez les verbes entre parenthèses au présent en *be* + *-ing*. Tenez bien compte des négations et des questions.**

1. She ... (take) me to the airport.
2. They ... (walk) to the subway station.
3. I ... (arrive) at the supermarket.
4. ... ... (they/work) now?
5. Emma ... ... (not/talk) to John but to Oliver.
6. ... ... (you/call) from New York City?

Le présent en be + -ing : emplois

On emploie souvent le présent en **be** + **-ing** pour dire qu'une action ou un fait est en cours au moment où on parle.
My telephone is ringing. [Le téléphone sonne au moment où je parle.]
We're arriving in Liverpool. [On arrive au moment où je parle.]

6 **Traduisez les phrases soulignées.**

1. Je vois sa voiture. Elle arrive à l'aéroport.
2. Ne la dérange pas. Tu vois bien qu'elle travaille *(You can see she...)*.
3. Je suis en train d'observer John. Il compose un numéro.
4. Je crois qu'il est en train de laisser un message *(I think he...)*.
5. Mais, tu fumes ! Je croyais que tu avais arrêté.

Répondre par oui ou par non

Souvent, on répond en reprenant l'auxiliaire de la question :
"Are you happy?" "Yes, I am."/"No, I'm not."

Pour terminer

7 **Complétez ces phrases avec le vocabulaire de l'épisode.**

1. I can hear my telephone: it is ... but I can't find it.
2. You can leave him a ... on his ... machine.
3. There's a tunnel coming: we may get ... .
4. Jeff was busy, so he asked me to ... him back.
5. The recorded message said "... the line, please."

8 **A *conversation on the phone*. Écoutez ce dialogue et complétez le script.**

– Hi, this is Linda. Who is ... , please?
– Oh, hello. I'm Oliver's ... . My ... is Emma.
– Oh, hi, Emma. Would you like to ... to your ... ?
– Yes, ...
– ... ... , please. [...] I'm ... he's not in his office. Would you like to leave a ... ?
– Yes, could you ask him to ... me ... as soon as possible?

CORRIGÉ DES EXERCICES

2 **1. a.** Sa fille. **2. a.** Dans la rue. **3. b.** Dans une bibliothèque. **4. a.** Étudiante.

3 **1.** We're not available at the moment. **2.** Call me back in half an hour. **3.** All our lines are busy. **4.** I'll put you through to my colleague. Bear with me./Hold the line.

4 **1.** You've reached extension 105. Please, leave your message after the tone. **2.** Mrs Watts can't talk to you. She's already on the phone. **3.** I can't use my mobile phone/cellphone because there's no sim card in it. **4.** You have dialled the wrong number. **5.** We're going to get disconnected/cut off because my battery is very low.

5 **1.** She's taking me to the airport. **2.** They're walking to the subway station. **3.** I'm arriving at the supermarket. **4.** Are they working now? **5.** Emma is not talking to John but to Oliver. **6.** Are you calling from New York City?

6 **1.** She's arriving at the airport. **2.** You can see she's working. **3.** He's dialing/dialling a number. **4.** I think he's leaving a message. **5.** What! You're smoking!

7 **1.** I can hear my telephone: it is ringing but I can't find it.
2. You can leave him a message on his answering machine.
3. There's a tunnel coming: we may get disconnected.
4. Jeff was busy, so he asked me to call him back.
5. The recorded message said "Hold the line, please."

8 – Hi, this is Linda. Who's calling, please?
– Oh, hello. I'm Oliver's daughter. My name is Emma.
– Oh, hi, Emma. Would you like to talk to your father?
– Yes, please.
– Hold the line, please. (...) I'm sorry he's not in his office. Would you like to leave a message?
– Yes, could you ask him to call me back as soon as possible?

Focus on... Central Park

Central Park, Manhattan, New York: a painter behind the Pond.

Central Park, on le sait, est en plein Manhattan. C'est un endroit qui réserve des surprises...

It is easy to **guess** why Central Park is called Central Park! It's right in the middle of Manhattan.

It was built in the 19th century to **emulate** European parks. It is the most visited urban park in the United States and the most filmed **location** in the world.

There are many things you can do in Central Park. You can go boating on a lake, called Harlem Meer. "Meer" is **Dutch** for "lake". Don't forget that New York was first a Dutch city, called New Amsterdam. It was founded by Peter Stuyvesant. You know that name. The area called "Harlem" lies north of Central Park.

There are regular concerts in Central Park in the summer. The Metropolitan Opera presents two operas every summer. In 1985 Bruce Springsteen planned to give a free concert but it was **cancelled** because it was estimated that over one million people would go to his concert. That was too much **even** for Central Park.

to guess: deviner • **to emulate:** imiter • **a location:** un lieu • **Dutch:** néerlandais • **to cancel:** annuler • **even:** même

SHEEP MEADOW

An area in Central Park is called "Sheep **Meadow**", because there were **sheep** there from the 1860s until 1934.

What happened to the sheep in Central Park? They were moved to the north of the city in 1934 because of the Great Depression: some people wanted to use the sheep for food.

a meadow: une prairie • **a sheep** [pl. invariable]**:** un mouton

① Manhattan
② Brooklyn
③ Queens
④ The Bronks
⑤ Staten Island

Going further

- Memorable films that were shot in Central Park: ***Marathon Man*** (John Schlesinger, 1976), ***Kramer vs Kramer*** (Robert Benton, 1979), ***Hannah and Her Sisters*** (Woody Allen, 1986), and many TV series like ***Avengers*** or ***Friends***...
- ***New York: A Documentary Film***, directed by Ric Burns, is a 17 hour film on the history of New York City from 1609 to 2003.
- Central Park is of course mentioned in many novels. Edith Wharton wrote about it in ***The Age of Innocence***, first published in 1920.

TRADUCTION DU SCRIPT

Oliver – Oh, mon téléphone sonne. Je suis désolé, mais c'est ma fille... Allo, Emma, comment vas-tu ?

Emma – Bien, merci. Tu es à Liverpool, hein ?

Oliver – Oui. Ma collègue Linda m'emmène au centre-ville. Je ne peux pas parler très longtemps. Eh bien, tu sais, je suis ici pour le travail...

Emma – Oui, je sais. En fait, j'appelle pour savoir si tout va bien. Je suis déjà dehors. Je marche vers Bergen Street.

Oliver – Tu es courageuse ! Il est encore tôt.

Emma – Je vais d'abord à la bibliothèque. Bon, je suis près de la station maintenant.

Oliver – Et nous, on arrive à Liverpool. Merci d'avoir appelé.

Emma – Pas de quoi. Ciao, papa.

Oliver – Ciao, Emma.

Linda – Alors, c'était votre fille. C'était sympa de sa part de téléphoner.

Oliver – Oui, elle est super. Elle étudie la physique nucléaire.

Linda – La physique nucléaire ? Waouh ! C'est impressionnant.

3 Meeting new colleagues

Pour les doc audio et + d'exercices, voir le site.

L'épisode

1 Écoutez le dialogue avec ou sans l'aide du script.

Oliver rencontre ses nouveaux collègues au siège social de Liverpool.

LINDA – Hello, everyone... I'd like to introduce Oliver Martin. But I think you all know him. He's a great wind farm engineer. So he knows wind turbines by heart. He designs them and presents them all over the world.

OLIVER – Hi, everyone. I'm really happy to be here. Yes, I go all over the world to talk about wind turbines. So, I never leave home without my passport.

LINDA – But now you're here with us for a month...

OLIVER – Indeed I'm here to study the benefits of offshore wind turbines in this part of England. To me they are the future of energy. We're all aware of the shortage of petroleum in the future. There are other forms of renewable energy. Anyway, wind farms are part of the solution.

LINDA – Thank you very much, Oliver, for helping us with our project. You know, I personally like wind turbines. But with the weather in England, it's a pity you can't design rain turbines!

TRADUCTION P. 31

to introduce: présenter • **a wind farm:** une ferme éolienne • **a wind turbine:** une éolienne • **to design:** concevoir • **indeed:** effectivement • **aware of:** conscient de • **shortage:** la pénurie

2 Répondez aux questions suivantes.

1. Quel est le métier d'Oliver ?
   - ❑ a. Il dessine des éoliennes.
   - ❑ b. Il les conçoit.
   - ❑ c. Il les vend.
2. Combien de temps doit-il rester à Liverpool ?
   - ❑ a. Un mois.
   - ❑ b. Une semaine.
   - ❑ c. On ne sait pas.
3. Quelle énergie risque de manquer à l'avenir ?
   - ❑ a. Le charbon.
   - ❑ b. Le pétrole.
   - ❑ c. L'uranium.
4. De quoi parle Linda pour conclure ?
   - ❑ a. De ses goûts.
   - ❑ b. Du projet.
   - ❑ c. Du climat anglais.

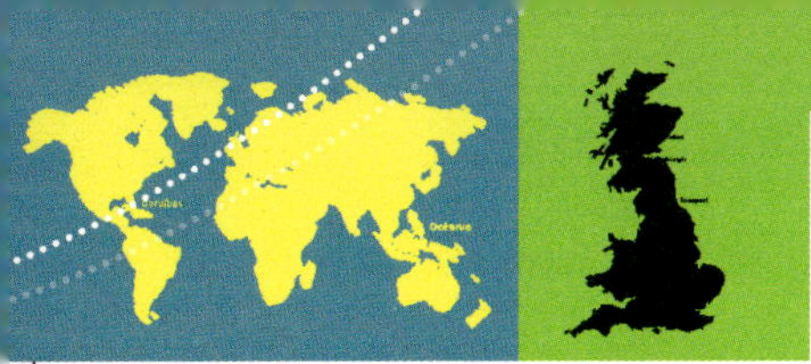

Dire qu'on (ne) sait (pas)

- **I know it by heart.** Je connais ça par cœur.
- **I know that for sure.** J'en suis certain.
- **They know full well that...** Ils savent très bien que...
- **Her knowledge of Bollywood is extensive.** Sa connaissance de Bollywood est vaste.
- **She's very knowledgeable about politics.** Elle s'y connaît en politique.
- **Keep me posted.** Tiens-moi au courant.

- **I really don't know.** Je ne sais vraiment pas.
- **I don't know anything about this.** Je ne connais pas du tout ça.
- **I'm not familiar with renewable energy.** Je ne connais pas bien les énergies renouvelables.
- **I have no idea.** Je n'en ai aucune idée.
- **I haven't got a clue.** Je n'en ai pas la moindre idée.
- **I'm no expert on this subject.** Je ne suis pas spécialiste de ce sujet.

3 Traduisez.

1. Il sait bien qu'elle est malade.
2. Elle n'est pas spécialiste du sujet.
3. Je n'en ai aucune idée.
4. Oliver s'y connaît en éoliennes.
5. Je ne sais vraiment pas s'ils sont honnêtes *(honest)*.

Le développement durable

- **pollution (indén):** la pollution
- **sustainable development:** le développement durable
- **energy conservation:** les économies d'énergie
- **renewable energy:** l'énergie renouvelable
- **solar panels:** les panneaux solaires
- **biofuel:** les biocarburants
- **hybrid cars:** les voitures hybrides
- **waste treatment:** le retraitement des déchets
- **recycling:** le recyclage
- **waste separation:** le tri sélectif

- **the environment:** l'environnement
- **an environmentalist:** un écologiste
- **nature conservation:** la défense de l'environnement
- **eco-friendly:** respectueux de l'environnement, écologique
- **to strike a balance:** trouver un équilibre
- **to protect the environment, to go green:** protéger l'environnement
- **organic (food):** (de la nourriture) biologique

4 Complétez en vous aidant du contexte.

1. We must strike a ... between consumption and the environment.
2. ... food is produced without artificial chemicals.
3. Am I doing enough to ... the environment? I'm not sure.
4. I use a special bin for paper, plastic and glass. I'm in favour of ... .
5. Some cars are powered by ... panels.

Les pronoms personnels sujets

• Vous les connaissez déjà. À la 3e personne du singulier, si on ne parle pas d'êtres humains, il faut utiliser **it** (il, elle).
Look at this wind turbine. It's blue! Regarde cette éolienne. Elle est bleue !

• « Moi, je » se dit simplement I, qui est accentué à l'oral et souligné à l'écrit.
I don't agree. Moi, je ne suis pas d'accord.

• **It** peut aussi correspondre au pronom impersonnel « il » ou « c' ».
It's late. Il est tard. **It's nice of her.** C'est sympa de sa part.
It's a pity. C'est dommage. **It's for you.** C'est pour vous.

5 Traduisez les segments soulignés.

1. Où est la voiture ? Elle est dans le garage.
2. C'est dommage.
3. Regarde ce taxi. Il est violet *(purple)* !
4. Moi, je n'aime pas ce roman *(this novel)*.
5. J'ai acheté un magazine. Il est pour toi.

Les pronoms personnels compléments

• Les pronoms personnels compléments s'emploient comme en français, mais on garde toujours l'ordre « sujet + verbe + complément » en anglais.

Linda knows me. Linda me connaît.	**Linda knows it.** Linda le/la connaît.
Linda knows you. Linda te connaît.	**Linda knows us.** Linda nous connaît.
Linda knows him. Linda le connaît.	**Linda knows you.** Linda vous connaît.
Linda knows her. Linda la connaît.	**Linda knows them.** Linda les connaît.

• Après une préposition, on emploie les pronoms personnels compléments :
for me (pour moi), **with us** (avec nous), **on them** (sur eux).

• Après **It's** (c'est), on utilise aussi les pronoms personnels compléments :
it's me (c'est moi), **it's her** (c'est elle).

6 Complétez avec le pronom personnel qui convient.

1. I'm Mrs Farrad's secretary. Do you want to talk to ... ?
2. Hi John, it's ..., Silvia. How are ... ?
3. I've got two brothers. I like ... but ... aren't always nice.
4. We're at home. You can visit ... if you want to.
5. I think it's my neighbour, Samantha. I recognize ... .

Pour terminer

7 Complétez ces phrases avec le vocabulaire de l'épisode.

1. Oliver specializes in wind farms. He's a wind farm ... .
2. I'm ... (conscient de) of its effect on the ... (l'environnement).
3. I don't agree with all ... (les écologistes).
4. ... (la pollution) is everywhere. It's a ... . (C'est dommage.)
5. We want to promote ... (durable) development in all countries.

8 *It's me.* Écoutez ce dialogue et complétez le script.

– Hi, Barbara. It's ... , Luca. How ... you?
– I'm not sure I ... who you are.
– I'm your local baker. You ordered ten big ... cakes last week.
– Oh, right. What can I do for ... , Luca?
– I can deliver them now, on my bike, of course. It's more ...-... .

CORRIGÉ DES EXERCICES

2 **1. b.** Il les conçoit. **2. a.** Un mois. **3. b.** Le pétrole. **4. c.** Du climat anglais.

3 **1.** He knows full well that she's ill. **2.** She's no expert on the subject. **3.** I have no idea/I haven't got a clue. **4.** Oliver is very knowledgeable about wind turbines. **5.** I really don't know if they're honest.

4 **1.** We must strike a balance between consumption and the environment. **2.** Organic food is produced without artificial chemicals. **3.** Am I doing enough to protect the environment? I'm not sure. **4.** I use a special bin for paper, plastic and glass. I'm in favour of recycling/waste separation. **5.** Some cars are powered by solar panels.

5 **1.** It's in the garage. **2.** It's a pity. **3.** It's purple! **4.** I don't like this novel. **5.** It's for you.

6 **1.** I'm Mrs Farrad's secretary. Do you want to talk to her? **2.** Hi John, it's me, Silvia. How are you? **3.** I've got two brothers. I like them but they aren't always nice. **4.** We're at home. You can visit us if you want to. **5.** I think it's my neighbour, Samantha. I recognize her.

7 **1.** Oliver specializes in wind farms. He's a wind farm engineer. **2.** I'm aware of its effect on the environment. **3.** I don't agree with all environmentalists. **4.** Pollution is everywhere. It's a pity. **5.** We want to promote sustainable development in all countries.

8 – Hi, Barbara. It's me, Luca. How are you?
– I'm not sure I know who you are.
– I'm your local baker. You ordered ten big organic cakes last week.
– Oh, right. What can I do for you, Luca?
– I can deliver them now, on my bike, of course. It's more eco-friendly.

Focus on... Windfarms vs. landscape

Kite flying on Yarmouth Beach, Norfolk, England (2008).

Le débat sur les éoliennes divise l'opinion un peu partout dans le monde. Il est particulièrement animé en Angleterre.

Environmentalists **support** wind turbines because they **provide** unlimited renewable power, **unlike** petroleum, natural gas or **coal**. Also, the energy produced by wind turbines doesn't pollute the environment.

Hang on a minute – it doesn't pollute? What about the countryside? Some people oppose wind farms because they damage the countryside. Some people **claim** that they are noisy. And yet, the **proponents** of wind turbines say that they are generally quiet. Compared with the noise of road traffic, the noise from wind turbines is very low...

Very often the only people who are against wind farms are those who live near them. If you live far away you don't care about the noise generated by wind turbines or about turbine **blades** falling off... We know what Oliver would say: "It's not my problem. I work on *offshore* wind farms, not onshore!"

to support: être partisan de
to provide: fournir
unlike: contrairement à
coal: le charbon
to hang on: attendre
to claim (that): prétendre (que)
the proponents: les partisans
a blade: une pale

CUMBRIA'S BIGGEST WINDFARM

One of the world's biggest offshore wind farms is in Cumbria, a county about 50 miles north of Liverpool. It has more than one hundred turbines and **generates** enough **power** for more than 300,000 homes (homes, not inhabitants!), so one hundred wind farms like the one in Cumbria could produce enough energy for the entire United Kingdom. But again, if you live near the coast of Cumbria, you probably don't want to see more offshore wind farms! Don't forget that the Lake District, a very popular destination, lies within Cumbria.

to generate: produire
power: l'énergie

Going further

→ **The Lake District** is often associated with **Romantic poets**, especially William Wordsworth (1770-1850). Type Lake District Poetry on a search engine to know more about it... And listen on *Youtube* to the poem *Daffodils* (1804) read by Jeremy Irons. Here is the beginning of the poem:

I wandered lonely as a cloud
That floats on high o'er vales and hills,
When all at once I saw a crowd,
A host of golden daffodils;
Beside the lake, beneath the trees,
Fluttering and dancing in the breeze.

→ If you want to learn more about offshore wind farms, type **Walney Wind Farm** on a search engine. Walney Island is a small island in Cumbria.

TRADUCTION DU SCRIPT

Linda – Bonjour, tout le monde... J'aimerais vous présenter Oliver Martin. Mais je crois que vous le connaissez tous. C'est un grand spécialiste des fermes éoliennes : il connaît les éoliennes par cœur. Il les conçoit et les présente dans le monde entier.

Oliver – Bonjour, tout le monde. Je suis vraiment heureux d'être ici. Oui, je vais dans le monde entier pour parler des éoliennes. Et donc, je ne sors jamais de chez moi sans mon passeport.

Linda – Mais maintenant vous êtes ici avec nous pour un mois...

Oliver – En effet, je suis ici pour étudier les avantages des éoliennes *offshore* dans cette partie de l'Angleterre. Pour moi, elles représentent l'avenir de l'énergie. On a tous conscience de la pénurie de pétrole qui s'annonce. Il y a d'autres formes d'énergie renouvelable. Mais de toute façon les fermes éoliennes font partie de la solution.

Linda – Merci beaucoup, Oliver, de nous aider dans notre projet. Vous savez, moi personnellement j'aime bien les éoliennes. Mais avec le temps qu'il fait en Angleterre, c'est dommage que vous ne puissiez pas fabriquer des turbines à pluie !

4 At the pub

Pour les doc audio et + d'exercices, voir le site.

L'épisode

1 Écoutez le dialogue avec ou sans l'aide du script.

Fin de journée ! Oliver et Linda sont au pub avec un collègue, John.

OLIVER – The drinks are on me. I suppose you're thirsty! It was a very good meeting. I'm really pleased. Thank you so much!
LINDA – I agree with you, it was very pleasant. And yes, I'm thirsty!
OLIVER – So, what do you want to drink?
LINDA – I like beer. I'd like a pint of bitter, please.
JOHN – I prefer ale. So, a pint of ale for me, please.
OLIVER – I'm getting some chips too.
Oliver comes back with the drinks. He's laughing…
OLIVER – There you are. With some crisps, not chips! That's American English!
LINDA – You look happy, Oliver! Do you like it here?
OLIVER – Yes, I do. I like the atmosphere. But I don't always understand people! I mean, I understand them but not always one hundred per cent… Anyway, I hope that you understand me, even when I say "chips" for "crisps".
LINDA – Yes, of course, we're bilingual in a way! We understand British English and American English!

> TRADUCTION P. 37

to be thirsty: avoir soif • **chips** [US], **crisps** [GB]: des chips • **anyway:** de toute façon • **even when:** même quand

2 Répondez aux questions suivantes.

1. Qui paie la première tournée ?
- ❑ a. Oliver.
- ❑ b. John.
- ❑ c. Linda.

2. John commande :
- ❑ a. Un apéritif.
- ❑ b. Un verre de vin.
- ❑ c. Une pinte de bière.

3. Que vont-ils manger ?
- ❑ a. Des cacahuètes.
- ❑ b. Des frites.
- ❑ c. Des chips.

4. D'après Linda, Oliver a l'air :
- ❑ a. Tendu.
- ❑ b. Heureux.
- ❑ c. Ivre.

Proposer

- **"How about going to the pub?" "Good idea!"** « Et si on allait au pub ? » « Bonne idée ! »
- **"Can I take you out for a drink?" "Yes, great!"** « Je peux vous offrir un verre quelque part ? » « Volontiers ! »

- **What would you like to drink?** Que voulez-vous boire ?
- **What are you having?** Qu'est-ce que vous prenez ?
- **Anyone for beer?** Qui veut de la bière ?
- **Would you care for a drink?** Vous désirez boire quelque chose ?

- **What can I get you?** Qu'est-ce que je peux vous offrir ?
- **Can I offer you a drink?** Je peux vous offrir un verre ?
- **It's my round./It's on me./The drinks are on me.** C'est ma tournée.

- **I suggest the pub on Park Avenue.** Je propose le pub sur Park Avenue.
- **John offered to take me to the airport.** John a proposé de m'emmener à l'aéroport.

3 **Traduisez.**

1. C'est notre tournée !
2. Qu'est-ce que je peux t'offrir, Sue ?
3. Moi, je propose qu'on aille au pub.
4. Et si on appelait Linda ?
5. « Qu'est-ce que tu voudrais manger ? » « Je voudrais des chips. »

Les boissons

- **soft/non-alcoholic drinks:** les boissons sans alcool
- **still water:** de l'eau plate
- **tap water:** de l'eau du robinet
- **sparkling water:** de l'eau gazeuse
- **fizzy drinks:** des boissons gazeuses
- **pineapple juice:** du jus d'ananas
- **grapefruit juice:** du jus de pamplemousse
- **a coke:** un coca
- **alcoholic:** alcoolisé
- **white wine:** du vin blanc
- **draught beer:** de la bière pression
- **cider:** du cidre
- **a shandy:** un panaché
- **a gin and tonic:** un gin tonic
- **to drink up:** finir son verre
- **to fill:** remplir
- **to buy a round:** payer une tournée
- **to be (dead) drunk:** être ivre (mort)

4 Complétez en vous aidant du contexte.

1. Do you want bottled beer or ... beer?
2. No alcohol for me. I never drink ... drinks.
3. I love ... with my meal but I prefer red to ... .
4. I drink ... water. It's cheaper than bottled water.
5. It's a fizzy drink made with apples: ... .

Le présent simple : formes

- Il est important de distinguer le présent simple **(I work)** et le présent en **be + -ing (I'm working)**.
- Au présent simple, il faut un **-s** à la 3e personne du singulier : **she works**.

affirmation	négation	question
I work	I don't (do not) work	Do I work...?
you work	you don't work	Do you work...?
he works	he doesn't (does not) work	Does he work...?
we work	we don't work	Do we work...?
you work	you don't work	Do you work...?
they work	they don't work	Do they work...?

- Dans les négations, on emploie toujours **don't** ou **doesn't** entre le sujet et le verbe.
- Les questions commencent toujours par **do** (/du/) ou **does** (/dʌz/).

5 Transformez ces phrases en affirmation (+), négation (-) ou interrogation (?).

1. I like this pub. -
2. Oliver doesn't understand me. +
3. Linda wants a cup of tea. ?
4. They prefer soft drinks. ?
5. John agrees with his friends. -
6. John and Linda want to go to the pub. ?

Le présent simple : emplois

Certains verbes s'emploient presque toujours au présent simple. Ils ont trait :

- À la pensée : **agree** (être d'accord), **believe** (croire), **know** (savoir), **mean** (vouloir dire), **remember** (se souvenir), **think** (penser), **understand** (comprendre) ;
- Au goût : **hate** (détester), **like** (aimer), **prefer** (préférer), **want** (vouloir), **wish** (souhaiter) ;
- À l'apparence : **look** (avoir l'air), **seem** (sembler).

6 Complétez en vous aidant des indications entre parenthèses.

1. I ... ... (ne pas être d'accord) with my colleagues.
2. You ... ... (ne pas avoir l'air) tired.
3. Sandra ... (préférer) wine. She ... (détester) draught beer.
4. ... you ... (comprendre) my American friends?
5. What ... you ... (vouloir dire)?

Répondre par oui ou par non

À une question en **Do** ou **Does**, on répond souvent en reprenant l'auxiliaire.
Do you want it? Yes, I do./No, I don't.
Does Oliver like it? Yes, he does./No, he doesn't.

Pour terminer

7 Complétez ces phrases avec le vocabulaire de l'épisode.

1. Beer, whisky, wine and cider are ... drinks.
2. Water with bubbles is called ... water.
3. Do you ... American or British TV?
4. A very thin piece of fried potato is called "..." in British English and "..." in American.
5. "..." is a drink made by mixing together beer and lemonade.

8 *Nice atmosphere...* Écoutez ce dialogue et complétez le script.

– I like the ... in this ... .
– Yes, I ... it's very ... too.
– And the ... is nice too.
– It's a ... I ... ... the waiters.
– Do ... ... that they're foreigners?
– No, but ... ... from ... .

CORRIGÉ DES EXERCICES

2 **1. a.** Oliver. **2. c.** Une pinte de bière. **3. c.** Des chips. **4. b.** Heureux.

3 **1.** It's our round./It's on us!/ The drinks are on us! **2.** What can I get you, Sue? **3.** I suggest we go to the pub. **4.** How about calling Linda? **5.** "What would you like to eat?" "I'd like some crisps."

4 **1.** Do you want bottled beer or draught beer? **2.** No alcohol for me. I never drink alcoholic drinks. **3.** I love wine with my meal but I prefer red to white. **4.** I drink tap water. It's cheaper than bottled water. **5.** It's a fizzy drink made with apples: cider.

5 **1.** I don't like this pub. **2.** Oliver understands me. **3.** Does Linda want a cup of tea? **4.** Do they prefer soft drinks? **5.** John doesn't agree with his friends. **6.** Do John and Linda want to go to the pub?

6 **1.** I don't agree with my colleagues. **2.** You don't look tired. **3.** Sandra prefers wine. She hates draught beer. **4.** Do you understand my American friends? **5.** What do you mean?

7 **1.** Beer, whisky, wine and cider are alcoholic drinks. **2.** Water with bubbles is called fizzy/sparkling water. **3.** Do you prefer American or British TV? **4.** A very thin piece of fried potato is called "crisp" in British English and "chip" in American. **5.** "Shandy" is a drink made by mixing together beer and lemonade.

8 – I like the atmosphere in this pub.
– Yes, I think it's very pleasant too.
– And the cider is nice too.
– It's a pity I don't understand the waiters.
– Do you mean that they're foreigners?
– No, but they're from Liverpool.

Focus on... What future for pubs?

The atmosphere in *Coronation Street* (Granada TV).

Les pubs, on en voit partout. Seraient-ils pourtant une espèce en voie de disparition ?

The word "pub" is **short for** "public house". It is a cultural and social place, where networks can be created.

You can find them all over the United Kingdom and **actually** nowadays all over the world. In villages, pubs are very important **gathering points**, where people can chat and discuss community **matters**.

Today most pubs serve lunches and dinners. Before the 1990s it was less common. You can also watch football matches in pubs, or play **darts**. Unfortunately, more and more pubs are closing down, especially in rural areas.

Pubs are famous for serving beer. There are four major types of beer: ale (robust), bitter (very common in English pubs, lightly carbonated), lager (**smooth**, close to continental beer), stout (dark, heavy and richly **flavoured**).

All major soap operas on British television have their pub! The most famous on the BBC is called *EastEnders* and its pub is called *The Queen Victoria*, often called *The Vic*. Important events take place in this pub, including a murder. But it's not all dark: some wedding receptions take place in *The Queen Victoria* too! And sometimes – Oh my God! – babies are **swapped**!

short for: l'abréviation de
actually: en fait
a gathering point: un point de rencontre
a matter: un sujet
darts: les fléchettes
smooth: doux
flavoured: parfumé
to swap: échanger

ENGLISH UNITS

In Britain and Ireland, metric units have replaced the pint. However, in pubs it is still an obligation to sell draught beer and cider by the pint (56. 8 centilitres). But don't worry, you don't have to order a whole pint! You can order "half a pint of beer" (28 centilitres).

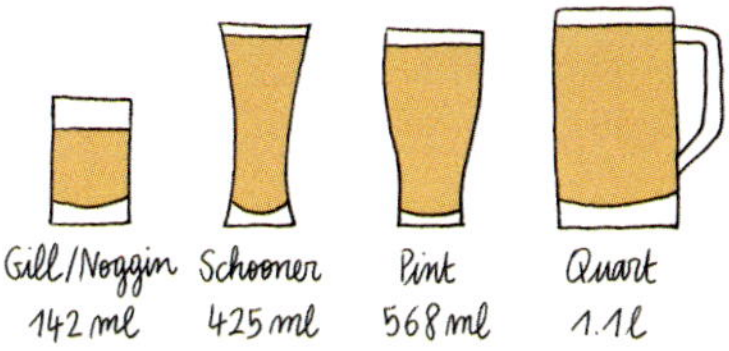

Going further

⇒ If you want to learn more about **pub names** and **pub signs**, type "pub names" or "pub signs" on a search engine.

⇒ ***EastEnders*** was first broadcast by the BBC in 1985. It is a very popular show about people who live in the East End, one of the poorest areas of London.

Coronation Street was first broadcast in 1960 on ITV. It has a pub called *The Rovers Return Inn*. It's another very popular show.

In order to learn more about these two series, type "EastEnders website" and "Coronation Street website" on a search engine.

TRADUCTION DU SCRIPT

Oliver – C'est ma tournée. Je suppose que vous avez soif. C'était une très bonne réunion. Je suis vraiment content. Merci infiniment !

Linda – Je suis d'accord avec toi, c'était très agréable. Et oui, j'ai soif !

Oliver – Alors, qu'est-ce que vous voulez boire ?

Linda – J'aime bien la bière. Je voudrais une pinte de bitter, s'il te plaît.

John – Je préfère l'ale. Donc, une pinte d'ale pour moi, s'il te plaît.

Oliver – Je vais acheter des chips aussi.

Oliver revient avec les boissons. Il rit...

Oliver – Et voilà. Avec des *crisps*, pas des *chips* ! Ça, c'est de l'anglais américain !

Linda – Tu as l'air heureux, Oliver ! Ça te plaît, ici ?

Oliver – Oui. J'aime l'ambiance. Mais je ne comprends pas toujours les gens ! Ce que je veux dire, c'est que je les comprends mais pas toujours à cent pour cent...
Bon, j'espère que vous me comprenez, même quand je dis *chips* à la place de *crisps* !

Linda – Oui, bien sûr. On est bilingues d'une certaine façon ! On comprend l'anglais britannique et l'anglais américain !

5 Dinner at John's place

Pour les doc audio et + d'exercices, voir le site.

L'épisode

1 Écoutez le dialogue avec ou sans l'aide du script.

Oliver et Linda dînent chez John, près d'Albert Dock.

OLIVER – It's delicious, John.
JOHN – Thank you. There's plenty more.
LINDA – Yes, it's lovely. Can you cook, Oliver?
OLIVER – Not really but my wife and kids are great cooks! I have one daughter and two sons. What about you, Linda, do you have kids?
LINDA – No, I don't. But I have a sister and she has three children: I have two nieces and one nephew. We all get on so well.
OLIVER – Anyway, you still have plenty of time, you're still so young.
LINDA – Yes, I am. I'm only twenty-five. I still live with my parents at the moment, because accommodation is expensive. They have a nice terraced house. I have plenty of friends and we go out a lot. It's great.
JOHN – I have an idea: why don't we all go back to the pub after dinner?
LINDA – Brilliant! But this time the drinks are on me. I don't have kids so I still have plenty of money!

> TRADUCTION P. 43

at the moment: pour l'instant • **lovely:** très bon • **accommodation:** le logement • **a terraced house:** une maison mitoyenne

2 Répondez aux questions suivantes.

1. Est-ce qu'Oliver sait faire la cuisine ?
- ❑ a. Oui, comme sa femme.
- ❑ b. Pas du tout.
- ❑ c. Pas vraiment.

2. Combien de neveux et nièces a Linda ?
- ❑ a. Deux nièces et un neveu.
- ❑ b. Une nièce et deux neveux.
- ❑ c. Une nièce et un neveu.

3. Quel âge a Linda ?
- ❑ a. 35 ans.
- ❑ b. 25 ans.
- ❑ c. 20 ans.

4. Quel genre d'habitation ont les parents de Linda ?
- ❑ a. Une maison mitoyenne.
- ❑ b. Une maison avec terrasse.
- ❑ c. Un appartement.

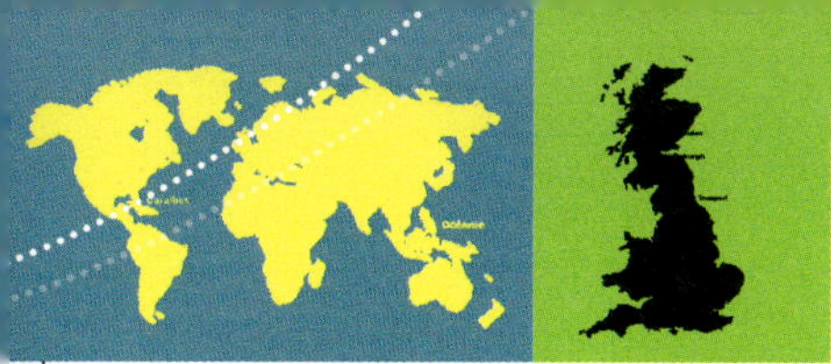

Se présenter

- **"What's your name?" "My name is..."**
  « Comment t'appelles-tu ? » « Je m'appelle... »
- **"How old are you?" "I'm 38 (years old)."** « Quel âge as-tu ? » « J'ai 38 ans. »
- **"Where are you from?" "I'm from Bath. I was born in Wales."**
  « D'où es-tu ? » « Je suis de Bath. Je suis né au pays de Galles. »
- **"Where do you live?" "I live in Oxford."** « Où habites-tu ? » « J'habite à Oxford. »
- **I've lived here for ten years.** J'habite ici depuis dix ans.
- **I live on my own.** J'habite seul.
- **I share a flat with four flatmates.**
  Je partage un appartement avec quatre colocataires.
- **I live with my girlfriend/boyfriend.** Je vis avec ma petite amie/mon petit ami.
- **I'm married/single/divorced.** Je suis marié/célibataire/divorcé.
- **"What do you do for a living?" "I work as a nurse at the hospital."**
  « Qu'est-ce que tu fais dans la vie ? » « Je travaille comme infirmier à l'hôpital. »

3 Traduisez.

1. « Tu as quel âge, Lindsay ? » « J'ai trente ans. »
2. Je travaille comme ingénieur dans une usine automobile *(a car factory).*
3. Est-ce qu'ils ont des frères et sœurs ?
4. Je suis née à Liverpool mais je vis à Leeds.
5. Je n'habite pas seule.
6. Je partage un appartement avec mon petit ami.

La famille et les amis

- **a relative:** un parent
- **all my relatives:** toute ma famille
- **a child** (pl. **children**), **a kid:** un enfant
- **a half-brother:** un demi-frère
  [un parent en commun]
- **a half-sister:** une demi-sœur
- **my mother-in-law:** ma belle-mère
  [mère du conjoint]
- **my father-in-law:** mon beau-père
  [père du conjoint]
- **a nephew:** un neveu
- **a niece:** une nièce
- **my wife:** ma femme
- **my husband:** mon mari
- **a divorce:** un divorce
- **my boyfriend:** mon petit ami
- **my girlfriend:** ma petite amie
- **my partner:** mon compagnon,
  ma compagne
- **a close friend:** un ami proche
- **a pal, a mate:** un copain
- **an acquaintance:** une relation

4 **Complétez en vous aidant du contexte ou des indications entre parenthèses.**

1. My brother's kids are my ... .
2. I have three nephews because my sister has three ... .
3. My first marriage ended in ... .
4. I'm Patrick. And this is my ... . We are happily married!
5. I share a flat with a ... ... (une amie proche), Lucy. She's my confidante.

Have (avoir) au présent

• **Have** (avoir, posséder) se conjugue comme un verbe ordinaire, avec **do**.

• **Have** s'emploie le plus souvent comme « avoir », pour exprimer la possession **(I have a house)** ou un lien de parenté **(I have a sister)**.

affirmation	négation	question
I have	I don't have	Do I have...?
you have	you don't have	Do you have...?
he has	he doesn't have	Does he have...?
we have	we don't have	Do we have...?
you have	you don't have	Do you have...?
they have	they don't have	Do they have...?

• **Have** a parfois un autre sens : **have fun** (s'amuser), **have drinks** (prendre un verre), **have lunch/dinner** (déjeuner/dîner), **have a bath/a shower** (prendre un bain/une douche).

5 **Construisez une phrase avec *have* à la forme qui convient : affirmation (+), négation (-) ou interrogation (?).**

1. Linda/nice friends/+
2. Oliver/kids/?
3. They/a large car/-
4. John/kids/-
5. My colleagues/a small office/+

Have (avoir) au passé

Il est facile de conjuguer **have** au passé : on emploie **had** pour toutes les personnes.
I had a house. J'avais une maison.
My grandmother had four cats. Ma grand-mère avait quatre chats.

6 **Choisissez la forme qui convient : *have, has* ou *had.***

1. Does she ... a large house?
2. She doesn't ... a car.
3. He ... an apartment in the city centre. It's great!
4. Winston Churchill ... a lot of courage.
5. My car ... a hybrid engine.

Un mot sur les articles

- L'équivalent de « un, une » est **a** : **a sister**. Quand un mot commence par une voyelle, il est précédé de **an** : **an idea**.
- « Des » peut ne pas se traduire : Tu as des enfants ? **Do you have kids?**
- L'article « le, la, les » se traduit souvent par **the**, mais pas toujours (voir p. 62).

Pour terminer

7 Complétez ces phrases avec le vocabulaire de l'épisode.

1. It's a synonym for "child": ... .
2. Paula is just an ... . I don't know her well.
3. Keith is a good ... , but I wouldn't call him a friend.
4. My wife's mother is my ... - ... - ... .
5. It's a synonym for "member of the family": ... .

8 *She never listens...* Écoutez ce dialogue et complétez le script.

– My ... never listens to me.
– My ... never talks! How can I listen to him?
– That's not true! Ask my ... ...
– Why not ask your ... and ... ?
– We can ask all my ... including all my ... and ... .
– Oh yeah! That's all we need. All ... .

CORRIGÉ DES EXERCICES

2 **1. c.** Pas vraiment. **2. a.** Deux nièces et un neveu. **3. b.** 25 ans. **4. a.** Une maison mitoyenne.

3 **1.** "How old are you, Lindsay?" "I'm thirty." **2.** I work as an engineer in a car factory. **3.** Do they have brothers and sisters? **4.** I was born in Liverpool but I live in Leeds. **5.** I don't live on my own. **6.** I share a flat/an apartment with my boyfriend.

4 **1.** My brother's kids are my nephews/ nieces and nephews. **2.** I have three nephews because my sister has three children/kids. **3.** My first marriage ended in divorce. **4.** I'm Patrick. And this is my wife. We are happily married! **5.** I share a flat with a close friend, Lucy. She's my confidante.

5 **1.** Linda has nice friends. **2.** Does Oliver have kids? **3.** They don't have a large car. **4.** John doesn't have kids. **5.** My colleagues have a small office.

6 **1.** Does she have a large house? **2.** She doesn't have a car. **3.** He has an apartment in the city centre. It's great! **4.** Winston Churchill had a lot of courage. **5.** My car has a hybrid engine.

7 **1.** It's a synonym for "child": kid. **2.** Paula is just an acquaintance. I don't know her well. **3.** Keith is a good pal/ mate but I wouldn't call him a friend. **4.** My wife's mother is my mother-in-law. **5.** It's a synonym for "member of the family": relative.

8 – My wife never listens to me.
– My husband never talks! How can I listen to him?
– That's not true! Ask my brothers and sisters.
– Why not ask your parents and grandparents?
– We can ask all my relatives including all my nephews and nieces.
– Oh yeah! That's all we need. All your family.

Focus on... Terraced houses

Terraced houses built for coal miners in the 19th century (Wales).

Ces terraced houses *sont des maisons de mineurs... Mais toutes les* terraced houses *ne sont pas des maisons ouvrières.*

Terraced houses are houses joined together along their **sidewalls**. Very often when we think of terraced houses, we think of small brick houses in **working-class** areas, like the ones in the photo.

Technically, "terraced houses" are houses built in a **row**. One of the most beautiful rows of houses is the Royal Crescent (built in the 1780s), in Bath, England. However, people don't usually associate these grand houses with terraced houses.

After World War II, many terraces were destroyed to make room for **tower blocks**. But people soon discovered that tower blocks presented no **improvement** over terraced houses. When you live in a terraced house, you live in your own house, often with a small **back garden**.

Many English people feel more at home in a house than in a flat. The image of terraced houses is more positive now than in the past. By contrast, tower blocks are often considered undesirable places to live.

a sidewall: un mur latéral
working-class (adj.)**:** ouvrier
a row: une rangée
tower blocks: des tours
an improvement: une amélioration
a back garden: un jardin (derrière la maison)

BROWNSTONES

There are terraced houses all over the world, but they often have different names.

In New York, they are often called "brownstones". Why "brownstones"? Because they are made of brown stones! They can cost several million dollars!

Going further

→ For an example of a working-class terrace in the UK, you can watch the 2000 drama film ***Billy Elliot*** by Stephen Daldry. It tells the story of a very poor 11-year-old aspiring dancer, Billy Elliot, in northern England. It has a happy ending!

→ The **Royal Crescent in Bath** appears in the 2007 TV edition of *Persuasion* (after a novel by **Jane Austen**). It's the story of the Elliot family, an aristocratic family, very different from the Elliot family in *Billy Elliot*!

TRADUCTION DU SCRIPT

Oliver – C'est délicieux, John.

John – Merci. Il en reste plein.

Linda – Oui, c'est très bon. Tu sais cuisiner, Oliver ?

Oliver – Pas vraiment, mais ma femme et mes enfants sont de grands cuisiniers ! J'ai une fille et deux fils. Et toi, Linda, tu as des enfants ?

Linda – Non. Mais j'ai une sœur et elle a trois enfants. J'ai donc deux nièces et un neveu. On s'entend tous vraiment bien.

Oliver – De toute façon, tu as encore le temps. Tu es encore jeune.

Linda – Oui, j'ai seulement vingt-cinq ans. J'habite encore chez mes parents, pour l'instant, car c'est cher de se loger. Ils ont une belle maison mitoyenne. J'ai plein de copains et on sort beaucoup. C'est génial.

John – J'ai une idée : et si on retournait tous au pub après le dîner ?

Linda – Super ! Mais cette fois c'est ma tournée. Je n'ai pas d'enfants et donc j'ai encore plein d'argent !

6 Breakfast time

Pour les doc audio et + d'exercices, voir le site.

L'épisode

1 Écoutez le dialogue avec ou sans l'aide du script.

Oliver prend son petit déjeuner à l'hôtel, près d'Albert Dock.

Sarah – Good morning!
Oliver – Hello, Sarah. It's crowded today!
Sarah – Yes, it's full. Are you ready to order?
Oliver – Yes. Can I have a full English breakfast with coffee, please? I love cooked breakfasts.
Sarah – So, you've got time for breakfast this morning?
Oliver – Yes, it's great, I've got plenty of time: I've got a meeting at 11 with a colleague. She's got a house on Regent Road, so it's convenient.
Sarah – Lucky you! I've got plenty of work today. Yesterday, you were almost the only customer.
Oliver – It's unfair! By the way, I don't like orange juice. Have you got apple juice, instead?
Sarah – Yes, of course. Unfortunately there is no black pudding. We've got a problem with the supplier.
Oliver – That's all right! I'm American, so it doesn't matter if it's not typical!

> TRADUCTION P. 49

it's crowded: il y a un monde fou • **convenient:** pratique • **almost:** presque • **a customer:** un client • **unfair:** injuste • **unfortunately:** malheureusement • **black pudding:** du boudin • **a supplier:** un fournisseur

2 Répondez aux questions suivantes.

1. Qui est Sarah ?
- ❑ a. Une collègue.
- ❑ b. Une amie.
- ❑ c. Une serveuse.

2. Qui habite à Regent Road ?
- ❑ a. Une collègue.
- ❑ b. Une amie.
- ❑ c. Une cliente.

3. Que va boire Oliver ?
- ❑ a. Du jus d'orange.
- ❑ b. Du jus de pomme.
- ❑ c. Ni l'un ni l'autre.

4. Qu'est-ce qui manque à ce repas ?
- ❑ a. Du pudding.
- ❑ b. Du boudin.
- ❑ c. Du jus d'orange.

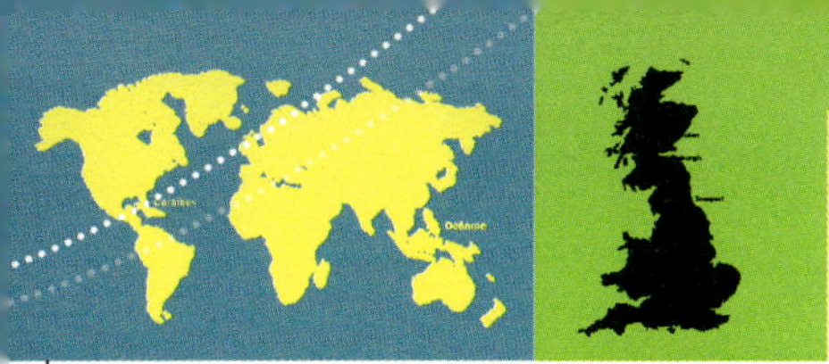

Dire qu'on aime, qu'on adore

- **I'm mad about fashion.** Je suis fou de mode.
- **I'm passionate about... / I have a passion for...** Je suis passionné par...
- **I'm keen on...** Je suis enthousiasmé par...

- **I love it! I like it.** J'adore ! J'aime bien.
- **I like nothing better than...** J'aime par-dessus tout...
- **She's (totally) into sports.** C'est une passionnée de sports.
- **I got to like sci-fi with time.** Je me suis mis à apprécier la SF avec le temps.
- **That sounds like fun.** Ça a l'air sympa.

- **It's not bad, is it?** C'est pas mal, hein ?
- **It was such fun to go for a drive with her.**
  C'était si agréable de se promener en voiture avec elle.
- **I enjoy going out for a walk.** J'aime bien me promener.

3 Traduisez.

1. Je suis passionné par l'anglais.
2. Karen aime le sport par-dessus tout.
3. Mes frères sont des passionnés de voitures de course *(racing cars)*.
4. Elle aime bien travailler seule *(on her own)*.
5. Il est fou d'elle !

Le petit déjeuner

- **bread:** du pain
- **toast:** du pain grillé
- **butter:** du beurre
- **jam:** de la confiture
- **marmalade:** de la confiture d'agrumes
- **breakfast cereals:** des céréales
- **porridge** [GB], **oatmeal** [US]:
  du porridge
- **pancakes:** des crêpes
- **orange/apple juice:**
  du jus d'orange/de pomme
- **grapefruit juice:**
  du jus de pamplemousse
- **cheese:** du fromage
- **ham:** du jambon
- **sausages:** des saucisses
- **bacon and eggs:** du bacon et des œufs
- **scrambled/fried eggs:**
  des œufs brouillés/des œufs au plat
- **poached/hard-boiled eggs:**
  des œufs pochés/des œufs durs
- **an omelette:** une omelette
- **mushrooms:** des champignons
- **black pudding:** du boudin
- **baked beans:** des *baked beans*
  [des haricots blancs à la sauce tomate]

4 Complétez en vous aidant du contexte.

1. It's a sausage made from blood: ... .
2. Marmalade is made from citrus fruit. So it's different from ... .
3. ... are like crepes but thicker.
4. You can't make an ... without breaking eggs.
5. A truffle *(une truffle)* is a ... that grows underground.

Have got (avoir)

affirmation	négation	question
I've (have) got	I haven't (have not) got	Have I got...?
you've got	you haven't got	Have you got...?
he's (has) got	he hasn't (has not) got	Has he got...?
we've got	we haven't got	Have we got...?
they've got	they haven't got	Have they got...?

• « Avoir » peut se dire **have got** en anglais. Attention, on n'emploie pas l'auxiliaire **do** pour conjuguer **have got**.

• **Have got** n'existe qu'au présent. Au passé, on emploie toujours **had** (sans **got**).
Today I've got money. Yesterday, I had peanuts.
Aujourd'hui, j'ai de l'argent. Hier, j'avais des clopinettes.

• On répond souvent à **Have you got...?** par **Yes, I have** ou **No, I haven't**.
"So, you've got time for breakfast this morning?" "Yes, I have."

• **Have** ne peut pas être remplacé par **have got** quand **have** s'emploie dans les expressions **have fun**, **have drinks**, **have lunch**, **have a bath** (voir p. 40).

5 Remplacez *have* par *have got* dans ces phrases. Attention, ce n'est pas toujours possible !

1. Oliver has three children.
2. Linda doesn't have children.
3. Do they have a large house?
4. I had lunch with your parents today.
5. I always have fun with my friends.
6. I don't have a car but I have three bikes.

Can

Can (pouvoir) se conjugue sans auxiliaire : **Can I have a full English breakfast?**
On l'utilise beaucoup pour demander quelque chose dans un commerce.

6 Complétez avec *have* ou *have got* en vous aidant des indications entre parenthèses.

1. She ... ... (avoir le temps) today, she's on holiday!
2. Unfortunately, I ... ... (avoir plein de travail).
3. Can I ... lunch (déjeuner) now, please?
4. ... you ... (avoir) a meeting tonight?
5. She ... ... (ne pas avoir) a house but she's happy.

Pour terminer

7 Complétez ces phrases avec le vocabulaire de l'épisode.

1. You can say "I'm passionate about food" or "I have ... ... food."
2. I'm totally ... video games.
3. Once your bread is toasted, you just call it "...".
4. ...-... eggs are boiled in a saucepan. When you beat eggs and fry them, you get ... eggs.
5. I ... nothing ... than an evening in good company.
6. A synonym for "client" is "...".

8 *A breakfast meeting...* Écoutez ce dialogue et complétez le script.

– I have a ... ... at the hotel. It's very ... .
– That's why we have many ... and always ... ... work.
– Do you serve ... ... ?
– Yes, ... And honestly, it's the best in town. Everybody ... our ... .
– That's ... ! And I'd also like some ... ... and some ... . And ... !
– ... ... , your .... are already waiting for you in the foyer.

CORRIGÉ DES EXERCICES

2 **1. c.** Une serveuse. **2. a.** Une collègue. **3. b.** Du jus de pomme. **4. b.** Du boudin.

3 **1.** I'm passionate about/ I have a passion for English. **2.** Karen likes nothing better than sport. **3.** My brothers are (totally) into racing cars. **4.** She likes working on her own. **5.** He's mad about her!

4 **1.** It's a sausage made from blood: black pudding. **2.** Marmalade is made from citrus fruit. So it's different from jam. **3.** Pancakes are like crepes but thicker. **4.** You can't make an omelette without breaking eggs. **5.** A truffle is a mushroom that grows underground.

5 **1.** Oliver has got three children. **2.** Linda hasn't got children. **3.** Have they got a large house? **4.** I had lunch with your parents today. [*have got* impossible] **5.** I always have fun with my friends. [*have got* impossible] **6.** I haven't got a car but I've got three bikes.

6 **1.** She's got/ She has time today, she's on holiday! **2.** Unfortunately, I've got/ I have plenty of work. **3.** Can I have lunch now, please? [*have got* impossible] **4.** Have you got/Do you have a meeting tonight? **5.** She hasn't got/ doesn't have a house but she's happy.

7 **1.** You can say "I'm passionate about food" or "I have a passion for food." **2.** I'm totally into video games. **3.** Once your bread is toasted, you just call it "toast". **4.** Hard-boiled eggs are boiled in a saucepan. When you beat eggs and fry them, you get scrambled eggs/an omelette. **5.** I like nothing better than an evening in good company. **6.** A synonym for "client" is "customer".

8 – I have a breakfast meeting at the hotel. It's very convenient.
– That's why we have many customers and always plenty of work.
– Do you serve a full English breakfast?
–Yes, of course. And honestly, it's the best in town. Everybody loves our breakfast.
– That's great! And I'd also like some breakfast cereal and some apple juice. And tea!
– By the way, your colleagues are already waiting for you in the foyer.

Focus on...
English or Continental?

Attending a horse race at Royal Ascot (2012).

La Grande-Bretagne est composée de quatre pays (Angleterre, pays de Galles, Écosse, Irlande du Nord) et chacun propose son propre petit déjeuner.

The word "breakfast" means literally "**break the fast**", just like the French word "déjeuner".

A traditional English breakfast is a **hearty** and substantial breakfast. The most common ingredients are eggs, bacon, sausages, tomatoes, toast and mushrooms, consumed with tea or coffee and fruit juice.

However, the ingredients used are very diverse and vary from one place to another. Don't forget that the United Kingdom consists of four countries: England, Scotland, Northern Ireland and Wales and each country has its own "national breakfast"!

Most hotels in the UK also serve "continental breakfasts", which consist of cheese, cold **meat**, pastries (like croissants) and of course bread and jam. These breakfasts are in fact quite popular these days. The phrase "continental breakfast" is also used in North America, even if "continental" refers to the continent of Europe.

to break the fast: casser le jeûne • **hearty:** solide • **most:** la plupart de • **meat:** de la viande

MRS BEETON'S COOKBOOK

The idea of a hearty breakfast appeared in Victorian times (in the second half of the 19th century). It was popularised by a legendary cook called Mrs Beeton. Before Mrs Beeton, an English breakfast often consisted of bread and meat.

Mrs Beeton's cookbook was published in 1861. Some people still read it today and it is still available.

Going further

- Check ***Mrs Beeton's Cookbook*** on the Internet. You'll find her wonderful recipe for strawberry jam.
- The writer **Somerset Maugham** once wrote: "To eat well in England you should have breakfast three times a day". To prove him wrong, check these recipes:
  http://www.bbc.co.uk/food/recipes
- ***Breakfast at Tiffany's*** is a 1961 romantic film directed by Blake Edwards. It portrays Holly, an eccentric girl living in New York. In this film we see her (**Audrey Hepburn**) carrying a very long cigarette holder.

TRADUCTION DU SCRIPT

Sarah – Bonjour !

Oliver – Bonjour, Sarah. C'est bondé aujourd'hui.

Sarah – Oui, c'est plein. Vous êtes prêt à commander ?

Oliver – Oui. Je peux avoir un petit déjeuner anglais complet avec du café, s'il vous plaît ? J'adore les petits déjeuners cuisinés.

Sarah – Alors, vous avez le temps de prendre un petit déjeuner ce matin ?

Oliver – Oui, c'est super. J'ai plein de temps : j'ai une réunion à 11 heures avec une collègue. Elle a une maison à Regent Road, donc c'est commode.

Sarah – Quelle chance ! J'ai plein de travail aujourd'hui. Hier, vous étiez presque le seul client.

Oliver – C'est injuste ! Au fait, je n'aime pas le jus d'orange. Vous avez du jus de pomme à la place ?

Sarah – Oui, bien sûr. Malheureusement, il n'y a pas de boudin. On a un problème avec le fournisseur.

Oliver – C'est très bien comme ça ! Je suis américain, et donc tant pis si ce n'est pas typique !

Check it! 1 > 6

What did they say ?

1 Cinq erreurs se sont glissées dans ce résumé des épisodes 1-3. **Corrigez-les.**

Oliver Martin vient d'arriver à la gare de Liverpool. Il est accueilli par Linda, sa future collègue, très tôt le matin. Oliver souffre du décalage horaire, et donc il n'a pas faim. Linda l'emmène en voiture au centre de Liverpool. En chemin, Oliver reçoit un appel de sa fille, Emma. On apprend qu'elle étudie la littérature à New York, ce qui impressionne Linda. Puis les choses sérieuses commencent : Oliver doit parler de toutes les énergies renouvelables devant ses futurs collègues.

SCORE : (...) / 10

2 Cinq blancs se sont glissés dans ce résumé des épisodes 4-6. **Complétez-les.**

Oliver, Linda et John se retrouvent au pub. Ils commandent de la bière et ... . Oliver aime bien l'atmosphère, même s'il ne comprend pas toujours les Britanniques à cent pour cent. Plus tard, John invite Oliver et Linda à dîner chez lui. On apprend qu'Oliver a un fille et ... . Linda, quant à elle, habite ... . Après le repas, ils retournent tous les trois au pub ! Le lendemain, à l'hôtel, Oliver commande son petit déjeuner. Il adore les petits déjeuners cuisinés, mais il n'aime pas ... . Petit problème : il n'y a plus de ... ! Cela ne dérange pas Oliver, car il ne sait pas vraiment ce qu'est un petit déjeuner anglais typique.

SCORE : (...) / 10

Express yourself

3 **Retrouvez** le sens de ces cinq mots.

1. tap water: ...
2. waste treatment: ...
3. a landline: ...
4. to go green: ...
5. an acquaintance: ...

SCORE : (...) / 10

4 Que diriez-vous dans les contextes suivants ?

1. "What's your name?" "... Laurie."
2. "This is Jack." "Pleased ... , Jack."
3. "Hello. Can I speak to Sonia, please?" "... ."
4. "It's my round." "No way. The drinks are ... me."
5. "What do you do?" "I work ... policeman, and you?"

SCORE : (...) / 10

5 Dites-le en anglais.

1. Je voudrais vous présenter Laura.
2. Ne quittez pas.
3. Merci d'avoir appelé.
4. J'en suis certain.
5. J'habite ici depuis dix ans.

SCORE : (...) / 10

Afraid of grammar ?

6 Traduisez.

1. J'ai faim.
2. Il a soif.
3. Salut, Tim. Comment ça va ?
4. Nous sommes en train d'arriver à la gare.
5. Pete n'est pas disponible pour l'instant.

SCORE : ... / 10

7 Complétez par un pronom personnel.

1. I like this taxi. ... 's very comfortable.
2. Do you know Sandra? ... 's my colleague.
3. Yes, I know ... . She's nice.
4. Alex and Sam are here. ... 're on the veranda.
5. Alex and Sam? I don't know ... .

SCORE : ... / 10

8 Traduisez.

1. Elle a des enfants.
2. Nous avons deux filles.
3. John n'a pas d'enfants.
4. Est-ce que Molly a des enfants ?
5. Ma fille avait un examen *(an exam)*.

SCORE : ... / 10

Cultural quiz

9 Épisodes 1-3

1. When was Liverpool richer than London?
   - ❑ a. In the Middle Ages.
   - ❑ b. In the 19th century.
2. Today, Liverpool is considered the capital city of:
   - ❑ a. Pop music.
   - ❑ b. The Navy.
3. Who was James Penny?
   - ❑ a. An architect.
   - ❑ b. A slave trader.
4. "Central Park" is called "Central Park" because:
   - ❑ a. It's in the middle of Manhattan.
   - ❑ b. It's near Central Station in New York.
5. The lake in Central Park is named "Harlem Meer" because:
   - ❑ a. New York was first a Dutch city.
   - ❑ b. The lake looks like a sea.

SCORE : ... / 10

10 Épisodes 4-6

1. The word "pub" is short for what? ...
2. Can you name two types of beer? ... and ...
3. What are terraced houses? ...
4. What material is used to build typical terraced houses in the UK? ...
5. What can you usually find in the back of a terraced house? ...

SCORE : ... / 10

Corrigés p. 52 (2 points par bonne réponse). SCORE : ... / 100

corrigés

1 Oliver Martin vient d'arriver à ~~la gare~~ **à l'aéroport** de Liverpool. Il est accueilli par Linda, sa future collègue, ~~très tôt le matin~~ **vers midi**. Oliver souffre du décalage horaire, ~~et donc il n'a pas faim~~ **mais il est prêt à manger quelque chose**. Linda l'emmène en voiture au centre de Liverpool. En chemin, Oliver reçoit un appel de sa fille, Emma. On apprend qu'elle étudie ~~la littérature~~ **la physique nucléaire** à New York, ce qui impressionne Linda. Puis les choses sérieuses commencent : Oliver doit parler de ~~toutes les énergies renouvelables~~ **des éoliennes** devant ses futurs collègues.

2 Oliver, Linda et John se retrouvent au pub. Ils commandent de la bière et **des chips**. Oliver aime bien l'atmosphère, même s'il ne comprend pas toujours les Britanniques à cent pour cent. Plus tard, John invite Oliver et Linda à dîner chez lui. On apprend qu'Oliver a un fille et **deux fils**. Linda, quant à elle, habite **chez ses parents**. Après le repas, ils retournent tous les trois au pub ! Le lendemain, à l'hôtel, Oliver commande son petit déjeuner. Il adore les petits déjeuners cuisinés, mais il n'aime pas **le jus d'orange**. Petit problème : il n'y a plus de **boudin** ! Cela ne dérange pas Oliver, car il ne sait pas vraiment ce qu'est un petit déjeuner anglais typique.

3 **1.** tap water: de l'eau du robinet **2.** waste treatment: le traitement des déchets **3.** a landline: un téléphone fixe **4.** to go green: être écolo **5.** an acquaintance: une relation

4 **1.** "What's your name?" "**I'm** Laurie." **2.** "This is Jack." "Pleased **to meet you**, Jack." **3.** "Hello. Can I speak to Sonia, please?" "**Speaking**." **4.** "It's my round." "No way. The drinks are **on** me." **5.** "What do you do?" "I work **as a** policeman, and you?"

5 **1.** I'd like you to meet Laura. **2.** Bear with me. **3.** Thank you for calling. **4.** I know that for sure. **5.** I've lived here for ten years.

6 **1.** I'm hungry. **2.** He's thirsty. **3.** Hi, Tim. How are you? **4.** We're arriving at the station. **5.** Pete is not available at the moment.

7 **1.** I like this taxi. **It**'s very comfortable. **2.** Do you know Sandra? **She**'s my colleague. **3.** Yes, I know **her**. She's nice. **4.** Alex and Sam are here. **They**'re on the veranda. **5.** Alex and Sam? I don't know **them**.

8 **1.** She has children. **2.** We have two daughters. **3.** John doesn't have children. **4.** Does Molly have children? **5.** My daughter had an exam.

9 **1. b.** In the 19th century. **2. a.** Pop music. **3. b.** A slave trader. **4. a.** It's in the middle of Manhattan. **5. a.** New York was first a Dutch city.

10 **1.** Public house. **2.** Ale, bitter, lager, stout. **3.** Houses joined together along their sidewalls. **4.** Brick. **5.** A garden.

PARTIE 2

7 Hi, darling

2e soir à Liverpool : Oliver reçoit un appel de sa femme, Jennifer, de New York.

Communication Parler de la journée écoulée p. 55
Vocabulaire En train p. 55
Grammaire Le prétérit p. 56
Focus on *From New York to Philadelphia* p. 58

8 Seeing new customers

Oliver et Linda vont visiter un parc éolien offshore au nord de Liverpool.

Communication Commander un repas p. 61
Vocabulaire Au restaurant p. 61
Grammaire L'emploi de *the* p. 62
Focus on *An icon under threat* p. 64

9 A more personal question

Oliver et Linda se sont arrêtés pour dîner et font plus ample connaissance.

Communication Parler de soi p. 67
Vocabulaire La formation professionnelle p. 67
Grammaire *There is/ There are* • *Ago* p. 68
Focus on *A British Asterix?* p. 70

10 Back to work!

Un lundi matin au bureau... Linda et Oliver se racontent leur week-end.

Communication Dire l'heure p. 73
Vocabulaire Le découpage du temps p. 73
Grammaire Les prétérits irréguliers p. 74
Focus on *Greenwich* p. 76

11 A chance encounter

Emma croise une amie, Rebecca, à l'arrêt de bus sur Atlantic Avenue, NY.

Communication Parler de ses habitudes p. 79
Vocabulaire Les transports en commun p. 79
Grammaire Les deux présents p. 80
Focus on *The L* p. 82

12 Away for the weekend?

Oliver et sa femme, Jennifer, discutent sur Skype.

Communication Parler de ses projets p. 85
Vocabulaire Le bulletin météo p. 85
Grammaire *Be going to* p. 86
Focus on *Tea and the Revolution* p. 88

p. 90-92 **Check it!** 7 > 12

7 Hi, darling

Pour les doc audio et + d'exercices, voir le site.

L'épisode

1 Écoutez le dialogue avec ou sans l'aide du script.

2ᵉ soir à Liverpool : Oliver reçoit un appel de sa femme, Jennifer, de New York.

JENNIFER – Hi, darling, how are you today?
OLIVER – Oh hi, darling. I'm fine and you?
JENNIFER – I'm good. Did you have a good day?
OLIVER – Yes, I had a great day actually. I worked a lot. I talked a lot too! My new colleagues are very friendly, but I don't know my new boss yet.
JENNIFER – Are you still tired?
OLIVER – Well, to be honest, I didn't sleep very well last night. I was still jet-lagged. By the way, I didn't tell you that Emma phoned me when I arrived at the airport!
JENNIFER – I know. She phoned me after she talked to you. I was still asleep. Now I'm packing a suitcase. You remember that I'm at a conference in Philadelphia on global warming. It's late for you, I think. So good night, darling. I miss you.
OLIVER – I miss you too. I love you.

> TRADUCTION P. 59

actually: en fait • **not… yet:** pas encore • **still:** encore • **a suitcase:** une valise • **a conference:** un colloque • **global warming:** le réchauffement climatique • **I miss you:** tu me manques

2 Répondez aux questions suivantes.

1. Comment sont les collègues d'Oliver ?
   - ☐ a. Sympas.
   - ☐ b. Assez sympas.
   - ☐ c. Très sympas.
2. Que fait Jennifer en ce moment ?
   - ☐ a. Elle travaille.
   - ☐ b. Elle fait sa valise.
   - ☐ c. Elle écrit un mail.
3. Où part-elle ?
   - ☐ a. À un colloque.
   - ☐ b. À la campagne.
   - ☐ c. À une conférence.
4. Quelle heure est-il pour Oliver ?
   - ☐ a. L'heure de dîner.
   - ☐ b. L'heure de se coucher.
   - ☐ c. L'heure de la sieste.

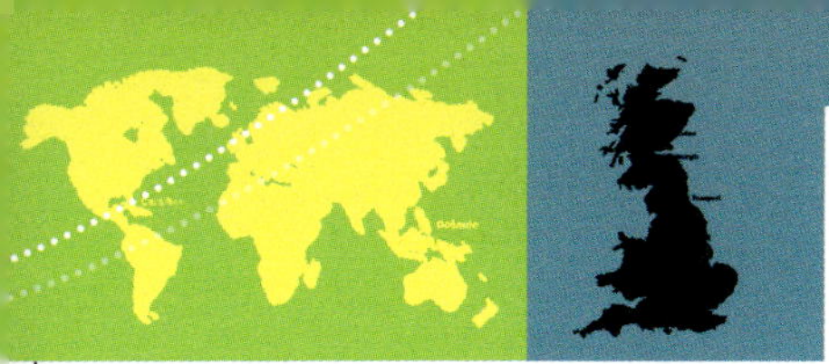

Parler de la journée écoulée

What did you do today? Qu'est-ce que tu as fait aujourd'hui ?

- **I did so many things today.** J'ai fait tellement de choses aujourd'hui.
- **I did some cleaning and the cooking.** J'ai fait le ménage et la cuisine.
- **I worked a lot.** J'ai beaucoup travaillé.
- **I went to work. And then I went to the cinema with some friends.** Je suis allé au travail. Ensuite je suis allé au cinéma avec des amis.

- **Not much. I didn't go to work, I just went shopping.** Pas grand-chose. Je ne suis pas allé au travail, je suis juste allé faire des courses.
- **I walked around the park.** Je me suis promené dans le parc.
- **I did absolutely nothing all day.** Je n'ai absolument rien fait de la journée.
- **I slept in and then I spent the whole day watching TV!** J'ai fait la grasse matinée et ensuite j'ai passé toute la journée à regarder la télé !

3 Traduisez.

1. Mon colocataire *(flatmate)* a fait la grasse matinée.
2. Il n'a rien fait de la journée.
3. Moi, j'ai fait le ménage.
4. Lyndsay est allée au travail avec moi.
5. Je suis allé à Philadelphie pour la journée *(for the day)*.

En train

- **a train/rail station:** une gare
- **railway(s):** les chemins de fer
- **a slow train:** un omnibus
- **a fast/high-speed train:** un train rapide
- **a coach, a carriage** [GB], **a car** [US]: une voiture
- **the platform:** le quai, la voie
- **a delay:** un retard
- **on time:** à l'heure
- **to go to London by train:** aller à Londres en train
- **to get on (the train):** monter
- **to get off (the train):** descendre
- **on/in the train:** dans le train
- **to catch the train:** attraper le train
- **to miss the train:** rater le train
- **a single ticket** [GB], **a one-way ticket** [US]: un aller simple
- **a return ticket** [GB], **a round trip** [US]: un aller-retour
- **the fare:** le prix (du billet)
- **to punch:** composter

4 **Complétez en vous aidant du contexte ou des indications entre parenthèses.**

1. Do you want a ... ticket or a return?
2. The opposite of "get on a train" is "get ... a train".
3. The seat number is 42, but what ... (voiture) are we in?
4. There is a one-hour ... (retard). So, the train is not ... .
5. Are you sure the train leaves from ... 4?

Le prétérit : formes

• Le prétérit est le temps le plus employé pour parler du passé.

affirmation	négation	question
you worked	you didn't (did not) work	Did you work?
she worked	she didn't (did not) work	Did she work?
they worked	they didn't (did not) work	Did they work?

• Le prétérit régulier se forme en ajoutant **-ed** au verbe. La conjugaison du prétérit est extrêmement simple : on emploie la même forme à toutes les personnes. Facile, non ?

• Dans les négations, on met **didn't** entre le sujet et le verbe.
Didn't est plus fréquent que **did not**.

• Les questions commencent par **Did**, puis on ajoute le sujet et le verbe.

5 **Faites des phrases au prétérit en tenant compte des indications : affirmation (+), négation (-) ou interrogation (?).**

1. Your mother/know/my old house (?)
2. Linda/want/to go out (-)
3. The kids/want/an ice cream (+)
4. What/you/talk about/with my girlfriend (?)
5. Where/you/study (?)

Les prétérits irréguliers

• Certains verbes ont un prétérit irrégulier à la forme affirmative. Vous connaissez déjà le prétérit irrégulier de **have** : **had**. Retenez aussi :
do → **did** ; **go** → **went** ; **sleep** → **slept** ; **spend** → **spent** ; **take** → **took**.
• **Be** a deux formes au prétérit : **was** (au singulier) et **were** (au pluriel).

Le prétérit : emplois

• Le prétérit se traduit très souvent par le passé composé.
I didn't sleep well. Je n'ai pas bien dormi.

• Quand le prétérit décrit une habitude dans le passé, on le traduit par un imparfait.
I talked a lot when I was a child. Je parlais beaucoup quand j'étais enfant.

6 Traduisez à l'aide du prétérit.

1. Je n'ai pas téléphoné à mes collègues.
2. Nous avons beaucoup parlé et beaucoup ri *(to laugh)* aussi.
3. Tu as bien travaillé ce matin ?
4. Elle avait une maison mitoyenne avec un jardin.
5. J'ai commandé un nouvel ordinateur hier.

Pour terminer

7 Traduisez ces phrases avec le vocabulaire de l'épisode.

1. Qu'est-ce que tu as fait aujourd'hui ?
2. Nous ne sommes pas allés au travail aujourd'hui.
3. J'ai raté mon train ce matin.
4. Susan n'a pas bien dormi.
5. Où est la gare la plus proche *(the nearest...)* ?

8 *I missed my train.* Écoutez ce dialogue et complétez le script.

– Why ... ... go to work ... ?
– Because I ... ...
– Why didn't you take the next ... ?
– Because it was a ... . I only like ... .
– Next time, don't ... ... when you have ... ...

CORRIGÉ DES EXERCICES

2 **1. c.** Très sympas. **2. b.** Elle fait sa valise. **3. a.** À un colloque. **4. b.** L'heure de se coucher.

3 **1.** My flatmate slept in. **2.** He did nothing all day. **3.** I did some cleaning. **4.** Lyndsay went to work with me. **5.** I went to Philadelphia for the day.

4 **1.** Do you want a single ticket or a return? **2.** The opposite of "get on a train" is "get off a train". **3.** The seat number is 42, but what coach/carriage/car are we in? **4.** There is a one-hour delay. So, the train is not on time. **5.** Are you sure the train leaves from platform 4?

5 **1.** Did your mother know my old house? **2.** Linda didn't want to go out. **3.** The kids wanted an ice cream. **4.** What did you talk about with my girlfriend? **5.** Where did you study?

6 **1.** I didn't call my colleagues. **2.** We talked a lot and laughed a lot too. **3.** Did you work well this morning? **4.** She had a terraced house with a (back) garden. **5.** I ordered a new computer yesterday.

7 **1.** What did you do today? **2.** We didn't go to work today. **3.** I missed my train this morning. **4.** Susan didn't sleep well. **5.** Where is the nearest train/rail station?

8 – Why didn't you go to work today?
– Because I missed my train this morning.
– Why didn't you take the next train?
– Because it was a slow train. I only like fast trains.
– Next time, don't sleep in when you have a train to catch.

Focus on...

From New York to Philadelphia

Manhattan, Grand Central Railway Terminal.

Les Américains ont toujours été de grands voyageurs. Mais ils voyagent aujourd'hui nettement plus vite qu'autrefois !

The distance between New York and Philadephia is **circa** 90 miles or 145 kilometres. The journey takes **around** an hour and twenty minutes by train. There are of course many **flights** between the two cities.

If you get delayed on a train or at the airport, relax and just think that around 1790 it took two days (yes, days!) on the best roads and with a good horse to travel from New York to Philadelphia! Imagine how long it took on **muddy** roads with an **ox-drawn cart**.

The first passenger flights between Philadelphia and New York took place around 1930. Only the very rich travelled by plane **in those days**. Maybe one day, there will be a **high-speed train** between New York and Philadelphia. Travel time could be reduced to 40 minutes. Surely, one day...

circa, around: environ • **a flight:** un vol • **muddy:** boueux • **an ox-drawn cart:** un char à bœufs • **in those days:** à cette époque-là • **a high-speed train:** un train à grande vitesse

TRAVELLERS ON THE MOVE

The Americans have always been great travellers. In 1828, an American **paper claimed** that there is more travelling in the United States than in any part of the world *(The Boston American Traveller)*:

"Here, the whole population is **in motion**, whereas, in old countries, there are millions who **have never been beyond the sound of the parish bell**."

The same editor added: "Who will **predict** the wonderful results of the next fifty years?" Imagine his reaction if he visited JFK airport today...

a paper: un journal
to claim: prétendre
in motion: en mouvement
they have never been beyond the sound of the parish bell: ils n'ont jamais quitté leur clocher
to predict: prédire

Going further

⇒ Many films take place on board trains, like Billy Wilder's famous film ***Some Like It Hot*** with Marilyn Monroe. It was filmed in the late 1950s but the story takes place in 1929.

⇒ ***Murder on the Orient Express*** (1934), a novel by Agatha Christie, is about the murder of a woman on the Orient Express. Of course, Hercule Poirot is here to solve the mystery... It was made into a film in 1974 by Sidney Lumet.

TRADUCTION DU SCRIPT

Jennifer – Bonjour, chéri, comment ça va aujourd'hui ?

Oliver – Oh bonjour, chérie. Je vais bien, et toi ?

Jennifer – Je vais bien. Tu as passé une bonne journée ?

Oliver – Oui, j'ai passé une super journée, en fait. J'ai beaucoup travaillé. J'ai beaucoup parlé aussi ! Mes nouveaux collègues sont très sympas, mais je ne connais pas encore mon nouveau patron.

Jennifer – Tu es encore fatigué ?

Oliver – Eh bien, franchement, je n'ai pas très bien dormi la nuit dernière. J'étais encore décalé. Au fait, je ne t'ai pas dit qu'Emma m'a téléphoné quand je suis arrivé à l'aéroport !

Jennifer – Je sais. Elle m'a téléphoné après t'avoir parlé. Je dormais encore. Maintenant, je suis en train de faire ma valise. Tu te souviens que j'ai un colloque à Philadelphie sur le réchauffement climatique. Il est tard pour toi, je crois. Bonne nuit, chéri. Tu me manques.

Oliver – Tu me manques aussi. Je t'aime.

8 Seeing new customers

Pour les doc audio et + d'exercices, voir le site.

L'épisode

1 Écoutez le dialogue avec ou sans l'aide du script.

Oliver et Linda vont visiter un parc éolien offshore au nord de Liverpool.

Oliver – This is a nice company car. It's very comfortable.
Linda – Yes, I like it too. And I like driving it.
Oliver – Are there good restaurants on our way?
Linda – Of course, there are! We can have dinner on our way back to Liverpool. Our customers are always busy and never late! What do you like?
Oliver – I love food in general! Especially fish.
Linda – Unfortunately, I prefer meat and rice or pasta... I hate broccoli, I can't stand spinach but I don't mind beans.
Oliver – I'm lucky: I love fish and vegetables.
Linda – Do you like fish and chips?
Oliver – I love it! I'm mad about chips, even though I find them greasy...
Linda – There are nice fish restaurants around Blackpool. As you know, we're never far from the sea. Do you like desserts?
Oliver – I adore cheesecake and muffins, but my stomach doesn't...

> TRADUCTION P. 65

a company car: une voiture de fonction • **even though:** même si • **greasy:** gras

2 Répondez aux questions suivantes.

1. Dans quelle voiture sont Linda et Oliver ?
- ❑ a. Une voiture de location.
- ❑ b. Une voiture de fonction.
- ❑ c. La voiture de Linda.

2. Où Linda propose-t-elle de dîner ?
- ❑ a. À Liverpool.
- ❑ b. Chez leurs clients.
- ❑ c. Sur le chemin du retour.

3. Linda déteste :
- ❑ a. Les brocolis.
- ❑ b. Les haricots.
- ❑ c. Les épinards.

4. Oliver adore :
- ❑ a. Les cheesecakes.
- ❑ b. Les muffins.
- ❑ c. Les deux.

Commander un repas

- **Can I have the menu?** Je peux avoir le menu ?
- **Are you ready to order?** Vous avez fait votre choix ?
- **Are you all set?** Vous êtes tous prêts à commander ?
- **What do you recommend?** Que recommandez-vous ?
- **As a starter, I'd like some soup.** En entrée, je voudrais de la soupe.
- **What would you like for your main course?**
  Qu'est-ce que vous voulez comme plat principal ?
- **"What is the dish served with?" "It comes with salad."**
  « Avec quoi ce plat est-il servi ? » « Il est servi avec de la salade. »
- **Can I have chips as a side dish?**
  Je peux avoir des frites comme garniture ?
- **Can I have the chicken Kiev, please?**
  Est-ce que je peux avoir le poulet à la Kiev, s'il vous plaît ?
- **Can I have the bill, please?** Je peux avoir l'addition, s'il vous plaît ?

3 Traduisez.

1. Est-ce que ma fille peut avoir des légumes *(vegetables)* comme garniture ?
2. Désolé, mais nous n'avons pas fait *(not... yet)* notre choix.
3. Est-ce que je peux avoir des frites à la place *(instead)* ?
4. Ce plat est servi avec du riz.
5. Est-ce que mon collègue peut avoir l'addition, s'il vous plaît ?

Au restaurant

- **a menu:** un menu
- **today's specials:** les plats du jour
- **to eat à la carte:** manger à la carte
- **a buffet:** un buffet
- **a salad bar:** un buffet de crudités
- **Help yourself.** Servez-vous.
- **an appetizer:** un amuse-gueule
- **a starter:** une entrée
- **a main course, an entrée** [US]**:** un plat principal
- **a dish:** un plat
- **dessert:** le dessert
- **a three-course meal:** un repas complet
- **an accompaniment:** une garniture
- **the cutlery** [UK]**, the silverware** [US]**:** les couverts
- **a knife:** un couteau
- **a fork:** une fourchette
- **a spoon:** une cuiller
- **a napkin, a serviette:** une serviette
- **condiments:** des condiments
- **oil and vinegar:** de l'huile et du vinaigre
- **salt and pepper:** du sel et du poivre
- **spices:** des épices

4 Complétez à l'aide du contexte.

1. Do you want to eat à la carte or choose from the ... ?
2. I love freshly ground *(fraîchement moulu)* ... .
3. Can I have some oil and ... for my salad, please?
4. I prefer cloth *(en tissu)* ... to paper ... .
5. Help yourself to the salad ... . It's right behind you.

L'emploi de the (le, la, les)

• « Le, la, les » se traduit par **the** quand on parle de quelque chose ou de quelqu'un en particulier.
The food here is fantastic. La nourriture ici est fantastique.

• On n'emploie pas d'article en anglais quand on parle de quelque chose ou de quelqu'un en général.
I love food in general. J'adore la nourriture en général.
Oliver loves chips. Oliver adore les frites.

5 Complétez : *the* ou rien ?

1. My boyfriend buys ... meat online.
2. ... computers on my desk are for sale, if you're interested.
3. I hate ... milk but I love ... cheese.
4. ... women live longer than ... men.
5. ... vegetables are cheaper than ... fish.

Pas d'article

• On peut ne pas employer d'article là où on trouve « de, du, de la, des » en français.
Are there good restaurants here? Est-ce qu'il y a de bons restaurants ici ?
I eat fish and vegetables every day. Je mange du poisson et des légumes tous les jours.

• Pas d'article devant les noms de repas, de sports, de langues et de couleurs.
Breakfast is ready. Le petit déjeuner est servi.
Football is an extremely popular sport. Le football est un sport très populaire.
English is my mother tongue. L'anglais est ma langue maternelle.
I never mix brown with black. Je ne mélange jamais le brun et le noir.

• Pas d'article devant la plupart des noms propres.
Queen Victoria: la reine Victoria **Doctor Smith:** le docteur Smith **Lake Erie:** le lac Érié

• Pas d'article devant **last** et **next** + nom.
last week: la semaine dernière **next year:** l'année prochaine

• Retenez aussi : **by train** (en train), **on foot** (à pied), **on television** (à la télévision), **at home** (à la maison), **in bed** (au lit), **at work** (au travail).

6 Traduisez.

1. J'ai parlé à John la semaine dernière.
2. Emma regarde souvent des films à la télévision.
3. Le docteur Sweetser est au lit !
4. L'anglais n'est pas ma langue maternelle.
5. Le dîner est servi !

Pour terminer

7 Complétez ces phrases avec le vocabulaire de l'épisode.

1. I want to see the ... before we go into that restaurant.
2. Instead of saying knives, forks and spoons, just say ... .
3. Today's ... are written on the board.
4. I can't eat a three-... meal! I'll just have a ... and a main course.
5. I don't know what to eat. What do you ... ?

8 *I'm on a diet.* Écoutez ce dialogue et complétez le script.

– Do you think we'll find a nice ... there?
– I hope so! I didn't drive sixty miles just to see your sister.
– I can't wait to see a nice ... . I could eat a very large ... .
– Me too. I'll have two ... and a large ... with ... ...
– I won't have a ... , because I'm on a diet. But I'll have two ... .

CORRIGÉ DES EXERCICES

2 **1. b.** Une voiture de fonction. **2. c.** Sur le chemin du retour. **3. a.** Les brocolis. **4. c.** Les deux.

3 **1.** Can my daughter have vegetables as a side dish? **2.** Sorry, but we're not ready to order yet. **3.** Can I have chips instead? **4.** This dish is served with/comes with rice. **5.** Can my colleague have the bill, please?

4 **1.** Do you want to eat à la carte or choose from the menu? **2.** I love freshly ground pepper. **3.** Can I have some oil and vinegar for my salad, please? **4.** I prefer cloth napkins to paper napkins. **5.** Help yourself to the salad bar. It's right behind you.

5 **1.** My boyfriend buys __ meat online. **2.** The computers on my desk are for sale, if you're interested. **3.** I hate __ milk but I love __ cheese. **4.** __ women live longer than __ men. **5.** __ vegetables are cheaper than __ fish.

6 **1.** I talked to John last week. **2.** Emma often watches films on television (TV). **3.** Doctor Sweetser is in bed! **4.** English is not my mother tongue. **5.** Dinner is served!

7 **1.** I want to see the menu before we go into that restaurant. **2.** Instead of saying knives, forks and spoons, just say cutlery/silverware. **3.** Today's specials are written on the board. **4.** I can't eat a three-course meal! I'll just have a starter and a main course. **5.** I don't know what to eat. What do you recommend?

8 – Do you think we'll find a nice restaurant there?
– I hope so! I didn't drive sixty miles just to see your sister.
– I can't wait to see a nice menu. I could eat a very large meal.
– Me too. I'll have two starters and a large dish with lots of chips.
– I won't have a starter, because I'm on a diet. But I'll have two desserts.

Focus on...

An icon under threat

Prince Charles serving fish and chips in Edinburgh (2012).

Même en Grande-Bretagne les traditions se perdent... y compris les fish & chips.

"Fish and chips" is a very popular dish in the UK. It is very often eaten as takeaway food.

It consists of **deep-fried fish** served with chips. The favourite fish is **cod**. People often **sprinkle** salt and malt vinegar on their fish and chips. Tartar sauce is also popular for the fish.

Many people in the UK think that fish and chips is a part of British culture. Prince Charles said during a congress on **fisheries** in Scotland, in May 2012, that it is "one of our **iconic** national dishes". Imagine: during World War II, fish and chips were one of the foods that were not rationed in the United Kingdom!

Most people in the UK have personal **memories** about fish and chips, for example eaten by the seaside, or on the way home from the pub, or on a **bench** in a park... It **holds** a special place in people's hearts, even for Prince Charles, who added:

deep-fried fish: du poisson frit
cod: du cabillaud
to sprinkle: saupoudrer
fisheries: les pêcheries
iconic: emblématique
memories: des souvenirs
a bench: un banc
to hold: tenir

"When I was at school here I remember buying fish and chips in Inverness."

But this iconic dish is now **under threat**. These days burgers, pizzas, Indian or Chinese dishes **outsell** fried fish. It's partly due to cost. Fish is now more expensive than these dishes. Some customers are also **worried about** deep-fried food. But many researchers **claim** that fish and chips contain less fat than other takeaways...

under threat: menacé
to outsell: se vendre mieux que
expensive: cher
to be worried about: s'inquiéter de
to claim: prétendre

IN THE OLD DAYS

Fish and chips became popular in the 19th century, especially among the working classes. Traditionally, fish and chips **was wrapped** in old newspaper. But this tradition **was banned** in the 1970s for **health** reasons: it is unsafe for food to come into contact with newspaper ink.

to wrap: envelopper
to ban: interdire
health: la santé

Going further

⇨ **Charles Dickens** is one of the first writers to mention fried fish. He wrote about a "fried fish warehouse" in ***Oliver Twist*** (1838): "Confined as the limits of Field Lane are, it has its barber, its coffee-shop, its beer-shop, and its fried-fish warehouse."

⇨ To see what a fish and chips shop looked like in the 1970s, watch the 1999 film ***East is East***, by British Pakistani actor Ayub Khan-Din. The French translation of the film is *Fish and chips*!

TRADUCTION DU SCRIPT

Oliver – Elle est bien, cette voiture de fonction. Elle est très confortable.

Linda – Oui, je l'aime bien aussi. Et j'aime la conduire.

Oliver – Est-ce qu'il y a de bons restaurants sur la route ?

Linda – Bien sûr ! On peut dîner sur la route en revenant à Liverpool. Nos clients sont toujours occupés et jamais en retard ! Qu'est-ce que tu aimes ?

Oliver – J'aime la nourriture en général ! Surtout le poisson.

Linda – Malheureusement, je préfère la viande et le riz ou les pâtes... Je déteste les brocolis, je ne supporte pas les épinards mais les haricots, ça m'est égal.

Oliver – J'ai de la chance : j'adore le poisson et les légumes.

Linda – Tu aimes les *fish and chips* ?

Oliver – J'adore ! Je suis fou de frites, même si je trouve ça gras...

Linda – Il y a de bons restaurants de poissons près de Blackpool. Comme tu sais, on n'est jamais loin de la mer. Tu aimes les desserts ?

Oliver – J'adore le cheesecake et les muffins, mais pas mon estomac...

9 A more personal question

Pour les doc audio et + d'exercices, voir le site.

L'épisode

1 Écoutez le dialogue avec ou sans l'aide du script.

Oliver et Linda se sont arrêtés pour dîner et font plus ample connaissance.

Oliver – Linda, are you originally from Liverpool?

Linda – No, I was born in York. It's about 90 miles from Liverpool. It's a very old city, one of the many British towns founded by the Romans. Liverpool and York are incredibly different. What about you? Are you from New York?

Oliver – I was born in San Francisco. I live in Brooklyn but I prefer San Francisco. It's a cliché but the atmosphere is more relaxed on the West Coast.

Linda – I was in San Francisco three years ago. I did a summer internship at one of our branches. I loved being there. But personally, I prefer small towns, like Santa Cruz. There is less pollution.

Oliver – Yes, you're right about Santa Cruz. It's a quiet place. But it can be dangerous! The town was hit by huge waves a few years ago. Fortunately, no one was injured.

> TRADUCTION P. 71

I was born: je suis née • **the atmosphere:** l'ambiance • **an internship:** un stage • **huge:** énorme • **to injure:** blesser

2 Répondez aux questions suivantes.

1. Où est née Linda ?
- ❑ a. À York.
- ❑ b. À Liverpool.
- ❑ c. On ne sait pas.

2. Et Oliver ?
- ❑ a. À Manhattan.
- ❑ b. À San Francisco.
- ❑ c. À Brooklyn.

3. Quand Linda était-elle à San Francisco ?
- ❑ a. Il y a trois ans.
- ❑ b. Il y a trois mois.
- ❑ c. À l'âge de trois ans.

4. Que s'est-il passé à Santa Cruz quelques années plus tôt ?
- ❑ a. Il y a eu un incendie.
- ❑ b. Il y a eu un tremblement de terre.
- ❑ c. Il y a eu de grandes vagues.

Parler de soi

- **I was born in 1999 in Detroit, but I was raised in Minneapolis.**
  Je suis né en 1999 à Detroit mais j'ai été élevé à Minneapolis.
- **My parents come from Toronto.** Mes parents sont de Toronto.
- **My parents moved to Miami when I was 10.**
  Mes parents ont déménagé à Miami quand j'avais dix ans.
- **I went to school in...** Je suis allé à l'école à...
- **I studied at...** J'ai étudié à ...
- **I first worked as a waiter, and then I got a job in a hotel.**
  J'ai d'abord travaillé comme serveur, et ensuite j'ai travaillé dans un hôtel.
- **I was hired straight out of high school.** J'ai été embauché à la sortie du lycée.
- **I was offered a position as a social worker.**
  On m'a offert un emploi de travailleur social.
- **My partner was transferred to Brighton.** Ma compagne a été mutée à Brighton.
- **That's where I met my wife.** C'est là que j'ai rencontré ma femme.
- **That's when I changed jobs.** C'est à ce moment-là que j'ai changé de métier.

3 Traduisez.

1. Mon fils est né au Canada mais il a été élevé en Irlande.
2. J'ai été muté au Texas il y a deux ans.
3. On a déménagé aux États-Unis quand j'avais douze ans.
4. C'est à ce moment-là que j'ai changé de métier.
5. Je n'ai pas étudié à *(at)* Harvard, malheureusement *(unfortunately)*.

La formation professionnelle

- **vocational training:**
  la formation professionnelle
- **a training course:** une formation
- **undergoing training:** en formation
- **as part of my training:**
  dans le cadre de ma formation
- **an intern:** un stagiaire
- **an internship contract:**
  une convention de stage
- **an apprentice:** un apprenti
- **a trainee dentist:**
  un dentiste en formation
- **to be trained as an engineer:**
  recevoir une formation d'ingénieur
- **a correspondence course:**
  un cours par correspondance
- **evening classes:**
  des cours du soir
- **continuing education:**
  la formation continue

...

- **on-the-job training:** la formation sur le tas
- **to enter the world of work:** entrer dans le monde du travail
- **to find work, a job:** trouver du travail
- **a part-time job:** un mi-temps
- **to work part-time:** travailler à mi-temps
- **a holiday job:** un petit boulot de vacances
- **menial work, a menial job:** un petit boulot ingrat

4 **Complétez en vous aidant du contexte ou des indications entre parenthèses.**

1. I don't work full time, I have a ...-... job.
2. I'm doing a ... ... (une formation) on selling techniques.
3. I go to ... classes because I work in the daytime.
4. Laura visits older people as part of her ... (sa formation).
5. He was ... as a nurse, but now he works in an office.

There is/There are...

- Pour dire « il y a » (quelque chose ou quelqu'un), on emploie **there is** suivi d'un nom au singulier ou **there are** suivi d'un nom au pluriel.
- Au passé, on emploie **there was** + nom singulier et **there were** + nom pluriel.

affirmation	There is less pollution. There are nice beaches in California.
négation	There aren't safe places.
question	Is there less pollution? Are there safe places on earth?

There was less pollution in the past. Il y avait moins de pollution dans le passé.
There were nice beaches. Il y avait de belles plages.

5 **Traduisez les segments entre parenthèses.**

1. (Il y a) ... some bread on the table.
2. (Est-ce qu'il y a) ... nice beaches in Scotland?
3. (Il y avait) ... one man and four women in the office.
4. (Il n'y a pas) ... many trains at this time of day.
5. (Il y a) ... also some cakes in the fridge.

Ago

« Il y a + durée » se traduit par « durée + **ago** ». **Ago** s'emploie le plus souvent avec le prétérit. Il ne faut pas confondre « il y a » = **ago** et « il y a » = **there is/are**.
I was in San Francisco three years ago.
J'étais à San Francisco il y a trois ans.
The mayor resigned two hours ago.
La maire a démissionné il y a deux heures.

6 Traduisez.

1. J'ai travaillé comme un fou *(like mad)* il y a trois mois.
2. Il y avait vingt personnes *(people)* il y a vingt minutes.
3. Elle vivait à Brooklyn il y a dix ans.
4. Oliver a téléphoné il y a cinq minutes.
5. Sasha est arrivée il y a exactement une heure.

Pour terminer

7 Complétez ces phrases avec le vocabulaire de l'épisode.

1. No qualifications were required. I got ...-...-... training.
2. We ... (déménager) to Vancouver when I was a kid.
3. I had a ... job last summer, before going to university.
4. It's not easy to ... a job when you don't have any qualifications.
5. She ... ... (naître) thirty years ago to the day.

8 *Training.* Écoutez ce dialogue et complétez le script.

– I was ... ... three years ... but I turned it down because my wife was ... to the West Coast. So we ... to Seattle where she ... ... as a software developer.
– So, what do you do now?
– I'm still ... . I could ... ...-... but I'm taking ... ... at the moment. I'm a great believer in ... .

CORRIGÉ DES EXERCICES

2 **1. a.** À York. **2. b.** À San Francisco. **3. a.** Il y a trois ans. **4. c.** De grandes vagues.

3 **1.** My son was born in Canada but was raised in Ireland. **2.** I was transferred to Texas two years ago. **3.** We moved to the United States when I was twelve. **4.** That's when I changed jobs. **5.** I didn't study at Harvard, unfortunately.

4 **1.** I don't work full time, I have a part-time job. **2.** I'm doing a training course on selling techniques. **3.** I go to evening classes because I work in the daytime. **4.** Laura visits older people as part of her training. **5.** He was trained as a nurse, but now he works in an office.

5 **1.** There's (is) some bread on the table. **2.** Are there nice beaches in Scotland? **3.** There were one man and four women in the office. **4.** There aren't many trains at this time of day. **5.** There are also some cakes in the fridge.

6 **1.** I worked like mad three months ago. **2.** There were twenty people twenty minutes ago. **3.** She lived in Brooklyn ten years ago. **4.** Oliver called (phoned/rang) five minutes ago. **5.** Sasha arrived exactly an/one hour ago.

7 **1.** No qualifications were required. I got on-the-job training. **2.** We moved to Vancouver when I was a kid. **3.** I had a holiday job last summer, before going to university. **4.** It's not easy to find a job when you don't have any qualifications. **5.** She was born thirty years ago to the day.

8 – I was offered a position three years ago but I turned it down *(j'ai refusé)* because my wife was transferred to the West Coast. So we moved to Seattle where she got a new job as a software developer.
– So, what do you do now?
– I'm still undergoing training. I could work part-time but I'm taking a correspondence course at the moment. I'm a great believer in continuing education.

Focus on...
A British Asterix?

***Asterix in Britain*: the arrival of the Romans.**

Voici l'histoire d'une reine celte, Boudicca, qui, à la différence d'Astérix, a réellement combattu les Romains.

Asterix is famous in many countries. The **comic strip** hero is a **brave** Gaul who resists Roman occupation.

There were many people who opposed Roman occupation in Britannia. One of them was a woman, named Boudicca. She really existed, **unlike** Asterix! She lived in the **area** known today as Norfolk. The Roman writer Tacitus **wrote** about her.

In **AD** 60 or 61, after her husband's death, she **led** tribes in revolt against the Romans. The Romans were defeated in several battles and at some point the emperor Nero even wanted to **withdraw** all Roman troops from Britain! But Boudicca did not have a magic potion and **eventually** the Romans defeated her. Some people say that she killed herself. After her death, the Romans conquered more of the island, **up to** Scotland.

There they built a very large wall called "Hadrian's Wall". It was built around AD 120 to protect Roman Britain against tribes from Scotland.

a comic strip: une BD
brave: courageux
unlike: contrairement à
an area: une région
to write, wrote, written: écrire
AD (Anno Domini): après J.-C.
to lead (led, led): mener
to withdraw, withdrew, withdrawn: retirer
eventually: finalement
up to: jusqu'à

BRITANNIA

Boudicca is a British icon. Some people consider that she is **the very spirit** of Britain itself! There is a very large bronze statue of Boudicca near the Houses of Parliament. It was **unveiled** in 1905, four years after Victoria's death. The statue was **commissioned** by Prince Albert, Victoria's husband.

the very spirit: l'esprit même
unveiled: dévoilée, inaugurée
commissioned: commandée

Going further

- Several documentaries are devoted to **Boudicca**, in particular by the BBC: http://www.bbc.co.uk/history/ancient/romans/overview_roman_01.shtml.
- You can still see Hadrian's Wall today. It is the most popular tourist attraction in Northern England. Log on to http://www.nationaltrail.co.uk/HadriansWall/ or http://www.bbc.co.uk/history/ancient/romans/hadrian_gallery.shtml.

  Hadrian's wall is featured in the 2004 film ***King Arthur*** by Antoine Fuqua.
- **Alfred Tennyson**, a famous Victorian poet, wrote a poem called "Boadicea":

  Far in the East Boadicea, standing loftily charioted,
  Mad and maddening all that heard her in her fierce volubility...

  In order to read the rest of the poem, type "Boadicea by Alfred Tennyson" on a search engine.

TRADUCTION DU SCRIPT

Oliver – Linda, tu es originaire de Liverpool ?

Linda – Non, je suis née à York. C'est à environ 90 miles [144 km] de Liverpool. C'est une très vieille ville, une des nombreuses villes britanniques fondées par les Romains. Liverpool et York sont incroyablement différentes. Et toi ? Tu es de New York ?

Oliver – Je suis né à San Francisco. J'habite à Brooklyn mais je préfère San Francisco. C'est un cliché mais l'ambiance est plus détendue sur la côte Ouest.

Linda – J'étais à San Francisco il y a trois ans. J'ai fait un stage d'été dans l'une de nos filiales. J'ai adoré. Mais personnellement, je préfère les petites villes, comme Santa Cruz. Il y a moins de pollution.

Oliver – Oui, tu as raison pour Santa Cruz. C'est un endroit calme. Mais ça peut être dangereux ! La ville a été frappée par d'énormes vagues il y a quelques années. Heureusement, personne n'a été blessé.

10 Back to work!

Pour les doc audio et + d'exercices, voir le site.

L'épisode

1 Écoutez le dialogue avec ou sans l'aide du script.

Un lundi matin au bureau… Linda et Oliver se racontent leur week-end.

Linda – Good morning, Oliver. Did you have a nice weekend?

Oliver – Yes, I did. I slept a lot! I woke up at 10 on Saturday. I had dinner in a great restaurant on Friday. I think I ate too much. But I drank very little. So I drove back to the hotel safely.

Linda – What did you do on Saturday?

Oliver – I spent the whole day with a new friend: a brand new tablet. I had so much work to do. But I can't complain. What about you? How was your weekend?

Linda – It was lovely, thank you. I went to see my sister in London, Greenwich actually. She turned 30 on Thursday. I bought her an inexpensive tablet. I came back last night. I got home at 11:45, almost midnight. I love weekends, but not Sunday nights… And I don't like Mondays and Tuesdays. Wednesdays are better…

Oliver – Have a nice day all the same!

> TRADUCTION P. 77

safely: sans problème • **whole:** tout entier • **to complain:** se plaindre • **brand new:** tout neuf • **she turned 30:** elle a eu 30 ans • **almost:** presque • **all the same:** quand même

2 Répondez aux questions suivantes.

1. Qu'a fait Oliver à 10 heures samedi ?
   - ❑ a. Il a pris son petit déjeuner.
   - ❑ b. Il s'est levé.
   - ❑ c. Il s'est réveillé.

2. Comment est-il rentré à l'hôtel vendredi soir ?
   - ❑ a. En voiture.
   - ❑ b. En taxi.
   - ❑ c. À pied.

3. Quel cadeau a reçu la sœur de Linda ?
   - ❑ a. Une tablette.
   - ❑ b. Un DVD.
   - ❑ c. Un livre.

4. À quelle heure est rentrée Linda la veille ?
   - ❑ a. À 11h45 le matin.
   - ❑ b. À 23h45.
   - ❑ c. À minuit.

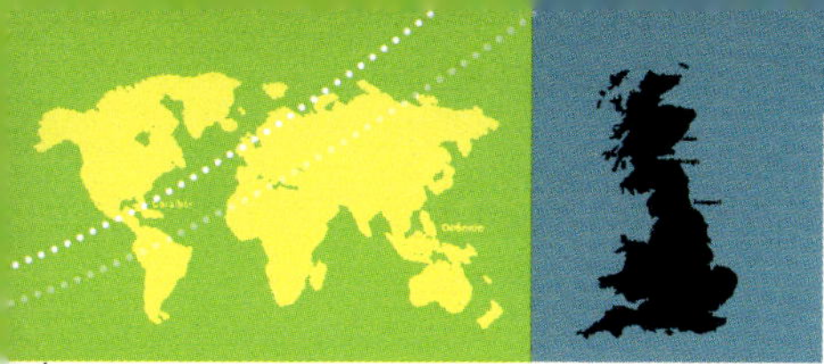

Dire l'heure

What time is it? Quelle heure est-il ?

- 5:00 **It's five (o'clock).** Il est cinq heures.
  It's about five. Il est environ cinq heures.
  It's five o'clock sharp. Il est cinq heures précises.
- 12:00 **It's noon./It's midday./It's 12 p.m.** Il est midi.
  It's midnight./It's 12 a.m. Il est minuit.
- 7:15 **It's seven fifteen.** Il est sept heures quinze.
  It's a quarter past seven. Il est sept heures et quart.
- 10:30 **It's ten thirty.** Il est dix heures trente.
  It's half past ten. Il est dix heures et demie.
- 9:45 **It's nine forty-five.** Il est neuf heures quarante-cinq.
  It's a quarter to ten. Il est dix heures moins le quart.
- 11:00 **It's 11 a.m.** Il est onze heures.
  It's 11 p.m. Il est vingt-trois heures.

3 Donnez l'heure en chiffres.

1. It's half past one.
2. It's three minutes to two.
3. It's one fifty-seven.
4. It's four oh three.
5. It's three minutes past four.

Le découpage du temps

- **this morning:** ce matin
- **this afternoon:** cet après-midi
- **tonight:** ce soir/cette nuit
- **yesterday:** hier
- **the day before yesterday:** avant-hier
- **tomorrow:** demain
- **the day after tomorrow:** après-demain
- **in an hour:** dans une heure
- **in two days:** dans deux jours
- **in a week:** dans une semaine
- **in five weeks/in five weeks' time:** dans cinq semaines
- **in three months:** dans trois mois
- **next year:** l'année prochaine
- **I'll see you on Monday.** À lundi.
- **We're at home on Saturdays.** On est à la maison le samedi.
- **last year:** l'année dernière
- **last century:** au siècle dernier
- **in the fourth century BC (Before Christ):** au IVe siècle avant J.-C.
- **during the second century AD (Anno Domini):** durant le IIe siècle après J.-C.

4 Complétez en vous aidant du contexte ou des indications entre parenthèses.

1. They were born ... (le siècle dernier).
2. I have an appointment with my dentist ... (dans sept semaines).
3. See you ... ... (samedi) then.
4. I posted the letter ... ... (avant-hier).
5. We'll talk about it ... ... (après-demain).

Les prétérits irréguliers

• Le prétérit irrégulier est une forme particulière qu'il faut apprendre.
Par exemple, le prétérit de **go** est **went**.

• La même forme s'emploie pour toutes les personnes : **I went, you went, she went...**

• Dans les négations et les questions, tous les verbes se conjuguent de la même façon, qu'ils soient réguliers ou irréguliers.

	affirmation	négation	question
work (régulier)	I worked	I didn't work	Did I work?
go (irrégulier)	I went	I didn't go	Did I go?

• Voici quelques verbes irréguliers à retenir dès à présent.

buy → bought **come → came** **drink → drank** **drive → drove** **eat → ate**
get → got **have → had** **sleep → slept** **take → took** **wake → woke**

5 Mettez le verbe au prétérit.

1. I ... (take) an aspirin this morning.
2. We ... (sleep) on the train.
3. She ... (eat) breakfast at 5 o'clock!
4. The children ... (wake) me up at 6 yesterday.
5. My husband ... (drive) all the way from London to Glasgow.

Les particules

• Certains verbes peuvent être suivis d'un petit mot, qu'on appelle « particule ».
Cette particule change le sens du verbe.
drive: conduire → **drive back:** rentrer (en voiture)
come: venir → **come back:** revenir
go: aller → **go off:** sonner (réveil)

• **Get** (obtenir) se construit avec beaucoup de particules :
get on with sb (bien s'entendre avec qqn), **get out** (sortir), **get up** (se lever)...

6 Traduisez.

1. My alarm clock went off this morning at 7 a.m.
2. I got up at 6 o'clock.
3. My neighbour and I got on well until *(jusqu'à)* two years ago.
4. I went out at 2:55 and when I came back the office was empty.
5. We didn't drive back together. I took a taxi.

Pour terminer

7 Complétez ces phrases avec le vocabulaire de l'épisode.

1. I love ... (le samedi) because it's my big shopping day.
2. I ... (acheter) a DVD player for my sister last ... (la semaine dernière).
3. I ... (aller) to bed at ... (minuit) yesterday.
4. I think I ... (boire) too much last week.
5. We ... (manger) in a lovely restaurant two days ... (il y a deux jours).

8 *I didn't sleep well...* Écoutez ce dialogue et complétez le script.

– I ... ... well ... . I ... ... every hour.
– Why is that?
– Because I had a meeting ... ... and I didn't want to miss it.
– So you were ... before the alarm clock ... off?
– No, because the battery ... dead! I ... ... and got there ... ... , but everyone was late!

CORRIGÉ DES EXERCICES

2 **1. c.** Il s'est réveillé. **2. a.** En voiture. **3. a.** Une tablette. **4. b.** À 23 h 45.

3 **1.** It's half past one. It's 1:30. **2.** It's three minutes to two. It's 1:57. **3.** It's one fifty-seven. It's 1:57. **4.** It's four oh three. It's 4:03. **5.** It's three minutes past four. It's 4:03.

4 **1.** They were born last century. **2.** I have an appointment with my dentist in seven weeks/in seven weeks' time. **3.** See you (on) Saturday then. **4.** I posted the letter the day before yesterday. **5.** We'll talk about it the day after tomorrow.

5 **1.** I took an aspirin this morning. **2.** We slept on the train. **3.** She ate breakfast at 5 o'clock! **4.** The children woke me up at 6 yesterday. **5.** My husband drove all the way from London to Glasgow.

6 **1.** Mon réveil a sonné à 7 h ce matin. **2.** Je me suis levé à 6 h. **3.** Mon voisin et moi, nous nous sommes bien entendus jusqu'à il y a deux ans. **4.** Je suis sorti à 2 h 55 et quand je suis revenu, le bureau était vide. **5.** On n'est pas rentrés ensemble en voiture. J'ai pris un taxi.

7 **1.** I love Saturdays because it's my big shopping day. **2.** I bought a DVD player for my sister last week. **3.** I went to bed at midnight yesterday. **4.** I think I drank too much last week. **5.** We ate in a lovely restaurant two days ago.

8 – I didn't sleep well last night. I woke up every hour.
– Why is that?
– Because I had a meeting at 7 this morning and I didn't want to miss it.
– So you were up before the alarm clock went off?
– No, because the battery went dead! I woke up at half past six and got there at a quarter past seven, but everyone was late!

Focus on... Greenwich

The meridian line in Greenwich Royal Observatory (Longitude 0).

Ce quartier du Grand Londres a donné son nom au célèbre méridien GMT (Greenwich Mean Time)...

Greenwich is a **borough** of south London. It is about **five miles** from central London. The "Royal Borough of Greenwich" is famous all over the world. It gave its name to the Greenwich Meridian and Greenwich Mean Time, also known as GMT.

Greenwich is the place from where all **time zones** are measured. Maybe you're not familiar with longitudes, but it's very easy to remember the longitude of Greenwich: it's 0° 0' 0''!

All places on Earth are measured from the Prime Meridian, which is in... yes, Greenwich! The longitude of New York is 73° 58' West, that of Moscow is 37° 36' East (one degree of longitude is 1/360th of the Earth's circumference).

a borough: un quartier
five miles = huit km
time zones: les fuseaux horaires

GMT is also called Zulu Time! Why Zulu Time? Because the letter Z refers to zero hours. The amateur radio word for Z is "Zulu". So Zulu time means zero hours, which means GMT!

THE CUTTY SARK

If you visit Greenwich, it's not all about time, longitude and latitude. No, Greenwich also **has strong connections** with the sea. You can visit the National Maritime Museum there and the Cutty Sark, a **sailing ship** built in 1869. It was built at a time when **steam ships** started replacing sailing ships.

Cutty Sark is also the name of a well-known Scotch whisky. The ship was built at Dumbarton, less than ten miles from the main office of Cutty Sark whisky.

to have strong connections: être étroitement lié • **sailing ships:** les bateaux à voile • **steam ships:** les bateaux à vapeur

Going further

⇛ For a virtual visit of **the National Maritime Museum** in Greenwich, log on to http://www.rmg.co.uk/ ("rmg" stands for "Royal Museums of Greenwich").

⇛ The **Royal Observatory** is the home of Greenwich Mean Time. So, if you're still puzzled by GMT, log on!

TRADUCTION DU SCRIPT

Linda – Bonjour, Oliver. Tu as passé un bon week-end ?

Oliver – Oui. J'ai beaucoup dormi ! Je me suis réveillé à 10 heures samedi. J'ai dîné dans un super restaurant vendredi. Je crois que j'ai trop mangé. Mais j'ai bu très peu. Et donc je suis rentré à l'hôtel en voiture sans problème.

Linda – Qu'est-ce que tu as fait samedi ?

Oliver – J'ai passé toute la journée avec un nouvel ami : une tablette toute neuve. J'avais tellement de travail. Mais je ne peux pas me plaindre. Et toi ? Comment s'est passé ton week-end ?

Linda – C'était très sympa, merci. Je suis allée voir ma sœur à Londres, à Greenwich en fait. Elle a eu 30 ans jeudi. Je lui ai acheté une tablette pas très chère. Je suis revenue hier soir. Je suis rentrée à 11 h 45, presque minuit. J'adore les week-ends, mais pas les dimanches soir... Et je n'aime pas le lundi et le mardi. Le mercredi, c'est mieux...

Oliver – Bonne journée quand même !

11 A chance encounter

Pour les doc audio et + d'exercices, voir le site.

L'épisode

1 Écoutez le dialogue avec ou sans l'aide du script.

Emma croise une amie, Rebecca, à l'arrêt de bus sur Atlantic Avenue, NY.

EMMA – Oh hi, Rebecca, how are you?
REBECCA – Fine, thanks. I'm surprised to see you here.
EMMA – Well, I usually take the subway to college, but today I'm taking the bus. Just for a change. The sun is shining. It's nice to be outside.
REBECCA – Yes, I agree. Listen, even the birds are singing! I love it.
EMMA – I never take the time to listen to the birds. I'm always so busy. I rush to college every day. I study a lot. I work hard. When I get home I read books or articles except on weekends.
REBECCA – But not today?
EMMA – No, today is my birthday. Today I'm not going to the library. I'm going to all my classes of course but not to the library.
REBECCA – Happy birthday, Emma!
EMMA – Thanks. By the way I'm giving a party on Saturday. I hope you can come.
REBECCA – Sure! I'm glad I ran into you.

> TRADUCTION P. 83

a college: une fac, une université • **just for a change:** juste pour changer • **even:** même • **a library:** une bibliothèque • **to be busy:** être occupé • **to rush:** se précipiter • **to run into:** rencontrer par hasard

2 Répondez aux questions suivantes.

1. Emma habituellement :
- ❑ a. Prend le métro.
- ❑ b. Prend le bus.
- ❑ c. Va à pied.

2. Quel temps fait-il ?
- ❑ a. Le temps va changer.
- ❑ b. Il fait chaud.
- ❑ c. Le soleil brille.

3. En quoi est-ce un jour spécial pour Emma ?
- ❑ a. Elle ne va pas en cours.
- ❑ b. C'est son anniversaire.
- ❑ c. Elle va faire la fête.

4. Que se passe-t-il samedi ?
- ❑ a. Rebecca organise une fête.
- ❑ b. Rebecca et Emma organisent une fête.
- ❑ c. Emma organise une fête.

Parler de ses habitudes

- **I'm used to public transport.** J'ai l'habitude des transports en commun.
- **I'm used to + V-ing…** J'ai l'habitude de…
- **I'm used to working hard.** J'ai l'habitude de travailler dur.
- **I'm getting used to my new car.** Je m'habitue à ma nouvelle voiture.
- **Eventually, you'll get used to it.** Finalement, tu t'y habitueras.
- **I'll never get used to eating that food.** Je ne m'habituerai jamais à cette nourriture.
- **I used to hate driving on the left.** Avant, je détestais conduire à gauche.

- **"How often do you go to the country?" "I go once or twice a month."** « Tous les combien vas-tu à la campagne ? » « J'y vais une ou deux fois par mois. »
- **We go every other month.** On y va un mois sur deux.
- **They always go to Florida in the winter.** Ils vont toujours en Floride l'hiver.
- **We go there from time to time/once in a while.** On y va de temps en temps.
- **I see them once in a blue moon.** Je les vois tous les trente-six du mois.

3 Traduisez.

1. Elle s'habitue à sa nouvelle maison.
2. Ne vous en faites pas *(Don't worry…)*, vous vous y habituerez.
3. Je ne m'y habituerai jamais.
4. On a l'habitude de conduire à droite.
5. Tous les combien tu vas chez le dentiste ?

Les transports en commun

- **a tube** [GB]**/subway** [US] **station:** une station de métro
- **a commuter train:** un train de banlieue
- **a double-decker (bus):** un bus à deux étages
- **a taxi, a cab:** un taxi

- **a map:** un plan
- **a line:** une ligne
- **northbound/southbound:** vers le nord/le sud

- **a ticket machine:** un distributeur de tickets
- **a travel card:** une carte de transport

- **to get on/off:** monter/descendre
- **to queue up** [GB]**, to line up** [US]**:** faire la queue
- **packed:** bondé

- **the traffic:** la circulation
- **traffic lights:** des feux tricolores

- **a traffic jam:** un embouteillage
- **rush hours:** les heures de pointe

- **to walk to work:** aller au travail à pied
- **a zebra crossing:** un passage pour piétons
- **a cycle lane/path:** une piste cyclable
- **the pavement** [GB]**, the sidewalk** [US]**:** le trottoir

4 Complétez en vous aidant du contexte ou des indications entre parenthèses.

1. The cars didn't move because of the ... .
2. Let people ... ... the train first, then you ... on.
3. I don't buy single tickets because I have a ... .
4. Tourists love those red ... - ... buses in London.
5. I've got a subway ... (plan de métro) with me.

Les deux présents : formes

Au présent simple, il ne faut surtout pas oublier le **-s** à la 3e personne du singulier.
Au présent en **be + -ing**, il faut surtout savoir conjuguer le verbe **be** : **I'm walking, you're working, she's driving**.

5 Mettez les verbes à la forme qui convient.

1. She ... (live) in New Jersey but ... (work) in New York. (présent simple)
2. I ... (call) my grandma in Boston. (présent en *be + -ing*)
3. Ethan, my new boyfriend, never ... (visit) his aunt. (présent simple)
4. We ... (not/eat) in that restaurant! (présent en *be + -ing*)
5. ... (she/work) in your office? (présent simple)

Les deux présents : emplois

• Le présent simple s'emploie souvent pour décrire des actions régulières. On le rencontre donc avec des adverbes de fréquence comme **always** (toujours), **often** (souvent), **usually** (d'habitude)...
I usually take the subway. D'habitude, je prends le métro.

On utilise aussi le présent simple pour exprimer une vérité générale.
Women live longer than men. Les femmes vivent plus longtemps que les hommes.

• Le présent en **be + -ing** s'emploie pour dire qu'une action ou un fait est en cours au moment où on parle.
The bus is coming. Le bus arrive.

On l'emploie aussi pour parler de ce qu'on a prévu de faire.
I'm giving a party on Saturday. Je donne une fête samedi.

Agree, know, want...

Certains verbes, comme **agree** (être d'accord), **know** (savoir) ou **want** (vouloir), ne s'emploient presque jamais au présent en **be + -ing**.

6 Choisissez le présent qui convient en fonction du contexte.

1. Emma ... (read) several articles every week.
2. Right now, Emma ... (read) a comic strip!
3. Usually we ... (not/eat) out. We ... (eat) at home.
4. "What's that in your hand?" "A cigarette." "You ... (smoke) in my house!"
5. My school friend never ... (smoke) more than one cigarette a day.

Pour terminer

7 Complétez ces phrases avec le vocabulaire de l'épisode.

1. We go to Bristol ... ... (un mois sur deux).
2. I take the subway during ... ... (les heures de pointe).
3. We go to the mountains from ... to ... (de temps en temps).
4. All the ticket ... (les distributeurs de billets) are out of order.

8 *Taxi or tube?* Écoutez ce dialogue et complétez le script.

– We could take a ... instead of the ... .
– I don't think it's a good idea during ... . Also, I ... ...
I take the subway ... ... a day.
– Yes, you're right. There's so much ... .
– Listen, all those drivers are sounding their horns.
– I think I'll never ... ... life in big cities.

CORRIGÉ DES EXERCICES

2 **1. a.** Prend le métro. **2. c.** Le soleil brille. **3. b.** C'est son anniversaire. **4. c.** Emma organise une fête.

3 **1.** She's getting used to her new house. **2.** Don't worry, you'll get used to it. **3.** I'll never get used to it. **4.** We're used to driving on the right. **5.** How often do you go to the dentist's/dentist?

4 **1.** The cars didn't move because of the traffic. **2.** Let people get off the train first, then you get on. **3.** I don't buy single tickets because I have a travel card. **4.** Tourists love those red double-decker buses in London. **5.** I've got a subway map with me.

5 **1.** She lives in New Jersey but works in New York. **2.** I'm calling my grandma in Boston. **3.** Ethan, my new boyfriend, never visits his aunt. **4.** We're not eating in that restaurant! **5.** Does she work in your office?

6 **1.** Emma reads several articles every week. **2.** Right now, Emma is reading a comic strip! **3.** Usually we don't eat out. We eat at home. **4.** "What's that in your hand?" "A cigarette." "You're smoking in my house!" **5.** My school friend never smokes more than one cigarette a day.

7 **1.** We go to Bristol every other month. **2.** I take the subway during rush hours. **3.** We go to the mountains from time to time. **4.** All the ticket machines are out of order.

8 – We could take a taxi instead of the tube.
– I don't think it's a good idea during rush hours. Also, I'm used to public transport. I take the subway once or twice a day.
– Yes, you're right. There's so much traffic.
– Listen, all those drivers are sounding their horns.
– I think I'll never get used to life in big cities.

Focus on... The L

A view of the elevated railway (the L) in Chicago.

Sous-terrains ou aériens, les premiers métros marchaient à la vapeur... Vous imaginez ?

When it comes to rapid transit railway systems, cities have a choice. From the start, London decided to **dig** tunnels to build the first underground system in the world. The first underground line opened in 1863, much before the Paris Metro (1900). But New York built the world's first elevated railway in 1868 and Chicago opened its elevated railway in 1892.

The first engines were **steam engines**. So the first line in London was close to the roads to **allow** the steam to **escape**. It's not very cool... What happened next? Electricity replaced steam. And so, New York opened its first underground line in 1904. But Chicago **retained** its elevated railway, often called the 'L'. It forms a **loop** in the city centre, which is why the city centre is called *the Loop*.

when it comes to: quand il s'agit de
to dig: creuser
steam engines: les machines à vapeur
to allow: permettre
to escape: s'échapper
to retain: conserver
a loop: une boucle

In London, the metro is called the Underground or the Tube (because the tunnels look like tubes). In the USA, it's called the Subway. But in the United Kingdom, a subway is an underground passage for **pedestrians**. It's a bit confusing, especially for American tourists in London...

a pedestrian: un piéton

THE HIGH LINE

An elevated line called the High Line in Manhattan, built in the 1930s, thirty feet above the ground, is now a public park. The last train ran in 1980.

Going further

- Explore the city of **Chicago** with http://www.cityofchicago.org.
- Read this letter of complaint to ***The Times*, 1879**.

"I was travelling on their line with my wife between Edgware Road and King's Cross. The condition of the atmosphere was so poisonous that I was almost suffocated and was assisted from the train at an intermediate station. On reaching the open air, I went to a chemist. Without a moment's hesitation, the chemist said, 'Oh, I see, Metropolitan Railway,' and at once poured out a wine glass full of what he called **'Metropolitan mixture'**..."

- The official web site of the **High Line** is http://www.thehighline.org/

TRADUCTION DU SCRIPT

Emma – Oh salut, Rebecca, comment ça va ?

Rebecca – Bien, merci. Je suis surprise de te voir ici.

Emma – En fait, d'habitude je prends le métro pour aller à la fac, mais aujourd'hui je prends le bus. Juste pour changer. Il fait beau. C'est sympa d'être dehors.

Rebecca – Oui, je suis d'accord. Écoute, même les oiseaux chantent ! J'adore.

Emma – Je ne prends jamais le temps d'écouter les oiseaux. Je suis toujours tellement pressée. Je fonce à la fac tous les jours. J'étudie beaucoup. Je travaille dur. Quand j'arrive à la maison, je lis des livres ou des articles, sauf le week-end.

Rebecca – Mais pas aujourd'hui ?

Emma – Non, aujourd'hui c'est mon anniversaire. Aujourd'hui je ne vais pas à la bibliothèque. Je vais à tous mes cours bien sûr mais pas à la bibliothèque.

Rebecca – Bon anniversaire, Emma !

Emma – Merci. Au fait, je fais une fête samedi. J'espère que tu peux venir.

Rebecca – Bien sûr ! Je suis contente de t'avoir rencontrée.

12 Away for the weekend?

➔ Pour les doc audio et + d'exercices, voir le site.

L'épisode

1 Écoutez le dialogue avec ou sans l'aide du script.

Oliver et sa femme, Jennifer, discutent sur Skype.

JENNIFER – Hi, how are you? You look a bit tired. Are you going away for the weekend, honey?

OLIVER – Yes, I'm going to visit York with my colleagues, Linda and John.

JENNIFER – I envy you! Lucky you. I'm going to visit Aunt Betsy in Boston.

OLIVER – Are you driving to Boston?

JENNIFER – Oh no, it's going to snow! We're expecting three inches of snow. And I'm not going to fly. Some flights are already cancelled. I'm going to take the train.

OLIVER – So you're going to see your aunt and it's going to snow? You're gonna have a great weekend!

JENNIFER – Well, it's not that bad. I like snow and as you know I'm fond of Betsy, she's really sweet. We're going to have great food. She's taking me to a famous restaurant on Long Wharf. I already know what I'm going to have: I'm going to have lobster.

OLIVER – It's my turn to envy you. I love lobster! I think we're going to have fish and chips!

> TRADUCTION P. 89

a bit: un peu • **to expect:** s'attendre à • **to fly:** prendre l'avion • **a flight:** un vol • **to cancel:** annuler • **not that bad:** pas si mal que ça • **to be fond of:** bien aimer • **lobster:** du homard

2 Répondez aux questions suivantes.

1. Où va Jennifer ?
   - ❑ a. Voir une tante.
   - ❑ b. Voir une amie.
   - ❑ c. Voir une collègue.

2. Comment y va-t-elle ?
   - ❑ a. En voiture.
   - ❑ b. En avion.
   - ❑ c. En train.

3. Quel temps va-t-il faire ?
   - ❑ a. Il va pleuvoir.
   - ❑ b. Il va neiger.
   - ❑ c. Il va faire beau.

4. Que prévoit-elle de manger ?
   - ❑ a. Du homard.
   - ❑ b. Du poisson.
   - ❑ c. Du gâteau.

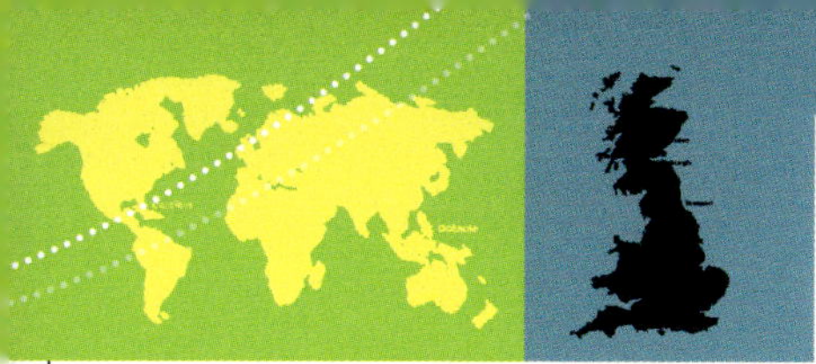

Parler de ses projets

- **What are your plans for the holiday?** Quels sont vos projets pour les vacances ?
- **My plan is to + V/My project is + V-ing** Mon projet est de...
- **My plan is to rent a bike.** Mon projet est de louer un vélo.
- **My next project is redecorating the flat.**
  Mon prochain projet est de repeindre l'appartement.
- **I'm planning to + V/on + V-ing...** Je prévois de...
- **We're planning to go to/on going to Canada.** On prévoit d'aller au Canada.
- **I intend to move house.** J'ai l'intention de déménager.
- **I have no intention of speaking to him.** Je n'ai aucune intention de lui parler.
- **I'm thinking of going back to school.** J'envisage de reprendre des études.
- **I'm considering moving to China.** J'envisage d'aller vivre en Chine.
- **I'm hoping to go to university.** Je compte aller à l'université.
- **I have a good mind to vote against them.** J'ai bien l'intention de voter contre eux.

3 Traduisez.

1. Quels sont tes projets pour Noël ?
2. Trisha a l'intention de démissionner *(to resign)*.
3. Elle prévoit de s'installer *(to settle)* au Canada.
4. Vous envisagez de vendre votre ordinateur ?
5. Ma copine *(girlfriend)* envisage de reprendre ses études.

Le bulletin météo

What's the weather like?
Quel temps fait-il ?

- **It looks like rain.**
  On dirait qu'il va pleuvoir.
- **It's pouring.**
  Il pleut à verse.
- **It's clearing up.**
  Le temps s'éclaircit.
- **It's very close.**
  Il fait très lourd.

- **the weather man:** le présentateur météo
- **a weather forecast:** un bulletin météo

- **changeable:** variable
- **humid, damp:** humide
- **mist:** de la brume
- **a shower:** une averse

- **thunder:** le tonnerre
- **a flash of lightning:** un éclair

- **a storm:** une tempête
- **ice:** de la glace, du verglas
- **to freeze:** geler
- **to melt, to thaw:** fondre

- **a rainbow:** un arc-en-ciel
- **a sunny spell:** une éclaircie
- **bright:** radieux
- **hot:** très chaud
- **a heat wave:** une vague de chaleur

4 Complétez en vous aidant du contexte ou des indications entre parenthèses.

1. The ... forecast says it's going to snow.
2. Listen to the weather ... . She's got some good news.
3. The forecast says 100 °F! It's a ... .
4. It's going to ... . We'll get some ice on the road.
5. The weather is going to be ... : rain and sunny ... (éclaircies) today.

Be going to : formes

Be going to se forme avec **be** au présent suivi de **going to**.

affirmation	négation	question
I'm going to sing	I'm not going to sing	Am I going to sing?
you're going to sing	you're not going to sing	Are you going to sing?
he's going to sing	he's not going to sing	Is he going to sing?
we're going to sing	we're not going to sing	Are we going to sing?
you're going to sing	you're not going to sing	Are you going to sing?
they're going to sing	they're not going to sing	Are they going to sing?

À l'oral, on entend assez souvent **gonna** à la place de **going to** : **I'm gonna sing.**

5 Conjuguez à l'aide de *be going to*.

1. ... (I/tell) the judge the whole truth *(toute la vérité)*.
2. ... (You/not do) that!
3. We can go out. ... (It/not rain) today.
4. ... (You/take) the subway?
5. ... (Michael and Jane/go on holiday) next week.

Be going to : emplois

Be going to se traduit souvent par « aller » + infinitif.

- Pour parler d'une décision déjà prise.
  I'm going to visit my aunt in Boston. Je vais voir ma tante à Boston.
- Pour dire qu'on sait que quelque chose va se produire.
  It's going to snow. Il va neiger.

On peut dire **I'm visiting my aunt in Boston this weekend** ou **I'm going to visit my aunt in Boston this weekend**.

6 Traduisez.

1. Il va faire très chaud.
2. Je crois qu'il va pleuvoir.
3. Est-ce que tu vas aller à la fête chez Grace *(Grace's party)* ?
4. Luke et Abigail vont avoir un enfant au printemps *(in the spring)*.
5. Il va y avoir beaucoup de circulation. *(There... a lot of traffic.)*

Pour terminer

7 Complétez ces phrases avec le vocabulaire de l'épisode.

1. Because of the ... conditions (météorologiques), some ... (vols) have been ... (annulés).
2. What are their ... (projets) for the ... (vacances)?
3. There's going to be a ... (tempête). Can you hear the ... (tonnerre)?
4. "There's so much humidity today." "Yes, it's very ... (très lourd)."
5. Look in the sky, there's a ... (arc-en-ciel)!

8 *Planning.* Écoutez ce dialogue et complétez le script.

– ... are you ... this weekend?
– I have no ... of going away this weekend.
– Why? Because of the ... ? But the ice will ... eventually, you know!
– No, it's because my ... is coming to ... us.
– Are you sure it's a good reason for not ... ... ?

CORRIGÉ DES EXERCICES

2 **1. a.** Voir une tante. **2. c.** En train. **3. b.** Il va neiger. **4. a.** Du homard.

3 **1.** What are your plans for Christmas? **2.** Trisha intends to resign. **3.** She's planning to settle/on settling in Canada. **4.** Are you thinking of/considering selling your computer? **5.** My girlfriend is thinking of/is considering going back to school.

4 **1.** The weather forecast says it's going to snow. **2.** Listen to the weather woman. She's got some good news. **3.** The fore-cast says 100 °F! It's a heat wave. **4.** It's going to freeze. We'll get some ice on the road. **5.** The weather is going to be changeable: rain and sunny spells today.

5 **1.** I'm going to tell the judge the whole truth. **2.** You're not going to do that! **3.** We can go out. It's not going to rain today. **4.** Are you going to take the subway? **5.** Michael and Jane are going to go on holiday next week.

6 **1.** It's going to be hot. **2.** I think it's going to rain. **3.** Are you going to go to Grace's party? **4.** Luke and Abigail are going to have a child in the spring. **5.** There's/There is going to be a lot of traffic.

7 **1.** Because of the weather conditions, some flights have been cancelled. **2.** What are their plans/projects for the holiday/holidays? **3.** There's going to be a storm. Can you hear the thunder? **4.** "There's so much humidity today." "Yes, it's very close." **5.** Look in the sky, there's a rainbow!

8 – Where are you going this weekend?
– I have no intention of going away this weekend.
– Why? Because of the weather? But the ice will melt eventually, you know!
– No, it's because my aunt is coming to visit us.
– Are you sure it's a good reason for not going away?

Focus on...
Tea and the Revolution

American revolutionaries dressed as Native Americans dump tea into Boston Harbor.

Comment le thé a-t-il pu mener à la création des États-Unis ?

If you think that tea is just an ordinary hot drink, think again! For one thing, tea was very **expensive** until the mid-19th century. One pound of tea (450 g) could cost more than a **skilled worker's weekly wage**. So people locked tea in a special box and only one person, usually the lady of the house, kept the key!

When you talk about "the Revolution", what do you have in mind? Probably not the same as the Americans, who mean "**the American Revolution**".

Now, what do the two words "tea" and "revolution" have in common? The answer to that question is: the American Revolution started because of tea!

The British Americans had to pay heavy **taxes** on tea to the East India Company, one of Britain's most important commercial institutions. It had a monopoly on tea in Britain and the colonies.

to dump: jeter
expensive: cher
a skilled worker's weekly wage: le salaire hebdomadaire d'un ouvrier qualifié
to lock: enfermer à clé
the American Revolution: la Guerre d'indépendance
taxes: les impôts

In 1773, in Boston, some people, disguised as Indians, made a raid on three **ships** carrying tea and dumped all the tea into the Boston **harbour**. This event was later called "the Boston Tea Party", a very famous event that **led to** the American Revolution. One of the nicknames for Boston is "the **Cradle** of Liberty".

There is now a Tea Party Movement. This movement, generally considered to be ultraconservative and populist, supports reduced government spending. Its members use the word "tea" as an acronym: Taxed Enough Already!

a ship: un bateau
a harbour [GB], **a harbor** [US]: un port
to lead (led, led) to: conduire à
a cradle: un berceau

THE MAD TEA PARTY

Tea parties are extremely popular in the United Kingdom. *Alice in Wonderland* has a very special tea party: the "mad tea party", in which the characters keep asking riddles *(énigmes)*. They have tea all day because it's always 6 o'clock (tea time) where they live! When Alice leaves she exclaims: "It's the stupidest tea party I ever was at in all my life!"

You can read Chapter 7 ("A Mad Tea Party") of *Alice in Wonderland* online. It's short. Type "Alice in Wonderland online" on a search engine.

Going further

⇛ To learn more about the **American Revolution**, log on to the site of the Museum of American Revolution: http://www.americanrevolutioncenter.org.

TRADUCTION DU SCRIPT

Jennifer – Bonjour, comment ça va ? Tu as l'air un peu fatigué. Tu pars ce week-end, chéri ?

Oliver – Oui, je vais visiter York avec mes collègues, Linda et John.

Jennifer – Je t'envie ! Quelle chance ! Je vais rendre visite à tante Betsy à Boston.

Oliver – Tu vas à Boston en voiture ?

Jennifer – Oh non, il va neiger ! On s'attend à huit centimètres de neige. Et je ne vais pas prendre l'avion. Certains vols sont déjà annulés. Je vais prendre le train.

Oliver – Donc tu vas voir ta tante et il va neiger ? Tu vas passer un week-end génial !

Jennifer – En fait, c'est pas si mal que ça. J'aime bien la neige et comme tu sais, j'aime bien Betsy, elle est vraiment gentille. On va super bien manger. Elle m'emmène dans un restaurant réputé sur Long Wharf. Je sais déjà ce que je vais prendre : je vais prendre du homard.

Oliver – C'est à mon tour de t'envier. J'adore le homard ! Je crois que nous on va manger des *fish and chips* !

What did they say ?

1 Cinq erreurs se sont glissées dans ce résumé des épisodes 7-9. **Corrigez-les.**

Le lendemain de son arrivée à Liverpool, Oliver reçoit un appel de sa femme, Jennifer. Elle va assister à un colloque à Philadelphie sur la politique économique américaine. Il part ensuite avec Linda visiter une usine au nord de Liverpool. Linda propose de dîner le soir dans un restaurant végétarien près de Blackpool. Ils font alors plus ample connaissance. On apprend qu'elle est née à Manchester et lui à San Francisco, où Linda rêve d'aller.

SCORE : ... / 10

2 Cinq blancs se sont glissés dans ce résumé des épisodes 10-12. **Complétez-les.**

Oliver et Linda parlent de leur week-end. Oliver est resté à Liverpool pour travailler. Linda est allée à ... pour fêter l'anniversaire de ... . À New York, Emma rencontre une copine, Rebecca. Emma aujourd'hui prend son temps car c'est son anniversaire. D'ailleurs, elle organise une fête ... et elle invite Rebecca. Quelques jours plus tard, Oliver et Jennifer se parlent sur Skype du prochain week-end. Oliver va aller à ... avec Linda et John, tandis que Jennifer va voir sa tante Betsy à Boston. Elle est contente d'y aller parce qu'elle va manger du ... . Oliver se contentera de *fish and chips*.

SCORE : ... / 10

Express yourself

3 **Retrouvez** le sens de ces cinq mots ou expressions.

1. to miss the train: ...
2. a three-course meal: ...
3. an intern: ...
4. the pavement: ...
5. thunder: ...

SCORE : ... / 10

4 Que diriez-vous dans les contextes suivants ?

1. "What did you do today?" "I ... to work and then I did some cleaning."
2. Excuse me, could I have the ... , please? I'm paying with a card. It was delicious.
3. I ... born in London. What about you?
4. "... do you visit your family?" "Once or twice a month."
5. "What are your plans for the summer?" "We're ... go to Switzerland."

SCORE : ... / 10

5 Dites-le en anglais.

1. J'ai fait la grasse matinée. Et je n'ai rien fait de toute la journée.
2. J'ai été muté à Londres. On m'a offert un emploi d'infirmier.
3. Il est environ six heures ici. Je veux dire 18 heures.
4. Je vais à Tucson, Arizona, de temps en temps.
5. Je ne crois pas qu'ils aient l'intention de démissionner.

SCORE : ... / 10

Afraid of grammar ?

6 Mettez au prétérit.

1. We go to Ireland every year.
2. He takes the train every morning.
3. I always sleep very well.
4. She never drives into town.
5. They drink too much.

SCORE : ... / 10

7 Complétez : article *the* ou rien (article zéro) ?

1. Technically, ... spiders are not insects.
2. Is ... dinner ready?
3. Where was ... basketball invented?
4. They have a house near ... Lake Geneva.
5. ... fish I had last week was not very fresh.

SCORE : ... / 10

8 Traduisez.

1. Regarde, il pleut !
2. Vous attendez le bus aussi ?
3. Je prends le train tous les jours.
4. Je prends le train ce matin.
5. On va voir un film avec les enfants ce soir *(tonight)*.

SCORE : ... / 10

Cultural quiz

9 Épisodes 7-9

1. What is the distance between New York and Philadelphia?
   ❑ a. About ninety miles. ❑ b. About ninety kilometres.
2. During World War II, in Britain, fish and chips were not rationed.
   ❑ a. True. ❑ b. False.
3. What is the name of the Celtic queen who fought against the Romans?
   ❑ a. Boudicca. ❑ b. Godiva.
4. When did the Romans conquer Britain?
   ❑ a. In the first century BC. ❑ b. In the first century AD.
5. What is the name of the wall built by the Romans near the Scottish border?
   ❑ a. Nero's Wall. ❑ b. Hadrian's Wall.

SCORE : ... / 10

10 Épisodes 10-12

1. What does GMT mean? ...
2. It's the name of a sailing ship and a well-known Scotch whisky: ...
3. Why is the London Underground also called "the Tube"?
4. The American War of Independence is commonly called the ... in the USA.
5. In 1773, some Americans raided three ships in Boston and dumped all the tea they contained into the sea. This event is called the ... .

SCORE : ... / 10

Corrigés p. 92 (2 points par bonne réponse). **SCORE :** ... / 100

corrigés

1 Le lendemain de son arrivée à Liverpool, Oliver reçoit un appel de sa femme, Jennifer. Elle va assister à un colloque à Philadelphie sur ~~la politique économique américaine~~ **le réchauffement climatique**. Il part ensuite avec Linda visiter ~~une usine~~ **une ferme éolienne** au nord de Liverpool. Linda propose de dîner le soir dans un restaurant ~~végétarien~~ **de poissons** près de Blackpool. Ils font alors plus ample connaissance. On apprend qu'elle est née à ~~Manchester~~ **York** et lui à San Francisco, où Linda ~~rêve d'aller~~ **a fait un stage d'été**.

2 Oliver et Linda parlent de leur week-end. Oliver est resté à Liverpool pour travailler. Linda est allée à **Londres**/**Greenwich** pour fêter l'anniversaire de **sa sœur**. À New York, Emma rencontre une copine, Rebecca. Emma aujourd'hui prend son temps car c'est son anniversaire. D'ailleurs, elle organise une fête **samedi** et elle invite Rebecca. Quelques jours plus tard, Oliver et Jennifer se parlent sur Skype du prochain week-end. Oliver va aller à **York** avec Linda et John, tandis que Jennifer va voir sa tante Betsy à Boston. Elle est contente d'y aller parce qu'elle va manger du **homard**. Oliver se contentera de « fish and chips ».

3 **1.** to miss the train: rater le train **2.** a three-course meal: un repas complet **3.** an intern: un stagiaire **4.** the pavement: le trottoir **5.** thunder: le tonnerre

4 **1.** "What did you do today?" "I **went** to work and then I did some cleaning." **2.** Excuse me, could I have the **bill**, please? I'm paying with a card. It was delicious. **3.** I **was** born in London. What about you? **4.** "**How often** do you visit your family?" "Once or twice a month." **5.** "What are your plans for the summer?" "We're **planning to** go to Switzerland."

5 **1.** I slept in and I did nothing all day. **2.** I was transferred to London. I was offered a position as a nurse. **3.** It's about six o'clock here. I mean 6 p.m. **4.** I go to Tucson, Arizona, from time to time/once in a while. **5.** I don't think they intend to resign.

6 **1.** We went to Ireland every year. **2.** He took the train every morning. **3.** I always slept very well. **4.** She never drove into town. **5.** They drank too much.

7 **1.** Technically, _ spiders are not insects. **2.** Is _ dinner ready? **3.** Where was _ basketball invented? **4.** They have a house near _ Lake Geneva. **5.** **The** fish I had last week was not very fresh.

8 **1.** Look, it's raining! **2.** Are you waiting for the bus too? **3.** I take the train every day. **4.** I'm taking the train this morning. **5.** We're going to see a film with the children/kids tonight.

9 **1. a.** About ninety miles. **2. a.** True. **3. a.** Boudicca. **4. b.** In the first century AD. **5. b.** Hadrian's Wall.

10 **1.** Greenwich Mean Time. **2.** Cutty Sark. **3.** Because its tunnels look like tubes. **4.** The American Revolution. **5.** Boston Tea Party.

PARTIE 3

13 Babysitting

Emma fait parfois du baby-sitting. Aujourd'hui, elle s'occupe d'Eve qui a 11 ans.

Communication Hésiter p. 95
Vocabulaire Le travail en entreprise p. 95
Grammaire *Will* p. 96
Focus on *Women's rights* p. 98

14 Dreaming

Oliver et Linda rêvent devant la machine à café...

Communication Parler de ses envies... p. 101
Vocabulaire En avion p. 101
Grammaire *Would* p. 102
Focus on *Uluru vs. Ayers Rock* p. 104

15 Caught by the police!

Oliver ne retrouve pas sa voiture. Il demande à une policière de l'aider.

Communication Mettre en garde p. 107
Vocabulaire En voiture p. 107
Grammaire Les déterminants possessifs p. 108
Focus on *What's the right side?* p. 110

16 Lovely kids...

Emma a emmené Josh, 10 ans, dans un parc d'attraction à Coney Island.

Communication Donner raison, admettre p. 113
Vocabulaire La maison p. 113
Grammaire Quand deux verbes se suivent p. 114
Focus on *E.T. phone home* p. 116

17 What is happening?

Linda devait rappeler Cynthia d'urgence. Que se passe-t-il ?

Communication Décrire physiquement p. 119
Vocabulaire L'apparence physique p. 119
Grammaire Rapporter des paroles p. 120
Focus on *Dress-down Friday* p. 122

18 An explanation

Terry et Patricia parlent avec Cynthia, leur meilleure amie, chez eux.

Communication Réconforter, encourager p. 125
Vocabulaire Chez le médecin p. 125
Grammaire L'impératif • *Some* p. 126
Focus on *National Health Systems* p. 128

p. 130-132 **Check it!** 13 > 18

13 Babysitting

Pour les doc audio et + d'exercices, voir le site.

L'épisode

1 Écoutez le dialogue avec ou sans l'aide du script.

Emma fait parfois du baby-sitting. Aujourd'hui, elle s'occupe d'Eve qui a 11 ans.

EMMA – Tell me, Eve, what will you do when you're grown up?
EVE – I don't really know yet. I'm still hesitant. What's for sure is that I'll be like Mum when I grow up.
EMMA – What do you mean?
EVE – I'll be a perfect mum. I'll have a good job and I'll be nice to my kids.
EMMA – So you'll have kids when you grow up?
EVE – Um, I don't know. Should I have kids or not? I'm in two minds about it. I'll think about it when I'm older. But I'll be like my Mum even if I don't have kids. I'll be a strong woman.
EMMA – You already are a strong girl!
EVE – Yes, I know. I won't allow anyone to control me. I won't compromise. I'll do what I want, without hesitation.
EMMA – Oh my God, you sound like your mother!

> TRADUCTION P. 99

to grow up: devenir adulte • **not... yet:** pas encore • **to mean:** vouloir dire • **Should I...?** Est-ce que je devrais... ? • **to be in two minds about sth:** être partagé sur une question • **to allow:** permettre

2 Répondez aux questions suivantes.

1. Que veut faire Eve plus tard ?
- ❑ a. Elle ne veut pas le dire.
- ❑ b. Elle sait ce qu'elle veut faire.
- ❑ c. Elle ne le sait pas encore.

2. Comment décrit-elle sa mère ?
- ❑ a. Elle travaille beaucoup.
- ❑ b. Elle est gentille.
- ❑ c. Elle est parfaite.

3. Eve veut-elle avoir des enfants plus tard ?
- ❑ a. Oui.
- ❑ b. Non.
- ❑ c. Peut-être.

4. Comment décrire Eve ?
- ❑ a. Elle a une forte personnalité.
- ❑ b. Elle hésite beaucoup.
- ❑ c. Elle est réservée.

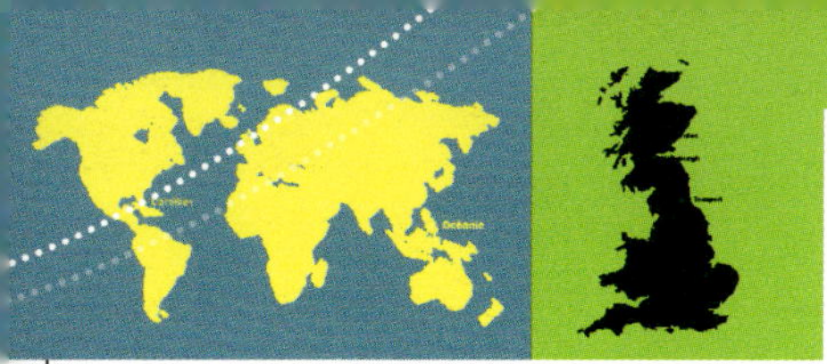

Hésiter

- **Well... um... er... you know...**
  Eh bien... euh... euh... vous savez...
- **Actually... er...** À vrai dire... euh...
- **I'm reluctant to take the car.** J'hésite à prendre la voiture.
- **I wonder if it's going to snow.** Je me demande s'il va neiger.
- **I don't know what I want to do.** Je ne sais pas ce que je veux faire.
- **I don't know if I should go or not.** Je ne sais pas si je devrais y aller.
- **I can't make up my mind.** Je n'arrive pas à me décider.
- **I'm still not sure if I should go.** Je ne suis toujours pas sûr d'y aller.
- **I'm at a loss.** Je suis perplexe.
- **I'm at a loss about what to do.** Je ne sais pas du tout quoi faire.
- **You need to think twice before doing this.**
  Il faut y réfléchir à deux fois avant de faire ça.
- **Don't hesitate to ask me.** N'hésitez pas à me le demander.

3 Traduisez.

1. Mes amis ne savent pas encore s'ils seront là.
2. Eve n'arrive pas à se décider.
3. Sam est perplexe. Il se demande si c'est raisonnable *(reasonable)*.
4. Je vais y réfléchir à deux fois avant de répondre.
5. J'hésite à l'acheter.

Le travail en entreprise

- **work:** le travail
- **a job:** un emploi
- **a career:** une carrière
- **a department:** un service
- **the management:** la direction
- **a senior executive:** un cadre supérieur
- **an employee:** un employé
- **the glass ceiling:** le plafond de verre
- **wages, a salary:** un salaire
- **How much do you earn/make?**
  Tu gagnes combien ?
- **a payslip:** un bulletin de salaire
- **a pay rise** [GB], **a raise** [US]:
  une augmentation de salaire
- **unemployment:** le chômage
- **to be unemployed:** être au chômage
- **to be made redundant:** être licencié
- **to be fired/sacked:** être renvoyé
- **to take two days off:**
  prendre deux jours de congé
- **to be on sick leave:**
  être en arrêt maladie
- **to be on strike:** être en grève

4 **Complétez en vous aidant des indications entre parenthèses ou du contexte.**

1. My colleague is on ... ... (arrêt maladie) until tomorrow.
2. They ... ... (ils ont été licenciés) last year.
3. There are no buses this morning. Are they on ... ?
4. I want to speak to the ... (la direction) now.
5. They say it's never a good time to get a ... ... (une augmentation de salaire)!

Will pour exprimer l'avenir

• Avec **will** + V, on se projette dans l'avenir et on dit que quelque chose se produira. Après un pronom personnel, **will** est souvent contracté en **'ll**.
I will be/I'll be a perfect mum. Je serai une maman parfaite.

• **Will** s'emploie à toutes les personnes : pas de **-s** à la 3e personne du singulier !
I will be/ You will be/ She will be home soon.

• À la forme négative, **will not** est souvent contracté en **won't** (/wəʊnt/).
She will not be/She won't be here tomorrow.

• Dans les questions, on inverse le sujet et **will**.
Will he be at home? Est-ce qu'il sera à la maison ?

5 **Transformez ces phrases en affirmation (+), négation (-) ou interrogation (?).**

1. Madge won't be home when we get there. (+)
2. I won't talk to John. (+)
3. George and Francisca will be on holiday next month. (?)
4. We will dance with the kids. (-)
5. She won't tell you tomorrow. (+)

Will: autres emplois

Will ne se traduit pas par un futur dans deux cas :

• **Will** expression de la volonté.
Will you marry me? Veux-tu m'épouser ?

• **Will** décision prise instantanément.
(The telephone is ringing.) **I'll get it.** Je réponds./Je vais répondre.

Le temps après when

En français, on emploie le futur après « quand » et « une fois que ».
En anglais, on utilise le présent après **when** et **once**.
What will you do when you see them? Qu'est-ce que tu feras quand tu les verras ?

6 Traduisez.

1. I'll call the office when I arrive at the airport.
2. "It's raining." "OK, I'll get my umbrella."
3. Natalie will not marry her boyfriend.
4. I'm going to be a great scientist when I'm older.
5. Once the contract is signed, you won't be able to cancel it.

Pour terminer

7 Complétez ces phrases avec le vocabulaire de l'épisode.

1. I'll run *(diriger)* a big ... (service) when I'm older.
2. They ... (renvoyer) three ... (employés) last year.
3. You need to ... ... (y réfléchir à deux fois) before marrying that guy.
4. Is Kristy a ... ... (cadre supérieur) in this firm?
5. I'm ... ... (perplexe). I really don't know what to do.

8 *My payslip...* Écoutez ce dialogue et complétez le script.

– Stop looking at your ... .
– The figures are so low. What ... I do?
– Go and see the ... and tell them you're stressed.
– They won't give me a ... for that!
– Well, if you need more advice, don't ... ...

CORRIGÉ DES EXERCICES

2 **1. c.** Elle ne le sait pas encore. **2. c.** Elle est parfaite. **3. c.** Peut-être. **4. a.** Elle a une forte personnalité.

3 **1.** My friends don't know yet if they'll be there. **2.** Eve can't make up her mind. **3.** Sam is at a loss. He wonders if it's reasonable. **4.** I'll think twice (about it) before answering. **5.** I'm reluctant to buy it.

4 **1.** My colleague is on sick leave until tomorrow. **2.** They were made redundant/were sacked/were fired last year. **3.** There are no buses this morning. Are they on strike? **4.** I want to speak to the management now. **5.** They say it's never a good time to get a pay rise/a raise!

5 **1.** Madge will be home when we get there. **2.** I'll/will talk to John. **3.** Will George and Francisca be on holiday next month? **4.** We won't dance with the kids. **5.** She'll/will tell you tomorrow.

6 **1.** J'appellerai le bureau quand j'arriverai à l'aéroport. **2.** « Il pleut. » « OK, je prends mon parapluie. » **3.** Natalie ne veut pas épouser son copain. **4.** Je serai une grande scientifique quand je serai grande. **5.** Une fois que le contrat sera signé, vous ne pourrez pas l'annuler.

7 **1.** I'll run a big department when I'm older. **2.** They fired/sacked three employees last year. **3.** You need to think twice (about it) before marrying that guy. **4.** Is Kristy a senior executive in this firm? **5.** I'm at a loss. I really don't know what to do.

8 – Stop looking at your payslip.
– The figures are so low. What should I do?
– Go and see the management and tell them you're stressed.
– They won't give me a rise for that!
– Well, if you need more advice, don't hesitate to ask me.

Focus on...

Women's rights

"No, I'm not a secretary. I'm a consultant. Are you a secretary?"

Si en France les femmes n'ont obtenu le droit de vote qu'en 1945, elles l'avaient déjà conquis – partiellement – en Grande-Bretagne dès 1918.

It's hard to believe that women didn't have the right to vote **in most countries** until the end of World War I in 1918. The First World War was a **turning point** in the history of women's suffrage: men went to the front and women showed how indispensable they were in the **fields** and **factories**.

Before World War I, a group of women called the Suffragettes, mainly in the United Kingdom and the United States, campaigned to **gain** the right to vote. They **supported** civil disobedience. In the UK, some women chained themselves to **railings**, got themselves arrested, went on **hunger strikes**...

in most countries: dans la plupart des pay
a turning point: un tournant
fields: les champs
factories: les usines
to gain: obtenir
to support: encourager
a railing: une grille
a hunger strike: une grève de la faim

One suffragette, Emily Davison, even died in 1913 when she stepped in front of the horse of King George V to defend the cause of women's suffrage. It's right what people say: "Some people died for us to have the right to vote." You can now form your own conclusion...

In the UK, women over 30 were given the right to vote in 1918, **as opposed to** 21 for men. Ten years later men and women were put **on an equal footing**. Women gained the right to vote in the 1920 presidential election in the USA.

as opposed to: contre • **on an equal footing:** sur un pied d'égalité

MRS OR MS

More and more women use the form Ms (pronounced /mɪz/), instead of Mrs or Miss. This is a way of not giving your marital status. In French-speaking countries, there is a tendency **to scrap** "Mademoiselle" in administrative documents.

to scrap: abandonner

Going further

⇒ Type **Christabel Pankhurst** and **Annie Kennedy** on the Internet. They were very famous suffragettes too.

⇒ You can read an official report by the **Equality and Human Rights Commission** on this site: http://www.equalityhumanrights.com/. It's about the continued underrepresentation of women in senior public and private appointments.

TRADUCTION DU SCRIPT

Emma – Dis-moi, Eve, qu'est-ce que tu feras quand tu seras grande ?

Eve – Je ne sais pas encore vraiment. J'hésite encore. Ce qui est certain, c'est que je serai comme Maman quand je serai grande.

Emma – Qu'est-ce que tu veux dire ?

Eve – Je serai une mère parfaite. J'aurai un bon travail et je serai gentille avec mes enfants.

Emma – Donc tu auras des enfants quand tu seras grande ?

Eve – Euh, je ne sais pas. Est-ce que je devrais avoir des enfants ? Je suis partagée. J'y penserai quand je serai plus vieille. Mais je serai comme ma mère même si je n'ai pas d'enfants. Je serai une femme forte.

Emma – Tu es déjà une fille forte !

Eve – Oui, je sais. Je ne permettrai à personne de me contrôler. Je ne ferai pas de concessions. Je ferai ce que je veux, sans hésitation.

Emma – Oh mon Dieu, on dirait ta mère !

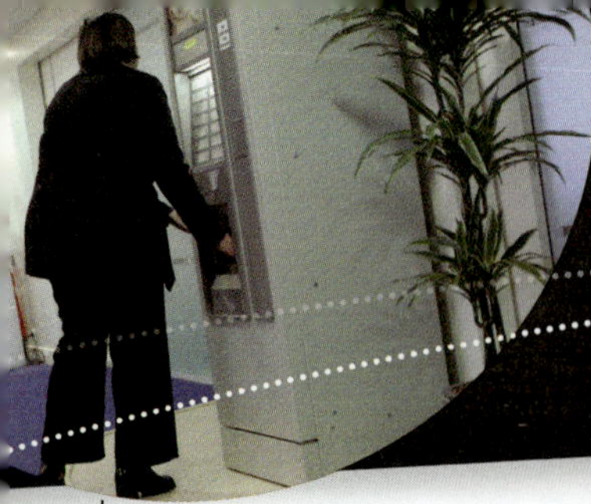

14 Dreaming

Pour les doc audio et + d'exercices, voir le site.

L'épisode

1 **Écoutez le dialogue avec ou sans l'aide du script.**

Oliver et Linda rêvent devant la machine à café...

OLIVER – What would you like?
LINDA – Right now I'd like to be on a plane to Australia!
OLIVER – No I mean, would you like tea or coffee?
LINDA – I'd love a cappuccino, thanks.
John arrives.
JOHN – Hi, how are you?
OLIVER – I'm fine. Linda said she'd like to travel to Australia.
JOHN – Imagine all the things you could do if you were in Australia.
LINDA – That's easy! I would go to Sydney for a few days. I'd spend the afternoon on the beach. I'd love that.
OLIVER – Would you go to Alice Springs?
LINDA – Of course I would. I'd fly there and I'd take a helicopter tour of Uluru!
JOHN – I would recommend Darwin too in the North, but you wouldn't have time to visit the whole country in two weeks.
LINDA – Who said two weeks? I'm imagining a trip to Australia, so we'd be there for six months!
OLIVER – Fasten your seatbelts. We're going back to the office.

> TRADUCTION P. 105

right now: là maintenant • **a plane:** un avion • **to travel:** voyager • **a trip:** un voyage • **to fasten:** attacher

2 **Répondez aux questions suivantes.**

1. Que propose Oliver ?
- ❑ a. Du thé.
- ❑ b. Du thé ou du café.
- ❑ c. Du café.

2. Quelle est la 1re ville citée par Linda ?
- ❑ a. Alice Springs.
- ❑ b. Sydney.
- ❑ c. Darwin.

3. Comment visiterait-elle Uluru ?
- ❑ a. En avion.
- ❑ b. En bus.
- ❑ c. En hélicoptère.

4. Où vont-ils à la fin de la conversation ?
- ❑ a. À la cantine.
- ❑ b. Au bureau.
- ❑ c. À l'aéroport.

Parler de ses envies, de ses espoirs

- **I'd (would) like a coffee.** J'aimerais un café.
- **I'd like to be on a plane.** J'aimerais être dans un avion.
- **I feel like a nice cup of tea.** J'ai envie d'une bonne tasse de thé.
- **I feel like + V-ing...** J'ai envie de...
- **I feel like going for a swim.** J'ai envie d'aller me baigner.
- **I felt the urge to call you.** J'ai eu très envie de t'appeler.
- **I want to live with you.** Je veux vivre avec toi.

- **We're hoping for a reply next week.** On espère une réponse la semaine prochaine.
- **I hope/I'm hoping that they'll be with us tomorrow.** J'espère qu'ils seront avec nous demain.
- **If only we could see them.** Si seulement on pouvait les voir.
- **Wouldn't it be great to be there?** Ça serait pas super d'être là-bas ?
- **I dream of living on a desert island.** Je rêve de vivre sur une île déserte.
- **That's wishful thinking.** C'est prendre ses désirs pour des réalités.

3 Traduisez.

1. J'ai envie de rester à la maison.
2. J'espère qu'ils viendront à mon mariage *(wedding)*.
3. Si seulement je pouvais leur parler.
4. Elle rêve de vivre à New York.
5. Ma fille aimerait être pilote de Formule 1 *(Formula 1 driver)*.

En avion

- **to fly:** voler, prendre l'avion
- **a plane:** un avion
- **an airport:** un aéroport
- **an airline:** une compagie aérienne
- **departures:** les départs
- **arrivals:** les arrivées

- **the ticket counter:** le comptoir des billets

- **to check in:** s'enregistrer
- **a boarding pass:** une carte d'embarquement
- **the departure lounge:** la salle d'embarquement
- **on/ahead of/behind schedule:** à l'heure/en avance/en retard

- **to board:** embarquer

- **a stewardess:** une hôtesse de l'air
- **the crew:** l'équipage
- **a window/an aisle seat:** un siège côté hublot/couloir
- **to take off:** décoller
- **to land:** atterrir
- **a carousel:** un tapis à bagages
- **a stopover:** une escale

4 Complétez en vous aidant des indications entre parenthèses ou du contexte.

1. Their plane ... (atterrir) ten minutes ahead of ... .
2. We had a ... (une escale) in Bangkok on our way to New Zealand.
3. Do you have a favourite ... (compagnie aérienne)?
4. I printed my ... ... (carte d'embarquement) yesterday.
5. The ... (avion) is ready to ... ... (décoller).

Would : formes

• Pour former l'équivalent du conditionnel en anglais, on emploie **would** + V à toutes les personnes. Après un pronom personnel, **would** est souvent contracté en **'d** : **I would like / I'd like** (j'aimerais).

• À la forme négative, on ajoute **not** après **would** (souvent contracté en **wouldn't**).
You wouldn't have time to visit the whole country.
Tu n'aurais pas le temps de visiter tout le pays.

• Dans les questions, on inverse le sujet et **would**.
What would she like? Qu'est-ce qu'elle voudrait ?

5 Employez les verbes entre parenthèses avec *would*.

1. ... (Harry/go) with Daisy anywhere.
2. I ... (not/want) to go with them.
3. ... (you/like) to come with me to the cinema?
4. I'm sure ... (they/love) it.
5. I ... (not/say) I'm a big fan of Manchester United.

Would : emplois

On emploie « **would** + infinitif » comme le conditionnel français pour :

• Parler d'un fait imaginaire.
I would go to Sydney for a few days. J'irais à Sydney pour quelques jours.

• Rapporter des paroles au discours indirect.
Linda said she'd like to travel. Linda a dit qu'elle aimerait voyager.

Could

Could (pourrais, pourrait...) peut être un conditionnel.

Imagine all the things you could do. Imagine tout ce que tu pourrais faire.

6 Traduisez.

1. Je voudrais une tasse de thé.
2. Nous serions heureux sur une île déserte.
3. Tu as dit que tu arriverais avant nous.
4. Tu pourrais aller à Philadelphie.
5. Emma a promis *(to promise)* qu'elle téléphonerait avant 6 heures.

Pour terminer

7 Complétez ces phrases avec le vocabulaire de l'épisode.

1. Do you have your ... ... (carte d'embarquement) with you?
2. I don't like ... (voler) in small ... (avions).
3. I don't ... ... (avoir envie de) eating out.
4. I suddenly felt the ... (l'envie) to talk to a ... (une hôtesse de l'air).
5. We can go to the ... ... (salle d'embarquement) straight away.

8 *Let's check in now...* Écoutez ce dialogue et complétez le script.

– We can ... ... now. Do you think we could get upgraded *(surclassé)*?
– Of course not. Not with this ... .
– Even if I say that my cousin Samantha works as a ... with them?
– We'll be lucky if we get free drinks.
– Free drinks? That's ... ... , my dear.

CORRIGÉ DES EXERCICES

2 **1. b.** Du thé ou du café. **2. b.** Sydney. **3. c.** En hélicoptère. **4. b.** Au bureau.

3 **1.** I feel like staying at home. **2.** I hope / I'm hoping (that) they'll come to my wedding. **3.** If only I could talk to them. **4.** She dreams of living in New York. **5.** My daughter would like to be a Formula 1 driver.

4 **1.** Their plane landed ten minutes ahead of schedule. **2.** We had a stopover in Bangkok on our way to New Zealand. **3.** Do you have a favourite airline? **4.** I printed my boarding pass yesterday. **5.** The plane is ready to take off.

5 **1.** Harry would go with Daisy anywhere. **2.** I wouldn't want to go with them. **3.** Would you like to come with me to the cinema? **4.** I'm sure they'd love it. **5.** I wouldn't say I'm a big fan of Manchester United.

6 **1.** I'd like a cup of tea. **2.** We'd be happy on a desert island. **3.** You said you'd arrive before us. **4.** You could go to Philadelphia. **5.** Emma promised she'd call before 6 (o'clock).

7 **1.** Do you have your boarding pass with you? **2.** I don't like flying in small planes. **3.** I don't feel like eating out. **4.** I suddenly felt the urge to talk to a stewardess. **5.** We can go to the departure lounge straight away.

8 – We can check in now. Do you think we could get upgraded?
– Of course not. Not with this airline.
– Even if I say that my cousin Samantha works as a stewardess with them?
– We'll be lucky if we get free drinks.
– Free drinks? That's wishful thinking, my dear.

Focus on...

Uluru vs. Ayers Rock

Uluru, the Great Rock, is a world heritage site.

Les noms de lieux racontent souvent l'histoire d'un pays. C'est le cas pour l'Australie, où s'affrontent noms aborigènes et noms anglo-saxons.

Several Australian cities are **named after** British men, who were important in their days. The two largest cities, Melbourne and Sydney, which are known for their **rivalry**, are named after Lord Melbourne and Lord Sydney. Lord Melbourne was a Prime Minister in the 1830s and Lord Sydney was a **prominent** politician in the second half of the 18th century.

Australian cities do not have Aboriginal names except for "Canberra", the capital city, or some suburbs, like Aranda, near Canberra, or Tullamarine, near Melbourne. One of the most famous places in Australia has **regained** its Aboriginal name: the iconic red rock in Central Australia is now called Uluru, rather than Ayers Rock, the name given by the British.

to be named after: porter le nom de
rivalry: la rivalité
prominent: éminent
to regain: retrouver
a people: un peuple

One must remember that it was only in 2008 that the Australian government apologized to the Aborigines: "For the indignity and degradation thus inflicted on **a** proud **people** and a proud culture, we say sorry."

DARWIN

The most famous British man who gave his name to an Australian city is the English naturalist Charles Darwin. He was one of the greatest scientists of his time and his book about evolution, *On the Origin of Species*, is still **widely read** nowadays.

widely read: beaucoup lu

Going further

- Learn about the British naturalist **Charles Darwin** and his theory of evolution based on the struggle for existence. His complete works have been digitized by Cambridge University.
- Learn more about Australian **Aboriginal languages** by typing "Australian Aboriginal languages" on http://www.bbc.co.uk.
- In 2013, Australia's lower house passed a bill recognising Aboriginal and Torres Strait islander peoples as the country's first inhabitants; see http://www.bbc.co.uk/news/world-asia-21438224.
- If you want to read **Kevin Rudd's 2008 apology to the Indigenous peoples**, you can type "Kevin Rudd's sorry speech" on a search engine. Kevin Rudd was Prime minister in 2008.

TRADUCTION DU SCRIPT

Oliver – Qu'est-ce que tu voudrais ?

Linda – Là tout de suite, je voudrais être dans un avion pour l'Australie !

Oliver – Non, je veux dire, tu voudrais du thé ou du café ?

Linda – J'aimerais un cappuccino, merci.

John arrive.

John – Bonjour, comment ça va ?

Oliver – Ça va bien. Linda a dit qu'elle aimerait aller en Australie.

John – Imagine tout ce que tu pourrais faire si tu étais en Australie.

Linda – C'est facile ! J'irais à Sydney quelques jours. Je passerais l'après-midi sur la plage. J'adorerais.

Oliver – Est-ce que tu irais à Alice Springs ?

Linda – Bien sûr. J'irais en avion et je ferais un tour en hélicoptère d'Uluru.

John – Je te conseillerais Darwin aussi au nord, mais tu n'aurais pas le temps de visiter tout le pays en deux semaines.

Linda – Qui a parlé de deux semaines ? J'imagine un voyage en Australie, donc on y serait pour six mois !

Oliver – Attachez vos ceintures. On retourne au bureau.

15 Caught by the police!

Pour les doc audio et + d'exercices, voir le site.

L'épisode

1 Écoutez le dialogue avec ou sans l'aide du script.

Oliver ne retrouve pas sa voiture. Il demande à une policière de l'aider.

OLIVER – Excuse me, Madam. Sorry to disturb you.
POLICEWOMAN – Not at all. How can I help you, Sir?
OLIVER – I can't find my car. I parked it here fifteen minutes ago.
POLICEWOMAN – People are never too careful. We always warn people not to park their cars here. Your car was parked on double yellow lines. So it was removed.
OLIVER – Oh no! You know, we don't have double yellow lines in the States. I thought they looked funny. And it's not my car! It belongs to my boss.
POLICEWOMAN – His car was removed ten minutes ago, then.
OLIVER – My boss is a woman.
POLICEWOMAN – So her car was removed ten minutes ago... Can I see your driving licence?
OLIVER – Here it is... I'm going to call my colleagues... Oh, no. Their number is in my mobile. And my phone is in the car!

> TRADUCTION P. 111

to warn: avertir • **to remove:** enlever • **to belong to:** appartenir à • **a driving licence** [GB] / **a driver's licence** [US]: un permis de conduire

2 Répondez aux questions suivantes.

1. Quand Oliver s'est-il garé ?
- ❑ a. Il y a 5 minutes.
- ❑ b. Il y a 15 minutes.
- ❑ c. Il y a 50 minutes.

2. À qui appartient la voiture ?
- ❑ a. À sa patronne.
- ❑ b. À son patron.
- ❑ c. À l'entreprise.

3. Que doit montrer Oliver ?
- ❑ a. Son permis de conduire.
- ❑ b. Son assurance.
- ❑ c. Ses papiers d'identité.

4. Que veut faire Oliver ?
- ❑ a. Appeler des collègues.
- ❑ b. Appeler un collègue.
- ❑ c. Appeler son assurance.

Mettre en garde

- **Watch out! There's a car coming.** Attention ! Il y a une voiture qui arrive.
- **Mind the gap.** Fais/Faites attention à la marche.
- **Beware of the dog.** Chien méchant.
- **Beware of pickpockets!** Fais/Faites attention aux pickpockets.
- **Beware of falling asleep while driving!** Attention à ne pas t'endormir au volant !
- **Be careful!** Fais/Faites attention !
- **Be careful you don't miss your train.** Attention à ne pas rater ton train.

- **to warn sb against sth:** mettre en garde qqn contre qqch.
- **Don't do this. I'm warning you!** Ne fais pas ça. Je te préviens !
- **You've been warned!** Tu es prévenu !
- **The accident was a wake-up call.** L'accident a été un avertissement sans frais.

3 Traduisez.

1. Attention à la marche !
2. Attention ! Tu vas tomber *(to fall)*.
3. Je les ai prévenus hier, mais ils ne m'écoutent pas.
4. Je les ai mis en garde contre ce danger il y a deux jours.
5. Mon échec *(failure)* a été un avertissement sans frais.

En voiture

- **to switch on/off:** mettre en route/couper
- **to slow down:** ralentir
- **to overtake:** doubler
- **to reverse:** faire marche arrière
- **to do a U-turn:** faire demi-tour
- **to sound the horn:** klaxonner
- **a motorway** [GB], **a freeway, a highway** [US]: une autoroute
- **a junction, a crossroads:** un carrefour
- **a toll:** un péage
- **a rest area:** une aire de repos

- **a road sign:** un panneau de signalisation
- **the speed limit:** la limitation de vitesse

- **a breath test:** un alcootest
- **a fine, a ticket:** une amende, un PV
- **a breakdown:** une panne
- **a puncture:** une crevaison
- **to rent a car:** louer une voiture
- **comprehensive insurance:** une assurance tous risques
- **car pooling:** le covoiturage

4 Complétez en vous aidant des indications entre parenthèses ou du contexte.

1. Is the ... ... 40 miles an hour? I was doing 50!
2. ... ... ! You're going too fast.
3. I had a ... (panne) in the middle of the road.
4. I got a ... because I was badly parked.
5. I never know if I should take out comprehensive ... when I ... a car for a weekend.

Les déterminants possessifs

my	mon/ma/mes	your	ton/ta/tes	his/her/its	son/sa/ses
our	notre/nos	your	votre/vos	their	leur/leurs

• Les déterminants (ou adjectifs) possessifs permettent de dire à qui appartient quelque chose. On emploie le même déterminant au singulier et au pluriel : **my phone/my phones** (mon téléphone/mes téléphones).

• Les déterminants possessifs sont toujours suivis d'un nom : **my car**, **her car**...

• La seule difficulté est à la 3e personne du singulier : on accorde le déterminant possessif avec le possesseur. Il faut donc savoir si le possesseur est une femme, un homme ou un objet.

possesseur masculin : **his** possesseur féminin : **her** possesseur neutre : **its**

5 Complétez avec le déterminant possessif qui convient.

1. It's ... phone but you can use it. I've got unlimited calls on my mobile.
2. Alexander can't find ... car.
3. The woman didn't lose ... calm.
4. Their house has ... own garage.
5. We had ... first child five years ago. ... second was born last year.

Can

• **Can** (pouvoir) a une conjugaison très facile à retenir ! Il ne varie pas : **I can**, **you can**, **she can**, **we can**, **they can**.

• À la forme négative, on ajoute **not** après **can**, mais normalement les deux mots sont collés : **I cannot**... **Cannot** a une forme contractée très fréquente : **can't**.

• Dans les questions, on place **can** avant le sujet : **Can I see your driving licence?**

6 Traduisez.

1. Tu peux m'envoyer un sms *(to send somebody a text)* dans dix minutes ?
2. Je peux venir seul *(alone)* si tu préfères.
3. Jack ne peut pas sortir *(to go out)*. Il est malade.
4. Je ne peux pas leur en vouloir *(to be mad at them)*.
5. Est-ce que Jo et Jack peuvent prendre un taxi ?

Pour terminer

7 Complétez ces phrases avec le vocabulaire de l'épisode.

1. I can't remember where I ... (garer) my car.
2. A ... ... is an official document that allows you to drive a car.
3. I keep ... them about the danger of driving too fast.
4. I prefer small roads to ... (autoroutes).
5. I sounded my ... to warn the other drivers.

8 *Speed limit...* Écoutez ce dialogue et complétez le script.

– ... ..., Joan. You're driving too fast.
– I know but I want to ... these cars.
– You've ... ... ! Don't complain if you get a ... .
– Anyway, I'm not going over the ... .
– Just as well! Don't forget that you've only got one point on your ... .

CORRIGÉ DES EXERCICES

2 **1. b.** Il y a 15 minutes. **2. a.** À sa patronne. **3. a.** Son permis de conduire. **4. a.** Appeler des collègues.

3 **1.** Mind the gap! **2.** Careful!/Watch out! You're going to fall! **3.** I warned them yesterday but they don't listen to me. **4.** I warned them against this danger two days ago. **5.** My failure was a wake-up call.

4 **1.** Is the speed limit 40 miles an hour? I was doing 50! **2.** Slow down! You're going too fast. **3.** I had a breakdown in the middle of the road. **4.** I got a fine/ticket because I was badly parked. **5.** I never know if I should take out comprehensive insurance when I rent a car for a weekend.

5 **1.** It's my phone but you can use it. I've got unlimited calls on my mobile. **2.** Alexander can't find his car. **3.** The woman didn't lose her calm. **4.** Their house has its own garage. **5.** We had our first child five years ago. Our second was born last year.

6 **1.** Can you send me a text in ten minutes? **2.** I can come alone if you prefer. **3.** Jack can't go out. He's sick. **4.** I can't be mad at them. **5.** Can Jo and Jack take a taxi?

7 **1.** I can't remember where I parked my car. **2.** A driving licence/driver's licence is an official document that allows you to drive a car. **3.** I keep warning them about the danger of driving too fast. **4.** I prefer small roads to motorways/freeways. **5.** I sounded my horn to warn the other drivers.

8 – Slow down, Joan. You're driving too fast.
– I know but I want to overtake these cars.
– You've been warned! Don't complain if you get a ticket.
– Anyway, I'm not going over the speed limit.
– Just as well! Don't forget that you've only got one point on your driving licence.

Focus on...

What's the right side?

Traffic in Mumbai.

On sait que les Britanniques conduisent à gauche mais conduire à droite n'était pas si fréquent ailleurs avant 1914...

Do you know why the British (and the Irish) drive on the left side of the road? Probably not. In fact, no one really knows why. What we know is that most Commonwealth countries drive on the left, because they followed **the example set** by Britain.

Most theories **rest on the fact that** most people are **right-handed**. So in the past, men tended to travel on the left side of the road, in order to have their right arm nearer to a potential **opponent**.

Another theory says that right-handed people prefer to get on and off a horse from the left side of the horse, and so it's better to ride a horse on the left side of the road.

In other words, driving on the left would seem to be more natural than on the right! However, **carriage drivers** apparently liked to sit on the left to give their right hand more freedom with **the whip**. And that favoured driving on the right.

to set an example: donner l'exemple • **to rest on the fact that:** s'appuyer sur le fait que • **right-handed:** droitier • **an opponent:** un adversaire • **carriage drivers:** les cochers • **the whip:** le fouet

WHO DRIVES ON THE LEFT?

About a quarter of the world drives on the left, especially in old British colonies, including India, Australia, South Africa and New Zealand.

Europe remained divided until the First World War: the countries that had not been conquered by Napoleon continued to drive on the left. Then every country switched to the right, except Britain, Ireland and Sweden (which changed in 1967).

Going further

⇛ When you type **Samoa** on a search engine, one of the first things you learn is that this independent country switched to driving on the left recently.

⇛ Type **right- and left-hand traffic** to get a map of right-driving and left-driving countries.

⇛ If you want **tips about driving on the left-hand side of the road,** log on to http://www.wikihow.com/Adjust-to-Driving-a-Car-on-the-Left-Side-of-the-Road.

TRADUCTION DU SCRIPT

Oliver – Excusez-moi, Madame. Désolé de vous déranger.

Policière – Pas du tout. Je peux vous aider, Monsieur ?

Oliver – Je n'arrive pas à retrouver ma voiture. Je l'ai garée ici il y a quinze minutes.

Policière – On n'est jamais trop prudent. On dit toujours aux gens de ne pas se garer ici. Votre voiture était garée sur une double ligne jaune. Et donc elle a été enlevée.

Oliver – Oh non ! Vous savez, on n'a pas de doubles lignes jaunes aux États-Unis. Je trouvais qu'elles avaient l'air bizarre. Et ce n'est pas ma voiture ! Elle appartient à mon patron.

Policière – Sa voiture (à lui) a été enlevée il y a dix minutes donc.

Oliver – Mon patron est une femme.

Policière – Donc sa voiture à elle a été enlevée il y a dix minutes... Je peux voir votre permis de conduire ?

Oliver – Le voilà... Je vais appeler mes collègues... Oh, non. Leur numéro est dans mon portable. Et mon portable est dans la voiture !

16 Lovely kids...

Pour les doc audio et + d'exercices, voir le site.

L'épisode

1 Écoutez le dialogue avec ou sans l'aide du script.

Emma a emmené Josh, 10 ans, dans un parc d'attraction à Coney Island.

EMMA – Do you like it here?
JOSH – It's all right, I suppose.
EMMA – But it's nice here! Why did you stop playing with the other kids?
JOSH – Firstly, because I want to go home and secondly, because I don't like them.
EMMA – But you like playing with other kids.
JOSH – I'm not sure. I prefer talking to you. Besides, I find them boring.
EMMA – Well, you have a point there! However you need to run a bit. So first, we talk and then I want you to run with the other kids.
JOSH – It's starting to get cold...
EMMA – No it's not! If it begins to rain, we'll go home. OK?
JOSH – In other words, I can't go home if it's sunny?
EMMA – Exactly. So what do you want us to talk about?
JOSH – I'd like to talk about my house and how I love being home.

> TRADUCTION P. 117

besides: en plus • **boring:** ennuyeux • **however:** cependant

2 Répondez aux questions suivantes.

1. Emma demande à Josh pourquoi :
   - ❑ a. Il n'aime pas les autres enfants.
   - ❑ b. Il va jouer avec les autres enfants.
   - ❑ c. Il a arrêté de jouer avec les autres enfants.
2. Comment Josh juge-t-il les autres enfants ?
   - ❑ a. Ils sont joyeux.
   - ❑ b. Ils sont ennuyeux.
   - ❑ c. Ils sont sympas.
3. Emma demande à Josh de :
   - ❑ a. Sourire un peu.
   - ❑ b. Marcher un peu.
   - ❑ c. Courir un peu.
4. De quoi Josh veut-il parler ?
   - ❑ a. De sa maison.
   - ❑ b. De ses jeux.
   - ❑ c. De son école.

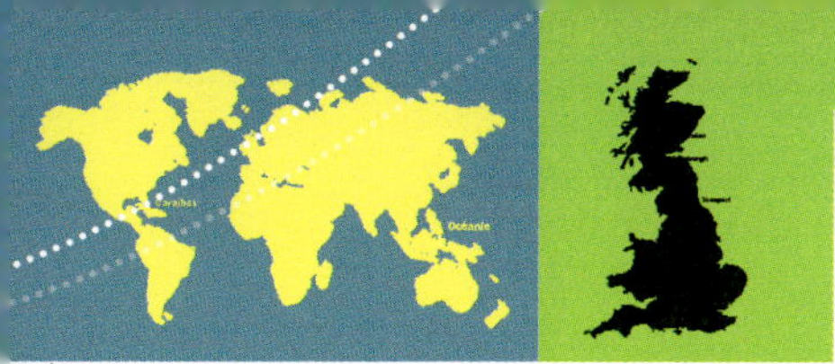

Donner raison, admettre

- **You're (probably) right.** Tu as (probablement) raison.
- **You're right not to give in to them.** Tu as raison de ne pas leur céder.
- **They rightly complained.** Ils se sont plaints à juste titre.
- **You had good reasons to react the way you did.**
  Vous avez eu de bonnes raisons de réagir comme vous l'avez fait.
- **You have a point there!** Il y a du vrai dans ce que tu dis !

- **I must admit defeat.** Je dois m'avouer vaincu.
- **I must admit/confess/concede that...** Je reconnais que...
- **I must concede that your argument is consistent.**
  Je dois reconnaître que ton argument est cohérent.
- **I grant you that he's a good actor.** Je te concède que c'est un bon acteur.
- **Admittedly, I could have called.** C'est vrai, j'aurais pu téléphoner.

3 Traduisez.

1. Tes collègues ont probablement raison.
2. Les joueurs se sont rapidement avoués vaincus.
3. Je dois admettre qu'il est assez *(rather)* compétent.
4. Je te concède que tu as très souvent raison.
5. C'est vrai, j'aurais pu essayer de les convaincre.

La maison

- **to move out/in:** déménager/emménager
- **to own:** posséder
- **the owner:** le propriétaire
- **to rent:** louer
- **a tenant:** un locataire

- **a flat** [GB], **an apartment** [US]:
  un appartement
- **to go to my place:** aller chez moi
- **the ground floor** [GB]/ **the first floor** [US]:
  le rez-de-chaussée
- **to go upstairs:** monter [à l'étage au-dessus]
- **to go downstairs:** descendre [à l'étage
  en dessous]

- **the lift** [GB]/**elevator** [US]: l'ascenseur

- **a living room:** un salon
- **a dining room:** une salle à manger
- **the kitchen:** la cuisine
- **the bathroom:** la salle de bains
- **the central heating:**
  le chauffage central
- **an attic:** un grenier
- **the cellar:** la cave
- **the basement:** le sous-sol
- **to take out the dustbin** [GB]/
  garbage (can) [US]: sortir la poubelle

4 Complétez en vous aidant des indications entre parenthèses ou du contexte.

1. They live on the second floor. I'm not taking the ... ... !
2. It's your turn to ... ... the dustbin.
3. In the US, you don't say "dustbin", you say "... ...".
4. Our flat is on the ... ... and so we have a garden.
5. My neighbours keep their wine in their ... (cave).

Quand deux verbes se suivent

• Quand un verbe suit un autre verbe, on trouve principalement deux constructions : verbe + V-**ing** (**I like playing**) et verbe + **to** + verbe (**I want to go home**).

• Les principaux verbes suivis de V-**ing** sont **enjoy** (apprécier), **finish** (terminer), **stop** (arrêter), **suggest** (suggérer), **go on** (continuer).
Why did you stop playing?

• Les principaux verbes suivis de « **to** + verbe » sont **agree** (être d'accord), **advise** (conseiller), **ask** (demander), **expect** (s'attendre à), **forget** (oublier), **hope** (espérer), **need** (avoir besoin de), **offer** (proposer), **refuse** (refuser), **tell** (dire), **want** (vouloir).
You need to run a bit.

I want to

On ne dit jamais ~~want that sb~~... Il faut utiliser « **want sb to** + verbe ».
I want you to do it. Je veux que tu le fasses.

• Avec des verbes comme **begin**, **start** (commencer), **hate** (détester), **love** (aimer), **prefer** (préférer), **regret** (regretter), **remember** (se souvenir), **try** (essayer), on a le choix entre les deux constructions : **I like talking to you./I like to talk to you.**

5 Complétez à l'aide de V-*ing* ou de *to* + verbe.

1. I would suggest ... (take) the underground. It's quicker.
2. Josh needs ... (go) to the toilet.
3. Josh asked Emma ... (take) him home.
4. You can't go on ... (complain) like this.
5. I want you ... (look at) me.

Would like/love/hate/prefer to

Would like, **would love**, **would hate** et **would prefer** sont obligatoirement suivis de « **to** + verbe » : **I'd like to talk about my house.** (~~**I'd like talking**~~ **about my house.**)

6 Traduisez.

1. On aime manger à la maison.
2. Emma veut que Josh soit heureux.
3. Je voudrais que tu m'aimes.
4. Il a commencé à pleuvoir vers *(around)* deux heures.
5. Quelqu'un a essayé d'ouvrir la fenêtre hier.

Pour terminer

7 Complétez ces phrases avec le vocabulaire de l'épisode.

1. Terry owns the place. She's the ... of the house.
2. I pay rent, therefore I'm a ... .
3. The last floor, under the roof, is called the ... .
4. The opposite of "you're wrong" is "you're ... ."
5. I ... you (je te concède) that it's not easy.

8 *You have a point...* Écoutez ce dialogue et complétez le script.

– You're ... , it's getting cold. We should go ... .
– OK. We can go to ... . It's warm there.
– Actually, I ... ... to go to ... ... instead because I've got a ... .
– But I live on the ... ... !
– You have a ... there. I ... .

CORRIGÉ DES EXERCICES

2 **1. c.** Il a arrêté de jouer avec les autres enfants. **2. b.** Ils sont ennuyeux. **3. c.** Courir un peu. **4. a.** De sa maison.

3 **1.** Your colleagues are probably right. **2.** The players quickly admitted defeat. **3.** I must admit that he's rather competent. **4.** I grant you that you're often right. **5.** Admittedly, I could have tried to convince them.

4 **1.** They live on the second floor. I'm not taking the lift/elevator! **2.** It's your turn to take out the dustbin. **3.** In the US, you don't say "dustbin", you say "garbage can". **4.** Our flat is on the ground floor/first floor and so we have a garden. **5.** My neighbours keep their wine in their cellar.

5 **1.** I would suggest taking the underground. It's quicker. **2.** Josh needs to go to the toilet. **3.** Josh asked Emma to take him home. **4.** You can't go on complaining (to complain: *se plaindre*) like this. **5.** I want you to look at me.

6 **1.** We like eating/to eat at home. **2.** Emma wants Josh to be happy. **3.** I'd like you to love me. **4.** It started/began raining/to rain around two o'clock. **5.** Somebody tried opening/to open the window yesterday.

7 **1.** Terry owns the place. She's the owner of the house. **2.** I pay rent, therefore I'm a tenant. **3.** The last floor, under the roof, is called the attic. **4.** The opposite of "you're wrong" is "you're right". **5.** I grant you that it's not easy.

8 – You're right, it's getting cold. We should go home.
– OK. We can go to my place. It's warm there.
– Actually, I would like to go to my place instead because I've got a lift.
– But I live on the ground floor!
– You have a point there. I admit defeat.

Focus on...
E.T. phone home

E.T., Steven Spielberg, 1982.

Home *et* house *ont un sens très différent. Ne les confondez pas !*

"E.T. phone home" is one of the most popular movie **quotes**. Why does E.T. want to phone home? Because he **misses** his home!

"Home" and "house" are similar but they do not mean the same things. A house is first of all considered a building. And so, a house is made of bricks, stones, **concrete**, **steel**, wood and other materials. You can draw plans of a house.

The place you occupy is often called "home". **Therefore** a home is not necessarily a house. A tent or an igloo can be called a home if you live in one, and if you **feel fine** in it, **that is**, if you "feel at home" in it! A home evokes people, family, love and **hatred**, laughter and tears.

We all know that E.T. was homesick. You're homesick when you're unhappy because you're far away from your family or planet...

a quote: une citation
to miss: regretter (qqn/qqch.)
concrete: du ciment
steel: de l'acier
therefore: par conséquent
to feel fine: se sentir bien
that is: c'est-à-dire
hatred: la haine

HOME, SWEET HOME!

If the place where you live is sweet, you call it "sweet home", not "sweet house"!

Of course the taxman is only interested in your house, when you pay a "house tax" (also called "property tax").

Home can also refer to the country or town you come from, as when you ask "How are things back home?"

Going further

⇨ To read **poems about home**, log on to http://famouspoetsandpoems.com/thematic_poems/home_poems.html.

For example *To Friends At Home* by Robert Louis **Stevenson**:

To friends at home, the lone, the admired, the lost,
The gracious old, the lovely young, to May
The fair, December the beloved,
These from my blue horizon and green isles,
These from this pinnacle of distances I,
The unforgetful, dedicate.

⇨ Note **the meanings of the following phrases**: *home page* (la page d'accueil), *household* (le foyer), *the Home Counties* (les comtés autour de Londres), *a maisonette* (un duplex).

TRADUCTION DU SCRIPT

Emma – Ça te plaît ici ?

Josh – C'est pas mal, je pense.

Emma – Mais c'est sympa ici ! Pourquoi tu as arrêté de jouer avec les autres enfants ?

Josh – Premièrement parce que je veux rentrer et deuxièmement parce que je ne les aime pas.

Emma – Mais tu aimes jouer avec les autres enfants.

Josh – Pas sûr. Je préfère te parler. En plus, je les trouve ennuyeux.

Emma – Bon. Il y a du vrai dans ce que tu dis ! Mais tu as besoin de courir un peu. D'abord on parle et ensuite je veux que tu coures avec les autres enfants.

Josh – Il commence à faire froid...

Emma – Non ! S'il se met à pleuvoir, on rentre. D'accord ?

Josh – En d'autres termes, je ne peux pas rentrer s'il fait beau ?

Emma – Tout à fait. Alors, de quoi veux-tu qu'on parle ?

Josh – J'aimerais parler de ma maison et comme j'adore être chez moi.

17 What is happening?

Pour les doc audio et + d'exercices, voir le site.

L'épisode

1 Écoutez le dialogue avec ou sans l'aide du script.

Linda devait rappeler Cynthia d'urgence. Que se passe-t-il ?

OLIVER – So did you talk to Cynthia?
LINDA – Yes, she went to see George, the human resources director.
OLIVER – Why did she do that?
LINDA – You'll never guess.
OLIVER – No I won't. So, please, tell me what she told him.
LINDA – She said she wanted to resign!
OLIVER – No way! Why would she want to do that?
LINDA – At the reception Johnny told her that she was fat!
OLIVER – But it's ridiculous: she isn't fat at all, maybe a bit plump. But she has a beautiful body. She looks great! And anyway is that a reason for quitting?
LINDA – Well, Johnny is her boyfriend! And Cynthia was very emotional because when Johnny told her that she had put on weight, she wanted to tell him that she was pregnant!
OLIVER – Oh my God!

> TRADUCTION P. 123

to guess: deviner • **to resign, to quit:** démissionner • **a bit plump:** un peu rond(e) • **to put on weight:** grossir • **pregnant:** enceinte

2 Répondez aux questions suivantes.

1. Qui est George ?
- ❑ a. Le directeur de leur département.
- ❑ b. Le directeur des ressources humaines.
- ❑ c. Le directeur du pôle informatique.

2. Que veut faire Cynthia ?
- ❑ a. Elle veut changer de bureau.
- ❑ b. Elle veut changer de fonction.
- ❑ c. Elle veut démissionner.

3. Est-ce que Johnny a rompu avec Cynthia ?
- ❑ a. Oui.
- ❑ b. Non.
- ❑ c. Peut-être.

4. Est-ce que Cynthia est enceinte ?
- ❑ a. Oui.
- ❑ b. Non.
- ❑ c. Peut-être.

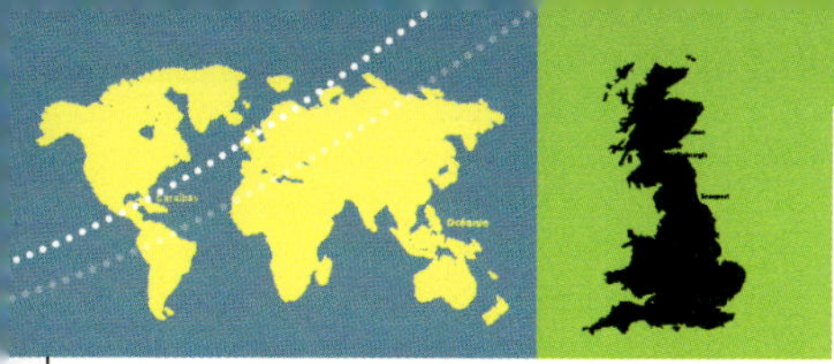

Décrire physiquement

- **What's he like? He is big.**
  Il est comment ? Il est grand et fort.
- **What does she look like?** À quoi ressemble-t-elle ?
- **He takes after his father.** Il tient de son père.
- **He's ugly/repulsive.** Il est moche/repoussant.
- **He's big/handsome.** Il est grand/beau.
- **He looks tired/healthy/fit.** Il a l'air fatigué/en bonne santé/en forme.
- **She looks like/resembles her mother.** Elle ressemble à sa mère.
- **She's beautiful/good-looking/attractive.** Elle est belle/attirante.
- **How tall are you?** Vous mesurez combien ?
- **I'm 1 metre 65 (tall).** Je mesure 1 mètre 65.
- **I'm of medium height.** Je suis de taille moyenne.
- **How much do you weigh?** Combien tu pèses ?
- **I weigh 80 kilos./My weight is 80 kilos./I'm 80 kilos.** Je pèse 80 kilos.
- **How old is he?** Il a quel âge ?
- **He's 35./He's in his mid-thirties.** Il a 35 ans./Il a dans les 35 ans.

3 Traduisez.

1. Je sais que je tiens de mon père.
2. Combien tu mesures sans tes chaussures *(without your shoes on)* ?
3. Elle pèse 60 kilos, je crois.
4. À quoi ressemblent tes frères ?
5. Mon frère ressemble à mon père. Il est grand et beau.

L'apparence physique

- **the face:** le visage
- **the hair:** les cheveux
- **blond/dark:** blond/brun
- **the forehead:** le front
- **the mouth:** la bouche
- **a tooth** (pl. **teeth**): une dent

- **the neck:** le cou
- **the shoulder:** l'épaule

- **the chest:** la poitrine
- **the breasts:** les seins
- **the waist:** la taille
- **the buttocks:** les fesses
- **the arm:** le bras
- **the elbow:** le coude
- **the wrist:** le poignet
- **the thumb:** le pouce
- **the nails:** les ongles
- **the thigh:** la cuisse

- **the knee:** le genou
- **the ankle:** la cheville
- **the foot** (pl. **feet**): le pied
- **a toe:** un orteil

- **the figure:** la silhouette
- **the complexion:** le teint
- **slim, slender:** mince
- **fat/skinny:** gros/maigre
- **tanned:** bronzé

Pluriels irréguliers

- Quelques noms ont un pluriel irrégulier : **one tooth, two teeth ; one foot, two feet.**
- Le nom **hair** s'emploie au singulier : **My hair is dirty.** Mes cheveux sont sales.

4 Complétez en vous aidant du contexte.

1. The ... is a short thick finger.
2. Rick is wearing a silver chain around his ... .
3. You say "one foot" but "two ...".
4. My ... is becoming grey.

Say et tell

• Il y a deux équivalents de « dire » en anglais : **say (said, said)** et **tell (told, told)**. Avec **tell**, il faut obligatoirement préciser à qui on dit quelque chose.
Johnny told <u>her</u> that she had put on weight.
Johnny said that she had put on weight.

• **Say** et **tell** sont suivis de **that** (que). Mais **that** est souvent omis.
Johnny told her she had put on weight. Johnny said she had put on weight.

• **Tell** s'emploie dans des expressions très utiles : **to tell the truth** (dire la vérité), **to tell lies, a lie** (raconter des mensonges, un mensonge).

5 Complétez avec *say* ou *tell* (au prétérit).

1. "I'm leaving you," she ... him.
2. "I still love you," he ... Lucy.
3. Did you ... goodbye to Jack?
4. I ... you the truth. I'm not a liar.
5. I ... that I was extremely busy. So why are you calling me?

Rapporter des paroles

• Pour rapporter des paroles, on peut aussi utiliser : **advise** (conseiller), **answer** (répondre), **claim** (prétendre), **demand** (exiger), **order** (ordonner), **suggest** (suggérer), **wonder** (se demander).
She claims that she doesn't have enough money.
Elle prétend qu'elle n'a pas assez d'argent.

• Si le verbe est au prétérit (**claimed, said, told**...), on applique la « concordance des temps » au verbe qui suit. La concordance des temps fonctionne de la même façon en anglais et en français.

Paroles directes	Paroles indirectes
Cynthia said: "Johnny is my boyfriend."	Cynthia said that Johnny was her boyfriend.
Cynthia said: "Johnny will be happy."	Cynthia said that Johnny would be happy.

6 Complétez les phrases en italiques.

1. John said: "I'm pleased with the results." → *John said (that)...*
2. Liz said: "I'll help Mrs Watts." → *Liz said (that)...*
3. They told me: "We don't eat meat". → *They told me (that)...*
4. Liz and Sue said: "We're never late." → *Liz and Sue said (that)...*
5. My friend told his parents: "I'll get married next year." → *My friend told his parents (that)...*

Pour terminer

7 Complétez ces phrases avec le vocabulaire de l'épisode.

1. A hand has five ... and a foot five ... .
2. "How much do you ... ?" "73 kilos."
3. The ... connects the foot and the leg.
4. In the middle of the leg, you find a ... that allows the leg to bend.
5. I'm so sad. I need a ... to cry on.

8 *I'm so beautiful...* Écoutez ce dialogue et complétez le script.

– Joe ... me he was in love with a very ... girl.
– Really? ... ... ?
– She's really ... . She's got a perfect ... .
– What else?
– She's always ... and ... .
– Hey! That's me you're describing!

CORRIGÉ DES EXERCICES

2 **1. b.** Le directeur des ressources humaines. **2. c.** Elle veut démissionner. **3. b.** Non. **4. a.** Oui.

3 **1.** I know I take after my father. **2.** How tall are you without your shoes on? **3.** She weighs 60 kilos, I think. **4.** What do your brothers look like? **5.** My brother looks like/resembles my father. He's big and handsome.

4 **1.** The thumb is a short thick finger. **2.** Rick is wearing a silver chain around his neck. **3.** You say "one foot" but "two feet". **4.** My hair is becoming grey.

5 **1.** "I'm leaving you," she told him. **2.** "I still love you," he told Lucy. **3.** Did you say goodbye to Jack? **4.** I told you the truth. I'm not a liar. **5.** I said that I was extremely busy. So why are you calling me?

6 **1.** John said (that) he was pleased with the results. **2.** Liz said (that) she'd (would) help Mrs Watts. **3.** They told me (that) they didn't eat meat. **4.** Liz and Sue said (that) they were never late. **5.** My friend told his parents (that) he'd (would) get married next year.

7 **1.** A hand has five fingers and a foot five toes. **2.** How much do you weigh?" "73 kilos." **3.** The ankle connects the foot and the leg. **4.** In the middle of the leg, you find a knee that allows the leg to bend. **5.** I'm so sad. I need a shoulder to cry on.

8 – Joe told me he was in love with a very beautiful girl.
– Really? What is she like?
– She's really attractive. She's got a perfect waist.
– What else?
– She's always tanned and looks fit.
– Hey! That's me you're describing!

Focus on...
Dress-down Friday

Vous vous imaginez venir au travail en maillot de bain? Personne ne ferait ça, sauf les plagistes évidemment.

"Up" often means "to a higher position", as in "**to stand up**" or "**to get up**". It can also mean "improvement", as in "to dress up", which means "to put on **formal clothes**".

By contrast, "down" means "to a lower position", as in "**to lie down**" or "**to sit down**". But it can also mean "to a lower level". For example, "to dress down" means "to put on informal clothes".

Friday is a special day for everyone in western culture, because it means the sacrosanct weekend is not too far away... In the 1990s, to celebrate this special day, some people, in the relaxed Californian business culture, created a new concept: "Dress-down Friday", also called "Casual Friday".

However some firms decided to get rid of "Dress-down Fridays" because some employees started acting like Friday was the beginning of the weekend!

to stand up: se lever (d'une chaise)
to get up: se lever (d'un lit)
formal clothes: une tenue habillée
to lie down: s'allonger, se coucher
to sit down: s'asseoir

THE DRESS CODE

On Fridays, it has become possible not to wear **a tie** in a place where people expect you to wear one: in a bank for example or in some offices. You could also not wear **a suit** or a proper business shirt. Jeans became acceptable in some offices.

a tie: une cravate • **a suit:** un costume

Going further

⇒ Check "**Casual Friday**" cartoons on the Internet.

⇒ If you want to learn about life in a fashion magazine, you can watch the popular TV series called ***Ugly Betty***. It premiered on ABC in 2006 and ended in 2010.

TRADUCTION DU SCRIPT

Oliver – Alors, tu as parlé à Cynthia ?

Linda – Oui, elle est allée voir George, le DRH.

Oliver – Pourquoi elle a fait ça ?

Linda – Tu ne devineras jamais.

Oliver – Non. Donc dis-moi ce qu'elle lui a dit.

Linda – Elle a dit qu'elle voulait démissionner !

Oliver – Pas possible ! Pourquoi elle veut faire ça ?

Linda – Johnny, à la réception, lui a dit qu'elle était grosse !

Oliver – Mais c'est ridicule : elle n'est pas grosse du tout, peut-être un peu ronde. Mais elle a un joli corps. Elle est superbe ! Et de toute façon est-ce que c'est une raison pour démissionner ?

Linda – Eh bien, Johnny est son petit ami ! Et Cynthia était très émue parce que quand Johnny lui a dit qu'elle avait grossi, elle voulait lui dire qu'elle était enceinte !

Oliver – Oh mon Dieu !

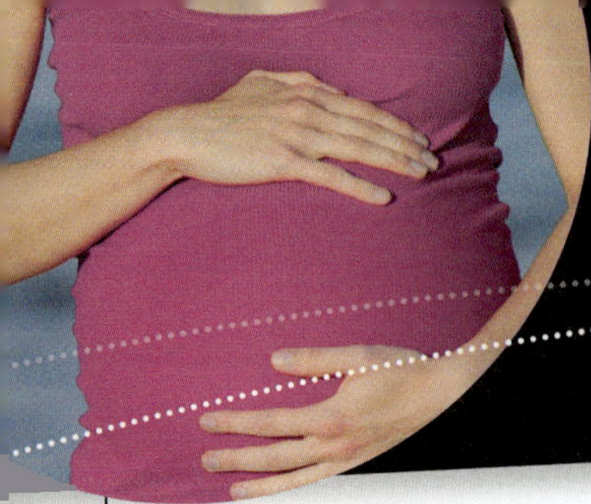

18 An explanation

Pour les doc audio et + d'exercices, voir le site.

L'épisode

1 Écoutez le dialogue avec ou sans l'aide du script.

Terry et Patricia parlent avec Cynthia, leur meilleure amie, chez eux.

TERRY – I can see you're unhappy, Cynthia. Tell us what's wrong. Sit down. Let's all sit down. Everything's going to be fine. Don't worry.

CYNTHIA – Thanks. Well... I went to my GP this morning. But don't panic. It's just that, well... I'm in a mess. I told human resources I wanted to resign. And I told Johnny I wanted to break up with him.

TERRY – Is that why you went to the doctor's?

CYNTHIA – That's where it gets very complicated. I'm pregnant.

PATRICIA – Congratulations! Is that why you broke up with Johnny? It doesn't make sense at all.

CYNTHIA – No, Johnny said something about my figure when I was about to tell him I was pregnant. And so I didn't tell him and I said I wanted to break up instead!

PATRICIA – There's only one thing to do. Take this phone and call him right now!

CYNTHIA – I can't. *Cynthia's mobile phone is ringing.*

CYNTHIA – *(Happy...)* It's Johnny!!!

> TRADUCTION P. 129

a GP: un généraliste • **to be in a mess:** être dans le pétrin • **to break up:** rompre • **the figure:** la silhouette

2 Répondez aux questions suivantes.

1. Comment est Cynthia ?
   - ❑ a. Malheureuse.
   - ❑ b. En colère.
   - ❑ c. Ravie.
2. Que font Terry, Patricia et Cynthia ?
   - ❑ a. Ils restent debout.
   - ❑ b. Ils s'assoient.
   - ❑ c. Ils vont faire un tour.
3. Où est allée Cynthia ce matin ?
   - ❑ a. Chez Johnny.
   - ❑ b. Chez son médecin.
   - ❑ c. Chez son DRH.
4. Quel est le conseil de Patricia ?
   - ❑ a. Ne pas répondre au téléphone.
   - ❑ b. Attendre un appel de Johnny.
   - ❑ c. Appeler Johnny.

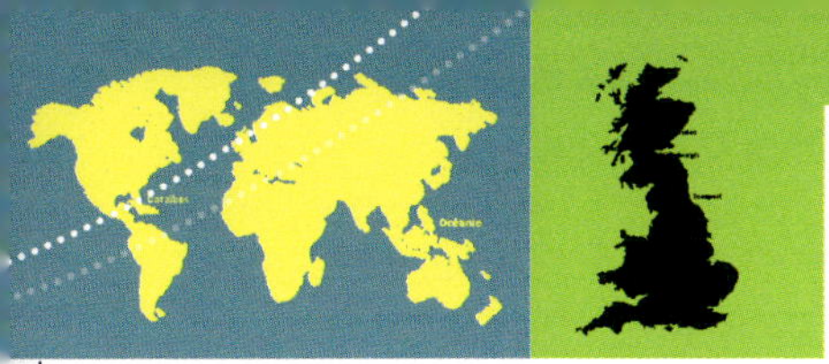

Réconforter, encourager

- **There, there./There now.** Allons.
- **It doesn't matter. It's no big deal.** Ça ne fait rien. Ce n'est pas très grave.
- **It's not the end of the world!** Ce n'est pas la fin du monde !

- **Take it easy.** Prends les choses avec calme.
- **It's not that serious.** Ce n'est pas si grave.
- **Don't take it too hard.** Ne prends pas ça trop à cœur.
- **Keep cool!** Reste calme !
- **Don't panic! Don't worry.** Pas de panique ! Ne t'inquiète pas.
- **There's nothing to worry about.** Il n'y a pas de quoi s'inquiéter.
- **It's really tough luck, but don't despair.** C'est vraiment pas de chance. Mais ne désespère pas.

- **Everything will be fine in the end.** Tout finira bien par s'arranger.
- **It'll be all right!** Tout ira bien !
- **You'll get over it.** Ça passera.

3 Traduisez.

1. Ne vous inquiétez pas. Je vais vous aider.
2. Tu as perdu vingt dollars ? Ce n'est pas si grave.
3. Allons, allons. Tout finira par s'arranger.
4. Ne t'inquiète pas. Tu as simplement un peu de fièvre *(a slight fever)*.
5. Ça ne fait rien. Je peux rappeler plus tard.

Chez le médecin

- **pain:** la douleur
- **to hurt:** faire mal
- **to have a headache:** avoir mal à la tête
- **to have a toothache:** avoir mal aux dents
- **to have a fever:** avoir de la fièvre
- **to be sick:** être malade
- **an illness, a disease:** une maladie
- **a cold:** un rhume
- **the flu:** la grippe
- **AIDS:** le SIDA
- **a bruise:** un bleu
- **to sprain:** se faire une entorse à
- **crutches:** des béquilles
- **to bleed:** saigner
- **a GP (general practitioner):** un généraliste
- **to go to the doctor's:** aller chez le médecin
- **an appointment:** un rendez-vous
- **the surgery** [GB], **the office** [US]: le cabinet médical

…

- **the waiting room:** la salle d'attente
- **a treatment:** un traitement
- **a prescription:** une ordonnance
- **medicine** (indén.), **drugs:** les médicaments
- **a pharmacist, a chemist** [GB]: un pharmacien
- **pills:** des cachets
- **to be on the pill:** prendre la pillule
- **to go on a diet:** faire un régime
- **to be on/in good form:** être en forme

4 Complétez en vous aidant des indications entre parenthèses ou du contexte.

1. You can say "to have a temperature" or "to have a ..." .
2. "To ..." means "to lose blood".
3. I've ... (se faire une entorse à) my ankle.
4. I hit my arm against the door. That's why I have a ... on my arm.
5. Anna is on ... (des béquilles). She broke her leg skiing.

L'impératif

• L'impératif est très facile à former. On emploie le verbe nu à la 2e personne, au singulier comme au pluriel. À la 1re personne du pluriel, on le fait précéder de **Let's**.

drink (boire)	**Drink!** Bois !/Buvez !	**Let's drink!** Buvons !
get up (se lever)	**Get up!** Lève-toi !/Levez-vous !	**Let's get up!** Levons-nous !

• La forme négative se forme à l'aide de **Don't** + verbe. À la 1re personne du pluriel, on emploie **Let's not**.

Don't panic! Ne panique pas !/Ne paniquez pas !
Let's not panic! Ne paniquons pas !

5 Traduisez.

1. Suis-moi, Kathleen. Jo et Pat, suivez Anisha.
2. Ne t'assieds pas.
3. Levons *(to raise)* nos verres !
4. Ne nous couchons pas trop tard *(to go to bed)*.
5. Lisez cette directive *(directive)* et résumez-la *(to sum sth up)*.

Some (de, du, de la, des)

• Quand « de, du, de la, des » exprime une petite quantité indéfinie (« quelques », « un peu de »), il se traduit par **some** dans les phrases affirmatives et dans les questions.

Let's have some tea. On va prendre du thé.
Can I have some sugar, please? Je peux avoir du sucre, s'il vous plaît ?

6 Traduisez.

1. Tu peux me prêter *(lend me)* de l'argent ?
2. J'ai des œufs et de la mayonnaise *(mayonnaise)* pour le pique-nique *(picnic)*.
3. Elle vend des voitures.
4. Voulez-vous du café ?
5. Nous avons des collègues qui sont en formation *(in training)* en ce moment.

Pour terminer

7 Complétez ces phrases avec le vocabulaire de l'épisode.

1. He's a perfect ... (généraliste), but I have a ... (mal aux dents), not a ... (mal de tête).
2. There's blood on your neck. You're ...ing!
3. This medicine is used in the ... (traitement) of AIDS.
4. Cancer is a serious ... but it's often curable.
5. I've got a ... (rhume) but it ... ... (ça ne fait rien).

8 *What my doctor told me...* Écoutez ce dialogue et complétez le script.

– I went to ... ... this morning.
– Why? Are you ... ? You look ... ...
– I just feel that I need to lose weight. I think I should go ... ...
– Don't be stupid! You're overweight, but it's ... ... Really, it's ... ...
– You know what? You should make an ... with a psychologist.

CORRIGÉ DES EXERCICES

2 **1. a.** Malheureuse. **2. b.** Ils s'assoient. **3. b.** Chez son médecin. **4. c.** Appeler Johnny.

3 **1.** Don't worry. I'm going to help you. **2.** You've lost twenty dollars? It's not that serious. **3.** There, there. Everything will be fine in the end. **4.** Don't worry. You've just got a slight fever. **5.** It doesn't matter. I can call back later.

4 **1.** You can say "to have a temperature" or "to have a fever". **2.** "To bleed" means "to lose blood". **3.** I've sprained my ankle. **4.** I hit my arm against the door. That's why I have a bruise on my arm. **5.** Anna is on crutches. She broke her leg skiing.

5 **1.** Follow me, Kathleen. Jo and Pat, follow Anisha. **2.** Don't sit down. **3.** Let's raise our glasses! **4.** Let's not go to bed too late. **5.** Read this directive and sum it up.

6 **1.** Can you lend me some money? **2.** I've got some eggs and (some) mayonnaise for the picnic. **3.** She sells cars. **4.** Would you like some coffee? **5.** We have/We've got some colleagues who are in training at the moment.

7 **1.** He's a perfect GP/General Practitioner but I have a toothache, not a headache. **2.** There's blood on your neck. You're bleeding! **3.** This medicine is used in the treatment of AIDS. **4.** Cancer is a serious disease/illness but it's often curable. **5.** I've got a cold but it doesn't matter.

8 – I went to the doctor's this morning.
– Why? Are you ill? You look on good form.
– I just feel that I need to lose weight. I think I should go on a diet.
– Don't be stupid! You're overweight, but it's not the end of the world. Really, it's no big deal.
– You know what? You should make an appointment with a psychologist.

Focus on... National Health Systems

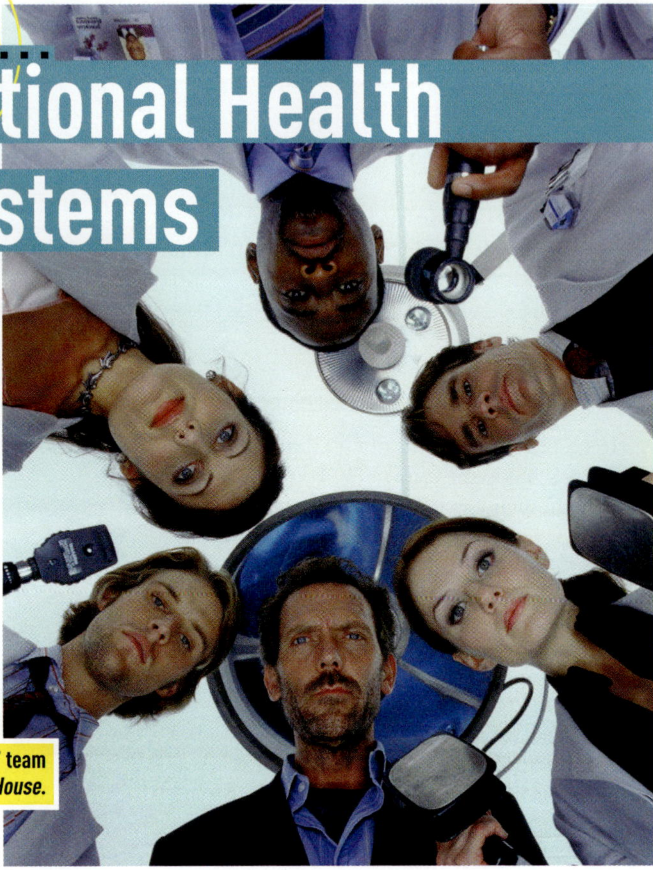

Dr House and his "devoted" team in the American series *House*.

Le débat sur les dépenses de santé est sans fin. Sur ce point, Britanniques et Américains sont aux antipodes !

The National Health Service is a British institution based on the principle of **free health care** for all. The health service is paid for by **taxpayers**. When you see a general practitioner in the UK, you don't pay anything at all.

By contrast, the US health system is **funded** by each individual via private insurance. Some of the insurance is paid for by the employer, the rest by the employee. But when you see a doctor, you still have to pay him or her. You also have to pay for prescriptions in the USA.

The **obvious** disadvantage of the US system is that some people do not get any **medical cover**, because they **can't afford** private insurance. It is estimated that millions of Americans have no medical cover (around 12 percent of the population).

free health care: les soins de santé gratuits
a taxpayer: un contribuable
to fund: financer
obvious: évident
medical cover: la couverture maladie
they can't afford: ils ne peuvent pas se permettre

It's difficult to be objective when comparing a private system with a **state-funded** system, because it also depends on your culture... Many Americans **support** a private system because it's part of their culture. Many British (or European) people are in favour of a state-funded system for the same reason! But cultural habits can change...

state-funded: financé par l'État • **to support:** soutenir, approuver

COMPARATIVE FIGURES

The NHS was born in 1948. Its **aim** was to provide free medical care to every person in Britain. **Per capita spending** on health in 2009 was $6719 in the US vs. $2815 in the UK. The number of doctors per 10,000 inhabitants is **roughly** the same in the two countries: 26 for the US and 23 for the UK. But there are more **nurses** and **midwives** in the UK: 128 vs. 94 in the US, and more hospital beds: 39 vs. 31.

the aim: le but
per capita spending: les dépenses par personne
roughly: à peu près
a nurse: un infirmier, une infirmière
a midwife: une sage-femme

Going further

- For more data on **health spending**, you can log on to the site of the World Health Organization (WHO): http://www.who.int/en/.
- President Obama tried to reform the US health system by an act in 2010, *The Patient Protection and Affordable Care Act*, sometimes also called "**Obamacare**". Type the name of the act on a search engine to find out more about it.
- There are several medical drama series you can watch, like ***Casualty, Holby City*** or ***Doctors***. They portray life in British hospitals or surgeries. As for American medical series, there are so many of them that it's hard to know where to start... ***House*** (called *Dr House* in some countries) is one of the most famous.

TRADUCTION DU SCRIPT

Terry – Je vois bien que tu es malheureuse, Cynthia. Dis-nous ce qui ne va pas. Assieds-toi. Asseyons-nous tous. Tout va bien se passer. Ne t'en fais pas.

Cynthia – Merci. Eh bien, je suis allée voir mon généraliste ce matin. Ne paniquez pas. C'est juste que, eh bien... je suis dans de beaux draps. J'ai dit aux ressources humaines que je voulais démissionner. Et j'ai dit à Johnny que je voulais rompre.

Terry – C'est pour ça que tu es allée chez le médecin ?

Cynthia – C'est là que ça devient très compliqué. Je suis enceinte.

Patricia – Félicitations ! C'est pour ça que tu as rompu avec Johnny ? Ça n'a aucun sens.

Cynthia – Non, Johnny m'a fait une remarque sur ma silhouette au moment où j'allais lui dire que j'étais enceinte. Et donc je ne lui ai pas dit et à la place j'ai dit que je voulais rompre !

Patricia – Il n'y a qu'une chose à faire. Tu prends ce téléphone et tu l'appelles tout de suite.

Cynthia – Je ne peux pas.

Le portable de Cynthia sonne.

Cynthia – *(Heureuse.)* C'est Johnny !!!

Check it! 13 > 18

What did they say ?

1 Cinq erreurs se sont glissées dans ce résumé des épisodes 13-15. Corrigez-les.

On fait connaissance avec Eve, onze ans, une cousine d'Emma. Puis on retourne à Liverpool, où Oliver et Linda rêvent devant la machine à café. Linda aimerait aller en Australie et raconte ce qu'elle y ferait. Elle visiterait Sydney, Melbourne et la côte nord près de Darwin. Mais c'est l'heure d'aller déjeuner... Peu de temps après, Oliver discute avec un policier car sa voiture a été mise à la fourrière. Il veut prévenir ses collègues mais il a laissé son téléphone au bureau.

SCORE : ... / 10

2 Cinq blancs se sont glissés dans ce résumé des épisodes 16-18. Complétez-les.

Emma s'occupe aujourd'hui de Josh, qui n'est pas content d'être à Coney Island. Il veut ... . Il trouve les autres enfants ennuyeux. À Liverpool, nouvelle conversation entre Oliver et Linda. Une collègue, Cynthia, veut démissionner parce que Johnny, son petit ami qui travaille à la réception, lui a dit qu'elle était ... . Oliver trouve cette réaction ridicule. Le problème est que Cynthia allait annoncer à Johnny qu'elle était ... . Cynthia se confie à Terry et Patricia. Elle est malheureuse : elle a dit à Johnny qu'elle voulait ... ! Patricia lui conseille d'appeler Johnny, ce que Cynthia ... . Mais le téléphone sonne : c'est Johnny. Ouf !

SCORE : ... / 10

Express yourself

3 Retrouvez le sens de ces cinq mots ou expressions.

1. to earn money: ...
2. a carousel: ...
3. a crossroads: ...
4. a tenant: ...
5. a bruise: ...

SCORE : ... / 10

4 Que diriez-vous dans les contextes suivants ?

1. "I want to resign." "You should think ... before doing this."
2. You think you're going to be promoted? That's ... thinking!
3. The bad results were a ... call for the government.
4. I ... you that it was an interesting story, but I still didn't like the film.
5. "I've lost my wallet." "... luck."

SCORE : ... / 10

5 Dites-le en anglais.

1. J'ai envie de prendre l'avion.
2. Vous avez été prévenu ! Vous connaissiez la limitation de vitesse.
3. C'est vrai, j'aurais pu téléphoner au propriétaire.
4. Combien tu pèses ? Et tu mesures combien ?
5. Ne t'inquiète pas. La douleur ne dure pas *(to last)* longtemps.

SCORE : ... / 10

Afraid of grammar ?

6 Traduisez.

1. On ira à San Francisco dans cinq ans.
2. Qu'est-ce que vous ferez en Australie ?
3. Jane ne sera pas là demain.
4. On ira au pays de Galles quand tu seras grand.
5. *(Le téléphone sonne.)* Je réponds.

SCORE : ... / 10

7 Traduisez.

1. Tu as soif ? Qu'est-ce que tu voudrais ?
2. Tu verrais notre fille si tu étais en Écosse.
3. Vous pourriez aller au cinéma.
4. Jill a dit qu'il serait seul.
5. Je ne dirais pas que j'adore cette musique.

SCORE : ... / 10

8 Complétez à l'aide de V-*ing* ou de *to* + verbe.

1. I hate ... (be) late.
2. I'd love ... (go) with you.
3. It started ... (rain) this morning.
4. We want you ... (be) punctual.
5. I prefer ... (stay) with my friends.

SCORE : ... / 10

Cultural quiz

9 Épisodes 13-15

1. When were women given the right to vote in the USA?
   ❑ a. In 1920. ❑ b. In 1945.
2. When were women given the right to vote in the UK irrespective of age?
   ❑ a. In 1918. ❑ b. In 1928.
3. Canberra, the capital city of Australia, is a name of Aboriginal origin.
   ❑ a. True. ❑ b. False.
4. Who was Charles Darwin?
   ❑ a. A politician. ❑ b. A naturalist.
5. What proportion of the world drives on the left?
   ❑ a. About a third. ❑ b. About a quarter.

SCORE : ... / 10

10 Épisodes 16-18

1. People who are far away from their family or town are sometimes ... .
2. The habit of not wearing formal clothes at the end of the week is called ... .
3. What is the name of England's healthcare system?
4. What is the big difference between the British healthcare system and the American one?
5. Who spends more per capita on health, Britain or the USA?

SCORE : ... / 10

Corrigés p. 132 (2 points par bonne réponse). **SCORE : ... / 100**

corrigés

1 On fait connaissance avec Eve, onze ans, ~~une cousine d'Emma~~ **dont s'occupe Emma**. Puis on retourne à Liverpool, où Oliver et Linda rêvent devant la machine à café. Linda aimerait aller en Australie et raconte ce qu'elle y ferait. Elle visiterait Sydney, ~~Melbourne et la côte nord près de Darwin~~ **Alice Springs et Uluru**. Mais c'est l'heure ~~d'aller déjeuner~~ **de retourner au bureau** ...
Peu de temps après, Oliver discute avec ~~un policier~~ **une policière** car sa voiture a été mise à la fourrière. Il veut prévenir ses collègues mais il a laissé son téléphone ~~au bureau~~ **dans la voiture**.

2 Emma s'occupe aujourd'hui de Josh, qui n'est pas content d'être à Coney Island. Il **veut rentrer à la maison**. Il trouve les autres enfants ennuyeux. À Liverpool, nouvelle conversation entre Oliver et Linda. Une collègue, Cynthia, veut démissionner parce que Johnny, son petit ami qui travaille à la réception, lui a dit qu'elle était **ronde**. Oliver trouve cette réaction ridicule. Le problème est que Cynthia allait annoncer à Johnny qu'elle était **enceinte**. Cynthia se confie à Terry et Patricia. Elle est malheureuse : elle a dit à Johnny qu'elle voulait **rompre** ! Patricia lui conseille d'appeler Johnny, ce que Cynthia **refuse de faire**. Mais le téléphone sonne : c'est Johnny. Ouf !

3 **1.** to earn money: gagner de l'argent **2.** a carousel: un tapis à bagages **3.** a crossroads: un carrefour **4.** a tenant: un locataire **5.** a bruise: un bleu, une contusion

4 **1.** "I want to resign." "You should think **twice** before doing this." **2.** You think you're going to be promoted? That's **wishful** thinking! **3.** The bad results were a **wake-up** call for the government. **4.** I **grant** you that it was an interesting story, but I still didn't like the film. **5.** "I've lost my wallet." "**Tough** luck."

5 **1.** I feel like flying. **2.** You've been warned! You knew the speed limit. **3.** Admittedly, I could have called the owner. **4.** How much do you weigh? And how tall are you? **5.** Don't worry. The pain doesn't last long.

6 **1.** We'll go to San Francisco in five years. **2.** What will you do in Australia? **3.** Jane won't be/will not be here tomorrow. **4.** We'll go to Wales when you're grown up/when you're older. **5.** I'll get it.

7 **1.** You're thirsty?/Are you thirsty? What would you like? **2.** You'd see/would see our daughter if you were in Scotland. **3.** You could go to the cinema/movies. **4.** Jill said (that) he'd be/he would be alone. **5.** I wouldn't say that I love this music.

8 **1.** I hate **being/to be** late. **2.** I'd love **to go** with you. **3.** It started **raining/to rain** this morning. **4.** We want you **to be** punctual. **5.** I prefer **staying/to stay** with my friends.

9 **1. a.** In 1920. **2. b.** In 1928. **3. a.** True. **4. b.** A naturalist. **5. b.** About a quarter.

10 **1.** Homesick. **2.** Dress-down Friday or casual Friday. **3.** The NHS (National Health System). **4.** The British system is publicly funded, whereas the American system is privately funded. **5.** The USA.

PARTIE 4

19 Something I need to tell you

Emma is writing an email to her friend Liz about something she just witnessed.

Communication Exprimer sa surprise… p. 135
Vocabulaire En ville p. 135
Grammaire Le prétérit en *be + -ing* p. 136
Focus on *Inner cities vs. suburbs* p. 138

20 Have you read it?

Brenda, Cynthia's mother, is talking to Dave, her husband.

Communication Changer de sujet p. 141
Vocabulaire La presse écrite p. 141
Grammaire Le *present perfect* p. 142
Focus on *The American press* p. 144

21 When did you two meet?

Oliver and Cynthia are in the canteen. She is telling him how she first met Johnny.

Communication S'informer sur quelqu'un p. 147
Vocabulaire Le caractère, le comportement p. 147
Grammaire Depuis : *for* ou *since* ? p. 148
Focus on *Queen's/King's speech* p. 150

22 You've made my day!

Oliver and Linda are in the lift. Oliver is telling Linda that Mark Camm really likes her.

Communication De « beaucoup » à « rien » p. 153
Vocabulaire Au cinéma p. 153
Grammaire « Beaucoup » et « assez » p. 154
Focus on *Oscars vs. Baftas* p. 156

23 Tell me more

Eileen Montgomery, the boss, has invited Oliver to lunch.

Communication Les nombres p. 159
Vocabulaire Dire et lire les nombres p. 159
Grammaire L'interrogation en *how* et en *which* p. 160
Focus on *Thanksgiving or not?* p. 162

24 Too much TV!

Emma and her boyfriend, Chuck. At Chuck's place. It's Sunday…

Communication Faire des reproches p. 165
Vocabulaire La télévision p. 165
Grammaire « Tellement » et « trop » p. 166
Focus on *The Inuit* p. 168

p. 170-172 **Check it!** 19 > 24

19 Something I need to tell you

Pour les doc audio et + d'exercices, voir le site.

L'épisode

1 Écoutez le contenu de l'e-mail avec ou sans l'aide du script.

Emma is writing an email to her friend Liz about something she just witnessed.

Hi Liz,

Are you still in the library? I'm on the bus, going home. I must tell you something incredible! Imagine: I was at the intersection of Fifth Avenue and 59th Street, talking to Kareem on the phone, when I heard a siren. It was very loud. So, I hung up. I was wondering what was going on. I turned around. Some people were screaming. Then a woman stopped and talked to a policeman who was writing things down. Then a young man arrived. He was wearing pyjamas! He pointed to a building on the other side of the street. It was really weird. I was frightened but curious too... So I went close to the scene. The man was still talking and I saw he was actually sweating. I asked him: "What on earth is going on?" He said there was a cobra in the entrance hall of that building. And he also said that he was looking for his cat. How awful! I'm still shaking like a leaf...

Love,

Emma

> TRADUCTION P. 139

the library: la bibliothèque • **weird:** bizarre • **to be frightened:** avoir peur • **actually:** vraiment • **to sweat:** transpirer • **to shake:** trembler

2 Répondez aux questions suivantes.

1. Emma demande à Liz si elle est :

- ❑ **a.** Dans une librairie.
- ❑ **b.** Dans une bibliothèque.
- ❑ **c.** Dans un bus.

2. Qu'a entendu Emma quand elle était au téléphone ?

- ❑ **a.** Une sirène.
- ❑ **b.** Des cris.
- ❑ **c.** Des voitures.

3. Comment était habillé le jeune homme ?

- ❑ **a.** En survêtement.
- ❑ **b.** En pyjama.
- ❑ **c.** En costume.

4. Qu'y a-t-il dans l'entrée de l'immeuble ?

- ❑ **a.** Un lion.
- ❑ **b.** Une panthère.
- ❑ **c.** Un cobra.

Exprimer sa surprise, son soulagement

- **Oh, my God! I didn't expect this.** Oh, mon Dieu. Je ne m'attendais pas à ça.
- **It's really amazing!** C'est vraiment incroyable !
- **I can't believe it!/I can't believe my eyes!** Je rêve !
- **No wonder you got a ticket.** Pas étonnant que tu aies eu une amende.

- **It came as a surprise/as no surprise to me.** Cela m'a/ne m'a pas surpris.
- **I was taken aback...** J'étais décontenancé...
- **What a surprise!** Quelle surprise !
- **Much to my surprise...** À ma grande surprise...

- **Phew! That's a relief.** Ouf ! Je suis soulagée.
- **What a relief to see you!** Quel soulagement de te voir !
- **To my relief they were at home.** À mon grand soulagement, ils étaient chez eux.
- **I was so relieved.** J'étais tellement soulagée.
- **It was a close shave for me!/I had a close shave!** Je l'ai échappé belle !

3 **Traduisez.**

1. « Je ne veux pas les voir. » « Pas étonnant ! »
2. Quelle surprise ! Je ne m'y attendais pas !
3. Tu l'as échappé belle !
4. Quel soulagement ! On est tellement soulagés.
5. Tu as encore *(still)* ton permis ? Je rêve !

En ville

- **the city centre** [GB]/ **center** [US]: le centre-ville
- **downtown** [US]: en ville
- **an inhabitant:** un habitant
- **a city dweller:** un citadin
- **a district:** un quartier
- **the suburbs:** la banlieue
- **a commuter:** un banlieusard
- **a busy street:** une rue très fréquentée
- **noisy:** bruyant
- **lively:** animé
- **the bustle:** l'animation
- **the din:** le vacarme
- **a crowd:** une foule
- **to hurry:** se dépêcher
- **the town hall:** la mairie
- **the tourist office:** l'office du tourisme
- **a police station:** un commissariat de police
- **a post office:** un bureau de poste
- **a department store:** un grand magasin
- **a bookshop:** une librairie
- **a clothes shop:** un magasin de vêtements

4 Complétez en vous aidant des indications entre parenthèses ou du contexte.

1. This street is very ... : there's always a lot going on.
2. Turn right just before the ... ... (commissariat de police).
3. The ... ... is where the mayor works.
4. Do you buy your books in a ... or on the Internet?
5. Do you live in the city centre or in the ... ?

Le prétérit en be + -ing : formes

Pour conjuguer un verbe au prétérit en **be + -ing**, on conjugue **be** au prétérit suivi du verbe + **-ing**.

affirmation	négation	question
I was working	I wasn't (was not) working	Was I working?
you were working	you weren't (were not) working	Were you working?
he was working	he wasn't (was not) working	Was he working?
we were working	we weren't (were not) working	Were we working?
you were working	you weren't (were not) working	Were you working?
they were working	they weren't (were not) working	Were they working?

5 Mettez les verbes entre parenthèses au prétérit en *be + -ing*.

1. I ... (not/talk) to you. I ... (talk) to my friend.
2. It ... (not/rain), it ... (pour).
3. My neighbours ... (have) dinner when the police arrived.
4. We ... (not/plan) on going on holiday this summer.
5. ... (they/smoke) in the office when the boss came in?

Le prétérit en be + -ing : emploi

• On emploie le prétérit en **be +-ing** pour dire qu'une action était en cours à un moment du passé. Le prétérit en **be +-ing** se traduit par l'imparfait ou par « était en train de... ».
Some people were screaming. Des gens hurlaient.

• Quand on trouve le prétérit simple et le prétérit en **be +-ing** dans une même phrase, le prétérit en **be +-ing** décrit une action plus longue que le prétérit simple.
I was talking to Kareem on the phone when I heard a siren.
J'étais en train de parler avec Kareem au téléphone quand j'ai entendu une sirène.

• Pour décrire une habitude dans le passé, on emploie le prétérit simple.
I played tennis when I was fifteen. Je jouais au tennis quand j'avais quinze ans.

6 Traduisez.

1. Les éoliennes brillaient au loin *(to shine in the distance).*
2. Linda fumait quand elle était adolescente *(a teenager).*
3. Il fumait dans l'ascenseur. Je l'ai vu de mes yeux vu *(with my own eyes).*
4. On était en train de regarder la télé quand on a reçu ton sms *(your text).*
5. Je n'écoutais pas. Il y avait trop de bruit.

Pour terminer

7 Complétez ces phrases avec le vocabulaire de l'épisode.

1. I couldn't believe it. Their decision took us by ... .
2. I'm so ... (soulagé) I didn't get a ticket *(un PV).*
3. No ... (Pas étonnant que) this restaurant is empty. The food is so bad.
4. A ... ... is a very large shop divided into several parts.
5. I had a ... ... this morning. I almost had an accident.

8 *Will you marry me?* Écoutez ce dialogue et complétez le script.

– I love this ... . It's got everything we need.
– Yes, you're right. It's even got a ... in the basement.
– Yes, and a ... . They sell very cheap holidays. We could book our honeymoon there.
– Are you proposing to me? What a ... ... !
– *(Aside...)* ... ! To ... ... she didn't hear "very cheap".

CORRIGÉ DES EXERCICES

2 **1. b.** Dans une bibliothèque. **2. a.** Une sirène. **3. b.** En pyjama. **4. c.** Un cobra.

3 **1.** "I don't want to see them." "No wonder." **2.** What a surprise! I didn't expect this! **3.** It was a close shave for you./You had a close shave! **4.** What a relief! We are so relieved! **5.** You still have/You've still got your driving licence? I can't believe it/my eyes!

4 **1.** This street is very busy: there's always a lot going on. **2.** Turn right just before the police station. **3.** The town hall is where the mayor works. **4.** Do you buy your books in a bookshop or on the Internet? **5.** Do you live in the city centre or in the suburbs?

5 **1.** I wasn't talking to you. I was talking to my friend. **2.** It wasn't (was not) raining, it was pouring (to pour: *pleuvoir à verse*). **3.** My neighbours were having dinner when the police arrived. **4.** We weren't planning on going on holiday this summer. **5.** Were they smoking in the office when the boss came in?

6 **1.** The wind turbines were shining in the distance. **2.** Linda smoked when she was a teenager. **3.** He was smoking in the lift/elevator. I saw him with my own eyes. **4.** We were watching TV when we got your text. **5.** I wasn't listening. There was too much noise.

7 **1.** I couldn't believe it. Their decision took us by surprise. **2.** I'm so relieved I didn't get a ticket. **3.** No wonder this restaurant is empty. The food is so bad. **4.** A department store is a very large shop divided into several parts. **5.** I had a close shave this morning. I almost had an accident.

8 – I love this department store. It's got everything we need.
– Yes, you're right. It's even got a bookshop in the basement.
– Yes, and a tourist office. They sell very cheap holidays. We could book our honeymoon there.
– Are you proposing to me? What a lovely surprise!
– *(Aside...)* Phew! To my relief she didn't hear "very cheap".

Focus on...

Inner cities vs. suburbs

Beautiful homes in Overland Park, Kansas, 2012.

Derelict houses in inner-city Detroit.

Words can be deceptive. Suburbs and city centres do not evoke the same images in Europe and the United States.

You know the word "city", which means a large town, like the city of Edinburgh. The word "inner" means inside. So what's an inner city? Logically, it should be the inner part of a city.

Well, the word "inner city" is **in fact** applied to **lower-income** districts in the city centre or near the city centre, often populated by poor minorities, like the Bronx in New York City.

By contrast, the image of suburbs especially in the United States is rather positive. The word "suburb" can be translated by *banlieue*. In the US, suburbs are often associated with **detached** single-family homes and with the American Dream of home **ownership**.

From the 1950s to the 1990s the centres of American cities **were left to fall apart**, while middle-class people were moving to the suburbs. That's how the hearts of cities got a negative image. However, most city centres have now become **gentrified** and are desirable again. Things were different in Europe where city centres have always been the most prosperous part of the metropolis.

deceptive: trompeur
in fact: en réalité
lower-income: à bas revenus
detached: individuel
ownership: la propriété
they were left to fall apart: on les a laissés tomber en ruine
to become gentrified: s'embourgeoiser

THE CITY

The city of Edinburgh means... Edinburgh. But the City of London does not mean London! The City of London refers to a small but essential area in central London, where the London Stock Exchange, the Bank of England and many major global headquarters are located. It is vital to the British economy. And yet the City of London's population is around 10,000. That's very little.

Going further

⇛ **Wisteria Lane** in the TV series ***Desperate Housewives*** represents the stereotypical image of the US suburb.

⇛ You can watch the BBC television sitcom called ***Rev.*** about a Church of England vicar in an inner-city London church. It describes the everyday life of a vicar in a multi-cultural, multi-ethnic inner city in modern London. The show premiered in 2010.

⇛ To learn more about inner cities, you can log on to http://www.bbc.co.uk/ and type "inner cities". You'll find a few pages that provide a good and simple summary of the problems faced by inner cities.

⇛ You can also watch ***Meantime***, a 1984 film directed by **Mike Leigh**. It's about a working-class family in London's East End, during a period of recession and high unemployment. The family's situation is contrasted with relatives who live in suburban Chigwell. They are wealthy but equally unhappy...

TRADUCTION DU SCRIPT

Salut Liz,

Tu es toujours dans la bibliothèque ? Je suis dans le bus, je rentre. Il faut que je te raconte quelque chose d'incroyable. Imagine : j'étais au croisement de la 5e avenue et de la 59e rue, en train de parler avec Kareem au téléphone quand j'ai entendu une sirène. C'était très fort. J'ai donc raccroché. Je me demandais ce qui se passait. Je me suis retournée. Il y avait des gens qui criaient. Et puis une femme s'est arrêtée et a parlé à un policier qui prenait des notes.

Ensuite un jeune type est arrivé. Il était en pyjama ! Il a montré un immeuble de l'autre côté de la rue. C'était vraiment bizarre. J'avais peur mais j'étais aussi curieuse... Je me suis donc approchée. L'homme parlait encore et j'ai vu qu'il transpirait en fait. Je lui ai demandé : « Mais qu'est-ce qui se passe ? » Il a dit qu'il y avait un cobra dans l'entrée de cet immeuble. Et il a aussi dit qu'il cherchait son chat. Comme c'est horrible ! Je tremble encore une feuille...

Bises,

Emma

20 Have you read it?

Pour les doc audio et + d'exercices, voir le site.

L'épisode

1 Écoutez le dialogue avec ou sans l'aide du script.

Brenda, Cynthia's mother, is talking to Dave, her husband.

BRENDA – Have you seen my glasses, Dave?
DAVE – No, I haven't. Have you read this article in *Evening Standard* on single mothers? I've just finished it. It's interesting.
BRENDA – No, I haven't read it, because I can't find my glasses!
DAVE – Have you looked in the kitchen?
BRENDA – I've looked everywhere.
DAVE – By the way, have you had your tea, Brenda?
BRENDA – Why do you ask?
DAVE – Because I know you'll feel better after a nice cup of tea. I know you've been upset lately, because you're going to be a grandmother.
BRENDA – I'm not upset. I've been a bit tense, that's all.
DAVE – Incidentally, I'm so glad everything is OK between Johnny and Cynthia.
BRENDA – Yes, I'm relieved too. But you know what? He never thought she would dump him!
DAVE – What a cheek! Are we sure we want him as the father of our grandchild?

TRADUCTION P. 145

single mothers: les mères célibataires • **upset:** contrarié • **tense:** tendu • **to dump:** plaquer • **What a cheek!** Quel culot !

2 Répondez aux questions suivantes.

1. Que cherche Brenda ?
- ❑ a. Des verres.
- ❑ b. Ses lunettes.
- ❑ c. Son journal.

2. Quel est le titre du journal mentionné ?
- ❑ a. *News Standard.*
- ❑ b. *Morning Standard.*
- ❑ c. *Evening Standard.*

3. Brenda, récemment, a été :
- ❑ a. Surprise.
- ❑ b. Déprimée.
- ❑ c. Tendue.

4. Que pensait Johnny ?
- ❑ a. Que Cynthia allait le quitter.
- ❑ b. Que Cynthia ne l'aimait plus.
- ❑ c. Que Cynthia ne le quitterait pas.

Changer de sujet

- **By the way,... /Incidentally, ...** Au fait, ... /À propos, ...
- **Oh, before I forget, I'm getting married.** Oh, avant que j'oublie, je vais me marier.
- **Talking of which, do you know who's invited?** À ce propos, tu sais qui est invité ?
- **Which reminds me, could you give me my comics back?**
  Maintenant que j'y pense, tu pourrais me rendre mes BD ?

- **Could we change the subject?** Est-ce qu'on peut changer de sujet ?
- **Can we talk about something else?** On peut parler d'autre chose ?
- **On a different note, I'd like to point out that...**
  Pour changer de sujet, je ferais remarquer que...
- **It's irrelevant to the subject in hand, but...**
  Ça n'a rien à voir avec le sujet qui nous intéresse, mais...
- **I know this has no connection with what we've been talking about but...**
  Je sais que ça n'a aucun rapport avec ce qui vient d'être dit, mais...

3 Traduisez.

1. Je m'ennuie *(to be bored)*. On peut changer de sujet ?
2. À propos, tu as lu l'article sur l'avortement *(abortion)* en Irlande ?
3. Au fait, tu ne m'as pas dit *(to tell, told, told)* qui était l'heureux élu *(the lucky man)*.
4. Ça n'a rien à voir, mais je veux vous en parler quand même *(all the same)*.
5. Avant que j'oublie, vous me devez *(to owe sb sth)* quinze dollars.

La presse écrite

- **a paper, a newspaper:** un journal
- **the national press:** la presse nationale
- **the sensational press:** la presse à sensation
- **the quality press:** la presse de qualité
- **the newsagent:** le marchand de journaux
- **a magazine:** un magazine
- **a daily:** un quotidien
- **a free newspaper:** un gratuit
- **a subscription:** un abonnement
- **the circulation:** le tirage

- **online news:** des infos en ligne

- **the cover:** la couverture
- **the front page:** la une
- **a heading, a headline:** un (gros) titre
- **an ad/advertisement:** une publicité
- **to receive extensive coverage:** être très bien couvert
- **a press conference:** une conférence de presse
- **to uphold the freedom of the press:** soutenir la liberté de la presse

4 Complétez en vous aidant des indications entre parenthèses ou du contexte.

1. The ministers are going to give a ... ... (conférence de presse).
2. The royal wedding has received ... ... (être très bien couvert) in the newspapers.
3. I don't buy a newspaper every day but I always read the ... (titres).
4. Have you seen the ... page of *The New York Times*?
5. Sunday papers are often full of ... (publicités).

Le present perfect : formes

Le **present perfect** se forme avec l'auxiliaire **have** au présent suivi du participe passé. Pour former un participe passé, on ajoute **-ed** aux verbes réguliers. Certains participes passés sont irréguliers : **see** (infinitif) → **seen**.

affirmation	négation	question
I've (have) worked	I haven't (have not) worked	Have I worked?
he's (has) worked	he hasn't (has not) worked	Has he worked?
they've (have) worked	they haven't (have not) worked	Have they worked?

5 Mettez les verbes entre parenthèses au *present perfect*.

1. I ... (be) very tired lately.
2. Linda ... (see) this film before.
3. ... ... (Mike/see) this film too?
4. He ... ... (not/have) his breakfast yet.
5. They ... ... (not/tell) me yet if they're getting married.

Le present perfect : emplois

• On emploie souvent le **present perfect** pour parler d'un résultat présent.
I've found my glasses. J'ai trouvé mes lunettes.

• On l'utilise donc très souvent avec **already** (déjà), **always** (toujours), **before** (avant), **ever** (à un moment quelconque), **never** (jamais), **not yet** (pas encore), **lately** (récemment). En anglais américain, on emploie souvent le prétérit.
You haven't told me yet. [GB] **You didn't tell me yet.** [US]
Tu ne me l'as pas encore dit.

• Le **present perfect** avec **just** traduit « venir de ».
I've just finished it. [GB] **I just finished it.** [US] Je viens de le terminer.

Prétérit ou *present perfect* ?

On n'emploie jamais le **present perfect** avec une date ou un moment précis.
I saw Linda on 1st January/yesterday/four days ago.

6 Traduisez.

1. J'ai déjà lu ce livre.
2. Tu as déjà vu ce film ?
3. Je n'ai pas encore acheté *(to buy, bought, bought)* mon billet.
4. Je viens d'écrire *(to write, wrote, written)* à Mike.
5. J'ai lu ce livre l'année dernière.

Pour terminer

7 Complétez ces phrases avec le vocabulaire de l'épisode.

1. ... ... (Au fait), have you been to the ... (marchand de journaux)?
2. I've ... ... (je viens de lire) the ... (journal).
3. What a cheek! How can this dictator talk about ... ... press?
4. Talking of ... (À ce propos), have you booked a table for tonight?
5. These ... newspapers (à sensation) are only interested in scandals.

8 *What's the matter?* Écoutez ce dialogue et complétez le script.

– I can see you're a bit ... . What's the matter?
– I'm ... . Have you heard the ... ?
– Well, I've seen the ... . But there's nothing to be depressed about.
– Our neighbour Kate has decided to ... Pete.
– Is the Prime Minister planning to give a ... ... about it?

CORRIGÉ DES EXERCICES

2 **1. b.** Ses lunettes. **2. c.** *Evening Standard.* **3. c.** Tendue. **4. c.** Que Cynthia ne le quitterait pas.

3 **1.** I'm bored. Can/Could we change the subject? **2.** Incidentally, have you read the article on abortion in Ireland? **3.** By the way, you haven't told me who the lucky man was. **4.** It's irrelevant, but I want to talk about it all the same. **5.** Before I forget, you owe me fifteen dollars.

4 **1.** The ministers are going to give a press conference. **2.** The royal wedding has received extensive coverage in the newspapers. **3.** I don't buy a newspaper every day but I always read the headings/headlines. **4.** Have you seen the front page of *The New York Times*? **5.** Sunday papers are often full of ads/adverts/advertisements.

5 **1.** I've been very tired lately. **2.** Linda has seen this film before. **3.** Has Mike seen this film too? **4.** He hasn't had his breakfast yet. **5.** They haven't told me yet if they're getting married.

6 **1.** I've already read this book. **2.** Have you already seen this film? **3.** I haven't bought my ticket yet. **4.** I've just written to Mike. **5.** I read this book last year.

7 **1.** By the way, have you been to the newsagent? **2.** I've just read the newspaper. **3.** What a cheek! How can this dictator talk about freedom of the press? **4.** Talking of which, have you booked a table for tonight? **5.** These sensational newspapers are only interested in scandals.

8 – I can see you're a bit tense. What's the matter?
– I'm upset. Have you heard the news?
– Well, I've seen the headlines. But there's nothing to be depressed about.
– Our neighbour Kate has decided to dump Pete.
– Is the Prime Minister planning to give a press conference about it?

Focus on…

The American press

The headquarters building of the *New York Times*. This landmark is valued at over $225 million.

Freedom of the press is sacred to the Americans and has been for a very long time.

Freedom of the press, and more generally freedom of the media, is an essential part of American culture. It is inscribed in the United States Constitution.

The idea **behind it** is that people should have access to a free press, in order to get the best governments elected... Thomas Jefferson – an American **Founding Father** and the third President of the US, from 1801 to 1809 – famously wrote: "[between] a government without newspapers or newspapers without a government, I should not hesitate a moment to prefer **the latter**".

Freedom of the press in the US goes with power. The Watergate scandal in the early 1970s was **highly** covered by the press, especially *The Washington Post*, *Time Magazine* and *The New York Times*. It **led to** the **resignation** of President Nixon, the only resignation of a US President.

behind it: derrière tout ça
a Founding Father: un Père Fondateur [de la nation américaine]
the latter: ce dernier/cette dernière
highly: largement
to lead (led, led) to: conduire à
a resignation: une démission

Traditionally, British newspapers were divided into **large-sized** newspapers, like *The Times*, *The Guardian*, *The Independent*, and **small-sized** ones, like *The Sun* or *The Daily Mail*. The large-sized newspapers were known as "the quality press", the other newspapers were known as "tabloids" or "the popular press" or even "the **gutter** press".

Nowadays, things are different, because several "quality newspapers" (*The Guardian*, *The Times* or *The Independent*) are not much bigger than the tabloids.

large-sized/small-sized: grand/petit format
a gutter: un caniveau

THE TIMES

The famous typeface called "Times New Roman" was created in 1931 for *The Times*. It was designed by Victor Lardent, who worked in the advertising department of the newspaper. It is one of the most widely used typefaces in history.

Going further

⇒ For circulation numbers of newspapers, type "List of newspapers **in the United Kingdom** by circulation" and "List of newspapers **in the United States** by circulation".

⇒ *The Sun* is by far the best-selling newspaper in the UK, definitely a tabloid... In the USA, the best-selling newspapers are *The Wall Street Journal* (a quality newspaper) and *USA Today*. The latter publishes easy-to-read articles.

TRADUCTION DU SCRIPT

Brenda – Tu as vu mes lunettes, Dave ?

Dave – Non. Tu as lu cet article sur les mères célibataires dans *Evening Standard* ? Je viens de le terminer. C'est intéressant.

Brenda – Non, je ne l'ai pas lu, parce que je n'ai pas trouvé mes lunettes.

Dave – Tu as regardé dans la cuisine ?

Brenda – J'ai regardé partout.

Dave – Au fait, tu as pris ton thé, Brenda ?

Brenda – Pourquoi tu demandes ça ?

Dave – Parce que je sais que tu te sentiras mieux après une bonne tasse de thé. Je sais que tu es contrariée depuis quelque temps parce que tu vas être grand-mère.

Brenda – Je ne suis pas contrariée. J'ai été un peu tendue, c'est tout.

Dave – À ce propos, je suis bien content que tout aille bien entre Johnny et Cynthia.

Brenda – Oui, je suis soulagée aussi. Mais tu sais quoi ? Il n'a jamais pensé qu'elle le plaquerait !

Dave – Quel culot ! Tu es sûre qu'on veut de lui comme père du bébé ?

21 When did you two meet?

Pour les doc audio et + d'exercices, voir le site.

L'épisode

1 Écoutez le dialogue avec ou sans l'aide du script.

Oliver and Cynthia are in the canteen. She is telling him how she first met Johnny.

OLIVER – I'm glad Johnny and you are back together.
CYNTHIA – Well, we're still a young couple, so we argue a lot. But he's nice and considerate. Also, he's always in a good mood, even though he's a bit too self-confident at times.
OLIVER – How long have you been together?
CYNTHIA – We've been together for ten months. Actually, we've been together since Christmas Day to be precise.
OLIVER – What happened on December 25th?
CYNTHIA – Well, on 25th December, during the Queen's Christmas message, just after 3 p.m., my cousin Lucas came to our place with a friend named Johnny. That's how it started.
OLIVER – What did your parents think of him?
CYNTHIA – They weren't too keen at first. They didn't like the way he looked.
OLIVER – Why? What was wrong with him?
CYNTHIA – He was dressed up as Santa Claus!

> TRADUCTION P. 151

to argue: se disputer • **to be keen on sb:** beaucoup aimer qqn • **to dress up:** se déguiser • **Santa Claus:** le Père Noël

2 Répondez aux questions suivantes.

1. Selon Cynthia, Johnny est toujours :
- ❑ a. De bonne humeur.
- ❑ b. Grincheux.
- ❑ c. Vaniteux.

2. Depuis combien de temps se connaissent-ils ?
- ❑ a. Depuis dix mois.
- ❑ b. Depuis dix ans.
- ❑ c. Depuis dix semaines.

3. Quand se sont-ils rencontrés ?
- ❑ a. La veille de Noël.
- ❑ b. Aux vacances de Noël.
- ❑ c. Le jour de Noël.

4. Les parents de Cynthia n'ont pas aimé :
- ❑ a. Les manières de Johnny.
- ❑ b. Sa tenue.
- ❑ c. Son langage.

S'informer sur quelqu'un

- **Who's that guy?** C'est qui, ce type ?
- **How do you know him?** Tu le connais comment ?
- **How did you meet them?** Tu les as rencontrés comment ?
- **How long have you known them?** Depuis combien de temps tu les connais ?

- **What's Joanna like?** Elle est comment, Joanna ?
- **Has she been working here for a long time?** Ça fait longtemps qu'elle travaille ici ?
- **What does she do for a living?** Qu'est-ce qu'elle fait dans la vie ?

- **Where does she live?** Elle habite où ?
- **Where is she from?** Elle vient d'où ?
- **When did she get married?** Quand s'est-elle mariée ?

- **Who is he a friend of?** C'est un copain/un ami de qui ?
- **Is he a friend of yours?** Est-ce que c'est un copain à toi ?
- **He's a friend of my sister's.** C'est un copain de ma sœur.

3 Traduisez.

1. C'est qui, cette fille avec ton frère ?
2. Elle est comment, ta belle-famille *(your in-laws)* ?
3. C'est un ami à toi ou à ta sœur ?
4. Ça fait longtemps que vous la connaissez ?
5. Où l'as-tu rencontrée?

Le caractère, le comportement

- **nice, kind:** gentil
- **friendly:** sympa
- **unpleasant:** antipathique
- **easygoing:** décontracté, facile à vivre
- **funny:** drôle
- **nasty, mean:** méchant
- **to have a good temper:** avoir bon caractère

- **to have a bad temper:** avoir mauvais caractère

- **helpful:** serviable
- **considerate:** attentionné
- **self-confident:** sûr de soi
- **generous:** généreux
- **selfish:** égoïste
- **proud:** fier
- **shy:** timide

- **touchy:** susceptible

- **sensible:** raisonnable
- **organized:** organisé
- **tidy:** ordonné
- **clever:** intelligent
- **hard-working:** travailleur
- **silly, stupid:** stupide
- **skilful:** habile, adroit
- **clumsy:** maladroit

4 Complétez ces phrases en vous aidant du contexte.

1. The word "..." is close in meaning to the word "intelligent".
2. This guy only thinks of his own interest. He's ... .
3. You make me laugh. You're so ... .
4. I'm not at ease in the company of others. I'm ... .
5. Someone who is easily irritated is said to be "...".

« Depuis » : for ou since ?

• Après un **present perfect**, **for** et **since** se traduisent tous deux par « depuis ». **For** introduit une durée (chiffrée le plus souvent). **Since** introduit un point de départ. Attention donc à la traduction de « depuis » en anglais !

We've been together for ten months. → depuis dix mois (durée chiffrée)
We've been together since Christmas. → depuis Noël (point de départ)

• Après un **present perfect**, **how long** correspond à « depuis quand ? », « ça fait combien de temps ? ». « Depuis que » se traduit par « **since** + prétérit ».

"How long have you lived here?" "I've lived here since I was born."
« Depuis combien de temps tu vis ici ? » « J'habite ici depuis que je suis né. »

5 Complétez ces traductions.

1. Johnny habite à Liverpool depuis sept ans. → *Johnny has lived in Liverpool ... .*
2. Cynthia travaille ici depuis le 15 mars. → *Cynthia has worked here ... 15 March.*
3. Je les connais depuis que j'ai dix-huit ans. → *I've known them ... I was eighteen.*
4. Depuis quand travailles-tu pour elle ? → *... have you worked for her?*
5. Il est ici depuis de nombreuses années. → *He has been here ... many ... .*

Present perfect avec for et since

• Le **present perfect** avec **for**, **since** ou **how long** se traduit par un présent. **For** et **since** se traduisent dans ce cas par « depuis ».

How long have you been together? Depuis combien de temps êtes-vous ensemble ?
We've been together for ten months/since Christmas.
Nous sommes ensemble depuis dix mois/depuis Noël.

• Cependant le prétérit avec **for** se traduit par un passé composé et **for** dans ce cas se traduit par « pendant ».
Sam knew my grandparents for five years.
Sam a connu mes grands-parents pendant cinq ans.

6 Traduisez.

1. Je suis à Londres depuis le début de l'été *(the beginning of the summer)*.
2. Donc, tu es ici *(So, you...)* depuis cinq semaines.
3. Ça fait combien de temps que tu es fatigué ?
4. Cynthia les connaît depuis des années.
5. On a vécu ensemble pendant dix ans puis on s'est quittés *(to part)*.

Pour terminer

7 Complétez ces phrases avec le vocabulaire de l'épisode.

1. My in-laws have always been ... (être sympa avec qqn) to me.
2. My girlfriend is always ... ... (de bonne humeur).
3. Do you know Liz's parents? What ... they ... ? (Ils sont comment ?)
4. How long ... you ... Paul (connaître)?
5. The opposite of "clumsy" is "...".

8 *Making conversation.* Écoutez ce dialogue et complétez le script.

– ... Paul ... ... ?
– He's ... ...
– ... ... Paul? ... ... ? And ... ... ?
– It's none of your business.
– I know. I was just making conversation. I wanted to be ... and ... because no one else wants to talk to you. You're such a boring person.

CORRIGÉ DES EXERCICES

2 **1. a.** De bonne humeur. **2. a.** Depuis dix mois. **3. c.** Le jour de Noël. **4. b.** Sa tenue.

3 **1.** Who's that girl with your brother? **2.** What are your in-laws like? **3.** Is he a friend of yours or a friend of your sister's? **4.** How long have you known her? **5.** Where did you meet her?

4 **1.** The word "clever" is close in meaning to the word "intelligent". **2.** This guy only thinks of his own interest. He's selfish. **3.** You make me laugh. You're so funny. **4.** I'm not at ease in the company of others. I'm shy. **5.** Someone who is easily irritated is said to be "touchy".

5 **1.** Johnny has lived in Liverpool for seven years. **2.** Cynthia has worked here since 15 March. **3.** I've known them since I was eighteen. **4.** How long have you worked for her? **5.** He has been here for many years.

6 **1.** I've been in London since the beginning of the summer. **2.** So, you've been here for five weeks. **3.** How long have you been tired? **4.** Cynthia has known them for years. **5.** We lived together for ten years and then we parted.

7 **1.** My in-laws have always been nice/friendly to me. **2.** My girlfriend is always in a good mood. **3.** Do you know Liz's parents? What are they like? **4.** How long have you known Paul? **5.** The opposite of "clumsy" is "skilful".

8 – Who's Paul a friend of?
– He's a friend of Kate's.
– How long has she known Paul? What does he do for a living? And where did they meet?
– It's none of your business.
– I know. I was just making conversation. I wanted to be helpful and considerate because no one else wants to talk to you. You're such a boring person.

Focus on...

Queen's/King's speech

The King's Speech, 2010, a film by Tom Hooper, with Colin Firth.

Every year, on Christmas Day, around 3 p.m. in the United Kingdom, the sovereign addresses his or her subjects not only in the UK but in the Commonwealth of Nations.

The "Commonwealth of Nations", normally just called "the Commonwealth", is an organization of fifty-four independent countries. In other words, the monarch is potentially **addressing** more than two **billion citizens**, because he or she is the Head of the Commonwealth.

The monarch's speech is **broadcast** on television, on the radio and on the Internet. It is **recorded** a few days before 25th December but is prepared months in advance. It is officially called the Queen's Christmas Message – or the King's Christmas Message when the monarch is a man.

The Queen's message typically presents a chronicle of the major events of the year, with special focus on the Commonwealth. It's a relatively personal message from the Queen, because she's the one who suggests a theme and she does not **seek** the advice of the government's ministers.

to address: s'adresser à • **one billion:** un milliard • **a citizen:** un citoyen • **to broadcast:** retransmettre • **to record:** enregistrer • **to seek:** chercher

RUDYARD KIPLING

The first Christmas speech by a British monarch was made by King George V in 1932. In his speech he mentioned the advance of technology (the radio) that **allowed** him to **deliver** a message to all parts of the world. The speech was written by the famous writer of *The Jungle Book*, Rudyard Kipling.

to allow: permettre • **to deliver a message:** envoyer un message

Going further

➾ You can listen to all the Queen's **Christmas messages** since her first one in 1952. Log on to http://www.royal.gov.uk/ and type *The Queen's Christmas Broadcasts*. It's fascinating to see how her accent has changed over the years.

➾ Watch the 2010 British film ***The King's Speech***, directed by Tom Hooper and starring Colin Firth, who plays King George VI, Elizabeth II's father. The King has a stammer (to have a stammer: *bégayer*) and he needs the help of a speech therapist, Lionel Logue, to prepare for his radio addresses.

➾ As Rudyard Kipling's works have passed into the public domain, you can read ***The Jungle Book*** online, for example on http://www.gutenberg.org.

It's a collection of stories. The first one, "**Mowgli's Brothers**", tells the story of a boy raised by wolves in the Indian Jungle. The wolves are helped by a bear, named **Baloo**, and a black panther, **Bagheera**.

➾ To learn more about the **Commonwealth**, visit http://www.thecommonwealth.org.

TRADUCTION DU SCRIPT

Oliver – Je suis content que Johnny et toi soyez à nouveau ensemble.

Cynthia – Bon, on est encore un jeune couple et donc on se dispute beaucoup. Mais il est sympa et attentionné. En plus, il est toujours de bonne humeur, même s'il est un peu trop sûr de lui par moments.

Oliver – Vous êtes ensemble depuis combien de temps ?

Cynthia – On est ensemble depuis dix mois. En fait, on est ensemble depuis le jour de Noël pour être précise.

Oliver – Qu'est-ce qui s'est passé le 25 décembre ?

Cynthia – Eh bien, le 25 décembre, durant le message de Noël de la Reine, juste après 15 heures, mon cousin Lucas est venu chez nous avec un copain, Johnny. C'est comme ça que ça a commencé.

Oliver – Qu'est-ce qu'ils en ont pensé, tes parents ?

Cynthia – Ils n'étaient pas trop emballés au début. Ils n'aimaient pas son look.

Oliver – Pourquoi ? Qu'est-ce qui n'allait pas ?

Cynthia – Il était habillé en Père Noël !

22 You've made my day!

Pour les doc audio et + d'exercices, voir le site.

L'épisode

1 Écoutez le dialogue avec ou sans l'aide du script.

Oliver and Linda are in the lift. Oliver is telling Linda that Mark Camm really likes her.

OLIVER – I didn't want to but I overheard your conversation with Mark Camm from accounting. He likes you a lot!
LINDA – Yes, we're good friends.
OLIVER – No, I mean he really likes you a lot.
LINDA – What?
OLIVER – I don't talk very much to Mark but I noticed he likes talking to you.
LINDA – He likes talking to a lot of people. There are always many people with him, because he's very friendly! Everyone likes him a lot.
OLIVER – Yes, but with you it's different.
LINDA – He's certainly cute enough! He looks a bit like Denzel Washington, don't you think?
OLIVER – He does in a way. And you look like a Hollywood actress! No, not an actress. You remind me of the singer, what's her name? Oh yes, Adele.
LINDA – Thanks. It's very flattering. You've made my day.

TRADUCTION P. 157

to overhear: surprendre (une conversation) • **accounting:** la comptabilité • **cute:** mignon • **you've made my day:** (grâce à toi) ma journée est comblée

2 Répondez aux questions suivantes.

1. Que fait Mark Camm ?
- ❑ a. Il est réceptionniste.
- ❑ b. Il est ingénieur.
- ❑ c. Il est comptable.

2. Comment est-il ?
- ❑ a. Très drôle.
- ❑ b. Très sympa.
- ❑ c. Très riche.

3. Il ressemble un peu à :
- ❑ a. Un acteur.
- ❑ b. Un chanteur.
- ❑ c. Un homme politique.

4. D'après Oliver, Linda ressemble à :
- ❑ a. Une actrice connue.
- ❑ b. Une chanteuse connue.
- ❑ c. Une présentatrice connue.

De « beaucoup » à « rien »

- **a great deal of** (+ nom indénombrable), **plenty of:** beaucoup de
- **We've got plenty of time.** On a plein de temps.
- **They've got plenty of friends.** Ils ont beaucoup d'amis.
- **She's got a great deal of experience.** Elle a beaucoup d'expérience.

- **a sufficient/an adequate quantity of:** une quantité suffisante de
- **It should be sufficient/enough for six people.** Ça devrait être assez pour six personnes.
- **Quite a few actors turned up in the end.** Pas mal d'acteurs sont venus finalement.

- **a small amount of:** une petite quantité de
- **There's a shortage of good film directors.** Il y a une pénurie de bons réalisateurs.
- **Good fruit is scarce in January.** Les bons fruits sont peu abondants en janvier.
- **They lack everything.** Ils manquent de tout.

3 **Traduisez.**

1. Je pense que ce n'est pas assez.
2. Il y a une pénurie de main d'œuvre qualifiée *(skilled labour).*
3. Nous avons eu beaucoup de problèmes avec ce client.
4. J'ai plein de livres anglais.
5. Ils ont pas mal de voitures d'occasion *(second-hand).*

Au cinéma

- **a cinema** [GB], **a movie theater** [US]: un cinéma
- **a showing:** une séance
- **showtimes:** les horaires
- **prepaid tickets:** des billets payés d'avance
- **a loyalty card:** une carte de fidélité
- **a blockbuster:** un film à grand succès
- **a cult film:** un film culte
- **a dubbed film/movie:** un film doublé
- **in the original (version):** en version originale
- **subtitles:** des sous-titres
- **a trailer:** une bande annonce
- **the credits:** le générique
- **a (film) director:** un réalisateur (de films)
- **the cast:** la distribution
- **an actor/actress** (pl.: **-sses**)**:** un acteur, une actrice
- **an extra:** un figurant
- **the crew:** l'équipe technique

- **a shot:** un plan
- **a close-up:** un gros plan
- **in the foreground:** au premier plan
- **in the background:** à l'arrière-plan
- **special effects:** les effets spéciaux
- **editing:** le montage

4 **Complétez en vous aidant des indications entre parenthèses ou du contexte.**

1. There was a wolf in the background and a sheep in the ... .
2. I prefer ... films to subtitled ones. And you?
3. I'd definitely call *Singin' in the Rain* a ... film.
4. A female actor is called an ... .
5. The ... (bande-annonce) was better than the film.

A lot of (lots of), much/many

• **A lot of (lots of)** signifie « beaucoup de ». On peut aussi utiliser **much** et **many**. **Much** est suivi d'un nom au singulier et **many** d'un nom au pluriel.

We haven't got much time/a lot of time.
On n'a pas beaucoup de temps.
There are many people/a lot of people with him.
Il y a beaucoup de gens avec lui.

Much

Much s'emploie surtout dans les phrases interrogatives et négatives. Dans les phrases affirmatives, on préfère **a lot of**. Donc, avec **a lot of**, on ne peut pas se tromper.

• « Beaucoup » (sans « de ») se dit **a lot** ou **very much**.
He likes you a lot./He likes you very much. Il t'apprécie beaucoup.

5 **Complétez à l'aide de *a lot (of)*, *(very) much* ou *many*.**

1. I like this place ... .
2. My friends have got ... money.
3. Unfortunately, they don't have ... friends.
4. Do you have ... spare time *(temps libre)*?
5. They don't have ... humour.

Enough

• **Enough** signifie « assez ». Il se place toujours **après** l'adjectif qu'il modifie.
He's cute enough for me! Il est assez mignon pour moi !
We're not rich enough to go on holiday every year.
Nous ne sommes pas assez riches pour partir en vacances chaque année.

• Quand **enough** se place avant un nom, il signifie « assez de ».
I've got enough work at the moment.
J'ai assez de travail en ce moment.

6 Traduisez.

1. Est-ce que l'eau est assez chaude pour toi ?
2. J'ai été assez bête *(stupid)* pour les croire.
3. Je n'ai pas assez de temps pour m'occuper d'un chien *(to look after).*
4. C'est assez évident *(clear)* – nous ne sommes pas assez forts.
5. Elle gagne *(to earn)* assez pour nourrir tout le quartier *(the whole neighbourhood).*

Pour terminer

7 Complétez ces phrases avec le vocabulaire de l'épisode.

1. You can say "plenty of experience" or "... ... ... experience".
2. "A ... of food" means that there isn't enough food.
3. Water is ... in the desert.
4. The list of people who helped make a film is called the "...".
5. Woody Allen is a very famous ... .

8 *It's cheaper at midnight.* Écoutez ce dialogue et complétez le script.

– I want to see this ... . I've seen the ... . It's going to be fun.
– Also, there are ... ... famous ... in it.
– Plus, we can get a good discount for the last ... at midnight. We can save ten dollars.
– *(After the film...)* That was a great ... , with ... ... action.
– By the way, there's no public transport. We'll have to take a taxi...

CORRIGÉ DES EXERCICES

2 **1. c.** Il est comptable. **2. b.** Très sympa. **3. a.** Un acteur. **4. b.** Une chanteuse connue.

3 **1.** I think it's not sufficient/enough. **2.** There's a shortage of skilled labour. **3.** We've had plenty of /a lot of/lots of/many problems with this customer. **4.** I've got/I have plenty of English books. **5.** They've got/They have quite a few second-hand cars.

4 **1.** There was a wolf in the background and a sheep in the foreground. **2.** I prefer dubbed films to subtitled ones. And you? **3.** I'd definitely call *Singin' in the Rain* a cult film. **4.** A female actor is called an actress. **5.** The trailer was better than the film.

5 **1.** I like this place a lot/very much. **2.** My friends have got a lot of money. **3.** Unfortunately, they don't have a lot of/many friends. **4.** Do you have a lot of/much spare time? **5.** They don't have a lot of/much humour.

6 **1.** Is the water hot enough for you? **2.** I was stupid enough to believe them. **3.** I haven't got/I don't have enough time to look after a dog. **4.** It's clear enough – we're not strong enough. **5.** She earns enough to feed the whole neighbourhood.

7 **1.** You can say "plenty of experience" or "a great deal of experience". **2.** "A shortage of food" means that there isn't enough food. **3.** Water is scarce in the desert. **4.** The list of people who helped make a film is called the "credits". **5.** Woody Allen is a very famous film director.

8 – I want to see this movie. I've seen the trailer. It's going to be fun.
– Also, there are quite a few famous actresses in it.
– Plus, we can get a good discount for the last showing at midnight. We can save ten dollars.
– *(After the film...)* That was a great film, with plenty of action.
– By the way, there's no public transport. We'll have to take a taxi...

Focus on... Oscars vs. Baftas

Daniel Day Lewis receiving an Oscar in 2003.

The most famous film awards are the Oscars, but the British have their own ceremony.

You've all **heard about** the Academy Awards, also known as the Oscars. It's the oldest film ceremony. It began in 1929. Millions of people all over the world watch them. The ceremony is broadcast **live** in more than one hundred countries.

Britain's answer to the Oscars is called the BAFTAs (British Academy of Film and Television Arts). It takes place in February, just like the Oscars, but before them. It is held at the Royal Opera House, a **location** that the Oscars ceremony can't beat.

Some people **dismiss** the British ceremony as just a **dress rehearsal** for "the real thing", the Oscars. But some years the British surprise the Americans by choosing totally different films and actors or actresses.

The style of the two ceremonies is different too: the British like to think that they've **removed** the excess of the American ceremony to concentrate more on what the show is about: **handing out** awards, and so hand them out! And let the winners express themselves.

to hear about: entendre parler de
live: en direct
a location: un lieu
to dismiss: déconsidérer
a (dress) rehearsal: une répétition (générale)
to remove: enlever
to hand out: distribuer

In both ceremonies, the unexpected happens, which makes them more interesting. In 1973, Marlon Brando was represented on stage by a Native American to reject his Oscar, in protest against Hollywood's treatment of American Indians.

an underskirt: un jupon
to hitch up: remonter

On a lighter note, in 2011, in London, Helena Bonham Carter declared, ten seconds after starting her speech: "My **underskirt** just got **hitched up** and this is not a good moment."

The same actor in 2008 receiving a Bafta.

THE STATUETTES

An obvious difference between the two ceremonies is the object given to the winners. We all know the Oscar statuette. Its British equivalent, a theatrical mask, is not as famous.

Going further

- Visit **BAFTA's official site** on http://www.bafta.org/ and **the Oscars** on http://www.oscars.org/.
- **The Golden Globes** are awards given by the Hollywood Foreign Press Association recognizing excellence in film and television. The Association represents some 55 countries.
- The Academy Awards are for films only. The equivalent for television is the **Emmy Awards**, for theatre it's the **Tony Awards** and for music the **Grammy Awards**. All these awards are modelled after the Oscars.
- **Daniel Day Lewis** received a new Oscar in 2013 for his performance as Abraham Lincoln in Steven Spielberg's film *Lincoln*.

TRADUCTION DU SCRIPT

Oliver – Sans le vouloir, j'ai entendu par hasard ta conversation avec Mark Camm de la comptabilité. Il t'apprécie beaucoup !

Linda – Oui, on est bons copains.

Oliver – Non, je veux dire qu'il t'apprécie vraiment beaucoup.

Linda – C'est-à-dire ?

Oliver – Je ne parle pas beaucoup à Mark mais j'ai remarqué qu'il aime te parler.

Linda – Il aime parler à beaucoup de gens. Il y a toujours beaucoup de monde avec lui, parce qu'il est très sympa ! Tout le monde l'apprécie beaucoup.

Oliver – Oui, mais avec toi c'est différent.

Linda – C'est sûr qu'il est assez mignon ! Il ressemble un peu à Denzel Washington, tu ne trouves pas ?

Oliver – Oui, d'une certaine façon. Et toi tu ressembles à une actrice hollywoodienne. Non, pas à une actrice. Tu me rappelles une chanteuse. Comment elle s'appelle ? Ah, oui, Adele.

Linda – Merci. C'est très flatteur. Ça fait vraiment plaisir.

23 Tell me more

Pour les doc audio et + d'exercices, voir le site.

L'épisode

1 Écoutez le dialogue avec ou sans l'aide du script.

Eileen Montgomery, the boss, has invited Oliver to lunch.

OLIVER – Thank you for inviting me.
EILEEN – Not at all. I'm sorry I didn't invite you before but you know how busy we all are. So, do you enjoy working with us, Oliver?
OLIVER – Yes, it's pretty cool here. Our company in New York is too big and I'm fed up with the subway. Life seems easy here, despite the weather.
EILEEN – How many people work directly with you?
OLIVER – Not that many. I think it's around thirty.
EILEEN – I know you travel a lot. How much time do you spend abroad on average?
OLIVER – I travel around the world but only once a year for several weeks.
EILEEN – You have children, right?
OLIVER – Yes, I do. People often ask me: "How often do you see your kids?"
EILEEN – That's exactly what I was going to ask.
OLIVER – Well, one boy still lives at home. He's ten years old. Two are grown-up and very independent. But the whole family gathers for Thanksgiving almost every year. Fortunately, we have a big house in Brooklyn. What about you, Eileen?

> TRADUCTION P. 163

pretty (+ adj.): assez • **despite:** malgré • **not that many:** pas tant que ça • **several:** plusieurs • **to gather:** se réunir

2 Répondez aux questions suivantes.

1. Eileen demande à Oliver s'il apprécie :
- ❑ a. La vie à Liverpool.
- ❑ b. Le travail dans la société.
- ❑ c. Le climat.

2. Combien de personnes travaillent directement avec lui ?
- ❑ a. Une dizaine.
- ❑ b. Une vingtaine.
- ❑ c. Une trentaine.

3. Quelle question lui pose-t-on souvent ?
- ❑ a. Est-ce qu'il a des enfants ?
- ❑ b. Combien d'enfants a-t-il ?
- ❑ c. Est-ce qu'il voit souvent ses enfants ?

4. Il demande à Eileen :
- ❑ a. De parler d'elle.
- ❑ b. Si elle a des enfants.
- ❑ c. Si elle a une grande maison.

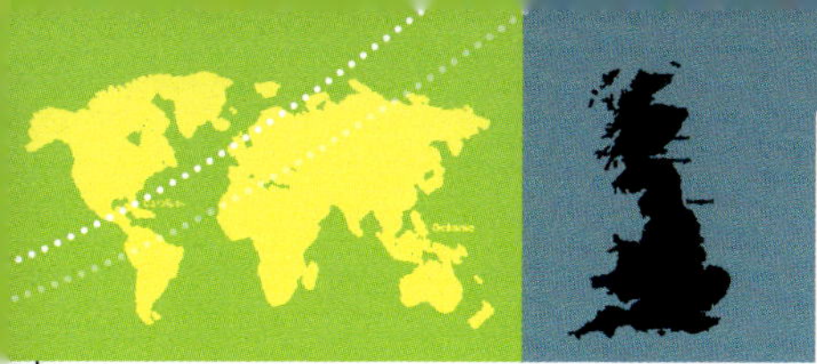

Les nombres

cardinaux		ordinaux	
1. one	11. eleven	1st first	11th eleventh
2. two	12. twelve	2nd second	12th twelfth
3. three	13. thirteen	3rd third	13th thirteenth
4. four	20. twenty	4th fourth	20th twentieth
5. five	21. twenty-one	5th fifth	21st twenty-first
6. six	22. twenty-two	6th sixth	22nd twenty-second
7. seven	30. thirty	7th seventh	30th thirtieth
8. eight	40. forty	8th eighth	40th fortieth
9. nine	50. fifty	9th ninth	50th fiftieth
10. ten	100. a hundred	10th tenth	100th hundredth

• **And** entre **hundred** (cent), **thousand** (mille), **million** et les nombres de 1 à 99
489: four hundred and eighty nine.

• Virgule pour séparer les milliers
5,006,099: five million six thousand and ninety-nine

• **Hundred**, **thousand**, **million** et **billion** invariables s'ils sont précédés d'un chiffre mais variables s'ils sont employés comme noms
four billion inhabitants: quatre milliards d'habitants
billions of cars: des milliards de voitures

3 **Traduisez.**

1. Il y avait des centaines d'oiseaux dans les arbres.
2. J'ai trouvé deux mille sept cent cinquante-deux résultats sur le site.
3. Elle a gagné des millions de dollars pour ce film *(to earn... from)*.
4. Le cinquième, le neuvième et le soixante-et-unième sont disqualifiés *(to disqualify)*.
5. Elle a trois millions de dollars sur son compte *(an account)*.

Dire et lire les nombres

• **What's the date today? It's Monday, 15 May./It's Monday, May 15.**
It's 15 May. (It's the fifteenth of May.) [GB] **It's May 15. (It's May fifteenth.)** [US]

Attention
02/09/2028: le 2 septembre 2028 [GB], le 9 février 2028 [US] !

- Les fractions : **a quarter (¼) • a third (⅓) • one half (½) • two and a half (2 ½)**
- Les décimales : **six point five six (6.56)**
- Le zéro : **zero (0) • extension five zero three** (poste 503)
- Les noms de rois et de papes : **King George the Sixth (King George VI)**

4 Écrivez les chiffres en toutes lettres.

1. It's Tuesday, 20 September.
2. Ask for extension 4407.
3. Henry VIII married 6 wives.
4. Pope John Paul II was born in Poland.
5. 4 ¾ is more than 4 ½.

L'interrogation en how

- **How** signifie « comment ? ».

How does it work? Comment ça marche ?

- « Combien de » se traduit par **How much** + singulier ou **How many** + pluriel.

How much time do you spend abroad? Combien de temps vous passez à l'étranger ?
How many employees do you have? Vous avez combien d'employés ?

- Pour demander un prix, on emploie **How much is it?** ou **How much does it cost?**

- **How** peut être suivi d'un adjectif pour poser différents types de question.

How big is the company? Quelle est la taille de l'entreprise ?
How heavy is your suitcase? Combien pèse ta valise ?

- **How often** permet d'interroger sur la fréquence.

How often do you see your children? Tous les combien vous voyez vos enfants?

5 Complétez ces phrases en fonction de l'indication donnée entre parenthèses.

1. ... her motorbike? (prix)
2. ... do you eat in this restaurant? (fréquence)
3. ... money do you need? (quantité)
4. ... is that box? (poids)
5. ... cousins have you got? (quantité)

L'interrogation en which

- **Which** correspond à « lequel ». On peut employer **one** ou **ones** après **which**.

Which (one) do you want? Lequel/Laquelle veux-tu ?
Which (ones) do you want? Lesquels/Lesquelles veux-tu ?

- **Which** peut être suivi d'un nom.

Which language do you speak, Spanish or Portuguese?
Quelle langue parlez-vous, espagnol ou portugais ?

6 Traduisez.

1. « Tu n'as pas répondu à ma question. » « Laquelle ? »
2. Lequel as-tu acheté ? Le pull *(the sweater)* bleu ou le pull noir ?
3. Lesquelles préfères-tu ? Les fleurs bleues ou les rouges ?
4. Quel médecin préfères-tu ? Le docteur Green ou le docteur Brown ?
5. Lequel a-t-elle épousé finalement *(in the end)* ?

Pour terminer

7 Complétez ces phrases avec le vocabulaire de l'épisode.

1. The third one arrived after the ... one, who arrived after the ... one.
2. The ordinal of five is ... .
3. 5 ¾ is written ... ...
4. The equivalent of two and a half is two ... five.
5. 01/09/2018 means the ... of ... 2018 in American English.

8 *A bit of mathematics.* Écoutez ce dialogue et complétez le script.

– What is the ordinal number of ... ?
– ... . What's ... divided by ... ?
– ... ... If Henry ... had ... wives, how many wives did Henry ... have?
– Easy: ... divided by ... multiplied by ... is ... ...

CORRIGÉ DES EXERCICES

2 **1. b.** Le travail dans la société. **2. c.** Une trentaine. **3. c.** Est-ce qu'il voit souvent ses enfants ? **4. a.** Il lui demande de parler d'elle.

3 **1.** There were hundreds of birds in the trees. **2.** I've found/I found two thousand seven hundred and fifty-two results on the site. **3.** She earned millions of dollars from that film. **4.** The fifth, the ninth and the sixty-first are disqualified. **5.** She's got/She has three million dollars in her account.

4 **1.** It's Tuesday, the twentieth of September. **2.** Ask for extension four four (double four) zero seven. **3.** Henry the eighth married six wives. **4.** Pope John Paul the second was born in Poland. **5.** Four and three quarters is more than four and a half.

5 **1.** How much is her motorbike? **2.** How often do you eat in this restaurant? **3.** How much money do you need? **4.** How heavy is that box? **5.** How many cousins have you got?

6 **1.** "You didn't answer my question." "Which one?" **2.** Which (one) did you buy? The blue sweater or the black sweater? **3.** Which (ones) do you prefer? The blue flowers or the red ones? **4.** Which doctor do you prefer? Doctor Green or Doctor Brown? **5.** Which (one) did she marry in the end?

7 **1.** The third one arrived after the second one, who arrived after the first one. **2.** The ordinal of five is fifth. **3.** 5 ¾ is written five and three quarters. **4.** The equivalent of two and a half is two point five. **5.** 01/09/2018 means the ninth of January 2018 in American English.

8 – What is the ordinal number of fifty-one?
– Fifty-first. What's ninety-eight divided by ten?
– Nine point eight. If Henry VIII had six wives, how many wives did Henry V have?
– Easy: six divided by eight multiplied by five is three point seven five.

Focus on...

Thanksgiving or not?

Kevin Austin, a Native American, is preparing for ceremonial American Indian dancing, certainly not for Thanksgiving.

Some American Indians reject Thanksgiving, because it celebrates the arrival of the Europeans in their territory.

Thanksgiving is celebrated each year on the fourth Thursday of November in the USA and on the second Monday of October in Canada. Families **gather** together around a large meal, with a large roasted **turkey** and a **pumpkin pie**, because turkey and pumpkin are native to the New World.

In 1621, a group of **colonists** are said to have held a feast to celebrate their first **harvest** in Plymouth Colony, Massachusetts, and they invited Wampanoag Indians. That's for the general historical **background**. Nowadays, to many people, Thanksgiving is first of all a chance for families to get together.

Some Native Americans or American Indians refuse to celebrate Thanksgiving because of what the arrival of the Europeans meant for them. Many of them were killed or died because of highly contagious diseases, especially **smallpox**, to which they were not immune. Also, in a series of treaties, the government forced them to move to reservations, officially to protect them.

to gather: se réunir
a turkey: une dinde
a pumpkin pie: une tarte à la citrouille
a colonist: un colon
a harvest: une moisson
the background: l'arrière-plan
smallpox: la variole

Nowadays, about 1% of the US population is of American Indian or Alaska Native descent. Native Americans are the most **impoverished** of all ethnic groups in the USA. They suffer from a high rate of alcoholism.

Let's hear Dennis W. Zotigh, an American Indian, who is a cultural specialist at the National Museum of the American Indian, Washington, D.C.:
"Do I celebrate Thanksgiving? No, I don't celebrate. But I do take advantage of the holiday and get together with family and friends to share a large meal without once thinking of the Thanksgiving in 1621. I think it is the same in many Native households."

A FEW FACTS

A 1995 US survey found that more Native Americans in the US preferred "American Indian" to "Native American". Most American Indians **are comfortable with** the following words: Indian, American Indian and Native American.

impoverished: pauvres
to be comfortable with: accepter

Going further

- Visit the **National Museum of the American Indian** on http://nmai.si.edu/home/.
- To hear **Dennis W. Zotigh**, log on to: http://blog.nmai.si.edu/main/2011/11/index.html.
- Watch the 1990 western film ***Dances with Wolves***, directed by and starring Kevin Costner. It's about an American lieutenant's dealings with Lakota Indians in 1863. Some of the dialogues are in Lakota. It was shot in two states: South Dakota and Wyoming.

TRADUCTION DU SCRIPT

Oliver – Merci de m'avoir invité.

Eileen – Je vous en prie. Désolée de ne pas vous avoir invité plus tôt mais vous savez à quel point nous sommes tous occupés. Alors, ça vous plaît de travailler avec nous, Oliver ?

Oliver – Oui, c'est plutôt cool ici. Notre société à New York est trop grande et j'en ai assez du métro. La vie a l'air facile ici, malgré le climat.

Eileen – Combien de personnes travaillent directement avec vous ?

Oliver – Pas tant que ça. Je pense environ trente personnes.

Eileen – Je sais que vous voyagez beaucoup. Vous passez combien de temps à l'étranger en moyenne ?

Oliver – Je voyage dans le monde entier mais seulement une fois par an pendant plusieurs semaines.

Eileen – Vous avez des enfants, n'est-ce pas ?

Oliver – Oui, les gens me demandent souvent : « Tous les combien tu vois tes enfants ? »

Eileen – C'est exactement ce que j'allais demander.

Oliver – Eh bien, un garçon vit encore à la maison. Il a dix ans. Deux sont adultes et très indépendants. Mais toute la famille se réunit pour Thanksgiving presque chaque année. Heureusement, nous avons une grande maison à Brooklyn. Et vous, Eileen ?

24 Too much TV!

Pour les doc audio et + d'exercices, voir le site.

L'épisode

1 Écoutez le dialogue avec ou sans l'aide du script.

Emma and her boyfriend, Chuck. At Chuck's place. It's Sunday...

EMMA – Could you turn the TV off? You watch too much TV and too many silly shows. Also, I don't like eating in front of the TV.

CHUCK – You're going to like this. It's a documentary on stone sculptures in Alaska and Canada.

EMMA – You're kidding! This is so interesting. I didn't know there were so many stone sculptures there.

CHUCK – Yep. Actually, this is not exactly what I wanted to watch. I was just channel hopping.

EMMA – This is such a fascinating programme.

CHUCK – Yes, but don't you think it gets boring after a few minutes? I think this documentary is too long.

EMMA – I'm really enjoying this.

CHUCK – Emma, could you turn the TV off? You watch too many documentaries. We could have a quiet Sunday lunch together and enjoy my special culinary skills.

EMMA – What? Chinese takeaway?

CHUCK – How did you guess?

TRADUCTION P. 169

to be kidding: plaisanter • **to channel hop:** zapper • **such a** + nom: un tel + nom • **a skill:** une compétence

2 Répondez aux questions suivantes.

1. Emma demande à Chuck :
   - ☐ a. De baisser le son.
   - ☐ b. D'éteindre la télévision.
   - ☐ c. D'allumer la télévision.
2. Le documentaire porte sur :
   - ☐ a. Les sculptures en pierre.
   - ☐ b. Les sculptures en bois.
   - ☐ c. Les sculptures en glace.
3. Chuck trouve ce documentaire :
   - ☐ a. Ennuyeux.
   - ☐ b. Fascinant.
   - ☐ c. Assez intéressant.
4. Quelle nourriture vont-ils manger ?
   - ☐ a. Indienne.
   - ☐ b. Italienne.
   - ☐ c. Chinoise.

Faire des reproches

- **They blame/criticize him for his lack of ambition. That's a bit much.**
  Ils lui reprochent son manque d'ambition. C'est un peu fort.
- **I reproach them for not thinking of us.**
  Je leur reproche de ne pas penser à nous.
- **I have nothing to reproach myself for.** Je n'ai rien à me reprocher.
- **They told me off/They scolded me for lying.**
  Ils m'ont engueulé parce que j'avais menti.

- **Why on earth did you lie to us?** Pourquoi diable nous as-tu menti ?
- **How could you do such a thing to me?**
  Comment as-tu pu me faire une chose pareille ?
- **A fine mess you've got us into! You can be proud of yourself!**
  Tu nous as mis dans de beaux draps ! Tu peux être fier de toi !
- **It was so stupid of you to believe them!** Quel idiot tu as été de les croire !

3 Traduisez.

1. Je vous reproche de ne pas penser à *(to think of)* moi.
2. Le patron me reproche mon manque d'ambition.
3. J'ai payé huit cent livres. C'est un peu fort.
4. Ils peuvent être fiers d'eux ! Je ne devrais pas leur faire confiance *(to trust sb)*.
5. Pourquoi diable es-tu toujours en retard *(to be late)* ?

La télévision

- **to turn on, to switch on:** allumer
- **to turn off, to switch off:** éteindre
- **to channel-hop:** zapper
- **a (satellite) dish:** une parabole
- **Internet television/online TV:** la télévision par internet
- **pay per view:** la télévision à la carte
- **the remote (control):** la télécommande

- **a channel:** une chaîne
- **a programme, a show:** une émission
- **to broadcast:** diffuser

- **a host:** un animateur
- **the weatherman:** le présentateur météo
- **a viewer:** un téléspectateur

- **What's on?** Qu'est-ce qu'il y a (à la télé) ?
- **the 6 o'clock news:** le J.T. de 18 heures
- **a report:** un reportage
- **a TV series:** une série télé
- **a variety show:** des variétés
- **a game show:** un jeu télévisé
- **a commercial:** un spot publicitaire

4 **Complétez en vous aidant des indications entre parenthèses ou du contexte.**

1. Stop ...-... ! Let's choose one ... (émission) that we both want to watch.
2. "What's ... tonight?" "Not much."
3. I can't find the ... (télé-commande). Do you know where it is?
4. A ... is a person who introduces guests on television or radio.
5. How many ... (chaînes) do you get with the Internet?

So, so much, so many

• **So** signifie « si », « tellement ».
It's so nice. C'est tellement sympa.

• **So much** peut modifier un verbe. On le traduit par « tant », « tellement ».
I love you so much. Je t'aime tant.

• **So much** + singulier et **so many** + pluriel correspondent à « tellement de ».
There's so much enthusiasm. Il y a tellement d'enthousiasme.
There are so many stone sculptures here. Il y a tellement de sculptures en pierre ici.

5 **Complétez à l'aide de *so, so much* ou *so many*.**

1. It's my turn to pay. You've already paid ... .
2. Our child brings us ... happiness.
3. Don't be ... stupid!
4. I've been to York ... times and I still can't remember where the station is.
5. I'm ... hungry, I could eat a horse.

Too, too much, too many

• **Too** signifie « trop ».
He's too nice. It's a bit fishy. Il est trop sympa. C'est un peu louche.

• **Too much** peut modifier un verbe. On le traduit aussi par « trop ».
She works too much. Elle travaille trop.

• **Too much** + nom singulier et **too many** + nom pluriel correspondent à « trop de ».
You watch too much TV. Tu regardes trop la télé.
You watch too many documentaries. Tu regardes trop de documentaires.

6 **Traduisez.**

1. Tu as trop d'argent sur toi *(with you)*.
2. Ils sont trop fatigués.
3. Ils utilisent trop leur voiture.
4. Il y a trop de monde *(people)*.
5. On n'a *(You can't have)* jamais trop d'amis.

Over

On peut ajouter **over** à un verbe avec le sens de « trop ».

Don't overdo it. N'en fais pas trop.

I overslept. Je me suis réveillé trop tard.

Pour terminer

7 Complétez ces phrases avec le vocabulaire de l'épisode.

1. I've got nothing to ... my parents for. They were almost perfect.
2. I sometimes get angry with my kids, so I ... them ... but then I regret it.
3. You can say "advertisement" or "...".
4. "BBC" is an acronym for British ...ing Corporation.
5. A ... ... is a round antenna. "Antenna" is American: in the UK you say "aerial".

8 *Why watch the weatherman?* Écoutez ce dialogue et complétez le script.

– Can you ... ... , mother?
– Certainly. ... ... ? Nothing ... boring, I hope.
– I've no idea. I just want to watch the ... .
– ... ... do you want to watch him? He's not even cute.
– For your information, the ... is actually going to give us the weather forecast.

CORRIGÉ DES EXERCICES

2 **1. b.** D'éteindre la télévision. **2. a.** Les sculptures en pierre. **3. a.** Ennuyeux. **4. c.** Chinoise.

3 **1.** I reproach you for not thinking of me. **2.** The boss blames me/criticizes me for my lack of ambition. **3.** I paid eight hundred pounds. That's a bit much. **4.** They can be proud of themselves! I shouldn't trust them. **5.** Why on earth are you always late?

4 **1.** Stop channel-hopping! Let's choose one programme/show that we both want to watch. **2.** "What's on tonight?" "Not much." **3.** I can't find the remote (control). Do you know where it is? **4.** A host is a person who introduces guests on television or radio. **5.** How many channels do you get with the Internet?

5 **1.** It's my turn to pay. You've already paid so much. **2.** Our child brings us so much happiness. **3.** Don't be so stupid! **4.** I've been to York so many times and I still can't remember where the station is. **5.** I'm so hungry, I could eat a horse.

6 **1.** You've got/You have too much money with you. **2.** They're too tired. **3.** They use their car too much. **4.** There are too many people. **5.** You can't have too many friends.

7 **1.** I've got nothing to reproach my parents for. They were almost perfect. **2.** I sometimes get angry with my kids, so I tell them off but then I regret it. **3.** You can say "advertisement" or "commercial". **4.** "BBC" is an acronym for British Broadcasting Corporation. **5.** A satellite dish is a round antenna. "Antenna" is American: in the UK you say "aerial".

8 – Can you turn on the television, mother?
– Certainly. What's on? Nothing too boring, I hope.
– I've no idea. I just want to watch the weatherman.
– Why on earth do you want to watch him? He's not even cute.
– For your information, the weatherman is actually going to give us the weather forecast.

Focus on... The Inuit

An inukshuk (or stone monument) on the tundra, Cambridge Bay, Nunavut, Canada.

In Canada, the word "Eskimo" is sometimes considered pejorative and has been replaced by the word "Inuit", which is considered more politically correct. The term "Inuit" means "people" in an Inuit language.

There are about 150,000 Inuit in the world, about 25,000 living in Alaska and over 50,000 in Canada. In Canada, they are part of "the Aboriginal peoples" of the country. The term "First Nations" used in Canada is now preferred to "Indians", which is often considered **offensive**.

Inuit art is now officially recognized all over the world, partly thanks to the 2010 Winter Olympics in Vancouver. The emblem they used **depicts** an "inukshuk", a symbol used by the Inuit.

vancouver 2010

Inukshuk sculptures are stone monuments. They serve to guide travellers in the Arctic, but also to welcome visitors at the entrances of villages, **campsites** or bays. Some of them are also used to mark sacred sites.

The inukshuk used for the Vancouver Winter Olympics also appears on the flag of Nunavut, a **self-governing territory** established in 1999.

offensive: insultant • **to depict:** représenter • **a campsite:** un campement • **a self-governing territory:** un territoire autonome

ATANARJUAT

The first feature film in Inuktitut, an Inuit language, was **released** in 2002. It's called *Atanarjuat*. It was directed by Zacharias Kunuk and **acted** almost entirely by the Inuit of Igloolik, a village in Nunavut. It **is set** in the ancient past and tells an Inuit legend.

Atuat is **promised** to Oki, the son of the leader of their tribe. But Atuat is in love with Atanarjuat (the Fast Runner), who manages to marry her. Oki takes his revenge by forcing his rival **to flee** naked through the icy land.

to release: sortir
to act: interpréter
the film is set: le film se passe
to promise: promettre
to flee: s'enfuir

Going further

- To learn more about Inuit art, visit the **Winnipeg Art Gallery**. They have a section on Inuit art: http://wag.ca/.
- Listen to the Inuit singer **Susan Aglukark**, who has won three Juno Awards (Canada's Music Awards).
- Watch the film ***Atanarjuat***. It won a Golden Camera at the 2001 Cannes Film Festival. Not bad for a film made in a language spoken by roughly 35,000 people!

TRADUCTION DU SCRIPT

Emma – Tu pourrais éteindre la télé ? Tu regardes trop la télé et trop d'émissions stupides. En plus, je n'aime pas manger devant la télé.

Chuck – Tu vas aimer ça. C'est un documentaire sur les sculptures en pierre en Alaska et au Canada.

Emma – Tu plaisantes ! C'est vraiment intéressant. Je ne savais pas qu'il y avait tant de sculptures en pierre là-bas.

Chuck – Ouais. En fait, ce n'est pas vraiment ce que je voulais regarder. J'étais juste en train de zapper.

Emma – C'est tellement fascinant comme programme.

Chuck – Oui, mais tu ne trouves pas que ça devient ennuyeux au bout de deux minutes ? Je trouve que ce documentaire est trop long.

Emma – Ça me plaît vraiment.

Chuck – Emma, tu pourrais éteindre la télé ? Tu regardes trop de documentaires. On pourrait déjeuner tranquillement ensemble et apprécier mes talents culinaires particuliers.

Emma – C'est quoi ? Des plats du traiteur chinois ?

Chuck – Comment t'as deviné ?

What did they say ?

1 Cinq erreurs se sont glissées dans ce résumé des épisodes 19-21. Corrigez-les.

Emma is writing an email to her parents. She's just witnessed a terrible scene, with people screaming, a policeman and a man in his jogging suit. She learns that there was a tiger in a building and that a cat is missing... Meanwhile, Cynthia's parents are talking about their daughter. The mother is cheerful. We learn that Johnny and Cynthia are back together. In the canteen, Cynthia is telling Oliver how she first met Johnny. It was around Christmas.

SCORE : ... / 10

2 Cinq blancs se sont glissés dans ce résumé des épisodes 22-24. Complétez-les.

Oliver tells Linda that Mark Camm, who works in the ... department, has a crush on her. She compares him to Denzel Washington. Then Oliver compares Linda to the singer Adele. Linda finds the comparison ... . Some time later, Oliver is having lunch with his boss, Eileen. They talk about their jobs and personal lives. Oliver travels abroad every year for several ... but the family gathers for ... almost every year. Emma is with her boyfriend, Chuck, in New York. Apparently, he watches too much TV but to please Emma he finds a documentary on stone sculptures in Alaska. Finally, he suggests having a quiet lunch, without ....

SCORE : ... / 10

Express yourself

3 Retrouvez le sens de ces cinq mots ou expressions.

1. the din and bustle of the city: ...
2. the headlines: ...
3. sensible: ...
4. a close-up: ...
5. to channel-hop: ...

SCORE : ... / 10

4 Que diriez-vous dans les contextes suivants ?

1. "I was doing 100 miles per hour." "No ... you got a ticket."
2. This conversation is boring. Could we change ... ?
3. "Is she a friend of yours?" "No, she's a friend of my brother... ."
4. They've got nothing at all. They ... everything.
5. What? You want me to give money to your rich boyfriend? That's a bit ... .

SCORE : ... / 10

5 Dites-le en anglais.

1. Lucy a été décontenancée par leur réponse.
2. On peut parler d'autre chose ?
3. Tu travailles ici depuis combien de temps ?
4. Pas mal de gens sont venus finalement.
5. Je n'ai pas dit « des millions de livres », j'ai dit « cinq millions ».

SCORE : ... / 10

Afraid of grammar ?

6 Traduisez.

1. On a déjà vu ce film.
2. On a vu ce film il y a quatre ans.
3. Barbara n'a pas encore lu ton courriel.
4. Salim vient de t'envoyer un texto *(a text).*
5. Vous avez vu Laura ? Je ne la trouve pas *(can't find).*

SCORE : ... / 10

7 Traduisez.

1. Je les connais depuis les vacances.
2. Je les connais depuis six mois.
3. Je les ai connus pendant six mois.
4. Ça fait combien de temps qu'on se connaît *(to know each other)* ?
5. On travaille ici depuis qu'on a déménagé *(to move out).*

SCORE : ... / 10

8 Traduisez.

1. Tu passes combien de temps à l'étranger ?
2. Trois mois par an. C'est trop.
3. Combien coûte cette tablette ?
4. Tu as combien de vélos ?
5. J'ai trop d'amis.

SCORE : ... / 10

Cultural quiz

9 Épisodes 19-21

1. The expression "inner city" tends to be:
   ❑ a. Positive. ❑ b. Negative.
2. Thomas Jefferson, a Founding Father of the United States, was:
   ❑ a. The first president of the USA. ❑ b. The third president of the USA.
3. Richard Nixon is the only president to have resigned.
   ❑ a. True. ❑ b. False.
4. The Commonwealth is an organization of:
   ❑ a. Less than fifty countries. ❑ b. More than fifty countries.
5. Which British monarch made the first Christmas speech?
   ❑ a. George V. ❑ b. George VI.

SCORE : ... / 10

10 Épisodes 22-24

1. You can say the "Oscars" or the "Academy ... ".
2. The word "BAFTAS" stands for British ... Academy of ... and ... Arts.
3. Thanksgiving is celebrated each year on the fourth ... of ... .
4. The most impoverished of all ethnic groups in the USA are ... Americans.
5. Nunavut is a self-governing ... in Northern Canada.

SCORE : ... / 10

Corrigés p. 172 (2 points par bonne réponse). **SCORE : ... / 100**

corrigés

1 Emma is writing an email to ~~her parents~~ **a friend**. She's just witnessed a terrible scene, with people screaming, a policeman and a man ~~in his jogging suit~~ **still in his pyjamas**. She learns that there was a ~~tiger~~ **cobra** in a building and that a cat is missing... Meanwhile, Cynthia's parents are talking about their daughter. The mother is ~~cheerful~~ **a bit tense**. We learn that Johnny and Cynthia are back together. In the canteen, Cynthia is telling Oliver how she first met Johnny. It was ~~around Christmas~~ **on Christmas Day**.

2 Oliver tells Linda that Mark Camm, who works in the **accounting** department, has a crush on her. She compares him to Denzel Washington. Then Oliver compares Linda to the singer Adele. Linda finds the comparison **flattering**. Some time later, Oliver is having lunch with his boss, Eileen. They talk about their jobs and personal lives. Oliver travels abroad every year for several **weeks** but the family gathers for **Thanksgiving** almost every year. Emma is with her boyfriend, Chuck, in New York. Apparently, he watches too much TV but to please Emma he finds a documentary on stone sculptures in Alaska. Finally, he suggests having a quiet lunch, without **TV**/**the TV on**.

3 **1.** the din and bustle of the city: le vacarme et l'animation de la ville **2.** the headlines: les gros titres **3.** sensible: raisonnable **4.** a close-up: un gros plan **5.** to channel-hop: zapper

4 **1.** "I was doing 100 miles per hour." "No **wonder** you got a ticket." **2.** This conversation is boring. Could we change **the subject**? **3.** "Is she a friend of yours?" "No, she's a friend of my brother**'s**." **4.** They've got nothing at all. They **lack** everything. **5.** What? You want me to give money to your rich boyfriend? That's a bit **much**.

5 **1.** Lucy was taken aback by their answer/reply. **2.** Can we talk about something else? **3.** How long have you been working here?/How long have you worked here? **4.** Quite a few people turned up/came in the end. **5.** I didn't say "millions of books," I said "five million."

6 **1.** We've already seen that film. **2.** We saw that film four years ago. **3.** Barbara hasn't (has not) read your email yet. **4.** Salim has just sent you a text. **5.** Have you seen Laura? I can't find her.

7 **1.** I've known them since the holidays/vacation. **2.** I've known them for six months. **3.** I knew them for six months. **4.** How long have we known each other? **5.** We've worked here/We've been working here since we moved out.

8 **1.** How much time do you spend abroad? **2.** Three months a year. It's too much. **3.** How much is this tablet? **4.** How many bikes have you got/do you have? **5.** I've got/I have too many friends.

9 **1. b.** Negative. **2. b.** The third president of the USA. **3. a.** True. **4. b.** More than fifty countries. **5. a.** George V.

10 **1.** Awards. **2.** British Academy of Film and Television Arts. **3.** The fourth Thursday of November. **4.** Native **5.** Territory.

PARTIE 5

25 Away to Hawaii

Emma is staying with her brother Evan in Hawaii, on the island of O'ahu...

Communication Exprimer la différence p. 175
Vocabulaire Le coût de la vie p. 175
Grammaire Le comparatif de supériorité p. 176
Focus on *Hawaii, the 50th State* p. 178

26 Honolulu or Winnipeg?

Emma is talking to Akahi in a café on Kalakaua Avenue.

Communication Dire qu'on n'aime pas... p. 181
Vocabulaire Les changements climatiques p. 181
Grammaire Le superlatif *(the best)* p. 182
Focus on *Global warming* p. 184

27 Addiction...

Emma is talking on the phone to Laurie, a friend of Evan's.

Communication Demander un service p. 187
Vocabulaire Les nouvelles technologies p. 187
Grammaire Le génitif p. 188
Focus on *A worldwide addiction* p. 190

28 Who's getting married?

Liverpool: Oliver and John have just arrived at the office.

Communication Déduire p. 193
Vocabulaire Au bureau p. 193
Grammaire Les modaux et la probabilité p. 194
Focus on *Marriage* p. 196

29 If I were you...

Oliver is trying to convince Cynthia to invest in property.

Communication Conseiller p. 199
Vocabulaire À la banque p. 199
Grammaire Conseil, possibilité, obligation p. 200
Focus on *Subprimes* p. 202

30 Packing!

Oliver is leaving the Liverpool office. He's going to Australia.

Communication Exprimer son inquiétude p. 205
Vocabulaire Faire ses bagages p. 205
Grammaire Les pronoms possessifs p. 206
Focus on *London's Theatreland* p. 208

p. 210-212 **Check it!** 25 > 30

25 Away to Hawaii

Pour les doc audio et + d'exercices, voir le site.

L'épisode

1 Écoutez le dialogue avec ou sans l'aide du script.

Emma is staying with her brother Evan in Hawaii, on the island of O'ahu...

EMMA – It's so nice to be here. It's so much warmer and sunnier than New York! It's 32 °F in New York right now whereas it's over 80 °F here.

EVAN – Yes, it's great. I don't miss New York. It's warmer and friendlier here. It's calmer and more relaxing too. People don't rush around the way they do in New York.

EMMA – So you don't regret coming to Hawaii for your internship?

EVAN – Not at all. It's definitely better here than on the East Coast.

EMMA – But I've read that the cost of food is 150% higher than average. And housing is more expensive than in many states too.

EVAN – Housing isn't more expensive than in New York City. Actually, lots of things are cheaper here. And we don't spend any money on heating.

EMMA – Right. However, air conditioning costs a lot and causes more pollution than heating, I think.

EVAN – Does it?

> TRADUCTION P. 179

whereas: alors que • **to rush around:** courir partout • **an internship:** un stage • **the average:** la moyenne

2 Répondez aux questions suivantes.

1. Quelle température fait-il à New York ?

- ❑ **a.** 32° F.
- ❑ **b.** 62° F.
- ❑ **c.** 80° F.

2. Evan :

- ❑ **a.** Regrette d'avoir quitté New York.
- ❑ **b.** Ne le regrette pas.
- ❑ **c.** N'a pas de préférence.

3. Qu'est-ce qui est 150% plus cher qu'ailleurs ?

- ❑ **a.** L'essence.
- ❑ **b.** Le logement.
- ❑ **c.** La nourriture.

4. Selon Emma, qu'est-ce qui pollue le plus ?

- ❑ **a.** La climatisation.
- ❑ **b.** Le chauffage.
- ❑ **c.** C'est comparable.

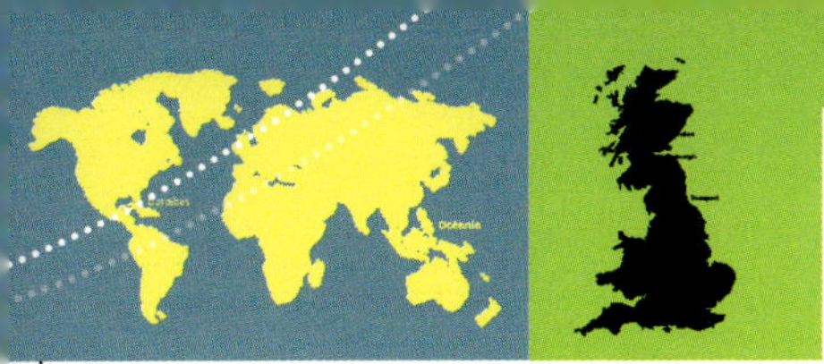

Exprimer la différence

- **Alabama is very different from Mississippi.** L'Alabama est très différent du Mississippi.
- **We do things differently here.** Nous faisons les choses différemment ici.

- **To my mind, there's no comparison between the two cities.** Selon moi, les deux villes ne se comparent pas.
- **Tinned fruit doesn't compare with fresh fruit.** Les fruits en conserve, ça n'a rien à voir avec les fruits frais.
- **This work of art is beyond compare.** Cette œuvre-là est incomparable.

- **In comparison with the Americans, the British drink less coffee.** Par rapport aux Américains, les Britanniques boivent moins de café.
- **It's possible to draw a parallel between the two situations.** On peut établir un parallèle entre les deux situations.

- **It's not like what you said.** Ce n'est pas comme tu avais dit.
- **Unlike you, I've never cheated.** Contrairement à toi, je n'ai jamais triché.

3 **Traduisez.**

1. Pour moi, les deux films ne se comparent pas.
2. Contrairement à mes sœurs, je n'aime pas les grandes villes.
3. Par rapport aux Allemands *(the Germans)*, nous mangeons moins de poisson.
4. Elle est très différente de son frère.
5. La puissance *(power)* de cette voiture est incomparable.

Le coût de la vie

- **to pay for food and accommodation:** se nourrir et se loger
- **a rent allowance:** une allocation logement
- **the price of petrol:** le prix de l'essence
- **house prices:** le prix de l'immobilier
- **to rise/to fall:** augmenter/diminuer
- **expenses:** les frais
- **to pay tax/taxes:** payer des impôts
- **an income:** un revenu
- **income tax:** l'impôt sur le revenu
- **to earn money:** gagner de l'argent
- **to get into debt:** s'endetter
- **an overdraft:** un découvert
- **to save:** économiser
- **to make ends meet:** boucler ses fins de mois
- **a loan:** un prêt
- **to repay, to pay back:** rembourser

4 **Complétez en vous aidant des indications entre parenthèses ou du contexte.**

1. I can barely ... ends ... .
2. Can I ask you how much money you ... ?
3. I'll soon have to start ... my loan.
4. I don't like getting into ... , that's why I don't like borrowing money.
5. Do you pay ... (impôts)?

Le comparatif de supériorité

• Le comparatif de supériorité (plus... que) se forme de deux façons.
- Si l'adjectif est court (une seule syllabe) → adjectif + **-er** :
warm (chaud) → **warmer** (plus chaud).
- Si l'adjectif est long (plus d'une syllabe) → **more** + adjectif :
expensive (cher) → **more expensive** (plus cher).

• Les adjectifs de deux syllabes en **-y** sont considérés comme courts. Ils font leur comparatif en **-ier** :
friendly (sympathique) → **friendlier** (plus sympathique).

Trois comparatifs irréguliers

good/well (bon/bien) → **better** (mieux/meilleur)
bad (mal/mauvais) → **worse** (pire)
far (loin) → **farther/further** (plus loin)

5 **Mettez l'adjectif ou l'adverbe au comparatif de supériorité.**

1. This place is ... (nice) now, don't you think?
2. This dish tastes ... (good) cold.
3. My cold is getting ... (bad).
4. It's ... (easy) if you use a knife.
5. I find Sandra ... (mature).

Than

• L'équivalent de « que » dans « plus... que » est **than** (surtout pas **that** !).
It's warmer than New York. Il fait plus chaud qu'à New York.

• « Beaucoup plus... que » se dit **much** + comparatif + **than**
et « tellement plus... que » **so much** + comparatif + **than**.
It's much warmer than New York. Il fait beaucoup plus chaud qu'à New York.
It's so much warmer than New York. Il fait tellement plus chaud qu'à New York.

6 Traduisez.

1. Londres est beaucoup plus grand que Liverpool.
2. Evan est plus grand que son père.
3. Ce livre est tellement plus intéressant que l'autre *(the other one)*.
4. C'est plus cher avec une réservation *(a reservation)* que sans.
5. Ce restaurant est meilleur que le pub *The Black Swan*.

Pour terminer

7 Complétez ces phrases avec le vocabulaire de l'épisode.

1. It's so much more difficult to ... a lot of money in a small village.
2. We do things ... (différemment) in small villages.
3. She has a large ... . That's why she pays more taxes than me.
4. I get a rent ... because I'm unemployed.
5. House prices don't always go up, sometimes they ... .

8 *Prices never go down.* Écoutez ce dialogue et complétez le script.

– ... my father, I'd like to ... more money.
– Me too. Soon, I'll have to get a ... to ... ... !
– Don't exaggerate. I'm sure you can ... ...
– Yes, but have you seen ... ... lately? And ... ... are absolutely mad.
– Yes, for people in need of a roof, house prices have gone through the roof!

CORRIGÉ DES EXERCICES

2 **1. a.** 32° F **2. b.** Ne le regrette pas. **3. c.** La nourriture. **4. a.** La climatisation.

3 **1.** To me/To my mind, there's no comparison between the two films. **2.** Unlike my sisters, I don't like big cities. **3.** In comparison with the Germans, we eat less fish. **4.** She's very different from her brother. **5.** The power of this car is beyond compare.

4 **1.** I can barely make ends meet. **2.** Can I ask you how much money you earn? **3.** I'll soon have to start repaying my loan. **4.** I don't like getting into debt, that's why I don't like borrowing money. **5.** Do you pay tax/taxes?

5 **1.** This place is nicer now, don't you think? **2.** This dish tastes better cold. **3.** My cold is getting worse. **4.** It's easier if you use a knife. **5.** I find Sandra more mature.

6 **1.** London is much bigger than Liverpool.
2. Evan is taller than his father.
3. This book is so much more interesting than the other one.
4. It's more expensive with a reservation than without.
5. This restaurant is better than *The Black Swan* pub.

7 **1.** It's so much more difficult to earn a lot of money in a small village. **2.** We do things differently in small villages. **3.** She has a large income. That's why she pays more taxes than me. **4.** I get a rent allowance because I'm unemployed. **5.** House prices don't always go up, sometimes they fall.

8 – Unlike my father, I'd like to earn more money.
– Me too. Soon, I'll have to get a loan to pay for food and accommodation!
– Don't exaggerate. I'm sure you can make ends meet.
– Yes, but have you seen the price of petrol lately? And house prices are absolutely mad.
– Yes, for people in need of a roof, house prices have gone through the roof *(ont grimpé en flèche)*!

Focus on...

Hawaii, the 50th State

One vision of Hawaii. ***O'ahu, Waikiki Beach,*** **1993. Martin Parr.**

Hawaii is not just a great place to surf or bask in the sun. It has been a US state since 1959 and it was once a kingdom...

What makes Hawaii special? Most people would say, even if they've never been there: "sea, sun and surf". Any travel brochure would tell you that. And they would probably add the word "paradise"...

There are eight main islands in the archipelago. The largest one is called "the Big Island". OK, not very original. However, the Big Island is not the most important economically. That's O'ahu. O'ahu is the third largest island but the most **populous**, with Honolulu as its capital city. The **nickname** of O'ahu is "The Gathering Place".

The state of Hawaii has two official languages: English and Hawaiian. The second official language, Hawaiian, is only spoken by about 24,000 people. It is a Polynesian language related to Tahitian and Maori. So, the only officially recognized language in any American state, apart from the English language, is an **endangered** language...

populous: peuplé
a nickname: un surnom
endangered: menacé

THE LAST QUEEN OF HAWAII

Hawaii's first king was Kamehameha I. After years of conflict, he united all the Hawaiian islands into one kingdom in 1810. So in the 19th century Hawaii was an independent kingdom.

The last monarch of the Kingdom of Hawaii was Queen Lili'uokalani. Following a coup d'état by Americans and Europeans, the Queen was deposed in 1893 and **relinquished** her throne to the military forces of the United States. As you can see on the picture, she's still honoured in Hawaii.

to relinquish: abandonner

Going further

⇛ If you want to listen to Hawaiian music all day long, it's now possible! Log on to http://www.hawaiian105.com/. Listen to the songs of **Gabby Pahinui, Makana, The Sons of Hawaii, Keali'i Reichel, Israel Kamakawiwo'ole** and many others.

⇛ **Martin Parr** is a British documentary photographer. He likes taking pictures of tourists, often in search of kitsch. Here is what he said about tourism:

Tourism is the biggest industry in the world, only oil comes anywhere close and a lot of that is used in the tourist industry anyway. This folio of images shows the tourist (i.e. you and me) doing what we do when we arrive at the beach or another global honeypot. We queue up, we sun ourselves and spend cash on often useless souvenirs. We then take photos of ourselves in front of the visiting sight. This proves we have been there and are part of the world as we know it.

TRADUCTION DU SCRIPT

Emma – C'est tellement agréable d'être là. Il fait tellement plus chaud et plus beau qu'à New York ! Il fait 32°F (0°C) à New York en ce moment, alors qu'il fait plus de 80°F (25°C) ici.

Evan – Oui, c'est génial. Je ne regrette pas New York. Il fait plus chaud et c'est plus sympa ici. C'est aussi plus calme et plus reposant. Les gens ne courent pas partout comme ils font à New York.

Emma – Donc tu ne regrettes pas d'être venu à Hawaï pour ton stage ?

Evan – Pas du tout. C'est nettement mieux ici que sur la côte est.

Emma – Mais j'ai lu que le coût de la nourriture est en moyenne plus élevé de 150%. Et le logement est aussi plus cher que dans beaucoup d'États.

Evan – Le logement n'est pas plus cher qu'à New York. En fait, beaucoup de choses sont moins chères ici. Et on ne dépense rien en chauffage.

Emma – C'est vrai. Mais la climatisation coûte cher et pollue plus que le chauffage, je crois.

Evan – Ah bon ?

26 Honolulu or Winnipeg

Pour les doc audio et + d'exercices, voir le site.

L'épisode

1 Écoutez le dialogue avec ou sans l'aide du script.

Emma is talking to Akahi in a café on Kalakaua Avenue.

Emma – My brother thinks Hawaii is the best place on Earth! Hawaii has the best weather, the greatest food, and the most beautiful beaches in the world. And now he doesn't like New York anymore. He hates the weather on the East Coast. And he can't stand the traffic there.

Akahi – I guess he didn't mention the traffic jams in Honolulu. The worst traffic you can imagine! I was raised in Hawaii, but I moved to Winnipeg in Canada five years ago to live with my Canadian girlfriend. To me it's no longer the paradise I knew when I was a kid. That said, it's the most fantastic place for surf competitions and I still love Hawaiian music.

Emma – I'm getting to like Hawaiian music too. It's so much nicer than country music.

Akahi – Really? I'm actually a big fan of country music. Sorry, Emma! Anyway, I like Winnipeg. It's a culturally diverse city, but it's even colder than New York. We certainly don't feel the effect of global warming there! It can be -20 °C in Winnipeg and 30 °C in Hawaii on the same day!

Emma – How much is that in Fahrenheit?

TRADUCTION P. 185

to be raised: grandir • **global warming:** le réchauffement climatique

2 Répondez aux questions suivantes.

1. Pour le frère d'Emma, Hawaï est :

- ❑ **a.** Le meilleur endroit sur terre.
- ❑ **b.** Le pire endroit sur terre.
- ❑ **c.** Un endroit trop petit.

2. Akahi est à Winnipeg :

- ❑ **a.** Pour son travail.
- ❑ **b.** Parce qu'il y a suivi son amie.
- ❑ **c.** Pour ses études.

3. Que pense Emma de la musique hawaïenne ?

- ❑ **a.** Elle l'adore.
- ❑ **b.** Elle la déteste.
- ❑ **c.** Elle commence à l'apprécier.

4. Que pense Akahi de la musique country ?

- ❑ **a.** Il l'adore.
- ❑ **b.** Il la déteste.
- ❑ **c.** Il commence à l'apprécier.

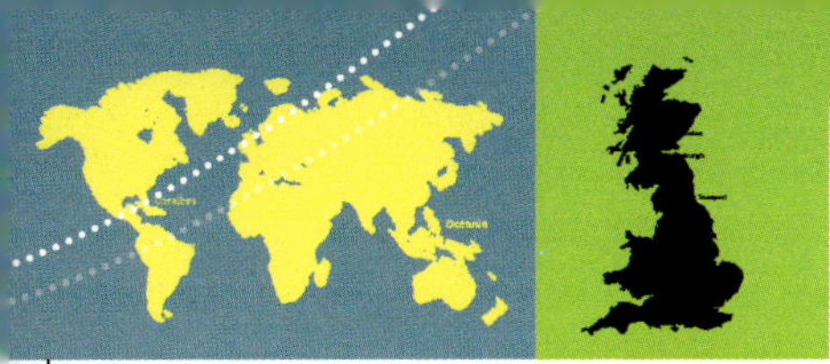

Dire qu'on n'aime pas, qu'on déteste

- **I don't like this town at all.** Je n'aime pas du tout cette ville.
- **I can't stand that kind of music.** Je ne supporte pas ce genre de musique.
- **It's not my cup of tea.** Ce n'est pas ma tasse de thé.
- **I'm not too keen on baseball.** Je ne suis pas un fan de baseball.
- **I've gone off that show.** Je me suis lassé de cette émission.
- **It doesn't appeal to me.** Ça ne me plaît pas.
- **I hate/detest/loathe cricket.** Je déteste le cricket.
- **I'd hate to live in the country.** Je détesterais vivre à la campagne.
- **My hatred is as strong as ever.** Ma haine est toujours aussi forte.

- **How shocking!/How disgusting!** Quelle horreur !
- **It's a real nightmare.** C'est un vrai cauchemar.
- **It's awful/appalling/dreadful!** C'est affreux.
- **He's put me off rock climbing for good.** Il m'a dégoûté de l'escalade pour de bon.

3 Traduisez.

1. Elle s'est lassée de l'haltérophilie *(weightlifting)*.
2. Je n'ai jamais été un fan de séries télévisées *(TV series)*.
3. Ma haine des araignées n'a pas diminué *(to diminish)*.
4. Ce film ne m'a pas plu.
5. Je déteste la violence.

Les changements climatiques

- **climate change:** les changements climatiques
- **drought:** la sécheresse
- **flooding, a flood:** une inondation
- **melting of the ice caps:** la fonte des glaces

- **pollution:** la pollution
- **acid rain:** les pluies acides
- **the ozone layer:** la couche d'ozone
- **greenhouse gas:** le gaz à effet de serre
- **carbon gas emissions:** les émissions de gaz carbonique

- **a catastrophe:** une catastrophe
- **natural disasters:** les catastrophes naturelles
- **bad weather:** les intempéries

- **a tidal wave:** un raz de marée
- **a heat wave:** une canicule
- **a hurricane:** un ouragan
- **a tornado:** une tornade
- **an earthquake:** un tremblement de terre
- **an eruption:** une éruption volcanique

4 **Complétez en vous aidant des indications entre parenthèses ou du contexte.**

1. The increase in world temperatures is called "... ...".
2. The ... ... prevents dangerous ultraviolet light from reaching the Earth.
3. When land is submerged under water, it's called "..."
4. Earthquakes sometimes cause ... ... (des raz de marée).
5. Sandy is the name of a ... that damaged parts of New York in 2012.

Le superlatif (the best)

• Le superlatif se forme de deux façons.
- Si l'adjectif est court (une seule syllabe) → **the** + adjectif + **-est** :
cold (froid) → **the coldest** (le plus froid).
- Si l'adjectif est long (plus d'une syllabe) → **the most** + adjectif :
beautiful (belle) → **the most beautiful** (la plus belle).

• Les adjectifs de deux syllabes en **-y** sont considérés comme courts. Ils font leur superlatif en **-iest** :
heavy (lourd) → **the heaviest** (le plus lourd).

Trois superlatifs irréguliers

good/well (bon/bien) → **the best** (le mieux/le meilleur)
bad (mal/mauvais) → **the worst** (le pire)
far (loin) → **the farthest/the furthest** (le plus loin)

5 **Mettez l'adjectif au superlatif.**

1. She's ... (talented) writer of her generation.
2. They are ... (good) cookies I've eaten for years.
3. It's ... (bad) film I've seen this year.
4. Daisy is ... (pretty) cow in the field.
5. This is ... (fascinating) book I've read in the last five years.

« Ne plus » : no longer/not... any more

• Pour dire « ne... plus » en anglais, il suffit d'ajouter **no longer** entre le sujet et le verbe.

I like it. Je l'aime bien.
I no longer like it. Je ne l'aime plus.

I can sing. Je peux chanter.
I can no longer sing. Je ne peux plus chanter.

• On peut aussi trouver : négation + verbe + **any more (anymore)**.
I don't like it any more. I can't sing any more.

6 Transformez ces phrases à l'aide de *no longer* et de *not... any more*.

1. I'm a big fan of this band.
2. I can book a table for tonight.
3. Cynthia will marry Johnny.
4. We go to Coney Island every weekend.
5. She's going to see her sister.

Pour terminer

7 Complétez ces phrases avec le vocabulaire de l'épisode.

1. What's the opposite of a "sweet dream"? A ... .
2. A prolonged period when there's no rain is called a ... .
3. Yuck! I ... crawling *(rampant)* insects.
4. There's no general consensus on what causes ... change.
5. The water level is so high! I hope we won't get ... .

8 *Don't lecture me!* Écoutez ce dialogue et complétez le script.

– Look at all this ... . How ... !
– Yes, it's revolting. I ... ... either.
– What can we do to reduce ... ... ?
– You should start by selling your huge car. As you know, big cars are bad for the ... .
– I ... it when people want to give me a lecture on ... . I just ... ... it.

CORRIGÉ DES EXERCICES

2 **1. a.** Le meilleur endroit sur terre. **2. b.** Parce qu'il y a suivi son amie. **3. c.** Elle commence à l'apprécier. **4. a.** Il l'adore.

3 **1.** She's gone off weightlifting. **2.** I've never been too keen on TV series. **3.** My hatred of spiders hasn't diminished. **4.** This/That film didn't appeal to me. **5.** I hate/detest/loathe violence.

4 **1.** The increase in world temperatures is called "global warming". **2.** The ozone layer prevents dangerous ultraviolet light from reaching the Earth. **3.** When land is submerged under water, it's called "flooding/a flood". **4.** Earthquakes sometimes cause tidal waves. **5.** Sandy is the name of a hurricane that damaged parts of New York in 2012.

5 **1.** She's the most talented writer of her generation. **2.** They are the best cookies I've eaten for years. **3.** It's the worst film I've seen this year. **4.** Daisy is the prettiest cow in the field. **5.** This is the most fascinating book I've read in the last five years.

6 **1.** I'm no longer a big fan of this band./I'm not a big fan of this band any more. **2.** I can no longer book a table for tonight./I can't book a table for tonight any more. **3.** Cynthia will no longer marry Johnny./Cynthia won't marry Johnny any more. **4.** We no longer go to Coney Island every weekend./We don't go to Coney Island every weekend any more. **5.** She's no longer going to see her sister./She's not going to see her sister any more.

7 **1.** What's the opposite of a "sweet dream"? A nightmare. **2.** A prolonged period when there's no rain is called a drought. **3.** Yuck! I hate/detest/loathe crawling insects. **4.** There's no general consensus on what causes climate change. **5.** The water level is so high! I hope we won't get flooding/a flood.

8 – Look at all this pollution. How disgusting!
– Yes, it's revolting. I don't like it at all either.
– What can we do to reduce carbon gas emissions?
– You should start by selling your huge car. As you know, big cars are bad for the ozone layer.
– I hate it when people want to give me a lecture on pollution. I just can't stand it.

Focus on... Global warming

Environmentalists demonstrating naked against E.ON, a leading power and gas company.

Is global warming a global problem? And is everybody aware of it?

Let's start with a joke: "Global warming? Sure. Were you in Winnipeg last winter?" Most people can have an informed opinion about this burning question (**pun** intended).

Just think that the **average** Chicago winter produces close to one meter of snow! The average temperature in January at night is -10 °C (or 14 °F). This is just an average. As for Winnipeg, it's the coldest city in the world (**among** cities with a population of over 600,000).

So should the inhabitants of Alaska, Chicago or Winnipeg **welcome** global warming? Frankly, no one should, simply because global warming is... global and would **therefore** affect the whole world.

Global warming would cause polar ice to melt slowly and therefore **release** more water into the oceans. This in turn would cause the sea level to rise, thus posing a major **threat** to people living in coastal areas, including New York and London.

power: l'électricité
a pun: un jeu de mot
average: moyen
among: parmi
to welcome: accueillir favorablement
therefore: donc
to release: libérer
a threat: une menace

Several areas in low-lying countries like Bangladesh, Holland or the UK could disappear.

Also, climate change will create "climate refugees", people trying **to run away** from disaster areas. And where would they go? Don't say "**Nunavut**".

In the event of global warming, polar bears will have nowhere to go. Some scientists predict they might become extinct by the end of this century.

to run away: fuir
Nunavut (in Northern Canada): le Nunavut

CELSIUS VS. FAHRENHEIT

In the United States, temperatures are almost always in Fahrenheit. That's why Emma asked Akahi to convert Celsius into Fahrenheit. The UK and Canada switched to Celsius in the 1960s and 70s and now the Fahrenheit scale isn't commonly used.
Here is how to convert Celsius into Fahrenheit and vice versa.

F° to C°	Deduct 32, then multiply by 5, then divide by 9.
C° to F°	Multiply by 9, then divide by 5, then add 32.

If it's too complicated, use an application on your phone!

Going further

- Visit the **City of Winnipeg's** official website on http://www.winnipeg.ca/interhom.
- Visit **Manitoba's website** on http://www.gov.mb.ca/.

TRADUCTION DU SCRIPT

Emma – Mon frère pense que Hawaï est le paradis sur terre ! Hawaï a le meilleur climat, la meilleure nourriture, les plus belles plages du monde. Et maintenant, il n'aime plus New York. Il déteste le climat de la côte est. Et il ne supporte pas la circulation là-bas.

Akahi – Je suppose qu'il n'a pas parlé des embouteillages à Honolulu. Les pires qu'on puisse imaginer ! J'ai été élevé à Hawaï mais j'ai déménagé à Winnipeg au Canada il y a cinq ans pour vivre avec mon amie canadienne. Pour moi, ce n'est plus le paradis que j'ai connu enfant. Cela dit, c'est l'endroit le plus merveilleux pour les compétitions de surf et j'aime toujours la musique hawaïenne.

Emma – Je commence à aimer la musique hawaïenne moi aussi. C'est tellement mieux que la musique country.

Akahi – Vraiment ? Je suis en fait un grand fan de country. Désolé, Emma ! En tout cas, j'aime bien Winnipeg. C'est une ville d'une grande diversité culturelle, mais il y fait encore plus froid qu'à New York. On n'y sent certainement pas le réchauffement climatique ! Il peut faire -20° C à Winnipeg et 30° C à Hawaï le même jour !

Emma – Ça fait combien en Fahrenheit ?

27 Addiction...

Pour les doc audio et + d'exercices, voir le site.

L'épisode

1 Écoutez le dialogue avec ou sans l'aide du script.

Emma is talking on the phone to Laurie, a friend of Evan's.

EMMA – Hi, I'm Evan Martin's sister, Emma.

LAURIE – Oh, hi, Emma. I was expecting your call. Evan has told me your computer is out of order.

EMMA – Yes, that's right. The problem is that I can't live without a computer even in Hawaii! I'm an addict. I'm sorry to bother you, especially at the weekend.

LAURIE – Not at all. You're welcome to borrow my boyfriend's laptop. He never uses it and I'm always happy to help Evan's friends and relatives. Come around noon. My cousins from Ohio are here at the moment. They're very nice. We could all have a picnic together on Sans Souci beach.

EMMA – That sounds great. Thank you. I've got your address in Kailua and I can use my brother's car. It has a GPS, so I can't get lost! Anyway it's just six miles from Honolulu and I've downloaded a map of your area into my smartphone and another one into my tablet.

LAURIE – You *are* indeed an addict.

> TRADUCTION P. 191

out of order: en panne • **a relative:** un parent

2 Répondez aux questions suivantes.

1. Quelle est l'attitude de Laurie ?
   - ❑ a. Elle est serviable.
   - ❑ b. Elle est surprise.
   - ❑ c. Elle est pressée.

2. Que veut emprunter Emma ?
   - ❑ a. Un ordinateur.
   - ❑ b. Un téléphone portable.
   - ❑ c. Une tablette.

3. Laurie propose un pique-nique :
   - ❑ a. Dans un parc.
   - ❑ b. Dans sa piscine.
   - ❑ c. À la plage.

4. Comment va se déplacer Emma ?
   - ❑ a. En bus.
   - ❑ b. En taxi.
   - ❑ c. En voiture.

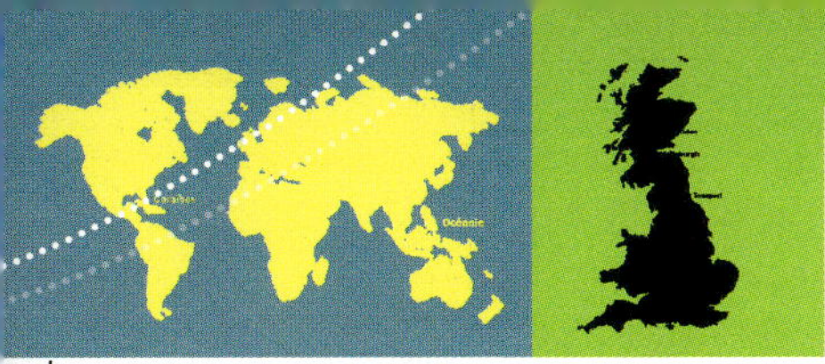

Demander un service

- **May I/Can I use your tablet?** Est-ce que je peux utiliser votre tablette ?
- **Do you mind if I use your toilet?** Cela vous dérange si j'utilise vos toilettes ?
- **Could/Would you give me some change?** Tu pourrais me donner de la monnaie ?
- **Will you tell her I'm sorry?** Est-ce que tu pourras lui dire que je suis désolé ?

- **I wonder if you could lend me $10?** Est-ce que tu pourrais me prêter 10 dollars ?
- **I was wondering if you could...** Je me demandais si tu pourrais...
- **Would you be kind enough to give me her address?** Auriez-vous l'amabilité de me donner son adresse ?

- **By all means!/Yes, sure.** Oui, bien sûr.
- **Certainly.** Mais certainement.
- **Feel free (to do so).** Je vous en prie.
- **Sorry, but I can't./I'm afraid I can't.** Désolé, mais je ne peux pas.
- **Certainly not./Definitely not.** Certainement pas.
- **No way!** Hors de question !

3 **Traduisez.**

1. « Est-ce que je peux avoir de la moutarde, s'il vous plaît ? » « Oui, bien sûr. »
2. Cela te dérange si je regarde la télé ?
3. « Vous pourriez me prêter de l'argent ? » « Hors de question. »
4. Est-ce que les enfants pourraient faire une pause *(to take a break)* ?
5. Aurais-tu l'amabilité de ne plus me parler ?

Les nouvelles technologies

- **a laptop (computer):** un (ordinateur) portable
- **the keyboard:** le clavier
- **a touch screen:** un écran tactile
- **a hard disk:** un disque dur
- **ink:** de l'encre

- **the printer:** l'imprimante

- **a memory stick, a flash drive:** une clé USB
- **software** (indén.)**:** les logiciels
- **a file:** un dossier

- **an internet provider:** un fournisseur d'accès
- **to access a website:** consulter un site

- **to log on:** se connecter
- **to download from the Internet:** télécharger par internet
- **to attach:** joindre (un fichier)
- **an attachment:** un fichier joint
- **to crash:** planter

4 Complétez en vous aidant des indications entre parenthèses ou du contexte.

1. My ... (portable) is old. It ... (planter) regularly.
2. If you want to send an ... , click on the paper clip *(trombone)* image.
3. I don't use ... ... (clés USB) any more. I have an external ... ... (disque dur).
4. You can upgrade this ... (logiciel) for free.
5. I think it is illegal to ... whole films from the Internet.

Le génitif

• Le génitif sert à exprimer la possession ou un lien de parenté. On mentionne d'abord le « possesseur ». L'ordre des mots est donc l'inverse du français.

Evan's house	**my boyfriend's laptop**
la maison d'Evan	le portable de mon copain

• Si le nom du possesseur est au singulier, on ajoute **'s**. Si le nom du possesseur est au pluriel, on ajoute simplement **'** : **Evan's house**, **my neighbours' house**.

• Si le nom du possesseur est un pluriel irrégulier, on ajoute **'s** :
the children's parents.

Le problème du déterminant

• S'il n'y a pas de déterminant, en français, avant le nom du possesseur, on n'en emploie pas non plus en anglais.

la sœur d'_Evan Martin : **_Evan Martin's sister**

• S'il y a un déterminant en français, on en emploie un aussi en anglais.

la maison de <u>mes</u> voisins : **<u>my</u> neighbours' house**

5 Reliez ces mots à l'aide d'un génitif.

1. the cats ... food
2. my dog ... paws
3. Kate ... wedding
4. James ... partners
5. these women ... offices

« Nom + of + nom » ou génitif ?

• Le génitif n'est possible que si le nom au génitif est :
- une personne ou un animal : **my sister-in-law's car**, **my dog's habits** ;
- une collectivité d'individus ou un pays : **the team's success** ;
- une expression de temps : **today's results**, **a month's holiday**.

• Dans les autres cas, on emploie « nom + **of** + nom » :
a cup of tea, **the bottom of the sea**, **the door of the house**.

6 Traduisez.

1. C'est un paquet de chips.
2. J'ai invité les cousins de mes parents.
3. Elle a apporté une bouteille de vin.
4. Regarde le haut de la page.
5. Voici la chambre des enfants.

Pour terminer

7 Complétez ces phrases avec le vocabulaire de l'épisode.

1. I'm a computer ... : I can't live without the Internet.
2. Would you be so ... as to show me the way?
3. You can say "Yes, of course" or "Yes, sure" or "... all ..." .
4. The ... (imprimante) is out of order because there's no ... (encre) in it.
5. Can you add a ... (clavier) to your tablet?

8 *What planet do you live on?* Écoutez ce dialogue et complétez le script.

– ... ... I use your ... ?
– Not at all. ... ... to use it.
– Great! I need to check my ... and there's a podcast I'd like to ... .
– I don't often ... ... , so I don't know what you're talking about.
– I don't believe it. You're still using a ... and ... ... ? What planet do you live on?
– Hopefully, on a planet in which people thank you when you lend them something.

CORRIGÉ DES EXERCICES

2 **1. a.** Elle est serviable. **2. a.** Un ordinateur. **3. c.** À la plage. **4. c.** En voiture.

3 **1.** "Can I have some mustard, please?" "Yes, of course." **2.** Do you mind if I watch television? **3.** "Could you lend me some money?" "No way!" **4.** Could the children take a break? **5.** Would you be kind enough not to talk to me any more/to no longer talk to me?

4 **1.** My laptop is old. It crashes regularly. **2.** If you want to send an attachment, click on the paper clip image. **3.** I don't use memory sticks/flash drives any more. I have an external hard disk. **4.** You can upgrade this software for free. **5.** I think it is illegal to download whole films from the Internet.

5 **1.** the cats' food **2.** my dog's paws **3.** Kate's wedding **4.** James's partners **5.** these women's offices

6 **1.** It's a packet/pack of crisps/chips. **2.** I've invited/I invited my parents' cousins. **3.** She's brought/She brought a bottle of wine. **4.** Look at the top of the page. **5.** This is the children's/the kids' bedroom.

7 **1.** I'm a computer addict: I can't live without the Internet. **2.** Would you be so kind as to show me the way? **3.** You can say "Yes, of course" or "Yes, sure" or "By all means". **4.** The printer is out of order because there's no ink in it. **5.** Can you add a keyboard to your tablet?

8 – Do you mind if I use your computer?
– Not at all. Feel free to use it.
– Great! I need to check my emails and there's a podcast I'd like to download.
– I don't often log on, so I don't know what you're talking about.
– I don't believe it. You're still using a mouse and memory sticks? What planet do you live on?
– Hopefully, on a planet in which people thank you when you lend them something.

Focus on...
A worldwide addiction

Never without my computer!

Can Internet addiction change the way your brain functions?

To some people, **the very idea** of going anywhere without a phone or a computer or a tablet or the three together is just unthinkable, present writer included.

There are far worse cases than Emma. Doctors have actually **diagnosed** a **disease** called "Internet addiction disorder" or IAD. You have IAD when you find it very hard to stop using your computer and when this interferes with your daily life.

The use of the term "addiction" is actually much debated and some people prefer "excessive use" because compulsive use of computers may not be addictive: in most cases, excessive use of computers corrects itself over time. Some people even claim that television is more addictive than the Internet.

Now, here is something troubling: some research has shown that some **brain changes** in Internet addicts are similar to brain changes in people **hooked on** alcohol or drugs.

the very idea: l'idée même
to diagnose: diagnostiquer
a disease: une maladie
brain changes: les modifications du cerveau
to be hooked on: être accro à

Professor Gunter Schuman, who works at the Institute of Psychiatry at King's College, London, told the BBC in January 2012:
"For the first time two studies show changes in the neuronal connections between brain areas as well as changes in brain function in people who are frequently using the Internet or video games".

Think of it next time you go to the beach with your laptop and make a scene because there is no wi-fi connection.

BRAINS...

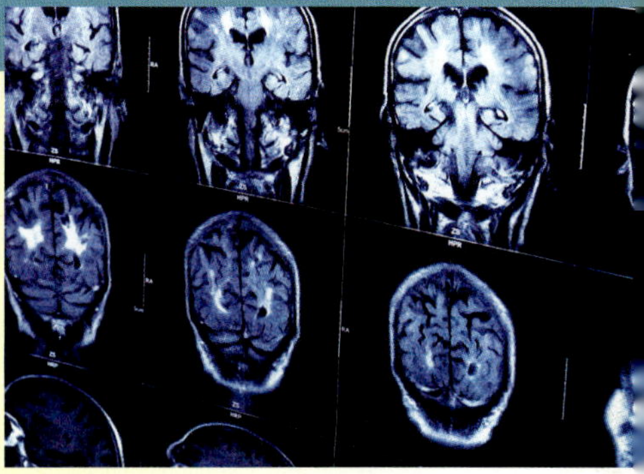

The brain is said to be **plastic**, which means that the brain has the **ability** to reorganize itself by forming new connections between neurons. It occurs whenever something new is learnt and memorized.

Apparently, the left inferior cortex is larger in the brains of bilingual people than in monolingual brains. We certainly hope that your inferior cortex has grown since lesson 1!

plastic: malléable • **the ability:** la capacité

Going further

⇛ If you want to learn more about the brain and language, check "**Wernicke's area**" and "**Broca's area**" on the Internet.

⇛ To find out more about **brain changes** in Internet addicts, we recommend that you log on to http://www.bbc.co.uk/news/health-16505521.

TRADUCTION DU SCRIPT

Emma – Bonjour. Je suis la sœur d'Evan Martin, Emma.

Laurie – Ah ! Bonjour, Emma. J'attendais ton appel. Evan m'a dit que ton ordinateur est en panne.

Emma – Oui, c'est exact. Le problème est que je ne peux pas vivre sans ordinateur même à Hawaï ! Je suis une accro. Désolée de te déranger, surtout un week-end.

Laurie – Mais pas du tout. Tu peux emprunter l'ordinateur de mon ami. Il ne s'en sert jamais et je suis toujours contente d'aider les copains et la famille d'Evan. Viens vers midi. Mes cousins de l'Ohio sont ici en ce moment. Ils sont très sympas. On pourrait pique-niquer ensemble sur la plage de Sans Souci.

Emma – Ça me paraît très bien. Merci. J'ai ton adresse à Kailua et je peux prendre la voiture de mon frère. Elle a un GPS. Je ne peux donc pas me perdre ! De toute façon, ce n'est qu'à six miles d'Honolulu et j'ai téléchargé une carte de ton quartier dans mon Smartphone et une autre dans ma tablette.

Laurie – Tu es une vraie accro, en effet !

28 Who's getting married?

Pour les doc audio et + d'exercices, voir le site.

L'épisode

1 Écoutez le dialogue avec ou sans l'aide du script.

Liverpool: Oliver and John have just arrived at the office.

JOHN – Did you know the boss is getting married?
OLIVER – Really? Who's the lucky one?
JOHN – That's the big question. We just know he works in the company.
OLIVER – Mark Camm should know who it is. He works in accounting.
JOHN – So what?
OLIVER – It's obvious: the man who got a big raise recently must be the one!
JOHN – You may be right. But she wouldn't do that.
OLIVER – No, probably not. Oh, another clue: who drives the largest company car?
JOHN – Patrick Bowles. But it can't be him. He's retiring at the end of the month. *He receives an email.* Oh, there's an email from the boss. We're all invited to a party in her office next week. And the winner is... You'll never guess.
OLIVER – Who is it?
JOHN – Mark! Mark Camm from accounting!
OLIVER – No way!

TRADUCTION P. 197

a company: une société • **accounting:** la comptabilité • **obvious:** évident • **a raise/a rise** [GB]: une augmentation • **a clue:** un indice • **to retire:** partir à la retraite • **No way!** Sans blague !

2 Répondez aux questions suivantes.

1. Qu'apprend-on au début du dialogue ?
   - ❑ a. Quelqu'un vient d'être embauché.
   - ❑ b. Quelqu'un démissionne.
   - ❑ c. Quelqu'un va se marier.
2. Que fait Mark Camm ?
   - ❑ a. Il est ingénieur.
   - ❑ b. Il est informaticien.
   - ❑ c. Il est comptable.
3. Patrick Bowles :
   - ❑ a. Vient d'arriver.
   - ❑ b. Va bientôt partir.
   - ❑ c. Ne travaille plus dans la société.
4. Quand aura lieu la fête ?
   - ❑ a. Dans une semaine.
   - ❑ b. Dans un jour.
   - ❑ c. Dans un mois.

Déduire

- **I gather (that) he is unhappy.** D'après ce que j'ai compris, il est malheureux.
- **If I'm correct you're fifteen.** Si je ne me trompe pas, tu as quinze ans.
- **If I understood you correctly you're firing me.** Si je vous ai bien compris, vous êtes en train de me virer.
- **That's how I deduced that they were engaged.** C'est comme ça que j'ai déduit qu'ils étaient fiancés.
- **That's why he never called back!** C'est pour ça qu'il n'a jamais rappelé !
- **That's when I put two and two together!** C'est à ce moment-là que j'ai fait le rapprochement !
- **I've come to the conclusion that I'm the best.** J'en conclus que je suis le meilleur.
- **At the end of the day, it's entirely up to you.** En fin de compte, c'est à vous de décider.
- **When all is said and done, it was an enjoyable trip.** Tout bien considéré, c'était un voyage agréable.

3 Traduisez.

1. En fin de compte, tu as toujours raison.
2. D'après ce que j'ai compris, elle ne vit plus chez sa sœur.
3. Si je t'ai bien compris, tu veux m'épouser ?
4. Tu as fait le rapprochement ? Je suis le père de Sam.
5. J'en conclus que Sam est le petit-fils *(grandson)* de Fiona.

Au bureau

- **an office:** un bureau [pièce]
- **a desk:** un bureau [meuble]
- **a file:** un dossier
- **a binder:** un classeur
- **a folder:** une chemise
- **an in-box, an in-tray:** une corbeille d'arrivée
- **a wastepaper basket:** une corbeille à papier
- **a meeting room:** une salle de réunion
- **an appointment:** un rendez-vous
- **an electronic organizer:** un agenda électronique
- **a photocopier:** une photocopieuse
- **a flip chart:** un tableau à feuilles
- **a ballpoint (pen):** un stylo bille
- **a (fountain) pen:** un stylo
- **a pencil:** un crayon
- **a highlighter:** un surligneur
- **Sellotape** [GB], **Scotch tape** [US]: du scotch
- **a staple:** une agrafe
- **a pocket calculator:** une calculatrice de poche

4 **Complétez en vous aidant des indications entre parenthèses ou du contexte.**

1. The ... doesn't work. There's a paper jam *(un bourrage papier)*.
2. My boss is very busy. She has so many ... (rendez-vous).
3. An electronic ... is an electronic device in which information is stored.
4. You should use a ... (un crayon) to draw, not a pen.
5. I have to empty my ... ... (corbeille) every hour!

Les modaux

- Avec un modal, on présente des faits selon un mode particulier.

Le possible	I can cook.	Le conseil	She should tell them the truth.
L'obligation	He must go now.	Le probable	He must be the future husband.

- Les verbes modaux ont une conjugaison à part.
  - On n'ajoute pas de -s à la 3e personne du singulier : **He must go**.
  - À la forme négative, on ajoute **not** après le modal : **You should not stay here**.
  - Dans les questions, on place le modal avant le sujet : **Can I go now?**

- Les formes négatives sont souvent contractées : **can't**, **won't**, **wouldn't**, **shouldn't**, **mustn't** et **couldn't**.

5 **Transformez ces phrases en affirmation (+), négation (-) ou interrogation (?).**

1. she/can/stay with her parents. (+)
2. he/could/move in with her. (?)
3. you/must/drive too fast. (-)
4. he/should/smoke. (-)
5. I/should/get another job. (?)

Les degrés de probabilité

Must: très probable	**It must be him.** Ce doit être lui.
Should: assez forte probabilité	**Mark should know.** Mark devrait savoir.
May: assez probable	**You may be right.** Tu as peut-être raison.
Could/might: probabilité moyenne	**It could/might be him.** Ça pourrait être lui.
Can't: totalement improbable	**It can't be him.** Ça ne peut pas être lui.

6 **Traduisez à l'aide de modaux.**

1. Il pourrait pleuvoir la semaine prochaine.
2. Ils sont peut-être chez eux.
3. Le repas *(The meal)* devrait être prêt dans vingt minutes.
4. On sonne *(The bell is ringing)*, mais ça ne peut pas être nos voisins.
5. Vous devez être fatigués.

Pour terminer

7 Complétez ces phrases avec le vocabulaire de l'épisode.

1. A ... ... is a board with large pieces of white paper that can be turned over.
2. The message said "This ... (dossier) is damaged and could not be repaired".
3. When all is said ... ..., I prefer life in small towns.
4. I've come to the ... that I deserve a big ... (augmentation).
5. I should throw the ...-... (corbeille d'arrivée) into the ... ... (corbeille à papier).

8 *Tit for tat* (du tac au tac). Écoutez ce dialogue et complétez le script.

– I like your ... a lot. You've got a beautiful ... .
– Thanks. Do you have an ... with me?
– No, I'm here to repair the ... .
– Oh, that's why you're not in my diary, nor in my ... .
– There. It's repaired. There was a ... inside.
– Thank you. Would you mind taking the ... ... out?
– Not at all. Would you mind writing in your ... that I'd like to be paid pronto?

CORRIGÉ DES EXERCICES

2 **1. c.** Quelqu'un va se marier. **2. c.** Il est comptable. **3. b.** Va bientôt partir. **4. a.** Dans une semaine.

3 **1.** At the end of the day, you're always right. **2.** I gather (that) she no longer lives with her sister/she doesn't live with her sister any more. **3.** If I understood you correctly, you want to marry me? **4.** Did you put two and two together? I'm Sam's father. **5.** I've come to the conclusion that Sam is Fiona's grandson.

4 **1.** The photocopier doesn't work. There's a paper jam. **2.** My boss is very busy. She has so many appointments. **3.** An electronic organizer is an electronic device in which information is stored. **4.** You should use a pencil to draw, not a pen. **5.** I have to empty my wastepaper basket every hour!

5 **1.** She can stay with her parents. **2.** Could he move in with her? **3.** You mustn't drive too fast. **4.** He shouldn't smoke. **5.** Should I get another job?

6 **1.** It could/might rain next week. **2.** They may be at home. **3.** The meal should be ready in twenty minutes. **4.** The bell is ringing, but it can't be our neighbours. **5.** You must be tired.

7 **1.** A flip chart is a board with large pieces of white paper that can be turned over. **2.** The message said "This file is damaged and could not be repaired". **3.** When all is said and done, I prefer life in small towns. **4.** I've come to the conclusion that I deserve a big rise/raise. **5.** I should throw the in-box/in-tray into the wastepaper basket.

8 – I like your office a lot. You've got a beautiful desk.
– Thanks. Do you have an appointment with me?
– No, I'm here to repair the photocopier.
– Oh, that's why you're not in my diary, nor in my electronic organizer.
– There. It's repaired. There was a staple inside.
– Thank you. Would you mind taking the wastepaper basket out?
– Not at all. Would you mind writing in your organizer that I'd like to be paid pronto?

Focus on...

Marriage

The marriage of Tristan and Isolde **by Burne-Jones.**

Weddings are still very popular in modern societies and they're still under the influence of Queen Victoria...

A wedding is a ceremony, not to be confused with "marriage", which is the legally accepted relationship between two people. These days, in Western societies, people can choose more freely the type of ceremony they want. It can be religious or not.

The wedding can be a **low-key** affair, that is, very quiet with few guests. It can be **grand**, with a proper wedding dress for the **bride**, a **three-piece suit** for the **bridegroom**, with a **bridesmaid**, a **best man**, young pages carrying the bride's train and flower girls carrying bouquets. Royal weddings wouldn't be quite royal without all that. To some people, a wedding wouldn't be complete without a wedding cake.

Even if you decide to have a low-key reception, the bride can have a "**hen night**" and the bridegroom a "**stag night**", usually on the night before the wedding. Only women can attend a hen night and, of course, only men are invited to a stag night. We all know that those parties can be a bit silly.

I don't think Queen Victoria and Prince Albert had a hen night and a stag night. But Queen Victoria's influence on weddings can still be felt today: she wore a **white lace** dress when she married Albert. This **set a trend** that **is still around** today.

low-key: sobre • **grand:** grandiose • **the bride:** la mariée • **a three-piece suit:** un costume trois pièces • **the bridegroom:** le marié • **a bridesmaid:** une demoiselle d'honneur • **a best man:** un garçon d'honneur • **to have a hen night/a stag night:** enterrer sa vie de jeune fille/de garçon • **white lace:** de la dentelle blanche • **to set (set, set) a trend:** lancer une mode • **it's still around:** ça existe toujours

THE BRIDE'S BOUQUET

Another traditional custom is the **tossing** of the bride's bouquet. Note however that bouquets are not tossed at royal wedding receptions: they are placed on the **grave** of the Unknown Soldier in Westminster Abbey.

to toss: lancer • **a grave:** une tombe

Going further

A civil union, also called a **civil partnership**, is similar to marriage. Many countries legally recognize civil unions. For more information on the subject, type "What countries allow civil unions" on a search engine.

To know more about stag nights, you can watch the 1984 American film called ***Bachelor Party***, directed by Neal Israel, with Tom Hanks, who plays the bridegroom. The story revolves around whether he can remain faithful to his fiancée. Very few critics consider it a great film. Just in case you're wondering: the bridegroom remains faithful.

TRADUCTION DU SCRIPT

John – Tu savais que la patronne se marie ?

Oliver – Vraiment ? Qui est l'heureux élu ?

John – Ça, c'est la grande question. On sait seulement qu'il travaille dans la société.

Oliver – Mark Camm devrait savoir qui c'est. Il travaille à la comptabilité.

John – Et alors ?

Oliver – C'est évident : ce doit être celui qui a obtenu une grosse augmentation récemment !

John – Tu as peut-être raison. Mais elle ne ferait pas ça.

Oliver – Non, probablement pas. Oh, une autre piste : qui conduit la plus grosse voiture de fonction ?

John – Patrick Bowles. Mais ça ne peut pas être lui. Il prend sa retraite à la fin du mois. *(Il reçoit un e-mail.)* Ah, il y a un mail de la patronne. On est tous invités à une fête dans son bureau la semaine prochaine. Et le gagnant est...
Tu ne devineras jamais.

Oliver – Qui c'est ?

John – Mark ! Mark Camm de la comptabilité !

Oliver – Sans blague !

29 If I were you...

Pour les doc audio et + d'exercices, voir le site.

L'épisode

1 Écoutez le dialogue avec ou sans l'aide du script.

Oliver is trying to convince Cynthia to invest in property.

OLIVER – I know it's none of my business but why don't you buy an apartment, Cynthia? I think you should invest in property.

CYNTHIA – The thing is that I'm thinking of moving in with Johnny. He owns his flat. Also, I'm too busy spending my money on other things at the moment!

OLIVER – You could buy a studio apartment. I would do that if I were you. You've got a good job, and I'm sure you could get a good mortgage.

CYNTHIA – My parents would agree with you. They always give me a lot of advice: "You mustn't wait too long", "You must think of the future."

OLIVER – That's the way I am with my kids, too! It must be awful for them.

CYNTHIA – Well, I tell my parents what to do too. I tell them not to watch too much TV, I tell them to get out more.

OLIVER – Why don't we take them out to dinner tonight? With Johnny, of course. We could go to the Philharmonic Dining Rooms.

CYNTHIA – You're so incredibly kind! I can't believe you're leaving us soon. How sad...

> TRADUCTION P. 203

it's none of my business: ça ne me regarde pas • **a mortgage:** un emprunt immobilier

2 Répondez aux questions suivantes.

1. Qui est déjà propriétaire d'un appartement ?

- ❑ a. Johnny.
- ❑ b. Cynthia.
- ❑ c. Johnny et Cynthia.

2. Quel est le conseil des parents de Cynthia ?

- ❑ a. Elle doit investir.
- ❑ b. Elle doit penser à l'avenir.
- ❑ c. Elle doit attendre.

3. Quel est le conseil de Cynthia à ses parents ?

- ❑ a. De moins regarder la télévision.
- ❑ b. D'acheter une nouvelle télévision.
- ❑ c. De vendre leur télévision.

4. Qu'apprend-on d'important à la fin du dialogue ?

- ❑ a. Johnny et Cynthia vont vivre ensemble.
- ❑ b. Ils vont quitter Liverpool.
- ❑ c. Oliver va partir.

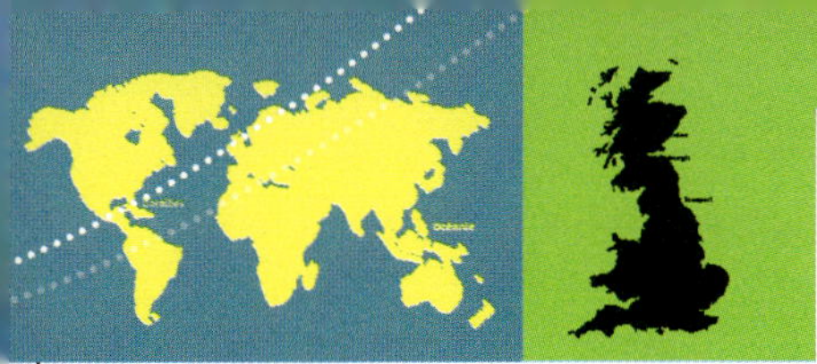

Conseiller

- **Can I give you a piece of advice?** Est-ce que je peux vous donner un conseil ?
- **My advice is to take the bus.** Mon conseil, c'est de prendre le bus.
- **Take my advice: go at once.** Écoute mon conseil : pars immédiatement.
- **I'd advise you to + V...** Je te conseille de...
- **I'd advise you against + V-ing...** Je te déconseille de...
- **It is advisable to book at least six weeks in advance.** Il est conseillé de réserver au moins six semaines à l'avance.

- **I'd recommend this hotel.** Je recommande cet hôtel.
- **I recommend (that) you do...** Je te recommande de faire...
- **If I were you, I'd go.** À ta place, je partirais.
- **You'd (had) better go.** Vous feriez mieux de partir.
- **You should do something about it.** Tu devrais réagir.

3 Traduisez.

1. Elle m'a conseillé de t'en parler *(to talk about it to you)*.
2. Je te déconseille de démissionner *(to resign)* en ce moment *(now)*.
3. Je vais te donner un conseil : fais un emprunt.
4. À ta place, je l'achèterais immédiatement *(straight away)*.
5. Tu devrais appeler ta fille.

À la banque

- **a cashier:** un caissier
- **a current account:** un compte courant
- **a savings account:** un compte épargne
- **a credit card:** une carte de crédit
- **a cash dispenser/a cash machine/ an ATM:** un distributeur automatique
- **to withdraw money:** retirer de l'argent

- **a life insurance:** une assurance vie
- **a mortgage:** un prêt immobilier
- **a loan:** un emprunt [souvent non immobilier]
- **to own:** posséder

- **an investment:** un investissement
- **to borrow money from sb:** emprunter de l'argent à qqn
- **to lend sb money:** prêter de l'argent à qqn
- **to be in the red:** être à découvert
- **to be in the black:** être créditeur
- **to save (up) for:** économiser pour
- **to buy on credit:** acheter à crédit
- **an overdraft:** un découvert
- **overdraft charges:** des agios
- **the interest rate:** le taux d'intérêt
- **some change:** de la monnaie

4 Complétez en vous aidant des indications entre parenthèses ou du contexte.

1. I'd like to get a ... from my bank to buy a new car.
2. I've ... ... (économiser) a lot of money to buy a flat.
3. You can say "to take out money" or "to ... money".
4. Can I ... (emprunter) $50 from you?
5. The credit ... (carte) allows you to take out £500 from a ... .

Le conseil et la possibilité

• **Could** et **should** peuvent exprimer le conseil. Dans ce cas, on traduit **could** par « pouvoir » au conditionnel et **should** par « devoir » au conditionnel.
You could buy a studio apartment. Tu pourrais acheter un studio.
You should invest in property. Tu devrais investir dans l'immobilier.

• **Could** peut aussi exprimer la possibilité (« pouvoir » au conditionnel).
We could go. On pourrait partir.

• **Can** et **can't** expriment très souvent la possibilité (ou l'impossibilité).
I can do it. Je peux le faire.
I can't believe you. Je ne peux pas te croire.

5 Traduisez.

1. Tu ne peux pas te plaindre *(to complain)*.
2. On devrait vivre à la campagne *(in the country)*.
3. Tu ne crois pas qu'elle pourrait trouver un autre emploi ?
4. Tu ne devrais pas appeler la police.
5. Est-ce qu'ils ne devraient pas démissionner *(to resign)* ?

L'obligation présente

• Le modal **must** sert souvent à exprimer l'obligation.
You must think of the future. Tu dois penser à l'avenir.

• La forme négative **mustn't** exprime une interdiction.
You mustn't wait too long. Tu ne dois pas attendre trop longtemps.

Need

• **Need** exprime aussi l'obligation (avoir besoin de).
He needs to do some shopping. Il a besoin de faire des courses.
• À la forme négative, il s'emploie souvent comme un modal, sans **do**, sans le **-s** à la 3e personne du singulier et sans **to** avant un autre verbe.
He needn't do it today. Il n'a pas besoin de le faire aujourd'hui.

6 Traduisez.

1. Vous devez rester à l'intérieur *(inside)*.
2. Je dois partir. Je suis déjà *(already)* en retard.
3. Tu ne dois pas leur montrer cette lettre.
4. J'ai besoin de m'acheter un nouvel ordinateur portable.
5. Tu n'as pas besoin de t'en faire *(to worry)*.

Pour terminer

7 Complétez ces phrases avec le vocabulaire de l'épisode.

1. Buying property is always a good ... . That's at least what banks tell you.
2. Take my ... : don't invite your mother-in-law.
3. If you're in ... ..., that means you're not in debt. The opposite is "... ... ...".
4. I'd ... you against ...ing money.
5. You ought to ... up for your new tablet.

8 *I need to take some money out.* Écoutez ce dialogue et complétez le script.

– Good morning. I need to see a ... .
– Yes, certainly. If you want to ... some money and if you're not ... ... , you can use a ... ... with your ... . In fact, I'd ... you to use a machine. It's quicker. Anyway, that's what I would ... ...
– Thanks for the ... , but the ... ... will not give me the amount I want. I only need four pounds and fifty-three pence.

CORRIGÉ DES EXERCICES

2 **1. a.** Johnny. **2. b.** Elle doit penser à l'avenir. **3. a.** De moins regarder la télévision. **4. c.** Oliver va partir.

3 **1.** She's advised me to talk about it to you. **2.** I'd advise you against resigning now. **3.** I'm going to give you a piece of advice/some advice: get a mortgage. **4.** If I were you, I'd buy it straight away. **5.** You should call your daughter.

4 **1.** I'd like to get a loan from my bank to buy a new car. **2.** I've saved up a lot of money to buy a flat. **3.** You can say "to take out money" or "to withdraw money". **4.** Can I borrow $50 from you? **5.** The credit card allows you to take out £500 from a cash dispenser/a cash machine/an ATM.

5 **1.** You can't complain. **2.** We should live in the country. **3.** Don't you think she could find another job? **4.** You shouldn't call the police. **5.** Shouldn't they resign?

6 **1.** You must stay inside. **2.** I must go/leave. I'm already late. **3.** You mustn't show them this letter. **4.** I need to buy a new laptop. **5.** You needn't worry./You don't need to worry.

7 **1.** Buying property is always a good investment. That's at least what banks tell you. **2.** Take my advice: don't invite your mother-in-law. **3.** If you're in the black, that means you're not in debt. The opposite is "in the red". **4.** I'd advise you against borrowing money. **5.** You ought to save up for your new tablet.

8 – Good morning. I need to see a cashier.
– Yes, certainly. If you want to withdraw some money and if you're not in the red, you can use a cash machine with your credit card. In fact, I'd advise you to use a machine. It's quicker. Anyway, that's what I would do if I were you.
– Thanks for the advice, but the cash machine will not give me the amount I want. I only need four pounds and fifty-three pence.

Focus on...
Subprimes

A safe investment?

The "subprime mortgage crisis" made simple...

In this cartoon we see a **lender** (probably working for a bank) collecting loans. But as he gathers more loans and more money the property he sells is in great danger of **collapsing**. Why is that?

In the world of finance, there are two types of **borrowers**: safe borrowers and risky borrowers. The word "prime" is often used for lending: you have "prime lending" for safe borrowers and "**subprime** lending" for risky borrowers.

With subprime lending, banks know that they're lending money to people who may have difficulty paying back the loan. The loans given to risky borrowers have higher **interest rates**.

For several years some banks encouraged subprime lending, hoping that the value of property would continue **to rise**.

a lender: un prêteur
to collapse: s'effondrer
a borrower: un emprunteur
subprime: à risque
interest rates: les taux d'intérêt
to rise: augmenter

However, at some point, the value of property started to decline, interest rates went higher (causing higher monthly payments to people who were highly **indebted**) and so banks were in danger of not **getting** their loans **back**.

That's when some global investors stopped buying **mortgage-backed debt**. This led to a credit crisis (less money is **available**) around the world and therefore to a financial crisis.

indebted: endetté
to get sth back: récupérer qqch.
mortgage-backed debt: de la dette garantie par hypothèque
available: disponible

LEASING

You already know the word "leasing". Most flats in England and Wales are **leasehold**. When you buy a leasehold flat, you're buying the property for a limited period of time, for example for 99 years and you don't own the land the property stands on. Once the lease expires, the property is returned to the person who owns the grounds.

leasehold: propriété louée à bail

Going further

⇛ If you're interested in property law in England and Wales, you can check the difference between "**leasehold**" and "**freehold**" on the Internet.

⇛ The **Wall Street Crash of 1929** signalled the beginning of a very tough period, often called **The Great Depression**, which had devastating effects in many countries. John Steinbeck's famous novel, ***The Grapes of Wrath***, published in 1939, depicts the life of a poor family of farmers, the Joads, driven from their home by economic hardship *(difficultés)*. It was made into a film directed by John Ford in 1940, starring Henry Fonda.

TRADUCTION DU SCRIPT

Oliver – Je sais que ça ne me regarde pas, mais pourquoi tu n'achètes pas un appartement, Cynthia ? Je pense que tu devrais investir dans la pierre.

Cynthia – Le fait est que j'envisage d'emménager chez Johnny. Il est propriétaire de son appart. En plus, je suis trop occupée à dépenser de l'argent autrement en ce moment !

Oliver – Tu pourrais acheter un studio. C'est ce que je ferais à ta place. Tu as un bon travail et je suis sûr que tu pourrais obtenir un bon prêt.

Cynthia – Mes parents seraient d'accord avec toi. Ils me donnent toujours beaucoup de conseils : « Tu ne dois pas attendre trop longtemps », « Tu dois penser à l'avenir ».

Oliver – Je suis aussi comme ça avec mes enfants ! Ça doit être terrible pour eux.

Cynthia – En fait, je dis aussi à mes parents ce qu'il faut faire. Je leur dis de ne pas trop regarder la télévision. Je leur dis de sortir davantage.

Oliver – On pourrait les emmener au restaurant ce soir. Avec Johnny, bien sûr. On pourrait aller aux Philharmonic Dining Rooms.

Cynthia – Tu es vraiment adorable ! Quand je pense que tu vas bientôt nous quitter ! Comme c'est triste...

30 Packing!

Pour les doc audio et + d'exercices, voir le site.

L'épisode

1 Écoutez le dialogue avec ou sans l'aide du script.

Oliver is leaving the Liverpool office. He's going to Australia.

OLIVER – I have to collect my files. Are these mine or yours? They all look the same.
CYNTHIA – They're mine. Yours are on the other desk, I think.
OLIVER – I hate packing. I'm always afraid I'm going to forget something. Could you give this mobile phone to the boss? It's not hers but it belongs to the company and she lent it to me.
CYNTHIA – You should go and say goodbye to her. You can't leave without seeing her.
OLIVER – Of course, not. I'm so scared of forgetting things. There are so many things to do. I dread these moments when I have to get ready. I also need to see John and quite a few other people. I can't think straight right now. But everything will be fine once I'm in the car with Linda. She's taking me to the station.
CYNTHIA – Are you flying straight to Sydney?
OLIVER – No, I'm going to spend a few days in London and I'm going to see a musical. Then it'll be a long flight to Sydney. I look forward to it, though. I really like flying.

> TRADUCTION P. 209

to pack: faire ses valises • **to belong to:** appartenir à • **to dread:** redouter • **to think straight:** avoir les idées claires • **once:** une fois que • **though:** pourtant

2 Répondez aux questions suivantes.

1. Que doit rendre Oliver ?
- ❑ a. Son bureau.
- ❑ b. Son téléphone portable.
- ❑ c. Sa voiture.

2. Qui l'emmène à la gare ?
- ❑ a. Linda.
- ❑ b. John.
- ❑ c. Cynthia.

3. Qu'a-t-il prévu de faire à Londres ?
- ❑ a. Il a une réunion.
- ❑ b. Il va faire du tourisme.
- ❑ c. Il va voir un spectacle.

4. Oliver :
- ❑ a. N'aime pas les longs vols.
- ❑ b. Aime beaucoup prendre l'avion.
- ❑ c. A peur de l'avion.

Exprimer sa peur, son inquiétude

- **Tim is afraid/scared of spiders.**
  Tim a peur des araignées.
- **I'm afraid/scared of telling them the truth./I'm scared to tell them the truth.**
  J'ai peur de leur dire la vérité.
- **I'm afraid/scared that no one will show up.** J'ai peur que personne ne vienne.

- **It scares me./It frightens me.** Ça me fait peur.
- **I was too frightened to talk.** J'avais trop peur pour parler.
- **I fear the worst.** Je crains le pire.
- **I've been worried sick!** J'étais mort d'inquiétude !
- **I didn't dare (to) speak to her.** Je n'ai pas osé lui parler.
- **I dread bumping into him.** Je redoute de le croiser.
- **I'm afraid she's not home.** Désolé, mais elle n'est pas à la maison.

3 Traduisez.

1. Toute cette circulation *(traffic)* me faisait peur.
2. Lukas n'a pas osé leur téléphoner.
3. J'ai toujours peur qu'ils aient un accident.
4. Je ne savais pas où ils étaient. J'étais mort d'inquiétude.
5. Elle redoute de parler en public.

Faire ses bagages

- **to pack:** faire ses bagages
- **to unpack:** défaire ses bagages
- **to get ready:** se préparer

- **luggage/baggage** (indén.): les bagages
- **a suitcase:** une valise
- **a suitcase on wheels:** une valise à roulettes

- **hand luggage/baggage:** les bagages à main
- **a shoulder bag:** un sac à bandoulière
- **a rucksack, a knapsack, a backpack** [US]: un sac à dos
- **a holdall, a carryall** [US]: un fourre-tout
- **excess baggage:** un excédent de bagages

- **a trolley** [GB]/**a cart** [US]: un chariot
- **to travel light:** voyager léger
- **an unattended bag:** un sac abandonné
- **a complaint:** une réclamation
- **to have one's bag stolen:** se faire voler son sac

Luggage et **baggage** ne s'emploient jamais au pluriel.
Your luggage/baggage has arrived. Vos bagages sont arrivés.
« Trois bagages » se dit **three pieces of luggage/baggage** ou **three bags**.

4 Complétez en vous aidant des indications entre parenthèses ou du contexte.

1. A bag that hangs from the shoulder is called a "... ...".
2. Do not leave your luggage un...ed.
3. I like travelling ... . That's why I never travel with more than one bag.
4. Here are two synonyms for "knapsack": "backpack" and "...".
5. We ... our bags ... (On s'est fait voler nos sacs) on the plane!

Les pronoms possessifs

mine	le mien, la mienne, les miens, les miennes
yours	le tien, la tienne, les tiens, les tiennes le vôtre, la vôtre, les vôtres
his/hers	le sien, la sienne, les siens, les siennes
ours	le nôtre, la nôtre, les nôtres
theirs	le leur, la leur, les leurs

• À la 3e personne du singulier, il faut savoir si on parle d'un possesseur masculin (**his**) ou féminin (**hers**).

This bag is not hers. Ce sac n'est pas le sien (à elle).
Don't take this towel. It's his. Ne prends pas cette serviette. C'est la sienne (à lui).

• « Un... à moi », « un... à elle » se dit « **a... of +** pronom possessif ».
a cousin of mine: un cousin à moi **a friend of hers:** un ami à elle

5 Traduisez le segment souligné à l'aide de pronoms possessifs.

1. Ces valises, je ne sais pas à qui elles sont. En tout cas, <u>ce ne sont pas les miennes.</u>
2. Je voudrais te présenter <u>un vieil ami à moi.</u>
3. Tu peux prêter ton téléphone à Betsy ? <u>Elle a perdu le sien.</u>
4. <u>John a perdu le sien aussi...</u>
5. À qui sont ces lunettes de soleil ? <u>Elles sont à toi ou à moi ?</u>

Quand une préposition est suivie d'un verbe

• Si on veut utiliser un verbe après une **préposition**, il doit être à la forme en V-**ing**.
You can't leave without seeing her. **I have no fear of flying.**

• Dans quelques expressions, **to** est une préposition. Le verbe qui suit **to** se termine alors par V-**ing**. Retenez **look forward to + V-ing** et **be used to + V-ing**.

I look forward to meeting you. J'ai hâte de vous rencontrer.
We're not used to doing this. Nous n'avons pas l'habitude de faire ça.

6 Traduisez.

1. Je l'ai fait sans réfléchir *(to think).*
2. Elle en a assez *(to be fed up with)* de t'aider.
3. Linda a hâte d'être en vacances.
4. On pourrait aller à la plage au lieu de *(instead of)* travailler !
5. Ils n'ont pas l'habitude de se lever tôt *(to get up early).*

Pour terminer

7 Complétez ces phrases avec le vocabulaire de l'épisode.

1. I love packing but I hate un... .
2. I want to leave in the morning because I ... driving at night.
3. I always ... the worst when my children go away.
4. We had to pay over $200 for ... baggage.
5. I've brought your car back. It's a little damaged, ...

8 *The trip of a lifetime.* Écoutez ce dialogue et complétez le script.

– I look forward to this journey. How many ... have we got?
We've got one ... ... , two ... and one ... .
– Plus one ... . Isn't it too much ... ?
– It's our honeymoon, darling. This is going to be the trip of a lifetime.
So, that's ... ... I'm always ... I'm going to forget something.
– And I'm ... ... flying. I can't go with you.

CORRIGÉ DES EXERCICES

2 **1. b.** Son téléphone portable. **2. a.** Linda. **3. c.** Il va voir un spectacle. **4. b.** Aime beaucoup prendre l'avion.

3 **1.** All that traffic scared/frightened me. **2.** Lukas didn't dare (to) call/phone them. **3.** I'm always scared/afraid/terrified that they will have an accident. **4.** I didn't know where they were. I was worried sick. **5.** She dreads speaking in public.

4 **1.** A bag that hangs from the shoulder is called a "shoulder bag". **2.** Do not leave your luggage unattended. **3.** I like travelling light. That's why I never travel with more than one bag. **4.** Here are two synonyms for "knapsack": "backpack" and "rucksack". **5.** We had our bags stolen on the plane!

5 **1.** I don't know whose suitcases they are. At any rate, they're not mine. **2.** I'd like you to meet an old friend of mine. **3.** Can you lend Betsy your phone? She's lost hers. **4.** John has lost his too... **5.** Whose sunglasses are these? Are they yours or mine?

6 **1.** I did it without thinking. **2.** She's fed up with helping you. **3.** Linda looks forward to being on holiday. **4.** We could go to the beach instead of working! **5.** They're not used to getting up early.

7 **1.** I love packing but I hate unpacking. **2.** I want to leave in the morning because I dread driving at night. **3.** I always fear the worst when my children go away. **4.** We had to pay over $200 for excess baggage. **5.** I've brought your car back. It's a little damaged, I'm afraid.

8 – I look forward to this journey. How many bags have we got? We've got one suitcase on wheels, two holdalls and one shoulder bag.
– Plus one knapsack. Isn't it too much luggage?
– It's our honeymoon, darling. This is going to be the trip of a lifetime. So, that's five pieces of luggage. I'm always afraid I'm going to forget something.
– And I'm terrified of flying. I can't go with you.

Focus on... London's Theatreland

The Albery Theatre, now called the Noël Coward Theatre, in London's West End.

London's West End is mainly a place for shops, restaurants and theatres.

The "West End" usually refers to the part of central London where there are many large expensive shops and hotels. The term "West End theatre" refers to large theatres around Leicester Square and Covent Garden (in central London), in what is called London's Theatreland. About forty **venues** are called West End theatres. Most of them are over a hundred years old.

Furthermore, the term usually refers to commercial productions, as opposed to **non-profit** theatre. The West End represents the highest level of commercial theatre in the English-speaking world, along with New York's Broadway theatre.

There are a few non-profit theatres in London, like *The National Theatre, The Old Vic* or *The Royal Court Theatre*, which are not located in Theatreland.

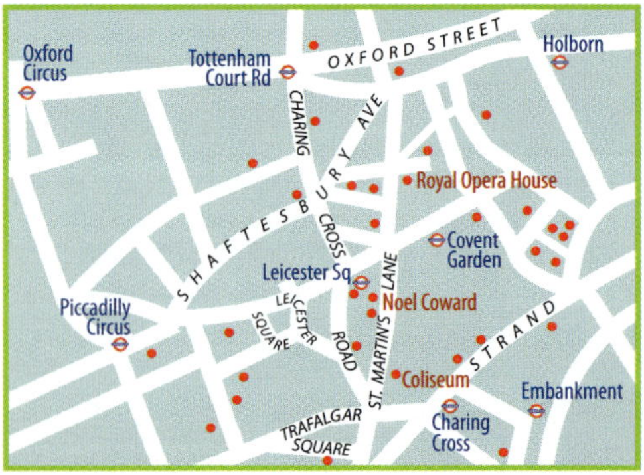

The non-profit theatres often **stage** more **demanding** plays than commercial ones, like Shakespeare or other classic plays or new plays by **highbrow playwrights**.

There is a third category of theatres in London called "fringe theatres", which is the name given to **small-scale** theatres (up to a hundred seats).

a venue: un lieu
furthermore: de plus
non-profit: à but non lucratif
to stage: mettre en scène
demanding: exigeant
highbrow: intellectuel
a playwright: un dramaturge
small-scale: de petite taille

CENSORSHIP

Britain abandoned theatre **censorship** in September 1968. One day after censorship was abolished, the first production of the musical *Hair* opened at the Shaftesbury Theatre in London, with its nude hippies on stage.

censorship: la censure

Going further

⇛ You can type http://www.london-theatreland.co.uk or http://www.timeout.com/london on a search engine to find out about **theatres in London**.

⇛ Why don't you watch small excerpts from plays, musicals or concerts given in London, New York or any other city by using the Net?

⇛ **Agatha Christie**'s play ***The Mousetrap*** is the longest-running show in the world. It has been showing since 1952 in London. The play has a twist ending *(une fin en coup de théâtre)* and the audience is asked not to reveal the ending after leaving the theatre. So, if you want to know who the murderer is, you can watch the play, or read it! But keep it secret!

TRADUCTION DU SCRIPT

Oliver – Je dois récupérer mes dossiers. Ils sont à moi ou à toi, ceux-là ? Ils se ressemblent tous.

Cynthia – Ils sont à moi. Les tiens sont sur l'autre bureau, je crois.

Oliver – Je déteste empaqueter mes affaires. J'ai toujours peur d'oublier quelque chose. Tu pourrais donner ce portable à la patronne ? Ce n'est pas le sien mais il appartient à la société et elle me l'a prêté.

Cynthia – Tu devrais aller lui dire au revoir. Tu ne peux pas partir sans aller la voir.

Oliver – Bien sûr que non. J'ai tellement peur d'oublier quelque chose. Il y a tant à faire. Je redoute ces moments où il faut se préparer. Je dois aussi voir John et pas mal d'autres personnes. Je n'arrive pas à avoir les idées claires là maintenant. Mais tout ira bien une fois que je serai dans la voiture avec Linda. Elle m'emmène à la gare.

Cynthia – Tu vas directement à Sydney ?

Oliver – Non. Je vais passer quelques jours à Londres et je vais voir une comédie musicale. Ensuite ça sera un long vol pour Sydney, mais je suis impatient. J'aime vraiment prendre l'avion.

Check it! 25 > 30

What did they say ?

1 **Cinq erreurs se sont glissées dans ce résumé des épisodes 25-27. Corrigez-les.**

Emma is visiting her brother, Evan, in Hawaii. He claims that lots of things are more expensive in Hawaii than in the rest of the country. Some time later, Emma has a conversation with Akahi, who now lives in California. Akahi likes Winnipeg, even if it's a very cold city. It's not as cold as New York, though. Still in Hawaii, Emma needs to borrow a computer. Laurie, a friend of Evan's, will lend her one. She also invites Emma to share a picnic with some friends of hers by her swimming pool.

SCORE : ... / 10

2 **Cinq blancs se sont glissés dans ce résumé des épisodes 28-30. Complétez-les.**

At the office in Liverpool, Oliver is talking to John. The boss, Eileen, is ... and they wonder who the fiancé is. An email tells them that everybody is invited to a ... the following week. The fiancé is Mark Camm, from accounting. Oliver is trying to convince Cynthia to buy ... . Cynthia's parents would agree with Oliver. They always give her ... . We also learn that Oliver is ... soon. So, it's time for Oliver to leave the office. He hates ... .

SCORE : ... / 10

Express yourself

3 **Retrouvez le sens de ces cinq mots ou expressions.**

1. an overdraft: ...
2. drought: ...
3. an attachment: ...
4. to be in the red/the black: ...
5. a holdall/a carryall: ...

SCORE : ... / 10

4 **Que diriez-vous dans les contextes suivants ?**

1. "Do you prefer Dublin or Belfast?" "To ..., there's no comparison between the two cities."
2. I can't ... Martin. I hate being near him.
3. Do you ... if I turn the television on?
4. I've come to the conclusion that it's the best solution. Yes, at the end ..., there's nothing better we can do.
5. "If I were you, I'd call Mike." "Yes, you're right, I'd ... call him right now."

SCORE : ... / 10

5 **Dites-le en anglais.**

1. Je voudrais établir un parallèle avec ce que vous avez dit ce matin.
2. Ils m'ont dégoûté des plats cuisinés *(ready meals)*.
3. Tout bien considéré, ce n'était pas un mauvais film, après tout.
4. Je te déconseille d'emprunter de l'argent cette année.
5. Quand l'hôpital a appelé, j'ai craint le pire.

SCORE : ... / 10

Afraid of grammar ?

6 Complétez à l'aide des indications.

1. It's ... (+ warm) in Brighton ... in Scotland.
2. Life is much ... (+ expensive) in London ... in our village.
3. It's much ... (+ hot) ... last week.
4. To me, it's the ... (beautiful) city in the world.
5. This is the ... (bad) summer we've had for twenty years. It rains every day!

SCORE : ... / 10

7 Traduisez à l'aide d'un génitif.

1. la maison de Patricia
2. le frère de Chris
3. le chien de Rick
4. les chiens des Brown *(the Browns)*
5. le temps aujourd'hui

SCORE : ... / 10

8 Qu'exprime le modal : probabilité, conseil, possibilité ou obligation ?

1. You must obey me. I'm your master, Rex. Not the other way round *(pas l'inverse)*.
2. The weather should be nice tomorrow, with plenty of sunshine.
3. Samantha can drive, so why don't we rent a car?
4. You should buy a house or a flat. Your rent is too high!
5. You woke up at 6 this morning. It's almost midnight. You must be tired.

SCORE : ... / 10

Cultural quiz

9 Épisodes 25-27

1. When did Hawaii become the 50th US state? ❑ a. In the 1850s. ❑ b. In the 1950s.
2. What happened to the last Queen of Hawaii? ❑ a. She abdicated. ❑ b. She was murdered.
3. Temperatures in the UK are typically given in: ❑ a. Fahrenheit. ❑ b. Celsius.
4. Which is colder? ❑ a. Chicago. ❑ b. Winnipeg.
5. Brain changes can occur in Internet addicts. ❑ a. True. ❑ b. False.

SCORE : ... / 10

10 Épisodes 28-30

1. Queen Victoria's husband was Prince ... .
2. Bouquets at royal weddings are placed on the ... of the ... in Westminster Abbey.
3. When you lend money to risky borrowers, you talk about "... lending".
4. The area in London where there are expensive shops, hotels and theatres is called ... .
5. Small-scale theatres are called fringe theatres. They are ... theatres.

SCORE : ... / 10

Corrigés p. 212 (2 points par bonne réponse). **SCORE : ... / 100**

corrigés

1 Emma is visiting her brother, Evan, in Hawaii. He claims that lots of things are ~~more expensive~~ **cheaper** in Hawaii than in the rest of the country. Some time later, Emma has a conversation with Akahi, who now lives in ~~California~~ **Winnipeg**. Akahi likes Winnipeg, even if it's a very cold city. It's ~~not as cold as New York, though~~ **colder than New York**!
Still in Hawaii, Emma needs to borrow a computer. Laurie, a friend of Evan's, will lend her one. She also invites Emma to share a picnic with some ~~friends~~ **cousins** of hers ~~by her swimming pool~~ **on a beach**.

2 At the office in Liverpool, Oliver is talking to John. The boss, Eileen, is **getting married** and they wonder who the fiancé is. An email tells them that everybody is invited to a **party** the following week. The fiancé is Mark Camm, from accounting. Oliver is trying to convince Cynthia to buy **a flat**/**an apartment**. Cynthia's parents would agree with Oliver. They always give her **a lot of advice**. We also learn that Oliver is **leaving Liverpool** soon. So, it's time for Oliver to leave the office. He hates **packing**.

3 1. an overdraft: un découvert 2. drought: la sécheresse 3. an attachment: un fichier joint 4. to be in the red/the black: être à découvert/être créditeur 5. a holdall/a carryall: un fourre-tout

4 **1.** "Do you prefer Dublin or Belfast?" "To **me**/To **my mind**, there's no comparison between the two cities." **2.** I can't **stand** Martin. I hate being near him. **3.** Do you **mind** if I turn the television on? **4.** I've come to the conclusion that it's the best solution. Yes, at the end **of the day**, there's nothing better we can do. **5.** "If I were you, I'd call Mike." "Yes, you're right, I'd **better** call him right now."

5 **1.** I'd like to draw a parallel with what you said this morning. **2.** They've put me off ready meals. **3.** When all is said and done, it wasn't a bad film after all. **4.** I'd advise you against borrowing money this year. **5.** When the hospital called/phoned/rang, I feared the worst.

6 **1.** It's **warmer** in Brighton **than** in Scotland. **2.** Life is much **more expensive** in London **than** in our village. **3.** It's much **hotter than** last week. **4.** To me, it's the **most beautiful** city in the world. **5.** This is the **worst** summer we've had for twenty years. It rains every day!

7 **1.** Patricia's house **2.** Chris's brother **3.** Rick's dog **4.** The Browns' dogs **5.** Today's weather

8 **1.** Obligation. **2.** Probabilité. **3.** Possibilité. **4.** Conseil. **5.** Probabilité.

9 **1. b.** In the 1950s. **2. a.** She abdicated. **3. b.** Celsius. **4. b.** Winnipeg. **5. a.** True.

10 **1.** Albert. **2.** On the grave of the Unknown Soldier. **3.** Subprime lending. **4.** Theatreland or The West End. **5.** Non-profit theatres.

PARTIE 6

31 Saying goodbye

Oliver is finally leaving. He's saying goodbye to Linda.

Communication Prendre congé p. 215
Vocabulaire La joie et la tristesse p. 215
Grammaire L'obligation passée et future p. 216
Focus on *Thirteen years without alcohol* p. 218

32 Can I take this seat?

Oliver is talking to a fellow passenger on the train to London.

Communication Demander une autorisation… p. 221
Vocabulaire Les sports p. 221
Grammaire La permission p. 222
Focus on *Weird sports* p. 224

33 Online chatting

Evan is chatting online with Dan, a college friend from New York.

Communication Exprimer la ressemblance p. 227
Vocabulaire À la plage p. 227
Grammaire L'égalité et l'infériorité p. 228
Focus on *Equal opportunity* p. 230

34 An awful flight…

Jennifer, Emma's mother, is meeting her daughter at JFK Airport (New York).

Communication Plaindre quelqu'un p. 233
Vocabulaire Les vêtements p. 233
Grammaire La capacité p. 234
Focus on *JFK and Abraham Lincoln* p. 236

35 Did you book online?

Oliver is checking into a hotel in London.

Communication Faire une réservation p. 239
Vocabulaire À l'hôtel p. 239
Grammaire Modaux + *have* + participe passé p. 240
Focus on *Soho (London) vs. SoHo (New York)* p. 242

36 I'm so sorry!

Oliver is writing an email to his son, Jeff, about the show he saw the previous night.

Communication S'excuser p. 245
Vocabulaire Au théâtre p. 245
Grammaire Le *pluperfect* p. 246
Focus on *Musicals* p. 248

p. 250-252 **Check it!** 31 > 36

31 Saying goodbye

Pour les doc audio et + d'exercices, voir le site.

L'épisode

1 Écoutez le dialogue avec ou sans l'aide du script.

Oliver is finally leaving. He's saying goodbye to Linda.

OLIVER – Right, I have to go now. I don't want to miss my train.
LINDA – I'll miss you. I'm sorry you had to endure the English weather!
OLIVER – It was quite all right. I'll miss you too. It was great meeting you.
They hug each other.
LINDA – Yes, it was lovely meeting you. You must write soon.
OLIVER – OK, I'll send you an email from the train, when we approach London.
LINDA – Well, it doesn't have to be that soon but you'll have to come back. You must promise.
OLIVER – Yes, I promise.
LINDA – How I wish I could go to Australia one day too!
OLIVER – Right, I have to go now. I mustn't be late.
LINDA – I always find it hard to say goodbye. I'm a bit emotional when I see people leave.
OLIVER – Bye, Linda. I had a great time. Thank you so much.
LINDA – Thank you. Goodbye Oliver! Hope to see you soon. And don't forget to send me a postcard, but not an electronic one!

> TRADUCTION P. 219

I miss you: tu me manques • **to hug:** serrer dans ses bras • **emotional:** ému

2 Répondez aux questions suivantes.

1. Que dit Oliver à Linda ?
- ❑ a. Qu'il va lui manquer.
- ❑ b. Qu'elle va lui manquer.
- ❑ c. Qu'ils vont se manquer.

2. Oliver prévoit d'envoyer un e-mail :
- ❑ a. De Londres.
- ❑ b. De Sydney.
- ❑ c. Du train.

3. Comment se décrit Linda ? Elle est :
- ❑ a. Assez émue.
- ❑ b. Très émue.
- ❑ c. Un peu émue.

4. Linda demande à Oliver de lui envoyer :
- ❑ a. Un mail.
- ❑ b. Un texto.
- ❑ c. Une carte postale.

Prendre congé

- **Goodbye!/Bye-bye!/Bye then!/Bye for now!** Au revoir !
- **Take care!** [fam.]/**Cheers!** [Brit. fam.] Au revoir !/Salut !
- **So long!/See you soon!** À bientôt !
- **See you later!** À tout à l'heure !
- **See you in a bit!** [fam.]/**See you in a few minutes!** À tout de suite !
- **See you tomorrow!** À demain !
- **(I'll) see you around/sometime.** À la prochaine.

- **I'd better be going./I have to go now.** Il faut que je parte.
- **Right, shall we go?** Bon, on y va ?
- **I'll talk to you soon.** À bientôt ! [au téléphone]
- **Let's keep in touch!** On reste en contact !
- **Keep me posted.** Tiens-moi au courant.
- **Until then/Until next Sunday, goodbye!**
  [À la radio ou à la télévision] D'ici là, au revoir./Au revoir et à dimanche prochain.

3 Traduisez.

1. Bon, on doit se dire au revoir *(to say goodbye)* maintenant.
2. À demain ! Non, à mercredi. J'ai un jour de congé *(a day off)* demain.
3. À bientôt. On se tient au courant, d'accord ?
4. À la prochaine !
5. Je dois raccrocher *(to hang up)*. À bientôt !

La joie et la tristesse

- **happy:** heureux
- **delighted:** ravi
- **pleased, glad:** content
- **cheerful:** gai
- **ecstatic:** enthousiaste
- **to smile:** sourire
- **to laugh:** rire
- **to burst out laughing:** éclater de rire
- **to giggle:** glousser
- **misery:** le malheur
- **miserable, unhappy:** malheureux
- **sad:** triste
- **grief:** le chagrin
- **annoyed:** contrarié
- **disappointed:** déçu
- **depressing:** déprimant
- **depressed:** déprimé
- **desperate, hopeless:** désespéré
- **to sigh:** soupirer
- **to cry, to weep:** pleurer
- **to sob:** sangloter
- **to burst into tears:** fondre en larmes
- **to be broken-hearted:** avoir le cœur brisé

4 **Complétez en vous aidant des indications entre parenthèses ou du contexte.**

1. My friend burst ... ... when he heard the great news.
2. My brother ... into tears when he heard the sad news.
3. I wasn't laughing, I was just ... (sourire).
4. Stop ... (sangloter).
5. You look so ... (malheureux). What's wrong?

L'obligation passée et future

Must n'existe qu'au présent. On emploie **have to** dans les autres cas.

• Pour parler d'une **obligation passée**, on utilise « **had to** + verbe ». Dans les phrases négatives et interrogatives, il faut utiliser **did** avec **have to**.
He had to leave early.
Il a dû partir tôt.
He didn't have to leave early.
Il n'a pas eu à partir tôt.
Did you have to leave early?
Est-ce que tu as dû partir tôt ?

• Pour parler d'une **obligation future**, on emploie « **will have to** + verbe ».
Will you have to come back? Est-ce que tu devras revenir ?
He won't have to come back. Il n'aura pas à revenir.

5 **Réécrivez ces phrases en tenant compte de l'amorce.**

1. I must run to catch the train. → *This morning, I ...*
2. She must get up early. → *Tomorrow, she ...*
3. I must get some sleep. → *Tonight, I ...*
4. We must rent a car. → *Last year, we ...*
5. Must you go? → *So, when the bar closed, ... ?*

Have to au présent

• On peut utiliser **have to au présent** pour parler d'une obligation extérieure ou d'un règlement. Avec **must**, l'obligation vient de soi. Comparez :
I have to go now. [C'est l'heure du train qui m'oblige à partir.]
I must go now. [Je me fais une obligation de partir.]

• Il ne faut pas confondre **don't have to** (ne pas être obligé de) et **mustn't** (être obligé de ne pas).
You don't have to write. Tu n'es pas obligé d'écrire.
You mustn't write. Tu ne dois pas écrire.

6 Traduisez.

1. Tu as de la chance, tu n'es pas obligé de travailler.
2. Tu es malade, tu ne dois pas travailler aujourd'hui.
3. Il faut que tu écrives ce rapport *(report)* d'ici vendredi *(by Friday)*.
4. Surtout dis-leur bien *(Make sure you tell them...)* qu'ils ne doivent pas revenir avant midi.
5. Est-ce que les femmes doivent faire leur service militaire *(do military service)* ici ?

Pour terminer

7 Complétez ces phrases avec le vocabulaire de l'épisode.

1. She didn't actually laugh, she just ... a little.
2. ... you soon. Have a safe journey.
3. We were ...-hearted when the plane took off.
4. It's going to be all right. Let's ... in ... (rester en contact).
5. I was ... (ravi) when they said "See ... ... week".

8 *My feelings.* Écoutez ce dialogue et complétez le script.

– I don't know how to express my emotions.
– Why it's not that hard. When I feel ... I always let you know. If you're ... or if you feel like ..., or even if you want to ... ... , just tell me. You can tell me anything.
– OK. Here's the thing: I don't want to go and ... ... to your father. It's ... to see him so ... that I'm leaving.

CORRIGÉ DES EXERCICES

2 **1. b.** Qu'elle va lui manquer. **2. c.** Du train. **3. c.** Un peu émue. **4. c.** Une carte postale.

3 **1.** Right, we have to say goodbye now. **2.** See you tomorrow! No, see you (on) Wednesday, I have a day off tomorrow. **3.** So long/(I'll) See you soon. Let's keep in touch, OK?/right?/shall we? **4.** (I'll) see you around/sometime. **5.** I must/I have to hang up. I'll talk to you soon.

4 **1.** My friend burst out laughing when he heard the great news. **2.** My brother burst into tears when he heard the sad news. **3.** I wasn't laughing, I was just smiling. **4.** Stop sobbing. **5.** You look so miserable/unhappy. What's wrong?

5 **1.** This morning, I had to run to catch the train **2.** Tomorrow, she'll/will have to get up early. **3.** Tonight, I'll/will have to get some sleep. **4.** Last year, we had to rent a car. **5.** So, when the bar closed, did you have to go?

6 **1.** You're lucky. You don't have to work. **2.** You're ill. You mustn't work today. **3.** You have to write this report by Friday. **4.** Make sure you tell them they mustn't come back before noon. **5.** Do women have to do military service here?

7 **1.** She didn't actually laugh, she just smiled a little. **2.** See you soon. Have a safe journey. **3.** We were broken-hearted when the plane took off. **4.** It's going to be all right. Let's keep in touch. **5.** I was delighted when they said "See you next week".

8 – I don't know how to express my emotions.
– Why it's not that hard. When I feel miserable I always let you know. If you're annoyed or if you feel like crying, or even if you want to burst into tears, just tell me. You can tell me anything.
– OK. Here's the thing: I don't want to go and say goodbye to your father. It's depressing to see him so happy that I'm leaving.

Focus on...

Thirteen years without alcohol

American workers demanding the abolition of prohibition, 1933.

The Prohibition era is a violent one in the history of the United States. At the time, alcohol was banned and crime abundant.

Have you tried smoking in the New York Subway? I'm sure you haven't, either because you don't smoke or because, if you're a smoker, you know it is totally illegal to smoke in the New York Subway, or in the London Underground, or in the Paris Metro for that matter.

Prohibition evolves with time: for example, in colonial America, in the Massachusetts Bay Colony, you were not allowed to wear **lace**, or gold **threads**, or buttons or belts if you didn't have a fortune of at least two hundred pounds. In other words, prohibition is everywhere and can be felt to be a necessity for the common good or arbitrary (or even **plain stupid**).

The term "Prohibition", with a capital letter, refers to the period from 1920 to 1933 in the United States when the production and sale of alcohol was **forbidden**.

The idea behind Prohibition was that it would protect families from the abuse of alcohol and many Americans approved of it. However, a lot of alcohol was **smuggled in** from Canada and many people produced their own alcohol!

lace: de la dentelle
a thread: un fil
plain stupid: vraiment stupide
to forbid, forbade, forbidden: interdire
smuggled in: importé en contrebande
to repeal: abroger
much needed: tellement nécessaire

Prohibition was **repealed** in 1933 during the Great Depression, first of all because it didn't work, but also because the manufacture and sale of alcohol could generate **much needed** money for the government at a time of deep economic crisis...

THE WORDS OF PROHIBITION

A place that sold alcoholic drinks was called **a speakeasy**, probably because you had to speak quietly about these places.
The illegal transportation of alcohol was called **bootlegging**, because you can hide a bottle in the leg of a boot.
Nowadays, towns in the US are allowed to forbid the sale of alcoholic beverages. They are called "dry towns". There are over 500 dry towns or cities in the United States.

a speakeasy: un bar clandestin
bootlegging: la contrebande

Going further

⇛ Some people did not want Prohibition to end. Among them was the gangster **Al Capone**, who made a fortune smuggling alcohol into Chicago during the Prohibition era.

If you want to learn more about Al Capone, you can watch the American series (1959-1963) entitled ***The Untouchables*** (*Les Incorruptibles* in French). It's about a Prohibition agent, Eliot Ness, fighting Al Capone.

⇛ Brian De Palma made a film in 1987 also called ***The Untouchables***. It is based on the same book as the TV series. It stars Kevin Costner as Eliot Ness and Robert De Niro as Al Capone.

TRADUCTION DU SCRIPT

Oliver – Bon, il faut que je parte maintenant. Je ne veux pas rater mon train.

Linda – Tu vas me manquer. Je suis désolée que tu aies dû subir le climat anglais !

Oliver – Ça n'était pas un problème. Tu vas me manquer aussi. Je suis content de t'avoir rencontrée.

Ils se serrent dans les bras l'un de l'autre.

Linda – Oui, c'était super. Écris-moi vite.

Oliver – D'accord, je t'enverrai un mail du train, quand on approchera de Londres.

Linda – Bon, pas obligé que ce soit si tôt mais il faut que tu reviennes. Tu promets?

Oliver – Oui, je promets.

Linda – Comme j'aimerais pouvoir aller en Australie aussi un jour !

Oliver – Allez, il faut que je parte maintenant. Il ne faut pas que je sois en retard.

Linda – C'est toujours dur pour moi de dire au revoir. Je suis un peu émue quand je vois les gens partir.

Oliver – Au revoir, Linda. C'était génial. Merci beaucoup.

Linda – Merci à toi. Au revoir, Oliver ! J'espère te revoir bientôt. Et n'oublie pas de m'envoyer une carte postale, mais pas électronique !

32 Can I take this seat?

Pour les doc audio et + d'exercices, voir le site.

L'épisode

1 Écoutez le dialogue avec ou sans l'aide du script.

Oliver is talking to a fellow passenger on the train to London.

OLIVER – Excuse me, can I take this seat, please?
PASSENGER – Of course you can.
OLIVER – Thank you.
PASSENGER – You're welcome. Sorry to bother you but could I borrow your paper?
OLIVER – Of course you can. I've already read it.
PASSENGER – I'm interested in the sports page. I'm personally a rugby fan.
OLIVER – I don't really know rugby. I'm American and it's not a popular sport in the US. I heard that the train is stopping at Rugby. I didn't know it was also a town.
PASSENGER – The sport was born in the town of Rugby. It's a very popular sport here. I prefer it to football or soccer as you call it in America. The rules are somewhat complicated though.
The ticket collector approaches.
COLLECTOR – May I see your ticket, please?
OLIVER – Certainly. Here it is, with a railcard.
COLLECTOR – Thanks. Do you know that it expires in five days?
OLIVER – It's all right, I'm flying to Australia on Sunday. I certainly won't need it there!

> TRADUCTION P. 225

to bother: déranger • **to borrow:** emprunter • **somewhat:** assez • **the ticket collector:** le contrôleur • **a railcard:** une carte d'abonnement

2 Répondez aux questions suivantes.

1. Que veut emprunter le passager ?
- ❑ a. Un livre.
- ❑ b. Un journal.
- ❑ c. Du papier.

2. Le passager est un fan :
- ❑ a. De football.
- ❑ b. De rugby.
- ❑ c. De sport en général.

3. Que présente Oliver à la contrôleuse ?
- ❑ a. Un billet.
- ❑ b. Une carte.
- ❑ c. Un billet et une carte.

4. Quand part-il pour l'Australie ?
- ❑ a. Vendredi.
- ❑ b. Samedi.
- ❑ c. Dimanche.

Demander/Recevoir une autorisation

- **Is it all right if we have a break now?** On peut faire une pause maintenant ?
- **Are we allowed to park here?** On a le droit de se garer ici ?
- **Is it possible/Would it be possible to speak to the manager, please?** Est-il possible de parler au directeur, s'il vous plaît ?
- **Could I (possibly) have a word with you?** Pourrais-je vous parler un instant ?
- **The authorization has arrived.** L'autorisation est arrivée.
- **We have permission to camp on their field.** Nous avons la permission de camper dans leur champ.
- **We visited the cathedral this morning and we were allowed to enter the crypt.** On a visité la cathédrale ce matin et on a eu le droit d'entrer dans la crypte.

3 Traduisez.

1. On peut partir maintenant ? Je suis si fatigué.
2. Avez-vous la permission d'utiliser ce parking *(car park)* ?
3. On n'était pas bien habillé *(well-dressed)* mais on a eu le droit d'entrer *(to get in)*.
4. Je ne sais pas si on a le droit de fumer dans cette cour *(courtyard)*.
5. Pourrais-je parler à l'un de vos collègues ?

Les sports

- **to do sport:** faire du sport
- **to practice, to train:** s'entraîner
- **practice, training:** l'entraînement
- **to keep fit, to stay in shape:** garder la forme
- **to sweat:** transpirer
- **to be out of breath:** être essoufflé
- **shorts:** un short
- **a jersey:** un maillot
- **trainers** [GB], **sneakers** [US]**:** des tennis
- **a tracksuit:** un survêtement
- **gymnastics:** la gymnastique
- **bodybuilding:** la musculation
- **swimming:** la natation
- **squash:** le squash
- **to go to the gym:** aller dans un club de gym
- **to go for a (bike) hike:** faire une randonnée (à vélo)
- **to jog:** faire un jogging
- **an event:** une épreuve
- **a football ground, a pitch:** un terrain de foot
- **a team:** une équipe
- **a coach:** un entraîneur
- **a referee:** un arbitre
- **a goal:** un but
- **a goalkeeper:** un gardien de but
- **to score a goal:** marquer un but
- **extra time:** les prolongations

4 Complétez en vous aidant du contexte.

1. "Do you ... a lot of sport?" "No, I ... ."
2. I ran so fast I was out of ... .
3. I try to keep ... . That's why I train once a week.
4. A ... is a person who makes sure that the rules of the game are followed.
5. The team scored two goals during ... .

La permission

• **Can** et **may** sont souvent utilisés pour demander ou donner une permission.

Can I/May I see your ticket, please?
You can use my phone. Vous pouvez utiliser mon téléphone.

• On peut aussi employer **could**, l'équivalent de « pourrais ».
Could I borrow your paper? Est-ce que je pourrais vous emprunter le journal ?

• Pour dire que quelque chose n'est pas permis, on utilise **can't** ou **may not**.
You can't use this beach. Vous ne pouvez pas utiliser cette plage.

5 Complétez les traductions en italiques.

1. Est-ce que je peux avoir un jus d'orange ? → *... an orange juice, please?*
2. Vous ne pouvez pas vous asseoir ici. C'est interdit. → *... sit here. It's forbidden.*
3. Est-ce qu'on pourrait finir un peu plus tôt ce soir ? → *... a bit earlier tonight?*
4. Je peux emprunter votre stylo deux secondes ? → *... your pen for a second?*
5. Que puis-je faire pour vous ? → *How ... help you?*

Be allowed to

Can et **may** de permission ne s'emploient qu'au présent.
On emploie **be allowed to** dans les autres cas.

• Pour parler d'une permission passée : **was/were allowed to**.
I was allowed to use their wi-fi. J'ai pu utiliser leur wifi.

• Pour parler d'une permission future : **will be allowed to**.
You'll be allowed to talk during the break.
Vous pourrez parler durant la pause.

6 Réécrivez ces phrases en tenant compte de l'amorce.

1. We may watch TV in this room. → *Last year, we...*
2. They can eat whenever they want. → *In the hotel they stayed at, they...*
3. The parents may come in the classroom. → *Next week, the parents...*

4. You may park outside their house. → *Tonight, you...*
5. Poor people can't vote. → *Two centuries ago, poor people ...*

Pour terminer

7 Complétez ces phrases avec le vocabulaire de l'épisode.

1. Are we ... to ... (faire du jogging) here?
2. They ... ... (ils ont eu la permission) to organize ... ... (une épreuve) in this stadium.
3. For some reason, the athletes couldn't ... (s'entraîner) before the match.
4. The ... (gardien de but) scored two ... !
5. I try to go to the ... twice a week. I like to keep fit.

8 *A real sportsman.* Écoutez ce dialogue et complétez le script.

– ... is good for you, honey. Here's a leaflet with a wide selection of some of the ... you could ... . You like ... , don't you?
– Yes, mum. But I prefer ... . Actually, no, horse riding would be fun. Yes, I would love that. Or ... ... in Nepal would be great too.
– Why don't you ... ... first and do some shopping for me?
– ... ... watch the ... ... instead? I've got to watch it. As you say "... is good for me."

CORRIGÉ DES EXERCICES

2 **1. b.** Un journal. **2. b.** Rugby. **3. c.** Un billet et une carte. **4. c.** Dimanche.

3 **1.** Is it all right if we go now? I'm so tired. **2.** Do you have permission to use this car park? **3.** We weren't well-dressed but we were allowed to get in. **4.** I don't know if we're allowed to smoke in this courtyard. **5.**Could I (possibly) speak to one of your colleagues?

4 **1.** "Do you do a lot of sport?" "No, I don't." **2.** I ran so fast I was out of breath. **3.** I try to keep fit. That's why I train once a week. **4.** A referee is a person who makes sure that the rules of the game are followed. **5.** The team scored two goals during extra time.

5 **1.** Can I/May I have an orange juice, please? **2.** You can't/may not sit here. It's forbidden. **3.** Could we finish a bit earlier tonight? **4.** Can I/May I borrow your pen for a second? **5.** How may I/can I help you?

6 **1.** Last year, we were allowed to watch TV in this room. **2.** In the hotel they stayed at, they could/were allowed to eat whenever they wanted. **3.** Next week, the parents will be allowed to come in the classroom. **4.** Tonight you'll be allowed to park outside their house. **5.** Two centuries ago, poor people weren't allowed to vote.

7 **1.** Are we allowed to jog here? **2.** They were allowed to organize an event in this stadium. **3.** For some reason, the athletes couldn't train/practice before the match. **4.** The goalkeeper scored two goals! **5.** I try to go to the gym twice a week. I like to keep fit.

8 – Sport is good for you, honey. Here's a leaflet with a wide selection of some of the sports you could do. You like swimming, don't you?
– Yes, mum. But I prefer skiing. Actually, no, horse riding would be fun. Yes, I would love that. Or going for a hike in Nepal would be great too.
– Why don't you go for a bike hike first and do some shopping for me?
– Could I possibly watch the rugby match instead? I've got to watch it. As you say "Sport is good for me."

Focus on...
Weird sports

People attempting to climb greased poles in Jakarta (2012).

You certainly know football, rugby, baseball, basketball and perhaps cricket. You may even support Manchester United or another team. But some sports are really bizarre...

If you think that water polo or cricket are **weird** sports, think again: what would you call **pea-shooting**, cheese-rolling, greasy pole climbing or **black-pudding throwing**? Many British people love sports, **chiefly** football, rugby or cricket, but they also like more eccentric sports, which they don't take seriously.

Cheese-rolling is an annual competition that takes place near Gloucester, in England. The competitors have to **chase** large wheels of cheese down a hill (the cheese is called Double Gloucester).

The British **have given birth** to several major international sports like football, rugby, cricket, golf, tennis, badminton, hockey, squash... No wonder they don't have a national sport, unlike Canada, which passed an act in 1994 saying that hockey and **lacrosse** were national sports.

weird: bizarre
pea-shooting: le tir de petits pois
black-pudding throwing: le lancer de boudins
chiefly: surtout
to chase: courir après
to give birth to: donner naissance à
lacrosse: lacrosse (sport canadien qui se joue avec une crosse)

The US doesn't need an act to say that baseball is their national sport, although they're very keen on football too (they use the word "soccer" to refer to what we call "football").

The British like to say that "football is a gentleman's game played by hooligans, and rugby is a hooligans' game played by gentlemen". In other words, there is a class difference between the two sports: rugby is supposed to be played by gentlemen and football by hooligans. Rugby is often perceived as a violent sport, but people who practise it are supposed to be polite, behave like gentlemen and never argue with the referee.

CRICKET

A few phrases in the English language originate from the language of cricket, like "that's not cricket" (that's not honest), "to have had a good innings" (to have had a long and successful life), "to be bowled over" (to be pleasantly surprised), "a sticky wicket" (a difficult situation).

Going further

⇒ If you want to find out about great sports movies, tape ***Chariots of Fire*** or ***Raging Bull*** on your Internet search engine.

⇒ If you want to learn about **American football** (called just "football" in the US), you can watch the 2004 movie called *Friday Night Lights*. It's a sports drama film directed by Peter Berg about a high school football team in Texas.

TRADUCTION DU SCRIPT

Oliver – Excusez-moi, je peux prendre cette place ?

Passager – Oui, bien sûr.

Oliver – Merci.

Passager – Je vous en prie. Excusez-moi : est-ce que je peux vous emprunter le journal ?

Oliver – Oui, bien sûr. Je l'ai déjà lu.

Passager – C'est la page des sports qui m'intéresse. Personnellement, je suis un fan de rugby.

Oliver – Je ne connais pas vraiment le rugby. Je suis américain et ce n'est pas un sport populaire en Amérique. J'ai entendu que le train s'arrête à Rugby. Je ne savais pas que c'était aussi une ville.

Passager – Ce sport est né dans la ville de Rugby. Il est très populaire ici. Je préfère le rugby au foot ou « soccer », comme vous dites en Amérique, même si les règles sont un peu compliquées.

La contrôleuse approche.

Contrôleuse – Est-ce que je peux voir votre billet, s'il vous plaît ?

Oliver – Bien sûr. Le voici, avec une carte.

Contrôleuse – Merci. Vous savez qu'elle expire dans cinq jours ?

Oliver – Pas de problème : je pars pour l'Australie dimanche. Je n'en aurai sûrement pas besoin là-bas !

33 Online chatting

Pour les doc audio et + d'exercices, voir le site.

L'épisode

1 Écoutez le dialogue avec ou sans l'aide du script.

Evan is chatting online with Dan, a college friend from New York.

DAN – So, how are you enjoying life in Hawaii?
EVAN – It's just as nice as I expected. It's very colorful and the coastline is great. But my training course can be stressful.
DAN – I don't feel sorry for you at all. Not too many tourists?
EVAN – There aren't as many tourists as I thought.
DAN – What about the weather? It must be gorgeous over there.
EVAN – It's certainly not as cold as New York!
DAN – I bet it's less cold right now!
EVAN – It's only 80 °F today.
DAN – Shut up!
EVAN – You should come and see me. Life may not be as vibrant as in New York but the beaches are much better, I can assure you, with surfing to die for. What about on your honeymoon?
DAN – My life is still the same as before: I'm as lonely as I've ever been.
EVAN – You???
DAN – Kidding, of course. And you? Have you met a nice Hawaiian girl yet?
EVAN – Come and find out for yourself.

> TRADUCTION P. 231

to expect: s'attendre à • **to feel sorry for sb:** plaindre qqn • **gorgeous:** splendide • **kidding:** je plaisante • **yet** [dans une question]: déjà • **to find out:** découvrir

2 Répondez aux questions suivantes.

1. Qu'apprécie Evan à Hawaï ?
❑ a. Le littoral. ❑ b. Les volcans.
❑ c. Son stage.

2. Quelle température fait-il ?
❑ a. 20° F. ❑ b. 40° F. ❑ c. 80° F.

3. Evan suggère que Dan vienne :
❑ a. Surfer. ❑ b. Travailler.
❑ c. Voir des amis.

4. Evan a-t-il une copine à Hawaï ?
❑ a. Oui. ❑ b. Non. ❑ c. On ne sait pas.

Exprimer la ressemblance

- **People are the same everywhere.** Les gens sont partout les mêmes.
- **It all amounts to/comes down to the same thing.** Cela revient au même.
- **That makes two of us.** Vous n'êtes pas le seul.
- **The two cars are identical.** Les deux voitures sont identiques.

- **It's equivalent to 2% of the GDP.** Ça équivaut à 2% du PIB.
- **It doesn't make any difference.** Il n'y a pas de différence.
- **It's just like London, only less expensive.** C'est comme Londres, mais en moins cher.
- **It's very similar to being drunk.** C'est très proche de l'état d'ébriété.

- **These girls have a lot in common.** Ces filles ont beaucoup de points communs.
- **The situation of these banks is alike.** La situation de ces banques est semblable.
- **Their language is akin to Dutch.** Leur langue ressemble au néerlandais.

3 Traduisez.

1. Tu trouves *(to think)* qu'elles sont identiques, ces voitures ?
2. Cela revient au même, d'après moi *(To me...)*.
3. À vrai dire *(To be honest)*, nous n'avons pas beaucoup de points communs.
4. « J'ai détesté cette exposition. » « Vous n'êtes pas la seule. »
5. Les deux visages sont semblables : c'est le père et son fils.

À la plage

- **at the seaside:** au bord de la mer
- **the shore:** le rivage
- **the strand:** la grève
- **a beach** (pl. **beaches**): une plage
- **a cliff:** une falaise
- **the sand:** le sable
- **pebbles:** les galets
- **seaweed:** les algues
- **a seagull:** une mouette

- **shallow:** peu profond
- **the ebb and flow:** le flux et le reflux
- **the tide:** la marée
- **a wave:** une vague
- **rough:** houleux
- **smooth:** calme

- **to go for a swim:** aller se baigner
- **to bathe:** se baigner

- **to sunbathe:** prendre un bain de soleil
- **suntanned:** bronzé
- **scuba diving:** la plongée sous-marine
- **windsurfing:** la planche à voile
- **swimming trunks** [H], **a swimsuit** [F]: un maillot de bain
- **to splash:** éclabousser

4 Complétez en vous aidant du contexte.

1. We spent our holiday at ... ... in Brighton.
2. I find the ebb and ... of the sea very soothing.
3. Do you want to go for a ... ? The water is really warm.
4. Lucy can't go to the beach because she forgot her ... .
5. I'm ... because I spent the whole day on the beach!

L'expression de l'égalité

• « Aussi... que... » se dit « **as** + adjectif + **as** ». Pour les négations, on ajoute **not**.
It's (not) as nice as I expected. C'est (Ce n'est pas) aussi bien que je l'espérais.

• « **As much** + singulier + **as** » et « **as many** + pluriel + **as** » signifient « autant de... que ».
We have as much money as you. On a autant d'argent que toi.
There aren't as many tourists as I thought. Il n'y a pas autant de touristes que je croyais.

5 Complétez ces phrases en utilisant des comparatifs d'égalité.

1. Do you know if Karen is... */big/her mother-in-law/*?
2. I'm convinced that Julian is... */not/clever/Joey.*
3. The capital city is... */not/populous/San Francisco.*
4. What I can tell you is that she is... */not/tall/me.*

L'expression de l'infériorité

• « Moins... que » se dit **less... than**.
Hawaii is less cold than New York. Hawaï est moins froid que New York.

• **Less** peut être suivi d'un nom. Avec un pluriel, on peut employer **less** ou **fewer**.
There's less sun here than in Hawaii. Il y a moins de soleil ici qu'à Hawaï.
There are less/fewer tourists. Il y a moins de touristes.

6 Traduisez.

1. Il y a autant de soleil que l'année dernière.
2. Ils sont moins intelligents que moi.
3. Est-ce qu'il y a autant de touristes ?
4. On a moins de pluie qu'il y a deux ans.
5. Je mange moins de légumes qu'avant.

Comme : as, like ou how?

• « Tout comme » : **They cried like babies.** Ils ont pleuré comme des bébés.
• « En tant que » : **I worked as an accountant.** Je travaillais comme comptable.
• « Puisque » : **As I was late, I ran.** Comme j'étais en retard, j'ai couru.
• « Que » + exclamation : **How sweet he is!** Comme il est mignon !

Pour terminer

7 Complétez ces phrases avec le vocabulaire de l'épisode.

1. It ... ... (équivaut à) a professional mistake.
2. The river is so ... that you can walk across it.
3. The two cars are the same, so they're ... .
4. ... are like small stones that you find on a beach.
5. ... are white birds that live near the sea.

8 *Dreaming of the seaside.* Écoutez ce dialogue et complétez le script.

– My parents are thinking of retiring by the ... . They hate city life.
– Your parents and I ... ... , then. It's often said that people ... ... But it's not true: you're a different person when you hear ... or ... .
– I agree with you. My parents and I love watching the ... coming in.
– I hope I can visit them with you. I won't forget my ... . I look forward to getting a ... on the ... .
– Oh, there's one thing I forgot to mention: they're retiring in Alaska.

CORRIGÉ DES EXERCICES

2 **1. a.** Le littoral. **2. c.** 80° F. **3. a.** Surfer. **4. c.** On ne sait pas.

3 **1.** Do you think (that) these cars are identical? **2.** To me, it all amounts to/comes down to the same thing. **3.** To be honest, we don't have a lot in common. **4.** "I hated that exhibition." "That makes two of us." **5.** The two faces are alike: it's the father and his son.

4 **1.** We spent our holiday at the seaside in Brighton. **2.** I find the ebb and flow of the sea very soothing. **3.** Do you want to go for a swim? The water is really warm. **4.** Lucy can't go to the beach because she forgot her swimsuit. **5.** I'm suntanned because I spent the whole day on the beach!

5 **1.** Do you know if Karen is as big as her mother-in-law? **2.** I'm convinced that Julian is not as clever as Joey. **3.** The capital city is not as populous as San Francisco. **4.** What I can tell you is that she is not as tall as me.

6 **1.** There's as much sun as last year. **2.** They're less intelligent than me. **3.** Are there as many tourists? **4.** We have less rain than two years ago. **5.** I eat less/fewer vegetables than before.

7 **1.** It amounts to/comes down to a professional mistake. **2.** The river is so shallow that you can walk across it. **3.** The two cars are the same, so they're identical. **4.** Pebbles are like small stones that you find on a beach. **5.** Seagulls are white birds that live near the sea.

8 – My parents are thinking of retiring by the seaside. They hate city life.
– Your parents and I have a lot in common, then. It's often said that people are the same everywhere. But it's not true: you're a different person when you hear seagulls or waves.
– I agree with you. My parents and I love watching the tide coming in.
– I hope I can visit them with you. I won't forget my swimming trunks. I look forward to getting a suntan on the beach.
– Oh, there's one thing I forgot to mention: they're retiring in Alaska.

Focus on... Equal opportunity

How do you define "minority"?

The concept of equal opportunity has always been essential to American culture. It dates back to 1776 and the Declaration of Independence*.*

The principle of equal opportunity stipulates that all people must be treated the same, in all **fairness**. For example, when you're about to start a football game, you expect the referee to strictly apply the same rules to every single participant. **Prejudices** or personal preferences cannot be accepted.

Equal opportunity is an essential theme in American culture and tradition. It was already present in the 1776 *Declaration of Independence*: "We hold these truths to be **self-evident**, that all men are created equal, that they are **endowed** by their Creator with certain unalienable Rights, that among these are Life, Liberty and the pursuit of Happiness."

Equal opportunity was also at **the core** of Martin Luther King's well-known speech "I have a dream", the dream "that my four little children will one day live in a nation where they will not be judged by the color of their skin, but by the content of their character."

This principle of non-discrimination **emphasizes** that opportunities should be freely **available** to all citizens **irrespective of** age, race, sex, religion, political association or ethnic origin. Affirmative action is a consequence of equal opportunity. Affirmative action implies setting quotas when choosing people for a job or for a school.

fairness: l'équité
a prejudice: un préjugé
equal opportunity: l'égalité des chances
self-evident: qui va de soi
endowed: doté
the core: le cœur
to emphasize: mettre en valeur le fait que
available: disponible
irrespective of: sans distinction de

In Western nations, the concept of equal opportunity is closely associated with social mobility and to some people, it should also cover practices like **sick leave**, holiday, insurance and **retirement**!

sick leave: un arrêt maladie
retirement: la retraite

MARTIN LUTHER KING

Martin Luther King, a non-violent activist in the civil rights movement, was assassinated in 1968 in Memphis, Tennessee. There is a federal holiday called "Martin Luther King, Jr. Day" to mark the birthday of Martin Luther King, Jr. It is observed in all 50 states on the third Monday of January each year.

Going further

- Type "I have a dream" on an Internet search engine to listen to **Martin Luther King's legendary 1963 speech**.
- Read the *Declaration of Independence* on the Internet. It is a relatively short text.

TRADUCTION DU SCRIPT

Dan – Alors, ça te plaît, la vie à Hawaï ?

Evan – C'est aussi sympa que ce que je pensais. C'est très coloré ici et la côte est magnifique. Mais mon stage peut être stressant.

Dan – Je ne te plains pas du tout ! Pas trop de touristes ?

Evan – Pas autant de touristes que je croyais.

Dan – Et le temps ? Le temps doit être magnifique là où tu es.

Evan – Il ne fait pas aussi froid qu'à New York, c'est sûr !

Dan – Je parie qu'il fait moins froid en ce moment !

Evan – Il ne fait que 80° F [27° C] aujourd'hui.

Dan – Tais-toi !

Evan – Il faut que tu viennes me voir. C'est moins animé ici qu'à New York mais les plages sont bien mieux, ça, je peux te le garantir, et pour surfer c'est le rêve. Pourquoi pas pour ton voyage de noces ?

Dan – Ma vie est comme avant : toujours aussi seul.

Evan – Toi ???

Dan – Je rigole, bien sûr. Et toi ? Ça y est, tu as rencontré une belle Hawaïenne ?

Evan – Viens voir par toi-même.

34 An awful flight...

Pour les doc audio et + d'exercices, voir le site.

L'épisode

1 Écoutez le dialogue avec ou sans l'aide du script.

Jennifer, Emma's mother, is meeting her daughter at JFK Airport (New York).

Jennifer – So how was your flight, honey?

Emma – Awful! I had to check in my luggage, because it was very heavy. I wasn't allowed to stand up because of turbulence. But I couldn't sit because I got sunburnt on my thighs! I was in pain. And I couldn't eat because I had a stomach bug. I was cold because of the air conditioning. My trousers felt too tight and my shoes hurt!

Jennifer – Poor thing. I feel so sorry for you. You never complain, so it must have been really dreadful. How long was the trip?

Emma – Over sixteen hours, but it felt like forever. We had to stop in Los Angeles. That was a relief because I was able to stand for a few minutes. But we weren't allowed to leave the plane, because it was the same plane all the way from Honolulu to JFK. So we had almost sixteen hours of turbulence and the weather cleared one hour before landing. But then we couldn't stand up because we were about to land!

Jennifer – You must feel terrible. I'm so glad you're here now. Don't worry, I'm going to take good care of you today!

> TRADUCTION P. 237

the thigh: la cuisse • **a stomach bug:** des ennuis gastriques • **tight:** serré

2 Répondez aux questions suivantes.

1. Emma a eu du mal à rester assise :
- ❑ a. À cause des sièges.
- ❑ b. À cause des turbulences.
- ❑ c. À cause d'un coup de soleil.

2. Pourquoi n'a-t-elle pas mangé ?
- ❑ a. À cause d'ennuis gastriques.
- ❑ b. À cause des turbulences.
- ❑ c. Parce qu'aucun repas n'était prévu.

3. Emma :
- ❑ a. Se plaint tout le temps.
- ❑ b. Ne se plaint jamais.
- ❑ c. A tendance à se plaindre.

4. Quelle est l'attitude de Jennifer ?
- ❑ a. Elle ne comprend pas sa fille.
- ❑ b. Elle est compatissante.
- ❑ c. Elle est agacée.

Plaindre quelqu'un

- **I feel so sorry for you.** Je suis tellement désolé pour vous.
- **I'm sorry (that) you failed your driving test.** Je suis désolé que tu aies raté ton permis.
- **I'm sorry to bother you.** Je suis désolé de vous déranger.
- **I feel sorry about what happened to you.** Je suis désolé de ce qui vous est arrivé.

- **It's really tough luck but don't despair.** C'est vraiment pas de chance, mais ne désespère pas.
- **It's so unfair.** C'est tellement injuste.
- **What a pity!/What a shame!** Quel dommage !

- **Don't take it too hard.** Ne le prends pas trop mal.
- **If there's anything I can do to help you, just let me know.** Si je peux t'aider en quoi que ce soit, dis-le-moi.
- **It must have been terrible/awful for you.** Ça a dû être affreux pour vous.
- **I sympathize. I know how it feels. I've been through it too.** Je comprends. Je sais ce que c'est. J'ai connu ça moi-même.

3 **Traduisez.**

1. Elle est désolée de ce qui leur est arrivé.
2. C'est tellement injuste ! Tu devrais te plaindre *(to complain)*.
3. Quel dommage ! Tu pourrais être millionnaire !
4. Nous sommes désolés que vous ayez démissionné *(to resign)*.
5. On a tous connu ça.

Les vêtements

- **trendy, fashionable:** branché, à la mode
- **casual:** décontracté
- **formal:** habillé
- **Does it fit me?** Ça me va ?
- **a larger/smaller size:** la taille au-dessus/en dessous
- **a shirt:** une chemise
- **a blouse:** un chemisier
- **trousers** [GB], **pants** [US]: un pantalon
- **a sweater, a jumper** [GB]: un pull
- **a skirt:** une jupe
- **a dress:** une robe
- **a suit:** un costume
- **a jacket:** une veste
- **a coat:** un manteau
- **a raincoat:** un imper
- **socks:** des chaussettes
- **tights:** un collant
- **slippers:** des chaussons
- **a hat:** un chapeau
- **a cap:** une casquette
- **a scarf:** une écharpe, un foulard
- **gloves:** des gants
- **a tie:** une cravate
- **a belt:** une ceinture

4 **Complétez en vous aidant des indications entre parenthèses ou du contexte.**

1. I bought my clothes twenty years ago, so I'm really not ... .
2. A coat that protects you against rain is called a ... .
3. In the US, we say "pants", but in the UK they say "...".
4. This skirt ... ... you (ne te va pas) at all.
5. ... are comfortable shoes that you wear at home.

Could

Could peut renvoyer au passé (j'ai pu/je pouvais) ou à l'hypothétique (je pourrais).
I was tired but I couldn't sleep.
J'étais fatigué mais je n'ai pas pu dormir.
I'm so hungry, I could eat a horse.
J'ai tellement faim que je pourrais manger un bœuf.

5 **Traduisez.**

1. I'm sorry but I couldn't eat anything. I'm not hungry at all.
2. Could I have a bigger slice of cake, please?
3. When I was your age, I could run faster than you.
4. I couldn't find the attachments when I clicked on the email.
5. We could go into town, if you like.

Be able to

• Pour parler d'une capacité future, on emploie **will be able to**.
I'll be able to help you. Je pourrai t'aider.

• Pour parler d'une capacité passée, on peut employer **could** ou **was/were able to**.
I could eat./I was able to eat.

Mais si la capacité est ponctuelle, seul **was/were able to** est possible.
I was able to talk to the doctor this morning. J'ai pu parler au médecin ce matin.

• Dans une négation, on peut employer **couldn't** ou **wasn't/weren't able to**.
Unfortunately, I wasn't able to talk/I couldn't talk to the doctor this morning.

6 **Complétez à l'aide des indications entre parenthèses.**

1. We ... (pourrons) see your parents if we go to Scotland.
2. We ... (pourrions) see your parents more often if they didn't live so far.
3. Liz ... (a pu) go on holiday in June.
4. I'm sorry that I ... (n'ai pas pu) speak to you yesterday.
5. In the future, human beings ... (pourront) live to 150 years.

Pour terminer

7 Complétez ces phrases avec le vocabulaire de l'épisode.

1. It's really tough ... . But don't ... (ne désespère pas).
2. I couldn't wear a ... (cravate) because it was a ... (décontracté) party.
3. What a ... (dommage)! It's so ... (injuste).
4. A ... is something you wear around your waist.
5. On your head, you can wear a ... , a ... or a ... .

8 *I've got nothing to wear.* Écoutez ce dialogue et complétez le script.

– I can't stand my ... any more. I can't wear them. They're so old-... . Look at this ... . And this ... , I wouldn't be seen dead wearing a ... like this.
– It must be so ... ...
– Also, I'm going to Hawaii. I won't be able to wear my new ... , you know the one that matches my ... ? Because it's too warm.
– Yes, and it's too ... for Hawaii. ... ... ! I ... ... ! I really ... .

CORRIGÉ DES EXERCICES

2 **1. c.** D'un coup de soleil. **2. a.** À cause d'ennuis gastriques. **3. b.** Ne se plaint jamais. **4. b.** Elle est compatissante.

3 **1.** She is sorry about what happened to them. **2.** It's so unfair! You should complain. **3.** What a pity!/What a shame! You could be a millionaire. **4.** We're sorry (that) you resigned. **5.** We've all been through it.

4 **1.** I bought my clothes twenty years ago, so I'm really not trendy/fashionable. **2.** A coat that protects you against rain is called a raincoat. **3.** In the US, we say "pants", but in the UK they say "trousers". **4.** This skirt doesn't fit you at all. **5.** Slippers are comfortable shoes that you wear at home.

5 **1.** Je suis désolé mais je ne pourrais rien manger. Je n'ai pas faim du tout. **2.** Est-ce que je pourrais avoir une plus grosse part de gâteau, s'il vous plaît ? **3.** À ton/votre âge, je pouvais courir plus vite que toi/vous. **4.** Je n'ai pas pu trouver les pièces jointes quand j'ai cliqué sur le courriel. **5.** On pourrait aller en ville, si tu veux.

6 **1.** We'll be able to see your parents if we go to Scotland. **2.** We could see your parents more often if they didn't live so far. **3.** Liz was able to go on holiday in June. **4.** I'm sorry that I wasn't able to/couldn't speak to you yesterday. **5.** In the future, human beings will be able to live to 150 years.

7 **1.** It's really tough luck. But don't despair. **2.** I couldn't wear a tie because it was a casual party. **3.** What a pity!/What a shame! It's so unfair. **4.** A belt is something you wear around your waist. **5.** On your head, you can wear a hat, a cap or a scarf.

8 – I can't stand my clothes any more. I can't wear them. They're so old-fashioned. Look at this coat. And this shirt, I wouldn't be seen dead wearing a shirt like this.
– It must be so awful for you.
– Also, I'm going to Hawaii. I won't be able to wear my new dress, you know the one that matches my handbag? Because it's too warm.
– Yes, and it's too formal for Hawaii. What a pity! I feel so sorry for you! I really sympathize.

Focus on...

JFK and Abraham Lincoln

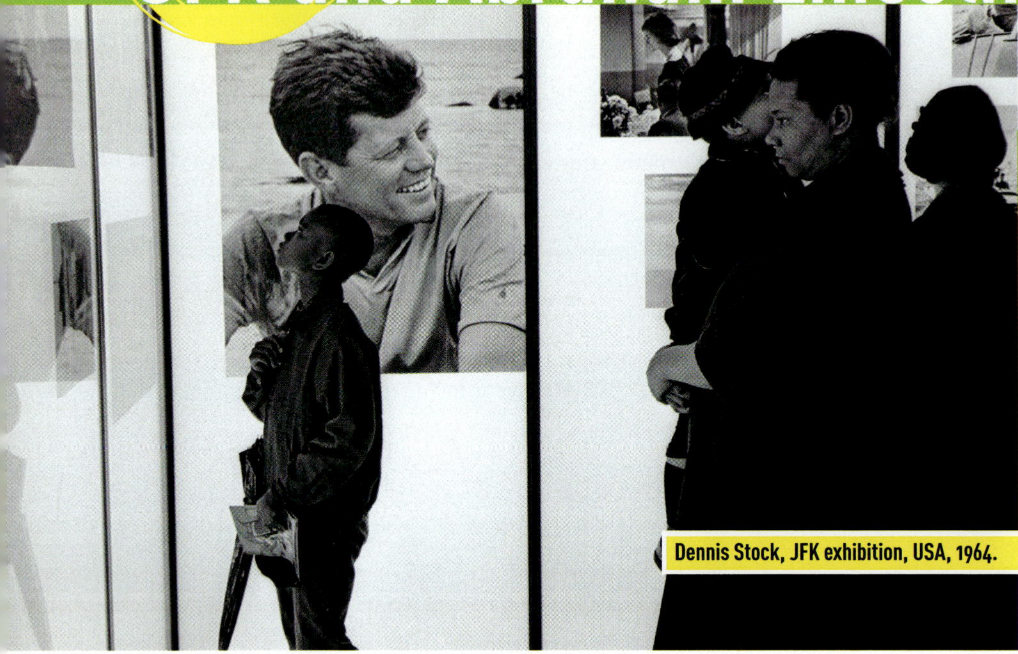

Dennis Stock, JFK exhibition, USA, 1964.

Kennedy and Lincoln are two of the most popular American presidents. But they have more in common than that.

John Fitzgerald Kennedy (or JFK) is one of the most famous US presidents. He's often compared with another extremely popular one, Abraham Lincoln, **if only** because both were assassinated: in 1963 for **the former** and 1865 for **the latter**.

That said, two more American presidents were assassinated: James Garfield (in 1881) and William McKinley (in 1901) and we can add in passing that six presidents survived assassination attempts (Andrew Jackson, Theodore Roosevelt, Franklin Roosevelt, Harry Truman, Gerald Ford and Ronald Reagan).

Other surprising historical facts link the two presidents together: Lincoln was elected President in 1860 and Kennedy in 1960. Lincoln's secretary was named Kennedy and Kennedy's secretary was named Lincoln. Lincoln was succeeded by someone called Johnson and Kennedy was succeeded by Lyndon B. Johnson.

These are of course mere coincidences. There are actually more differences between the two presidents than **similarities**. For one thing, they weren't from the same party: Lincoln was a Republican and Kennedy a Democrat.

if only: ne serait-ce que
the former/the latter: le premier/ce dernier
a similarity: une similitude

To summarize, the Republican Party tends to be conservative and the Democratic Party tends to be more progressive. But of course, things are far more complicated than that. Kennedy was born into a wealthy family and Lincoln in a one-room **log cabin**. Furthermore, Kennedy is the only Catholic president **to date** and Lincoln was a Protestant.

a log cabin: une cabane en bois
to date: à ce jour

THE AMERICAN CIVIL WAR

Lincoln was elected in 1860 and wanted to end slavery in the USA. This led to the American Civil War (1861-1865), when several Southern States decided to leave the Union, because they opposed the abolition of slavery. They became a sovereign nation called "the Confederate States of America". Abraham Lincoln's assassin, John Wilkes Booth, was a well-known actor who opposed the abolition of slavery.

Going further

- Many websites are devoted to the **Civil War** (called "Guerre de Sécession" in French). If you want to learn more about it, you can start with this one: http://www.civil-war.net.
- The 1991 American film *JFK*, directed by Oliver Stone, examines the events that led to the president's assassination. Many people accused Stone of taking liberties with historical facts in his film. But many praised the quality of the film, which makes great use of its outstanding cast. Kevin Costner plays Jim Garrison (a New Orleans district attorney) and Gary Oldman plays Lee Harvey Oswald.
- The 2013 American film ***Lincoln***, directed by Steven Spielberg, focuses on the last moments of the President's life and the victory of the Union over the Confederates.

TRADUCTION DU SCRIPT

Jennifer – Alors, tu as fait bon voyage, ma chérie ?

Emma – Atroce ! J'ai dû enregistrer ma valise, parce qu'elle était très lourde. Je n'ai pas eu le droit de me lever à cause des turbulences. Mais je ne pouvais pas rester assise à cause d'un coup de soleil sur les cuisses ! J'avais mal. Et je n'ai pas pu manger parce que j'avais des douleurs à l'estomac. J'ai eu froid à cause de la climatisation. Mon pantalon était trop serré et mes chaussures me faisaient mal !

Jennifer – Ma pauvre chérie. Je suis désolée pour toi. Tu ne te plains jamais, ça a dû être vraiment épouvantable. Il a duré combien de temps, ton vol ?

Emma – Plus de seize heures, ça n'en finissait pas. On a dû s'arrêter à Los Angeles. Quel soulagement parce que j'ai pu me lever pendant deux minutes. Mais on n'a pas eu le droit de sortir de l'avion parce que c'était le même avion de Honolulu à JFK. On a donc eu presque seize heures de turbulences et le ciel s'est dégagé une heure avant d'atterrir. Mais à ce moment-là on n'a pas pu se lever parce qu'on allait atterrir.

Jennifer – Tu dois être très mal. Je suis tellement contente que tu sois là. Ne t'en fais pas, je vais bien m'occuper de toi aujourd'hui.

35 Did you book online?

Pour les doc audio et + d'exercices, voir le site.

L'épisode

1 Écoutez le dialogue avec ou sans l'aide du script.

Oliver is checking into a hotel in London.

OLIVER – Hi, I'm Oliver Martin. I made a reservation on the Internet for five nights. I'd like to check in.
RECEPTIONIST – Right, let me check the computer. Err, I can't find your name.
OLIVER – Maybe I should have confirmed my reservation this morning.
RECEPTIONIST – Oh no, that would not have been necessary. Did you receive a confirmation email?
OLIVER – Yes, I did. I printed it. I must have put it in a bag somewhere. Or I may have left it in my old office in Liverpool. I don't know where it is.
RECEPTIONIST – Well, the confirmation email should be on your smartphone.
OLIVER – Yes, of course. Let me find it. Here it is.
RECEPTIONIST – OK, I understand now. Your reservation is for the Capital City House Hotel in Soho. This is the Capital City Home Hotel.
OLIVER – I'm so sorry. I should have checked.
RECEPTIONIST – Not at all. I must admit, it is rather confusing. They ought to change the name of their hotel.
OLIVER – Or you yours!

> TRADUCTION P. 243

2 Répondez aux questions suivantes.

1. Pour combien de nuits Oliver a-t-il réservé ?
- ❑ a. Trois nuits.
- ❑ b. Quatre nuits.
- ❑ c. Cinq nuits.

2. Où se trouve la réservation imprimée ?
- ❑ a. Dans le sac d'Oliver.
- ❑ b. Dans son bureau.
- ❑ c. On ne sait pas.

3. Oliver retrouve la réservation :
- ❑ a. Dans son téléphone.
- ❑ b. Dans son ordinateur.
- ❑ c. Dans sa tablette.

4. Il y a une erreur concernant :
- ❑ a. La date.
- ❑ b. L'hôtel.
- ❑ c. Le prix.

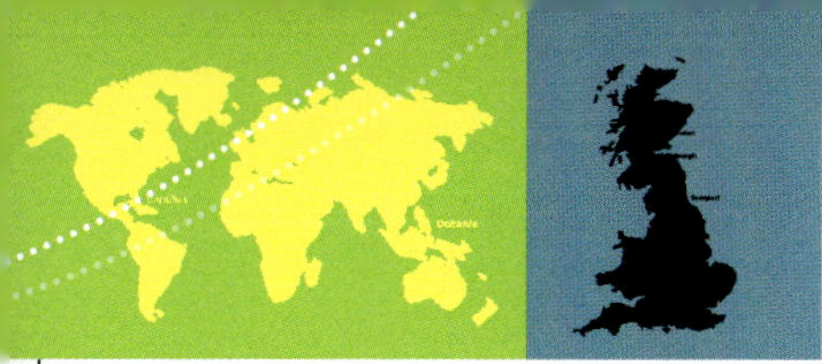

Faire une réservation

- **"Do you have any vacancies?" "Let me check what we have available."**
  « Vous avez encore des chambres libres ? » « Je vais vérifier nos disponibilités. »
- **I'd like to book a room for three nights starting today/from today.**
  Je voudrais réserver une chambre pour trois nuits à partir d'aujourd'hui.
- **"How long are you staying?" "Two nights from tomorrow."**
  « Vous restez combien de temps ? » « Deux nuits à partir de demain. »
- **How much is it per night?** Quel est le prix par nuit ?
- **"Who's the booking for, Madam?" "Mrs Betts, that's B-E-T-T-S."**
  « La réservation est à quel nom, Madame ? » « Mrs Betts, B-E-T-T-S. »
- **Would you mind filling in this registration form?**
  Vous voulez bien remplir cette fiche ?
- **How would like to pay? Cash or credit card?**
  Vous voulez payer en liquide ou par carte ?
- **I'm going to print your invoice, so you can check everything.**
  Je vais imprimer votre facture, comme ça vous pourrez tout vérifier.

3 **Traduisez.**

1. Nous avons des chambres disponibles pour toute la semaine.
2. Je reste trois nuits à partir de lundi.
3. Mon mari veut vérifier la facture.
4. On a réservé deux chambres à partir de demain.
5. Avez-vous déjà rempli la fiche ?

À l'hôtel

- **a guesthouse:** une pension de famille
- **full board/half board:** pension complète/demi-pension
- **private toilets:** des toilettes particulières
- **a car park:** un parking
- **to check in:** arriver, se présenter à la réception
- **to check out:** quitter l'hôtel, régler sa note
- **check-out time:** l'heure limite de départ
- **No vacancies.** Complet.
- **a deposit:** un acompte
- **a single/double (room):** une chambre simple/double
- **the lobby, the foyer:** le hall
- **a room with a view:** une chambre avec vue
- **the shower:** la douche
- **a bath, a bathtub** [US]: une baignoire
- **tea and coffee making facilities:** de quoi faire du thé et du café

4 **Complétez en vous aidant des indications entre parenthèses ou du contexte.**

1. The sign says "No ... ." That means that the hotel is fully booked.
2. The large entrance of a hotel is called "a ... ".
3. There are almost always ... and ... ... facilities in British hotels.
4. The ... (réceptionniste) said we had a ... (douche), not a ... (baignoire).

Must/may/can't have + participe passé

Ces constructions expriment souvent une déduction logique concernant le passé.

• **I/You must have** + participe passé = J'ai/Tu as dû + infinitif
The kids must have eaten it. Les enfants ont dû le manger.

• **I/You may have** + participe passé = J'ai/Tu as peut-être + infinitif
I may have left it at home. Je l'ai peut-être laissé chez moi.

• **I/You can't have** + participe passé = Je n'ai pas/Tu n'as pas pu + infinitif
You can't have seen Kate. She doesn't live here any more.
Tu n'as pas pu voir Kate. Elle n'habite plus ici.

5 **Traduisez.**

1. Vos enfants ont dû travailler dur *(to work hard).*
2. Tu as dû le perdre quelque part *(somewhere).*
3. Ils n'ont pas pu oublier le rendez-vous *(the appointment).*
4. Vous l'avez peut-être laissé dans la voiture.
5. Il a peut-être envoyé un sms *(to send sb a text)* à Sam.

Autres modaux suivis de have + participe passé

• **Would have** + participe passé = J'aurais/Tu aurais + participe passé
She would have taken the train if she had known.
Elle aurait pris le train si elle avait su.

• **Should have** + participe passé = J'aurais/Tu aurais dû + infinitif
I should have checked. J'aurais dû vérifier.

• **Could have** + participe passé = J'aurais/Tu aurais pu + infinitif
You could have told me. Tu aurais pu me le dire.

6 **Traduisez.**

1. J'aurais préféré une entrée plutôt *(a starter rather than)* qu'un dessert.
2. Ils auraient pu me dire la vérité.
3. Mes collègues auraient dû être plus attentifs *(careful).*

4. On aurait pris le train si on avait su *(if we had known).*
5. Vous auriez dû me prévenir *(to warn).*

Pour terminer

7 Complétez ces phrases avec le vocabulaire de l'épisode.

1. I'd like to pay in ... , not by ... card.
2. The ... (réceptionniste) could have warned us that there was no ... (parking).
3. Welcome to Central Hotel. Would you please ... ... (se présenter) at the reception desk and fill in the registration form?
4. We specifically asked for a ... ... (salle de bains particulière).
5. If you ... ... after check-out ... , you may have to pay a supplement.

8 *It must be a great hotel.* Écoutez ce dialogue et complétez le script.

– Hello, I'd like to make sure that you still have my ... . I reserved ... ... starting 15 February.
– Oh, yes, it's a lovely ... ...
– Good. I'd also like to know if your ... has a ... .
– Yes, it does.
– It looks fantastic. But I'm sorry to inform you that I have to cancel my ... .

CORRIGÉ DES EXERCICES

2 **1. c.** Cinq nuits. **2. c.** On ne sait pas. **3. a.** Dans son téléphone. **4. b.** L'hôtel.

3 **1.** We have rooms available for the whole week. **2.** I'm staying for three nights starting/from Monday. **3.** My husband wants to check the invoice. **4.** We've reserved/booked two rooms from/starting tomorrow. **5.** Have you already filled the (registration) form?

4 **1.** The sign says "No vacancies." That means that the hotel is fully booked. **2.** The large entrance of a hotel is called "a lobby/foyer". **3.** There are almost always tea and coffee making facilities in British hotels. **4.** The receptionist said we had a shower, not a bath/bathtub.

5 **1.** Your children/kids must have worked hard. **2.** You must have lost it somewhere. **3.** They can't have forgotten the appointment. **4.** You may have left it in the car. **5.** He may have sent Sam a text.

6 **1.** I'd (would) have preferred a starter rather than a dessert. **2.** They could have told me the truth. **3.** My colleagues should have been more careful. **4.** We would have taken the train if we had known. **5.** You should have warned me.

7 **1.** I'd like to pay in cash, not by credit card. **2.** The receptionist could have warned us that there was no car park. **3.** Welcome to Central Hotel. Would you please check in at the reception desk and fill in the registration form? **4.** We specifically asked for a private bathroom. **5.** If you check out after check-out time, you may have to pay a supplement.

8 – Hello, I'd like to make sure that you still have my reservation. I reserved a double room for six nights starting 15 February.
– Oh, yes, it's a lovely room with a view.
– Good. I'd also like to know if your guesthouse has a car park.
– Yes, it does.
– It looks fantastic. But I'm sorry to inform you that I have to cancel my reservation.

Focus on... Soho (London) vs. SoHo (New York)

In 2007 the National Gallery hung life-sized reproductions around the capital, like here outside a sex shop in Soho.

Soho is a very special place in the centre of London. This photo is just one example of what makes it special. The title of the painting by Caravaggio is Salome receives the Head of John the Baptist *(1607-1610).*

Soho is a highly multi-cultural area where thousands of people **flock** at weekends, and not just tourists. It's so crowded that the streets are closed to traffic to **accommodate** all the people who are out to have fun.

Soho is known for being the home of great bars, restaurants and nightclubs, and for being very tolerant. You can dress anyway you want in Soho, no one will judge you on your fashion, sexuality, age, ethnic group...

In the 1960s Soho was already at the heart of "Swinging London", when British music (The Beatles, The Rolling Stones, The Who, etc.) and fashion (the miniskirt) were very popular in all Western countries.

Soho was also traditionally a place for immigrants. London's Chinatown is in Soho. It was established in the 1970s, at a time when Chinese cuisine was becoming more and more popular in the UK.

to flock: affluer • **to accommodate:** accueillir, contenir

There was also an influx of Chinese immigrants from Hong Kong after the Second World War (Hong Kong was a British colony from 1842 to 1997). There's a large street festival on Gerrard Street on the Chinese New Year.

SoHo

New York City has its own SoHo, written with a capital S and a capital H. SoHo means literally "SOuth of HOuston (Street)". It is centrally located in **Lower Manhattan**. It is famous for its artists' lofts and art galleries. There are also fashionable boutiques and international chain stores. A very large part of SoHo was declared a National Historic **Landmark** for its **cast-iron** architecture.

The name SoHo became a model for other acronyms, like NoHo, that is to say, "North of Houston Street" and Nolita, "North of Little Italy" (areas in Manhattan) or DUMBO, "Down Under the Manhattan Bridge Overpass" (an area in Brooklyn).

Needless to say, Soho London was the first Soho ever... We don't know for sure what Soho means, but it's probably a cry used by hunters. It's hard to believe that Soho was once a hunting park... These days you can always go bar hunting in Soho...

Lower Manhattan: la partie sud de Manhattan
a landmark: (ici) un ensemble classé
cast-iron: de la fonte

Going further

⇒ **Hong Kong** also has a Soho District. It's an acronym too and is derived from "**South of Hollywood Road**". You'll find bars, nightclubs, restaurants, art galleries too in Soho, Hong Kong.

TRADUCTION DU SCRIPT

Oliver – Bonjour, je m'appelle Oliver Martin. J'ai fait une réservation par internet pour cinq nuits. Je voudrais m'enregistrer.

Réceptionniste – D'accord, je vais vérifier sur l'ordinateur. Euh, je ne trouve pas votre nom.

Oliver – J'aurais peut-être dû confirmer ma réservation ce matin.

Réceptionniste – Oh non, ça n'était pas nécessaire. Vous avez reçu un mail de confirmation ?

Oliver – Oui. Je l'ai imprimé. J'ai dû le mettre dans un sac quelque part. Ou je l'ai peut-être laissé dans mon ancien bureau à Liverpool. Je ne sais pas où il est.

Réceptionniste – En fait, le mail de confirmation devrait être dans votre Smartphone.

Oliver – Mais oui, bien sûr. Je vais chercher. Le voilà.

Réceptionniste – OK, je comprends maintenant. Votre réservation est pour le Capital City House Hotel à Soho. Ici c'est le Capital City Home Hotel.

Oliver – Vraiment désolé. J'aurais dû vérifier.

Réceptionniste – Je vous en prie. Je dois reconnaître que c'est plutôt déroutant. Ils devraient changer le nom de leur hôtel.

Oliver – Ou vous le vôtre !

36 I'm so sorry!

Pour les doc audio et + d'exercices, voir le site.

L'épisode

1 **Écoutez le contenu de l'e-mail avec ou sans l'aide du script.**

Oliver is writing an email to his son, Jeff, about the show he saw the previous night.

Hi Jeff,
I hope everything is OK. I'm having a great time in London. I went to see a musical last night, *Les Misérables*. I had booked it a long time in advance, fortunately, because it was packed.
When I arrived the show had already started. That's because I got off at the wrong tube station. So I had to wait ten minutes before they let me in. I wish I had arrived earlier. During the intermission I went to the bar but I went to the wrong floor and so people had already started lining up. When I finally got my drink the bell had rung twice and people had gone back to their seats before me. I was sitting in the middle of the row... I tried hard not to sound American when I said "Sorry", "I'm terribly sorry", "It's me again". Still, I just loved it. I wish you'd been here! Many people in the audience had already seen it and knew the lyrics by heart. It was really great. There was as much going on in the audience as on stage. I've bought the DVD. I'm sure you'll love it too. We'll watch it together with Mum.
Lots of love,
Dad

> TRADUCTION P. 249

packed: comble • **to let sb in:** faire entrer qqn • **the intermission:** l'entracte • **the row:** le rang

2 **Répondez aux questions suivantes.**

1. À quel spectacle a assisté Oliver ?

- ❑ **a.** Un concert.
- ❑ **b.** Une comédie musicale.
- ❑ **c.** Un opéra.

2. À quel moment est-il allé au bar ?

- ❑ **a.** Au début du spectacle.
- ❑ **b.** À la fin du spectacle.
- ❑ **c.** Durant l'entracte.

3. Quelle place avait-il ?

- ❑ **a.** Un strapontin.
- ❑ **b.** Un siège au milieu d'une rangée.
- ❑ **c.** Une place debout.

4. Qu'est-ce qu'il a acheté ?

- ❑ **a.** Un DVD.
- ❑ **b.** Un livret.
- ❑ **c.** Un CD.

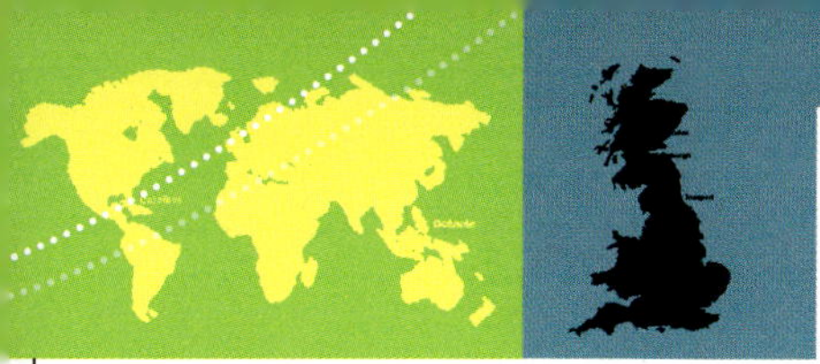

S'excuser

- **Excuse me?/Pardon?** [GB]/**I'm sorry?** Pardon ?
- **Excuse me, what did you say?** Pardon, qu'est-ce que tu as dit ?
- **I'm sorry, can you say that again?** Désolée, vous pouvez répéter ?
- **Excuse me, can you tell me where the underground is?** Excusez-moi, pouvez-vous me dire où se trouve le métro ?

- **I'm sorry I'm late but I got lost.** Je suis désolé d'être en retard, mais je me suis perdu.
- **I'm awfully sorry but it's not free.** Je suis vraiment désolé mais ce n'est pas gratuit.
- **I beg your pardon. I didn't know you were in the queue.** Je vous demande pardon. Je ne savais pas que vous faisiez la queue.
- **I'd like to apologize for having to leave early.** Je voudrais m'excuser de devoir partir tôt.

3 Traduisez.

1. Mes enfants sont vraiment désolés mais ils ne peuvent pas aller à votre fête *(party)*.
2. Désolé, tu peux répéter ? Je n'ai pas bien compris.
3. Je vous demande pardon. Je croyais que vous étiez seul.
4. Je voudrais m'excuser pour le comportement *(behaviour)* de mon fils.
5. Excusez-moi, est-ce que cette place est libre ?

Au théâtre

- **to go to the theatre** [GB], **theater** [US]: aller au théâtre
- **a play:** une pièce de théâtre
- **a playwright:** un auteur dramatique
- **the plot:** l'intrigue
- **a twist:** un rebondissement
- **a happy ending:** une fin heureuse
- **the stage:** la scène
- **the stage door:** l'entrée des artistes
- **the wings:** les coulisses
- **the scenery, the set:** les décors
- **a rehearsal:** une répétition
- **the audience:** les spectateurs
- **a row of seats:** une rangée de sièges
- **to attend a show:** assister à un spectacle
- **a performance :** une représentation
- **an interval** [GB], **an intermission** [US]: un entracte
- **to applaud, to clap:** applaudir
- **the applause:** les applaudissements

4 Complétez en vous aidant des indications entre parenthèses ou du contexte.

1. The ... was enthusiastic. People ... (applaudir) for several minutes.
2. There were two long acts, with one ... in between.
3. A ... is the moment when you prepare for a ... (représentation).
4. I hate sad stories. I only like ... (spectacles) with happy ... .
5. The person who writes a ... (pièce) is called a ... .

Le pluperfect (ou past perfect)

• Pour former le **pluperfect**, on emploie **had** (**'d**) à toutes les personnes, puis on ajoute le participe passé : **I had seen** (j'avais vu), **you had seen** (tu avais vu)...

• Le **pluperfect** exprime un événement passé, antérieur à un autre événement passé.
When I arrived the show had already started.
Quand je suis arrivé, le spectacle avait déjà commencé.

• On utilise **if** + **pluperfect** pour parler de quelque chose qui ne s'est pas produit.
If I'd (had) known, I'd (would) have arrived earlier.
Si j'avais su, je serais arrivé plus tôt.

Attention : **'d** peut correspondre à **had** (**if I'd known**) ou à **would** (**I'd have arrived**).

5 Complétez à l'aide des indications entre parenthèses.

1. Greg called his brother at 8. He ... (avait déjà appelé) his wife.
2. She didn't want to see that film simply because she ... (l'avait vu) twice before.
3. If you ... (ne m'aviez pas aidé), I wouldn't have been offered the job at all.
4. ... (Si elle avait su), she'd have cancelled the meeting.
5. I would have slept well if my mobile ... (n'avait pas sonné) every two hours!

Le pluperfect avec just et wish

• Le **pluperfect** avec **just** se traduit par « venir de » à l'imparfait suivi de l'infinitif.
I had just arrived. Je venais d'arriver.

• **Wish** suivi du **pluperfect** exprime un regret (« si seulement » ou « regretter »).
They wish they hadn't drunk so much. Ils regrettent d'avoir autant bu.
I wish I had arrived earlier.
Si seulement j'étais arrivé plus tôt./J'aurais aimé arriver plus tôt.

6 Traduisez en utilisant le *pluperfect*.

1. Je venais de raccrocher *(to hang up)* quand j'ai entendu le cri *(the scream)*.
2. Il venait d'avoir dix-huit ans *(to turn eighteen)*.

3. J'aurais aimé être poète *(to be a poet).*
4. On regrette d'être venu.
5. Elle regrette que tu lui aies menti *(to lie).*

Pour terminer

7 Complétez ces phrases avec le vocabulaire de l'épisode.

1. I like sitting near the ... because I enjoy seeing the actors' faces.
2. ... me, have you got the time, please?
3. I was perfect as usual and so the ... gave me a standing ovation.
4. You say "I'm sorry" when you want to ... .
5. You can say "..." or "set".

8 *You'll never guess the end.* Écoutez ce dialogue et complétez le script.

At the tourist office

– I'd like ... ... Is there any ... that I should see?

– There's a new ... by a young ... that's called *Total Suspense.* I've seen it ... . I'm ... but it's sold out.

– I'm really ... I can't see it. I ... I could see it.

– Wait. Two tickets have just been returned. You're lucky! The ... is fantastic, with an incredible ... at the end: the assassin is the train driver.

CORRIGÉ DES EXERCICES

2 **1. b.** Une comédie musicale. **2. c.** Durant l'entracte. **3. b.** Un siège au milieu d'une rangée. **4. a.** Un DVD.

3 **1.** My children/kids are really/awfully sorry but they can't go to your party. **2.** Excuse me, can you say that again? I didn't understand well. **3.** I beg your pardon. I thought you were alone. **4.** I'd like to apologize for my son's behaviour. **5.** Excuse me, is this seat free?

4 **1.** The audience was enthusiastic. People applauded/clapped for several minutes. **2.** There were two long acts, with one interval/intermission in between. **3.** A rehearsal is the moment when you prepare for a performance. **4.** I hate sad stories. I only like shows with happy endings. **5.** The person who writes a play is called a playwright.

5 **1.** Greg called his brother at 8. He had already called his wife. **2.** She didn't want to see that film simply because she'd (had) seen it twice before. **3.** If you had not (hadn't) helped me, I wouldn't have been offered the job at all. **4.** If she'd (had) known, she'd have cancelled the meeting. **5.** I would have slept well if my mobile had not (hadn't) rung every two hours!

6 **1.** I'd (had) just hung up when I heard the scream. **2.** He'd (had) just turned eighteen. **3.** I wish I had been a poet. **4.** We wish we hadn't come. **5.** She wishes you hadn't (had not) lied to her.

7 **1.** I like sitting near the stage because I enjoy seeing the actors' faces. **2.** Excuse me, have you got the time, please? **3.** I was perfect as usual and so the audience gave me a standing ovation. **4.** You say "I'm sorry" when you want to apologize. **5.** You can say "scenery" or "set".

8 – I'd like to go to the theatre. Is there any play that I should see?

– There's a new play by a young playwright that's called *Total Suspense.* I've seen it in rehearsal. I'm sorry but it's sold out.

– I'm really sorry I can't see it. I wish I could see it.

– Wait. Two tickets have just been returned. You're lucky! The plot is fantastic, with an incredible twist at the end: the assassin is the train driver.

Focus on... Musicals

Billy Elliot (2007).

Musicals are becoming more and more popular. That may be because they combine music and dramatic presentation...

As the cliché goes, "Music knows no **boundaries**". Music travels from one country to the next because it is supposed to be a universal language. Well, if that were completely true, the Western world would listen to more non-Western music. Music seems to travel particularly well from a **handful** of countries to the rest of the world.

Combining music and dramatic presentations is a very old tradition, which was present in the theatre of Ancient Greece. A musical also combines music and dramatic presentation: it is a play in which part of the story is sung.

Musicals are a relatively recent invention. They emerged in the 19th century with the works of Gilbert and Sullivan in Britain or Offenbach in France. With their nice melodies and **witty** stories (and even satire), they formed a model for 20th century musicals.

Musicals are performed in many countries. They seem to be popular all over the world. However, few cities offer as many musicals as London or New York **all year round**. One of the most popular musicals is *Les Misérables*. It is often called *Les Mis* or *Les Miz* (pronounced "Mizz"). It's based on the novel by Victor Hugo and was first **performed** in Paris in 1980 but it was the English version that turned *Les Misérables* into a global phenomenon.

Billy Elliot is another popular musical based on the 2000 film *Billy Elliot*. It tells the story of a miner's son who dreams of becoming a ballet dancer. It takes place during a miners' **strike** in 1984-1985 when Margaret Thatcher was Prime Minister, in the North of England.

a boundary: une frontière
a handful of: une poignée de
witty: spirituel
all year round: toute l'année
to perform (a play): jouer
a strike: une grève

I DREAMED A DREAM

Aretha Franklin sang "I Dreamed a Dream" from *Les Misérables* during the 1993 **inaugural celebration** for US President Bill Clinton.

Porgy and Bess is an opera by George Gershwin. It was first performed as a Broadway production in 1935. It is now accepted as a legitimate opera. This shows that musicals sometimes **overlap** with opera.

the inaugural celebration: la cérémonie d'investiture • **to overlap:** se recouper

Going further

- You can watch **Aretha Franklin** sing ***I Dreamed a Dream*** for President Clinton in 1993. Type "Aretha Franklin I dreamed a dream – Clinton" on a search engine to listen to it.
- Watch extracts of the musical ***Billy Elliot*** on the Internet, by typing "Billy Elliot musical". The 2000 film is very moving, especially the final scene. But we won't tell you what it is!
- You can compare two versions of the ballad ***Summertime*** from **Gershwin's opera** by typing "Summertime opera" and "Summertime Ella Fitzgerald" using an Internet search engine. Another interpretation that we'd recommend is **Janis Joplin**'s version. It's very different from anything else.
- Learn more about **Gilbert and Sullivan** on http://www.gilbertandsullivansociety.org.uk.

TRADUCTION DU SCRIPT

Salut Jeff,

J'espère que tout va bien. Je me plais beaucoup à Londres. Je suis allé voir une comédie musicale hier soir, *Les Misérables*. J'avais réservé longtemps à l'avance, heureusement, parce c'était plein.

Quand je suis arrivé, le spectacle avait déjà commencé. C'est parce que je ne suis pas sorti à la bonne station de métro. J'ai donc dû attendre dix minutes avant qu'on me laisse entrer. Si seulement j'étais arrivé plus tôt !

Durant l'entracte je suis allé au bar, mais je suis allé au mauvais étage et les gens avaient déjà commencé à faire la queue. Quand enfin j'ai eu ma boisson, la cloche avait sonné deux fois et les gens étaient retournés s'asseoir avant moi. J'étais assis au milieu de la rangée... J'ai essayé de cacher mon accent américain en disant « Désolé », « Je suis vraiment désolé », « C'est encore moi ».

Malgré ça, j'ai adoré. J'aurais aimé que tu sois là ! Beaucoup de spectateurs l'avaient déjà vu et connaissaient les paroles par cœur. C'était vraiment génial. Il se passait autant de choses dans le public que sur scène. J'ai acheté le DVD. Je suis sûr que tu aimeras toi aussi. On le regardera avec Maman.

Bisous,
Papa

Check it! 31 > 36

What did they say ?

1 Cinq erreurs se sont glissées dans ce résumé des épisodes 31-33. **Corrigez-les.**

Oliver is saying goodbye to Linda. She asks him to send her an email from Australia. On the train to London, Oliver talks to a passenger, who really likes football. When the ticket collector arrives, Oliver shows her his ticket and a railcard, which expires the next day. Back in America, Evan is chatting online with Dan, a cousin from New York. Evan would like Dan to come and visit him, possibly on his honeymoon. Dan pretends that he's lonely, and Evan feels sorry for him.

SCORE : ... / 10

2 Cinq blancs se sont glissés dans ce résumé des épisodes 34-36. **Complétez-les.**

Jennifer is picking Emma up at JFK Airport (New York). Emma's flight was ... . Jennifer is sympathetic: she's going to take ... .
Back in England, Oliver wants to check in at his hotel in London, but ... can't find his name. The problem is that he went to ... . The next day, he sends an email to his son, Jeff, about *Les Misérables.* He had a great time, but was a bit embarrassed because he arrived ... .

SCORE : ... / 10

Express yourself

3 **Retrouvez** le sens de ces cinq mots ou expressions.

1. to sob: ...
2. to be out of breath: ...
3. a cliff: ...
4. to wear tights: ...
5. a rehearsal: ...

SCORE : ... / 10

4 Que diriez-vous dans les contextes suivants ?

1. It won't take long at all. So, see you ... .
2. I don't have an appointment, but ... speak to Mrs Bates, please? It's urgent.
3. My boyfriend and you have a lot ... . You share the same interests. You should get along.
4. "I'm sorry, Kathleen, I can't come to your party. I'm ill." "What a ... !"
5. *(At the hotel reception.)* "Do you have any ... for tonight?"

SCORE : ... / 10

5 **Dites-le** en anglais.

1. Tiens-moi au courant. Je suis ravi que tu aies trouvé du travail.
2. Les deux plages sont identiques. On peut aller se baigner dans les deux *(at both).*
3. C'est tellement injuste. Ce pantalon ne me va pas. Pourtant *(And yet)* je suis au régime *(to be on a diet)* depuis deux semaines !
4. « Vous restez combien de temps ? » « Jusqu'à *(Until)* l'heure limite de départ ! »
5. Je suis vraiment désolé, mais tous les sièges sont pris.

SCORE : ... / 10

Afraid of grammar ?

6 Réécrivez ces phrases en tenant compte de l'amorce.

1. Ken must go to work at 6. → *Yesterday, Ken ...*
2. Ken must go to work at 6. → *Tomorrow, Ken ...*
3. Members may borrow five books. → *Last year, members ...*
4. Members may borrow five books. → *Next year, members ...*
5. We can afford a vacation like this. → *In two years, we ...*

SCORE : ... / 10

7 Traduisez.

1. Il n'est pas aussi sympa que son frère.
2. Elle n'a pas autant d'amis que toi.
3. Tu es moins stupide que les autres.
4. La nourriture indonésienne *(Indonesian)* n'est pas comme la nourriture indienne.
5. Comme tu es le plus jeune, tu peux passer en premier *(go first)*.

SCORE : ... / 10

8 Traduisez.

1. Ils ont dû rater leur avion.
2. S'ils avaient su, ils seraient arrivés plus tôt.
3. Vous auriez pu vous excuser *(to apologize)*.
4. Je venais de voir Craig quand sa femme a téléphoné au bureau.
5. Ils regrettent *(They wish)* de leur avoir donné leurs coordonnées *(contact details)*.

SCORE : ... / 10

Cultural quiz

9 Épisodes 31-33

1. When was Prohibition repealed? ❑ a. In 1920. ❑ b. In 1933.
2. It was possible to drink alcohol during Prohibition. ❑ a. True. ❑ b. False.
3. What is "American football" called in the US? ❑ a. Football. ❑ b. Soccer.
4. Which country invented the most sports? ❑ a. Britain. ❑ b. The USA.
5. Martin Luther King, Jr. died: ❑ a. In 1968. ❑ b. In 1958.

SCORE : ... / 10

10 Épisodes 34-36

1. Lincoln's assassin opposed ... .
2. The war between the North and several Southern slave states (1861-1865) is called ... .
3. The area called "SoHo" in Manhattan means "South of ...".
4. *Porgy and Bess* was composed by ... .
5. The 19th century works of ... and ... formed a model for 20th century musicals.

SCORE : ... / 10

Corrigés p. 252 (2 points par bonne réponse). **SCORE : ... / 100**

corrigés

1 Oliver is saying goodbye to Linda. She asks him to send her ~~an email~~ **a real postcard** from Australia. On the train to London, Oliver talks to a passenger, who really likes ~~football~~ **rugby**. When the ticket collector arrives, Oliver shows her his ticket and a railcard, which expires ~~the next day~~ **in five days**. Back in America, Evan is chatting online with Dan, ~~a cousin from New York~~ **a friend from college**. Evan would like Dan to come and visit him, possibly on his honeymoon. Dan pretends that he's lonely, ~~and Evan feels sorry for him~~ **but Evan doesn't believe him**.

2 Jennifer is picking Emma up at JFK Airport (New York). Emma's flight was **awful**. Jennifer is sympathetic: she's going to take (good) **care of her**. Back in England, Oliver wants to check in at his hotel in London, but **the receptionist** can't find his name. The problem is that he went to **the wrong hotel**. The next day, he sends an email to his son, Jeff, about *Les Misérables*. He had a great time, but was a bit embarrassed because he arrived **late**.

3 **1.** to sob: sangloter **2.** to be out of breath: être essoufflé **3.** a cliff: une falaise **4.** to wear tights: porter des collants **5.** a rehearsal: une répétition

4 **1.** It won't take long at all. So, see you **soon/in a bit/in a few minutes**. **2.** I don't have an appointment, but **could** I speak/**is it possible to** speak/**would it be possible to** speak/**may** I speak to Mrs Bates, please? It's urgent. **3.** My boyfriend and you have a lot **in common**. You share the same interests. You should get along. **4.** "I'm sorry, Kathleen, I can't come to your party. I'm ill." "What a **pity/shame**!" **5.** "Do you have any **vacancies** for tonight?"

5 **1.** Keep me posted. I'm delighted you found/you've found a job. **2.** The two beaches are identical. We can go for a swim at both. **3.** It's so unfair. These trousers don't fit me. And yet, I've been on a diet for two weeks! **4.** "How long are you staying?" "Until check-out time!" **5.** I'm awfully sorry but all the seats are taken.

6 **1.** Yesterday, Ken had to go to work at 6. **2.** Tomorrow, Ken will have to go to work at 6. **3.** Last year, members were allowed to borrow five books. **4.** Next year, members will be allowed to borrow five books. **5.** In two years, we'll be able to afford a vacation like this.

7 **1.** He's not as friendly/nice as his brother. **2.** She hasn't got/She doesn't have as many friends as you. **3.** You're less stupid than the others. **4.** Indonesian food is not like Indian food. **5.** As you're the youngest, you can go first.

8 **1.** They must have missed their plane. **2.** If they'd (had) known, they'd (would) have arrived sooner/earlier. **3.** You could have apologized. **4.** I'd (had) just seen Craig when his wife called the office. **5.** They wish they hadn't given them their contact details.

9 **1. b.** In 1933. **2. a.** True. **3. a.** Football. **4. a.** Britain. **5. a.** In 1968.

10 **1.** The abolition of slavery. **2.** The Civil War or the American Civil War. **3.** South of Houston (Street). **4.** George Gershwin. **5.** Gilbert and Sullivan.

PARTIE 7

37 Off with her head!

Oliver is talking to two American tourists, Laura and Derek, while visiting the Tower of London.

Communication Exprimer ses regrets p. 255
Vocabulaire La royauté p. 255
Grammaire *Some* et *any* p. 256
Focus on *Anne Boleyn* (1507-1536) p. 258

38 To the Modern on foot

An email from Oliver to his wife, Jennifer.

Communication Exprimer son enthousiasme p. 261
Vocabulaire Au musée, dans les expositions p. 261
Grammaire Les pronoms relatifs p. 262
Focus on *The Tate Modern* p. 264

39 A little salt

Oliver is on the plane to Australia via Bangkok, talking to Raj, from India. They're having dinner…

Communication Évaluer p. 267
Vocabulaire Faire la cuisine p. 267
Grammaire Un peu de, quelques, peu de p. 268
Focus on *Hinduism and food* p. 270

40 Let's remain polite

Oliver and another passenger are waiting for their luggage at Bangkok Airport.

Communication Demander des renseignements p. 273
Vocabulaire La civilité, l'incivilité p. 273
Grammaire Les noms indénombrables p. 274
Focus on *Being polite* p. 276

41 It's a great idea, isn't it?

An email from Emma to her family. She's with her grandmother in Vermont.

Communication Demander son avis à quelqu'un p. 279
Vocabulaire La campagne p. 279
Grammaire Les *question tags* p. 280
Focus on *The English countryside* p. 282

42 Whose bag is this?

Oliver and a female customs officer in Sydney. They've found unattended luggage.

Communication À qui est-ce ? p. 285
Vocabulaire À la frontière p. 285
Grammaire *Whose* p. 286
Focus on *The citizenship test* p. 288

p. 290-292 **Check it!** 37 > 42

37 Off with her head!

Pour les doc audio et + d'exercices, voir le site.

L'épisode

1 Écoutez le dialogue avec ou sans l'aide du script.

Oliver is talking to two American tourists, Laura and Derek, while visiting the Tower of London.

OLIVER – I had no idea so much had happened in the Tower of London. Did you know that Anne Boleyn was beheaded in the Tower?

LAURA – Yes, I read it in a leaflet. There were some leaflets in the other room about it. I feel so sorry for what happened to her. It seems so unfair.

OLIVER – Yes, it's very sad. It's a pity I didn't see any leaflets. I should have taken one.

DEREK – You can have mine. There's also some useful information at the entrance on Anne Boleyn.

OLIVER – Thanks. I'm Oliver by the way.

DEREK – I'm Derek and this is my wife Laura.

OLIVER – Nice to meet you. I've been walking around for two hours now. I'm ready for some coffee. Would you like to join me for some tea or coffee?

LAURA – Sure. It would be a nice break for us too. I didn't have any coffee this morning. I need some now.

DEREK – Me too. We're both sorry to have to leave London tomorrow. There are still so many things to see and to learn. It's funny how they executed prisoners in those days. Oops, that didn't come out right.

> TRADUCTION P. 259

2 Répondez aux questions suivantes.

1. Comment Anne Boleyn est-elle morte ?
- ❑ a. Elle a été empoisonnée.
- ❑ b. Elle a été pendue.
- ❑ c. Elle a été décapitée.

2. Que donne Derek à Oliver ?
- ❑ a. Un guide.
- ❑ b. Un dépliant.
- ❑ c. Un billet d'entrée.

3. Oliver se promène :
- ❑ a. Depuis une heure.
- ❑ b. Depuis deux heures.
- ❑ c. Depuis trois heures.

4. Laura et Derek quittent Londres :
- ❑ a. Le lendemain.
- ❑ b. Deux jours plus tard.
- ❑ c. Une semaine plus tard.

Exprimer ses regrets

- **I wish you were here.** Je regrette que tu ne sois pas là.
- **I wish I had more time.** Je regrette de ne pas avoir plus de temps.

- **I regret (that) I can't greet our new colleague.**
  Je regrette de ne pas pouvoir accueillir notre nouveau collègue.
- **I regret spending my money so stupidly.**
  Je regrette d'avoir dépensé mon argent si bêtement.
- **We regret to inform you that your application has been unsuccessful.**
  Nous sommes au regret de ne pas pouvoir donner suite à votre candidature.

- **If only I had listened to her.** Si seulement je l'avais écoutée.
- **If I had known, I would have done things differently.**
  Si j'avais su, j'aurais agi différemment.
- **I should have worked harder.** J'aurais dû travailler davantage.

3 Traduisez.

1. J'aurais dû travailler plus. Il est peut-être trop tard maintenant.
2. Je regrette de ne pas pouvoir aller à ce concert.
3. Je regrette que ce poste soit déjà pourvu *(to fill).*
4. Si j'avais su, je ne serais pas venu avec eux.
5. Mes parents regrettent de ne pas sortir davantage.

La royauté

- **a monarchy:** une monarchie
- **a monarch:** un monarque
- **a sovereign:** un souverain
- **a king/a queen:** un roi/une reine
- **a kingdom:** un royaume
- **to reign:** régner
- **to crown:** couronner
- **the royal family:** la famille royale
- **the royals:** les membres de la famille royale
- **to abdicate:** abdiquer
- **a prince/a princess:** un prince/une princesse
- **a duke/a duchess:** un duc/une duchesse
- **a count/a countess:** un comte/une comtesse
- **a title:** un titre
- **an empire:** un empire
- **an emperor/an empress:** un empereur/une impératrice
- **a palace:** un palais, un château
- **a castle:** un château fort
- **a fairy tale:** un conte de fées

4 Complétez en vous aidant du contexte.

1. The ... are members of the royal family.
2. "What is the husband called if the woman is a countess?" "... ."
3. An emperor and an empress rule over ... .
4. King Edward VII ... the British throne in 1936.
5. *Cinderella, Sleeping Beauty* and *Snow White* are famous ... .

Some et any (de, de la, du, des)

• « De, de la, du, des », au sens de « un peu », « quelques », se traduit souvent par « **some** + nom » et « **any** + nom ». **Some** s'emploie dans les affirmations et **any** dans les questions.
There were some leaflets. Il y avait des dépliants.
Have you got any beer? Est-ce que vous avez de la bière ?

• Si « de, de la, du, des » n'a pas ce sens, on ne le traduit pas (article zéro).
We don't serve _alcoholic drinks. On ne sert pas de boissons alcoolisées.

• **Some** et **any** s'emploient aussi sans nom. Ils se traduisent alors par « en ».
I want some. J'en veux. **Do you want any?** Est-ce que tu en veux ?

5 Complétez avec *some*, *any* ou rien, puis traduisez.

1. I need ... money because I'm going to the shops.
2. "Do you need ... money?" "No, I don't need ... ."
3. No cheese, thanks. I've already had ... .
4. You have ... beautiful eyes.
5. My job is to sell ... cars.

Autres emplois de some et any

• On emploie **some** dans une question quand on veut offrir ou obtenir quelque chose ou quand on s'attend à une réponse positive.
Would you like some tea? Vous voulez du thé ?
Can I have some pocket money, please? Je peux avoir de l'argent de poche ?

• « **Not... any** + nom » ou « **no** + nom » correspondent à « ne... pas ».
I didn't see any leaflets./I saw no leaflets. Je n'ai pas vu de dépliants.

• **Any** dans une affirmation signifie « n'importe quel ».
You can have any seat you like. Tu peux prendre n'importe quelle place.

6 Complétez avec *some* ou *any*.

1. We don't need ... money.
2. Would you like ... more chips?
3. ... food is better than no food at all.
4. ... colleagues were thinking of resigning.
5. Laurie wanted to win at ... price.

Pour terminer

7 **Complétez ces phrases avec le vocabulaire de l'épisode.**

1. I ... to inform you that you're not a member of the ... family.
2. What's his ... ? Is he a doctor? Or a professor?
3. If ... I ... listened to my parents! I would be like them now.
4. A country that has a queen or a king is called a ... .
5. I ... I had married her. I really ... not marrying her.

8 ***If I were a queen...* Écoutez ce dialogue et complétez le script.**

– I ... I had been born in a ... in the Middle Ages, as in a ... .
– Me too. If I were a member of ... ... I would wear my ... all the time.
I ... not seeing more people wearing ... on the streets.
– ... ... I had lived in the 14th century! But I wouldn't want to be a ... ,
just a ... . I wouldn't ... . I would just organize parties in one of my ... .
– Me too. In fact, I would ... if I were a ... .
– Do you know that in the Middle Ages even ... only bathed a few times a year?

CORRIGÉ DES EXERCICES

2 **1. c.** Elle a été décapitée. **2. b.** Un dépliant. **3. b.** Deux heures. **4. a.** Le lendemain.

3 **1.** I should have worked harder. It may be too late now./ Maybe it's too late now. **2.** I regret not being able to go/ I regret (that) I can't go to this concert. **3.** I regret (that) the job has already been filled. **4.** If I'd (had) known I wouldn't have come with them. **5.** My parents wish they could go out more/regret not going out more.

4 **1.** The royals are members of the royal family. **2.** What is the husband called if the woman is a countess?" "Count." **3.** An emperor and an empress rule over an empire. **4.** King Edward VII abdicated the British throne in 1936. **5.** *Cinderella*, *Sleeping Beauty* and *Snow White* are famous fairy tales.

5 **1.** I need some money because I'm going to the shops. **2.** "Do you need any money?" "No, I don't need any." **3.** No cheese, thanks. I've already had some. **4.** You have _ beautiful eyes. **5.** My job is to sell _ cars.

6 **1.** We don't need any money. **2.** Would you like some more chips? **3.** Some food is better than no food at all. **4.** Some colleagues were thinking of resigning. **5.** Laurie wanted to win at any price *(à tout prix)*.

7 **1.** I regret to inform you that you're not a member of the royal family. **2.** What's his title? Is he a doctor? Or a professor? **3.** If only I had listened to my parents! I would be like them now. **4.** A country that has a queen or a king is called a monarchy/a kingdom. **5.** I wish I had married her. I really regret not marrying her.

8 – I wish I had been born in a castle in the Middle Ages, as in a fairy tale.
– Me too. If I were a member of the royal family I would wear my crown all the time. I regret not seeing more people wearing crowns on the streets.
– If only I had lived in the 14th century! But I wouldn't want to be a monarch, just a count. I wouldn't reign. I would just organize parties in one of my palaces.
– Me too. In fact, I would abdicate if I were a queen.
– Do you know that in the Middle Ages even monarchs only bathed a few times a year?

Focus on...

Anne Boleyn (1507-1536)

Anne Boleyn (1507-1536), second wife of Henry VIII.

England would be different if Anne Boleyn had not existed and maybe the face of the world too, because she had a strong political personality.

The French philosopher Blaise Pascal wrote jokingly that if Cleopatra's nose had been shorter, the whole face of the world would have changed. As she was a beautiful woman, she managed to conquer and influence two very powerful men, Julius Caesar and Mark Antony in the 1st century BC.

In a similar vein, we can say that if Anne Boleyn had been less attractive, King Henry VIII would not have been in love with her and she wouldn't have become Queen Anne of England and therefore England would not have changed as much as it did under her influence.

Why? The King was married to Catherine of Aragon but he was in love with Anne, who had always refused to become the King's mistress. In order to marry Anne, he first had to divorce Catherine. It was not that simple back in 1533. In those days, Catholic royal marriages had to be annulled by **the Pope** but the political situation between England and the Pope was such that he refused.

Problems always have solutions. For Henry the solution was to break away from the Catholic Church and to bring the Church of England under the King's control, **that is to say**, under his rule. That's when English Protestantism (or "Anglicanism") started, with its widespread influence in many countries. **Moreover**, Anne had enormous influence in foreign affairs. She played an important role in securing an alliance with France.

She was beheaded in 1536, charged with adultery, incest and **treason**. Modern historians consider that Anne was falsely accused. The King **had tired of her** and wanted to marry another woman, Jane Seymour. Henry VIII wanted a very good **executioner** for Anne, because he didn't want her to suffer. How sweet of him. That's why he sent for an expert **swordsman**, who came all the way from Saint-Omer in France.

the Pope: le Pape • **that is to say:** c'est-à-dire • **moreover:** qui plus est • **treason:** la trahison • **had tired of her:** s'était lassé d'elle • **an executioner:** un bourreau • **a sword:** une épée

BLUEBEARD

Charles Perrault's character, Bluebeard, was probably inspired by Henry VIII. The tale tells the story of a nobleman who murders his wives but not the last one, who is rescued by her brothers.

The big difference between Henry VIII and Bluebeard was that Henry had a red beard. Also, Henry was said to be very attractive whereas Bluebeard was portrayed as ugly...

Going further

⇛ If you want to learn more about Henry VIII and Anne Boleyn, you can watch the television series called ***The Tudors***. It was created by Michael Hirst and first broadcast in 2007 both on Showtime and the BBC.

TRADUCTION DU SCRIPT

Oliver – J'ignorais complètement qu'il s'était passé tant de choses à la Tour de Londres. Vous saviez qu'Anne Boleyn a été décapitée dans la Tour ?

Laura – Oui, je l'ai lu dans un dépliant. Il y avait des dépliants dans l'autre pièce là-dessus. Je suis vraiment triste de ce qui lui est arrivé. Ça paraît tellement injuste.

Oliver – Oui, c'est très triste. Dommage que je n'aie pas vu les dépliants. J'aurais dû en prendre un.

Derek – Vous pouvez prendre le mien. Il y a aussi des informations utiles à l'entrée sur Anne Boleyn.

Oliver – Merci. Au fait, je m'appelle Oliver.

Derek – Moi, c'est Derek et ma femme, Laura.

Oliver – Enchanté. Ça fait deux heures que je me promène. J'irais bien prendre un café. Vous venez avec moi prendre un thé ou un café ?

Laura – Volontiers. Ça nous ferait une bonne pause à nous aussi. Je n'ai pas pris de café ce matin. J'en ai besoin maintenant.

Derek – Moi aussi. On regrette tous les deux de devoir quitter Londres demain. Il y a encore tant à voir et à apprendre. C'est drôle comme ils exécutaient les prisonniers à l'époque. Oups, c'est pas vraiment ce que je voulais dire.

38 To the Modern on foot

Pour les doc audio et + d'exercices, voir le site.

L'épisode

1 Écoutez le contenu de l'e-mail avec ou sans l'aide du script.

An email from Oliver to his wife, Jennifer.

Good Morning, Darling!
I'm sorry I couldn't call you last night. It's because I met a fascinating couple in the Tower of London yesterday, Laura and Derek, who are from Cleveland. It was their first trip to Europe and they were enthusiastic about everything they saw. They took me to the Tate Modern and we had a great time together. They're both into contemporary art and they almost convinced me! They say we must go and see the Museum of Contemporary Art in Cleveland.

Well... I won't bore you with all the details that they provided but I really enjoyed their enthusiasm and passion. You should have seen them when they discovered that Shakespeare's Globe Theatre was next to the Tate Modern! They were so excited. We then spent the evening together. We went to the Indian restaurant you recommended, the Gurkha's. They offered to pay but I insisted on paying my share of the bill.
Anyway, enough about me. How are you? Has Jeff received the T-shirt I sent him?
I hope everything is fine over there.
Lots of love to you both,
Oliver

> TRADUCTION P. 265

2 Répondez aux questions suivantes.

1. Comment Oliver décrit-il Laura et Derek ?
- ❑ a. Ils sont ennuyeux.
- ❑ b. Ils sont intéressants.
- ❑ c. Ils sont fascinants.

2. Que pensent Laura et Derek de l'art contemporain ?
- ❑ a. Ils l'apprécient.
- ❑ b. Ils l'adorent.
- ❑ c. Ils le détestent.

3. Que trouve-t-on à côté de la Tate Modern ?
- ❑ a. Un théâtre.
- ❑ b. Un musée.
- ❑ c. Un globe géant.

4. Ils ont dîné dans un restaurant :
- ❑ a. Indien.
- ❑ b. Italien.
- ❑ c. Grec.

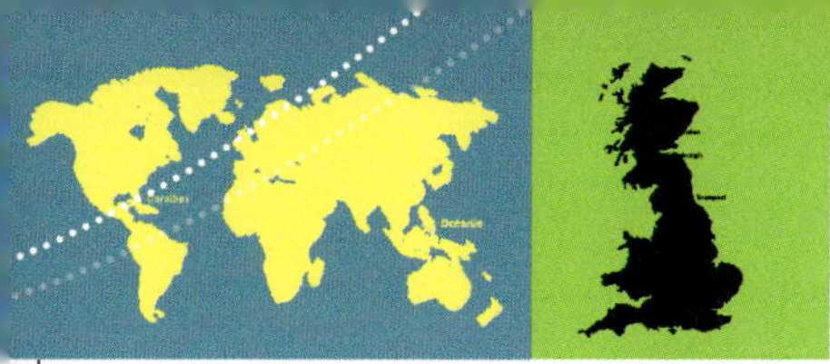

Exprimer son enthousiasme

- **It's fantastic! How fantastic!** C'est fabuleux !
- **But that's marvellous!** Mais c'est formidable !
- **It's absolutely perfect!** C'est parfait !
- **It's great to be back!** C'est super/génial d'être de retour ici !

- **I was very enthusiastic about going to college.** J'étais emballé à l'idée d'aller à l'université.
- **I'm so excited!** Je suis tellement content !
- **They're fanatical/mad about music.** Ils sont fanas de musique.
- **I was fascinated by the show.** J'étais fasciné par le spectacle.
- **He's keen on football.** Il est passionné de football.
- **She's an eager reader of contemporary novels.** C'est une fervente lectrice de romans contemporains.

3 Traduisez.

1. J'étais fasciné par les installations de la Tate Modern.
2. Je suis tellement content d'aller au Globe Theatre.
3. C'est génial ! Le musée est à moins de dix minutes à pied *(on foot)*.
4. Elle est emballée à l'idée de voir la Tour de Londres.
5. C'est formidable ! Le restaurant indien est ouvert le dimanche.

Au musée, dans les expositions

- **a picture, a painting:** un tableau
- **to draw:** dessiner
- **a sketch:** une esquisse
- **a brushstroke:** un coup de pinceau
- **a layer:** une couche
- **a finish:** une finition

- **a still life:** une nature morte
- **a landscape:** un paysage
- **a seascape:** une marine
- **a mural:** une peinture murale
- **watercolour** [GB], **watercolor** [US]: l'aquarelle

- **acrylic/oil painting:** la peinture acrylique/à l'huile
- **in the foreground:** au premier plan
- **in the background:** à l'arrière-plan

- **the opening hours:** les horaires d'ouverture
- **an exhibition:** une exposition
- **a preview:** un vernissage
- **a guided tour:** une visite guidée
- **the catalogue/the catalog** [US]: le catalogue
- **the gift shop:** la boutique de souvenirs

4 **Complétez en vous aidant des indications entre parenthèses ou du contexte.**

1. Excuse me, what are the ... ... (horaires d'ouverture) of the museum?
2. I've always wanted to go on a ... ... (visite guidée) of the British Museum.
3. I want to buy the ... . It shows you the major paintings of the exhibition.
4. "..." is a synonym for "painting".
5. I can see what's in the foreground but I can't see the ... .

Les pronoms relatifs that, which et who

• Le choix de **that**, **which** ou **who** dépend de la nature de l'antécédent.

- Antécédent humain : **who** (ou **that** à l'oral)

I met two people who/that love arts.

J'ai rencontré deux personnes qui adorent les arts.

- Antécédent non humain : **that** (ou **which**, moins fréquent)

I won't bore you with the details that/which they provided.

Je ne vais pas t'embêter avec les détails qu'ils ont fournis.

• Parfois, les propositions relatives apportent une information qui peut être supprimée. Dans ce cas, seuls **who** et **which** sont possibles. Une virgule sépare l'antécédent du pronom relatif.

I met a couple, Laura and Derek, who are from Cleveland.

They took me to the Tate Modern, which isn't too far from the Tower of London.

5 **Complétez avec le pronom relatif qui convient.**

1. I called Linda, ... is a good friend of mine.
2. They live in Yarm, ... is a small town in North East England.
3. We have many friends ... come from Ireland.
4. We only sell cars ... are over forty years old.
5. Are people ... speak more than one language smarter?

Pas de pronom relatif

• Le pronom relatif est souvent omis quand il est complément d'objet ou complément d'une préposition.

We went to the Indian restaurant _ you recommended.

Derek is the guy _ I was talking to.

Derek est le gars à qui je parlais.

• « La façon dont... » se dit the **way**...

I enjoyed the way _ they told their story.

J'ai aimé la façon dont ils ont raconté leur histoire.

6 Dans quelles phrases peut-on supprimer le pronom relatif ?

1. I think it was your brother who left a message.
2. She's the policewoman who wanted to arrest me.
3. Is this the book that you lent me?
4. This is the vase that I was looking for.
5. Is this the bus that goes to Oxford Circus?

Pour terminer

7 Complétez ces phrases avec le vocabulaire de l'épisode.

1. I'm ... about history. I'm really into it.
2. It was g..., m..., f... : I just loved it!
3. A ... is a painting of the sea.
4. I can ... (dessiner) but I prefer ... (peindre).
5. I love Constable's ... (paysages) and Turner's ... (aquarelles).

8 *Culture vultures.* Écoutez ce dialogue et complétez le script.

– Do you like ... ... ? Or do you prefer contemporary ... ?
– I'm ... ... both. I find contemporary paintings ... .
– I personally like it when the ... looks like a ... and not just a ... . Mind you, I quite like the ... . It's so inventive.
– Look, to be honest with you, I only enjoy ... . They usually serve ... food and drinks.

CORRIGÉ DES EXERCICES

2 **1. c.** Ils sont fascinants. **2. b.** Ils adorent. **3. a.** Un théâtre. **4. a.** Indien.

3 **1.** I was fascinated by the Tate Modern's installations. **2.** I'm so excited/happy to go to the Globe Theatre. **3.** It's great! The museum is less than ten minutes away on foot. **4.** She's very enthusiastic about seeing the Tower of London. **5.** It's marvellous/fantastic! The Indian restaurant is open on Sundays.

4 **1.** Excuse me, what are the opening hours of the museum? **2.** I've always wanted to go on a guided tour of the British Museum. **3.** I want to buy the catalogue. It shows you the major paintings of the exhibition. **4.** "Picture" is a synonym for "painting". **5.** I can see what's in the foreground but I can't see the background.

5 **1.** I called Linda, who is a good friend of mine. **2.** They live in Yarm, which is a small town in North East England. **3.** We have many friends who/that come from Ireland. **4.** We only sell cars that/which are over forty years old. **5.** Are people who/that speak more than one language smarter?

6 *Dans :* **3.** Is this the book _ you lent me? *et* **4.** This is the vase _ I was looking for.

7 **1.** I'm fanatical/mad about history. I'm really into it. **2.** It was great, marvellous, fantastic: I just loved it! **3.** A seascape is a painting of the sea. **4.** I can draw but I prefer painting. **5.** I love Constable's landscapes and Turner's watercolours.

8 – Do you like still lifes? Or do you prefer contemporary paintings?
– I'm enthusiastic about both. I find contemporary paintings marvellous.
– I personally like it when the landscape looks like a landscape and not just a brushstroke. Mind you, I quite like the Tate Modern. It's so inventive.
– Look, to be honest with you, I only enjoy previews. They usually serve great food and drinks.

Focus on...

The Tate Modern

A giant artwork on the facade of the Tate Modern in London (2008).

London likes combining the old and the new. However, not everyone approves.

What's new? What's old? It's sometimes really difficult to say, especially in cities, in which the new **mingles** with the old.

The Tate Modern **raises the question** of modernity: what is modern? First of all the Tate Modern is housed in a relatively old building, Bankside Power Station, which was erected in 1952 to **provide** electricity. That's what it did from 1952 to 1981.

The power station itself was built in an old district of London that was occupied by theatres in the Elizabethan period. Close to it stands the replica of the Globe Theatre, an Elizabethan **playhouse** associated with William Shakespeare.

The view from the Tate Modern is **outstanding**. You can see Saint Paul's Cathedral over the Thames, with the Millennium Bridge connecting the museum and the cathedral, **thus** confirming the combination of old and new in London.

As it happens, the city's skyline is in constant evolution, as can be seen in its latest addition: the **Shard**, which is one of the tallest buildings in Europe.

The works **on display** inside the Tate Modern combine the very new with the (relatively) old. The collections date from 1900 until today. They include works by painters like Monet, Matisse, Picasso, Rothko or Malevich and by very young artists.

The Tate Modern is part of a larger institution that is called "The Tate" and which includes four art museums: Tate Britain and Tate Modern (in London), Tate Liverpool, Tate St Ives (in Cornwall).

to mingle: se mélanger
to raise a question: soulever une question
to provide: fournir
a playhouse: un théâtre
outstanding: exceptionnel
thus: ainsi
as it happens: en effet
a shard: un tesson
on display: exposé

DEMONSTRATING

The Tate Modern can be said to be modern precisely because the new mingles with the old in it and because new things are made out of old. This is not to everyone's taste. Some people consider that contemporary artists are not real artists. The picture shows a man demonstrating in his own peculiar way what he thinks of contemporary art: to him, it's not "real art". Of course, "real art" remains to be defined...

Going further

- Visit **the official site of the Tate** at http://www.tate.org.uk/ and learn about Tate Britain, Tate Liverpool, Tate St Ives and Tate Modern.
- Visit the Museum of Contemporary Art in Cleveland at http://mocacleveland.org.

TRADUCTION DU SCRIPT

Bonjour, ma chérie !

Désolé, je n'ai pas pu t'appeler hier soir. C'est parce que j'ai rencontré un couple super dans la Tour de Londres hier, Laura et Derek, qui sont de Cleveland. C'était leur premier voyage en Europe et ils étaient emballés par tout ce qu'ils voyaient.

Ils m'ont emmené à la Tate Modern et on a passé un très bon moment ensemble. Ils sont tous les deux passionnés d'art contemporain et ils m'ont presque convaincu ! Ils disent qu'on doit aller voir le Musée d'art contemporain de Cleveland. Bon... Je ne vais pas t'ennuyer avec tous les détails qu'ils m'ont donnés mais j'ai vraiment aimé leur enthousiasme et leur passion.

Tu aurais dû les voir quand ils ont découvert que le Globe Theatre de Shakespeare était à côté de la Tate Modern ! Ils étaient surexcités.

Ensuite, on a passé la soirée ensemble. On est allés au restaurant indien que tu as recommandé, le Gurkha. Ils voulaient m'inviter mais j'ai tenu à payer ma part.

Bref, assez parlé de moi. Comment vas-tu ? Est-ce que Jeff a reçu le tee-shirt que je lui ai envoyé ? J'espère que tout va bien pour vous là-bas.

Gros bisous à vous deux,

Oliver

39 A little salt

Pour les doc audio et + d'exercices, voir le site.

L'épisode

1 Écoutez le dialogue avec ou sans l'aide du script.

Oliver is on the plane to Australia via Bangkok, talking to Raj, from India. They're having dinner...

Oliver – I like this meat but it needs a little salt I think.

Raj – I'm a Hindu. I won't taste it. I rarely eat meat, in fact. But I know how to cook it.

Oliver – I actually really like cooking meat. I love barbecues. Err, are Hindus vegetarian?

Raj – Not all Hindus. Vegetarianism is an ideal, not a strict rule in Hinduism. I have several Hindu friends who eat meat. For example, I eat meat when I'm invited. I never tell my hosts I'm a vegetarian. I'm lucky because I live in the UK and it has one of the highest rates of vegetarianism in Europe.

Oliver – I met a few Indians in Liverpool, where I spent several weeks.

Raj – Yes, there are quite a few Asians in England! Few Indians go back to India once they get a job in the UK, which is unfortunate for India. Aren't you a bit cold?

Oliver – Yes, I'm a little cold. We should ask a steward to turn up the heat a little.

Raj – Yes, good idea. I always fight with my wife when it comes to heating. She's from Aberdeen. She doesn't feel the cold!

> TRADUCTION P. 271

2 Répondez aux questions suivantes.

1. Qu'y a-t-il sur le plateau d'Oliver ?

❑ a. De la viande.
❑ b. Du poisson.
❑ c. Uniquement des légumes.

2. Oliver :

❑ a. Sait cuire la viande.
❑ b. Ne sait pas cuire la viande.
❑ c. N'aime pas cuire la viande.

3. Raj :

❑ a. Mange très peu de viande.
❑ b. En mange souvent.
❑ c. N'en mange pas.

4. Raj et sa femme se disputent sur :

❑ a. La cuisson de la viande.
❑ b. Le lieu des vacances.
❑ c. Le chauffage.

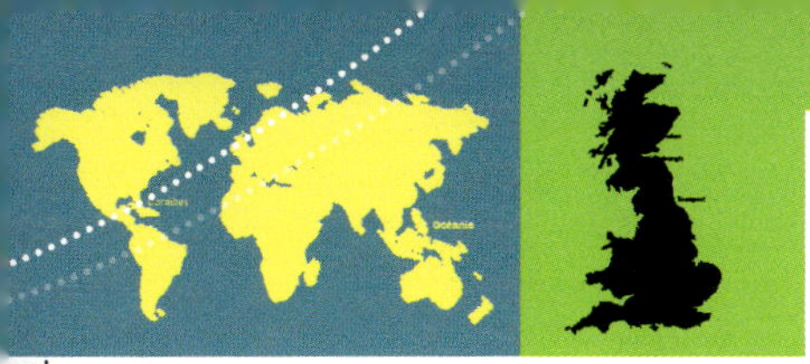

Évaluer

- **He's a very good dancer.** C'est un très bon danseur.
- **He's a pretty good dancer.** C'est un assez bon danseur.
- **He's a really bad dancer.** C'est vraiment un mauvais danseur.

- **I strongly recommend it!** Je le recommande absolument.
- **It's hugely/extremely popular among teenagers.** C'est extrêmement populaire parmi les adolescents.
- **I didn't enjoy myself at all.** Je ne me suis pas du tout amusé.

- **It's not entirely their fault.** Ce n'est pas entièrement leur faute.
- **To be honest, I was moderately impressed.** Honnêtement, je n'ai été que moyennement impressionné.
- **He's a bit boring, to be honest.** Il est un peu ennuyeux, à vrai dire.
- **I can see practically/almost nothing from my seat.** Je ne vois pratiquement/presque rien de mon siège.

3 Traduisez.

1. C'est un assez bon auteur, je crois.
2. Elle a été moyennement impressionnée par la cuisine *(cooking)* de Paul.
3. Ce restaurant était extrêmement populaire parmi les étudiants.
4. Le film était un peu ennuyeux même s'il se passe *(to take place)* à Londres.
5. Honnêtement il vaut mieux être végétarien quand on dîne chez elle *(at her place)*.

Faire la cuisine

- **a cook:** un cuisinier
- **a cooker [GB], a stove [US]:** une cuisinière
- **an oven:** un four
- **the sink:** l'évier
- **the dustbin [GB], the garbage can [US]:** la poubelle

- **to season:** assaisonner
- **tasty:** qui a du goût

- **tasteless, bland:** insipide, fade
- **bitter:** amer
- **sweet:** doux, sucré
- **mild:** doux, peu épicé
- **hot, spicy:** épicé

- **a recipe:** une recette
- **a frying pan:** une poêle
- **a saucepan:** une casserole

- **to boil:** bouillir
- **to steam:** cuire à la vapeur
- **to fry:** faire frire
- **to stew:** faire mijoter
- **to bake:** cuire au four
- **to roast:** rôtir
- **raw:** cru
- **rare:** saignant
- **medium:** à point
- **well-done:** bien cuit

4 Complétez en vous aidant du contexte.

1. How do you like your steak? Rare, ... or well-... ?
2. You usually use a ... pan for frying and a ... for boiling.
3. You can ... food by adding salt, pepper, spices or herbs.
4. "..." is a synonym for "bland".
5. I'm not too keen on ... food. I love spicy food.

Un peu (de), quelques, peu de

• « **A little/a bit of** + singulier » signifie « un peu de » ; « **a few** + pluriel » « quelques ».
It needs a little salt/a bit of salt I think.
I met a few Indians in Liverpool.

• Employés sans nom, **a little** (ou **a little bit**) se traduit par « un peu » et **a few** par « quelques-uns ».
Could you turn up the heat a little?
Tu peux monter un peu le chauffage ?
"How many packets do you want?" "Just a few, please."
« Combien de paquets voulez-vous ? – Juste quelques-uns, s'il vous plaît. »

• **Quite a bit** et **quite a few** correspondent à « pas mal de ».
We've got quite a bit of money. On a pas mal d'argent.
There are quite a few empty seats. Il y a pas mal de sièges vides.

• « **Little** + singulier » et « **few** + pluriel » signifient « peu de ».
I eat little meat. Je mange peu de viande.
There were few passengers. Il y avait peu de passagers.

Pour résumer

- Petite quantité : **a little** (un peu), **a few** (quelques).
- Quantité insuffisante/pas beaucoup de : **little** (peu), **few** (peu).

5 Complétez par *a little* ou *a few*.

1. I'm sure I'll manage with ... help from you.
2. There are ... sausages in the fridge. Help yourself.
3. I visited Texas quite ... years ago.
4. I'm ... hungry. What about you?
5. "Did you send many postcards?" "No, just ..."

6 Complétez par *little* ou *few*.

1. Unfortunately, there's ... hope left.
2. We need very ... food.

3. We're leaving for New Zealand in ... days.
4. She had ... choice.
5. Oliver speaks very ... Spanish.

Pour terminer

7 Complétez ces phrases avec le vocabulaire de l'épisode.

1. Which do you prefer, ... or salted food?
2. It's ... impossible (presque) for me to drive without my glasses.
3. "To ..." means to cook slowly in a small amount of liquid.
4. You need an oven in order to ... your fish.

8 *A difficult choice.* Écoutez ce dialogue et complétez le script.

– I've bought ... ... for the guests. I don't know whether I should ... it or ... it.
– If you're going to ... the vegetables, you might want to ... the meat.
– I was going to ... the vegetables, actually. I don't like ... vegetables ... . I like ... food. I'm going to follow a ... nice ... . By the way, what time are they arriving? Could you check their last email?
– They said 7 pm. Did you read their PS?
– No, why?
– They're all ... !

CORRIGÉ DES EXERCICES

2 **1. a.** De la viande. **2. a.** Sait cuire la viande. **3. a.** Mange très peu de viande. **4. c.** Le chauffage.

3 **1.** He's a pretty good writer/author, I think. **2.** She was moderately impressed by Paul's cooking. **3.** This restaurant was extremely/hugely popular among students. **4.** The film was a bit boring, even though it takes place in London. **5.** Honestly, it's better to be a vegetarian when you dine/one dines at her place.

4 **1.** How do you like your steak? Rare, medium or well-done? **2.** You usually use a frying pan for frying and a saucepan for boiling. **3.** You can season food by adding salt, pepper, spices or herbs. **4.** "Tasteless" is a synonym for "bland". **5.** I'm not too keen on mild food. I love spicy food.

5 **1.** I'm sure I'll manage with a little help from you. **2.** There are a few sausages in the fridge. Help yourself. **3.** I visited Texas quite a few years ago. **4.** I'm a little hungry. What about you? **5.** "Did you send many postcards?" "No, just a few."

6 **1.** Unfortunately, there's little hope left. **2.** We need very little food. **3.** We're leaving for New Zealand in few days. **4.** She had little choice. **5.** Oliver speaks very little Spanish.

7 **1.** Which do you prefer, sweet or salted food? **2.** It's practically/almost impossible for me to drive without my glasses. **3.** "To stew" means to cook slowly in a small amount of liquid. **4.** You need an oven in order to bake your fish.

8 – I've bought quite a bit of meat for the guests. I don't know whether I should roast it or fry it.
– If you're going to steam the vegetables, you might want to fry the meat.
– I was going to bake the vegetables, actually. I don't like bland vegetables at all. I like tasty food. I'm going to follow a really nice recipe. By the way, what time are they arriving? Could you check their last email?
– They said 7 pm. Did you read their PS?
– No, why?
– They're all vegetarians!

Focus on...
Hinduism and food

***Bend It Like Beckham* (Joue-la comme Beckham), directed by Gurinder Chadha (2002).**

Every culture treats food in its own way. In Hinduism, food has a special status.

In Hinduism, food should be treated with great respect because it is the essence of life and most Hindus are very careful about what they eat, and also when, where and how food is eaten. For example, food should always be eaten in a clean place.

A majority of Hindus eat meat, but the cow is often considered sacred. That's why Hindus avoid the **consumption** of beef. Incidentally, **slaughter** of cows is **banned** in some states in India.

Gandhi literally **worshipped** the cow. He said: "I worship it and I shall defend it against the whole world." He even regarded the cow better than human mothers: "Mother Cow is in many ways better than the mother who gave us birth. Our mother gives us milk for a couple of years and then expects us to serve her when we grow up. Mother Cow expects from us nothing but grass and grain."

Not all Hindus might feel as strongly about cows as Gandhi but Gandhi's words make us understand why famous fast food chains don't serve beef burgers in India. To many Hindus, the cow symbolizes abundance thanks to its **nurturing** milk. It is also a symbol of **unselfish** giving.

consumption: la consommation
slaughter: l'abattage
to ban: interdire
to worship: vénérer
to nurture: nourrir, élever
unselfish: désintéressé

THE WORD "ASIAN"

In British English, the word "Asian" refers to people of South Asian origin, especially people from India, Pakistan and Bangladesh.

You can use the term "Oriental" to refer to people from East Asia (China, Japan or Korea) or people of Southeast Asian origin (Vietnam, Thailand, Laos, etc.).

Going further

⇒ If you want to read more about how big **fast food restaurants** have adapted to local demand, type "mcdonald in India" on a search engine. This restaurant chain opened a vegetarian-only restaurant in India in 2012. For your information, in India, their menus are typically 50% vegetarian.

⇒ **Hanif Kureishi** is one of the greatest contemporary British writers. He was born in London in 1954 to a Pakistani father. He is the author of the screenplay *My Beautiful Laundrette* for a 1985 film directed by Stephen Frears. It focuses on Omar, a gay Pakistani-British boy in 1980s London, and his romance with a punk, Johnny, played by Daniel Day Lewis. Yes, the same **Daniel Day Lewis** portrayed in lesson 22, from punk (Johnny) in 1985 to president (Lincoln) in 2013.

⇒ ***Bend it Like Beckham*** (*Joue-la comme Beckham* in French) is one of the biggest blockbusters of British cinema. It tells the story of Jesminder, the 18-year-old daughter of Indian Sikhs living in London, who adores football. But her parents don't want her to play football, because she is a girl (and Indian).

TRADUCTION DU SCRIPT

Oliver – J'aime bien cette viande, mais elle manque un peu de sel, je trouve.

Raj – Je suis hindou. Je ne vais pas la goûter. Je mange rarement de la viande en fait. Mais je sais la cuisiner.

Oliver – Moi j'aime bien cuisiner la viande. J'adore les barbecues. Euh, est-ce que les hindous sont végétariens ?

Raj – Pas tous les hindous. Le végétarisme est un idéal, pas une règle absolue de l'hindouisme. J'ai plusieurs amis hindous qui mangent de la viande. Par exemple, je mange de la viande quand je suis invité. Je ne dis jamais à mes hôtes que je suis végétarien. J'ai de la chance parce que j'habite au Royaume-Uni, qui a un des taux les plus élevés de végétarisme en Europe.

Oliver – J'ai rencontré quelques Indiens à Liverpool, où j'ai passé plusieurs semaines.

Raj – Oui, il y a pas mal d'Indiens en Angleterre ! Il n'y en a pas beaucoup qui retournent en Inde une fois qu'ils ont du travail au Royaume-Uni, et c'est dommage pour l'Inde. Vous n'avez pas un peu froid ?

Oliver – Si, j'ai un peu froid. On devrait demander à un steward de monter un peu le chauffage.

Raj – Oui, bonne idée. Je me bats toujours avec ma femme au sujet du chauffage. Elle vient d'Aberdeen. Elle n'est pas frileuse !

40 Let's remain polite

Pour les doc audio et + d'exercices, voir le site.

L'épisode

1 Écoutez le dialogue avec ou sans l'aide du script.

Oliver and another passenger are waiting for their luggage at Bangkok Airport.

PASSENGER – My luggage still hasn't arrived. What on earth are they doing? I asked the ground staff for some information about the carousel but no one could help me. So I just told them off. I didn't find them very polite.

OLIVER – You need to calm down. This airport is well organized. There are still lots of people waiting for their luggage, that's all.

PASSENGER – Yes, you may be right. Anyway, if you need some information or some advice about Bangkok, I'm your man. I own one of the best restaurants in town.

OLIVER – That's very kind of you. My ticket includes a stopover for two nights in Bangkok and everything is already organized for me.

An old lady is pushing the passenger.

PASSENGER – Hey you! Stop pushing me. Who do you think you are?

AN OLD LADY – Have you never been told that it's rude to shout like this, especially at an old woman? Someone pushed me and I remained polite. Where are your manners? You should be ashamed of yourself, young man.

> TRADUCTION P. 277

2 Répondez aux questions suivantes.

1. Qu'attend le passager ?
- ❑ a. Des informations.
- ❑ b. Des bagages.
- ❑ c. Un taxi.

2. Oliver demande au passager :
- ❑ a. De se coiffer.
- ❑ b. De se calmer.
- ❑ c. De s'asseoir.

3. Que possède le passager ?
- ❑ a. Un restaurant.
- ❑ b. Un salon de coiffure.
- ❑ c. Un carrousel.

4. La vieille dame lui reproche d'être :
- ❑ a. Distrait.
- ❑ b. Impatient.
- ❑ c. Impoli.

Demander des renseignements

- **Excuse me, what time does the train to Brighton leave?**
  Excusez-moi, à quelle heure part le train pour Brighton ?
- **Do you know if the plane from Chicago has already landed?**
  Savez-vous si l'avion de Chicago a déjà atterri ?
- **Could you tell me what's on tonight?**
  Tu pourrais me dire ce qu'il y a au programme ce soir ?

- **I'd like to know if there's still time to apply for the job.**
  Je voudrais savoir s'il est encore temps de postuler à cet emploi.
- **Could you let me know as soon as possible?**
  Vous pourriez me prévenir dès que possible ?
- **I'd like some information about/on the price.**
  J'aimerais avoir des renseignements sur le tarif.

- **Can I ask why you...?** Je peux te demander pourquoi tu... ?
- **I'd like to inquire/enquire about...** J'aimerais m'informer de...

3 Traduisez.

1. Je peux vous demander pourquoi vous êtes en retard ?
2. Vous savez si le train est arrivé ?
3. Tu peux me prévenir dès que possible ?
4. Est-ce que tu as des renseignements sur la grève ?
5. Nous avons besoin de renseignements sur les horaires des trains.

La civilité, l'incivilité

- **polite:** poli
- **politeness:** la politesse
- **courteous to sb:** courtois envers qqn
- **refined:** raffiné
- **civilized:** civilisé
- **to apologize:** s'excuser
- **apologetic:** confus, désolé
- **helpful:** serviable
- **It's only common courtesy.**
  C'est la moindre des politesses.
- **impolite, rude:** grossier
- **offensive, shocking:** choquant
- **disrespectful:** irrespectueux
- **abusive:** grossier, injurieux
- **an insult:** une insulte
- **a fight:** une bagarre
- **to jeer, to boo:** huer
- **to insult, to revile:** injurier
- **to slight, to humiliate:** humilier
- **to swear:** jurer

4 Complétez en vous aidant des indications entre parenthèses ou du contexte.

1. Someone who is not polite is said to be "...".
2. I often dream that I'm on stage and that people ... (huer) me!
3. I don't want to sound ... (irrespectueux) but you're wrong.
4. Most people find the word "fuck" extremely ... (choquant).
5. "To ..." is a synonym for "to humiliate".

Les noms indénombrables

• Certains noms sont indénombrables : ils désignent ce qu'on ne peut pas compter. Ils ne peuvent pas être précédés de **a**, **two**... Retenez les suivants :

advice: conseils	**fruit:** fruits	**furniture:** meubles
hair: cheveux	**information:** renseignements	**luggage:** bagages
news: nouvelles	**toast:** toasts	**weather:** le temps

• Les noms indénombrables sont suivis d'un verbe au singulier, mais on les traduit souvent par un pluriel.

Her advice was useful. Ses conseils ont été utiles.
Your hair is too long. Tes cheveux sont trop longs.
The fruit is on the balcony. Les fruits sont sur le balcon.
What is the news? Quelles sont les nouvelles ?
We have great weather all year round. On a un temps magnifique toute l'année.

5 Traduisez.

1. Vos meubles sont très beaux.
2. Les toasts sont brûlés.
3. Ces renseignements sont faux.
4. Mes bagages sont trop lourds.
5. Les nouvelles sont bonnes ou mauvaises ?

Dire « un fruit », « deux meubles »...

• Pour dire « un fruit », « deux fruits », on utilise souvent **piece of**.

a piece of fruit: un fruit — **four pieces of information:** quatre renseignements

• Pour dire « des fruits », « des conseils », on emploie souvent **some**, mais le nom reste au singulier.

some fruit: des fruits — **some information:** des renseignements

Dans les dictionnaires

Des noms comme **bread** (le pain) ou **pasta** (les pâtes) sont marqués [indén.] dans les dictionnaires. Il ne faut donc pas les employer avec **a** ni au pluriel.

I'd like a loaf of bread. Je voudrais un pain.
Served plain, pasta is bland. Servies nature, les pâtes sont fades.

6 Traduisez.

1. Permettez-moi de *(Allow me to...)* vous donner trois conseils.
2. Je mange un fruit tous les matins.
3. J'ai deux bagages dans le coffre *(the boot)*.
4. Les pâtes sont meilleures assaisonnées (*to taste... seasoned)*.

Pour terminer

7 Complétez ces phrases avec le vocabulaire de l'épisode.

1. I'd like to ... for my behaviour. I was ... and I'm really sorry about that.
2. Calling me "rude" is an ... .
3. Saying "Thank you" is only common ... .
4. I felt ... when he refused to shake hands with me.

8 *I can't stand rude people.* Écoutez ce dialogue et complétez le script.

– I'd ... ... we can still buy tickets for tonight's concert.
– Are you asking me to ... about it? I could find out, I suppose.
– Yes, that would be good. That would be a very ... thing to do. You know how much I care about ... . I hate ... people. I find it ... when people don't try to help me. Helping your friends is ... ... , really. So give me the ... quickly. We haven't got all day!

CORRIGÉ DES EXERCICES

2 **1. b.** Des bagages. **2. b.** De se calmer. **3. a.** Un restaurant. **4. c.** Impoli.

3 **1.** Can I ask you why you're late? **2.** Do you know if the train has arrived? **3.** Could you let me know as soon as possible? **4.** Do you have any information on the strike? **5.** We need some information about/on train times.

4 **1.** Someone who is not polite is said to be "impolite/rude." **2.** I often dream that I'm on stage and that people jeer/boo me! **3.** I don't want to sound disrespectful but you're wrong. **4.** Most people find the word "fuck" extremely offensive/shocking. **5.** "To slight" is a synonym for "to humiliate".

5 **1.** Your furniture is very beautiful. **2.** The toast is burnt/burned. **3.** This information is wrong. **4.** My luggage/baggage is too heavy. **5.** Is the news good or bad?

6 **1.** Allow me to give you three pieces of advice. **2.** I eat one piece of fruit every morning. **3.** I've got/I have two pieces of luggage in the boot. **4.** Pasta tastes better seasoned.

7 **1.** I'd like to apologize for my behaviour. I was rude and I'm really sorry about that. **2.** Calling me "rude" is an insult. **3.** Saying "Thank you" is only common courtesy. **4.** I felt slighted/humiliated, when he refused to shake hands with me.

8 – I'd like to know if we can still buy tickets for tonight's concert.
– Are you asking me to enquire about it? I could find out, I suppose.
– Yes, that would be good. That would be a very civilized thing to do. You know how much I care about politeness. I hate rude people. I find it offensive when people don't try to help me. Helping your friends is only common courtesy, really. So give me the information quickly. We haven't got all day!

Focus on...

Being polite

Royal family arriving for Christmas morning service at Sandringham church, Norfolk.

If you ever meet Elizabeth II, you might be tempted to be as gracious as this boy. But whatever you do, don't call her Liz!

If you jump the queue in the UK when **boarding** a bus someone might tell you "Excuse me. Have you been in the queue?" By contrast, in some countries on the Continent, people don't queue. They just push you in order to get in first.

But, to be honest, anyone who says that the British love queuing hasn't been to London for a long time... Does that mean that civility in Britain is in decline? No, it just means that Londoners don't queue in the same way that they did twenty years ago...

Public politeness has led to "political correctness", that is, the **avoidance** of language that could be offensive to others. Some people consider that some politically correct words are absurd, for example "vertically challenged" for "short", "visually impaired" for "(partially) blind" or "senior citizens" for "old people".

Swear words are offensive words (and not politically correct at all). Here are some of the words that we advise you to *never* use: shit, piss, fuck, cunt and motherfucker. Sometimes, on television, these words are replaced by a **bleep**, although less frequently now than in the past.

Be that as it may, we shouldn't forget that politeness is cultural. English people tend to say "thank you" when they get off a bus, which may surprise foreigners. When you buy something in England, it's quite common for the customer and the shop assistant to say "thank you" two times or more. Is it rude to ask if this is real politeness or just a verbal tic?

to board: monter dans
avoidance: le fait d'éviter
a bleep: un bip
be that as it may: quoi qu'il en soit

CULTURAL DIFFERENCES

In Britain, it is often considered impolite to arrive even a few minutes late. If you accidentally **bump into** someone, say "sorry". That person will probably say "sorry" too, even if it's your fault! And he or she will probably smile!

to bump into sb: bousculer qqn

Going further

⇛ To find out about **table manners** in the world, type "Eating etiquette" on an Internet search engine.

⇛ If you're interested in swear words, type "the worst **swear words** in the English language" on a search engine. The worst swear word ever is c*** (it's in the list above).

TRADUCTION DU SCRIPT

Passager – Mes bagages ne sont toujours pas arrivés. Mais qu'est-ce qu'ils font ? J'ai demandé au personnel des informations sur le tapis à bagages mais personne n'a pu m'aider. Alors je les ai engueulés. Je ne les ai pas trouvés très polis.

Oliver – Il faut vous calmer. Cet aéroport est bien organisé. Il y a encore plein de gens qui attendent leurs bagages, c'est tout.

Passager – Oui, vous avez peut-être raison. De toute façon, si vous avez besoin de renseignements ou de conseils sur Bangkok, je suis votre homme. J'ai l'un des meilleurs restaurants de la ville.

Oliver – C'est très gentil de votre part. Mon billet inclut une escale de deux nuits à Bangkok et tout est déjà organisé pour moi.

Une vieille dame pousse le passager.

Passager – Eh, vous, là ! Arrêtez de me pousser. Vous vous prenez pour qui ?

La vieille dame – On ne vous a jamais dit que c'est mal élevé de crier comme ça, surtout sur une vieille dame ? Quelqu'un m'a poussée et je suis restée polie. C'est quoi, ces manières ? Vous devriez avoir honte de vous, jeune homme.

41 It's a great idea, isn't it?

Pour les doc audio et + d'exercices, voir le site.

L'épisode

1 **Écoutez le contenu de l'e-mail avec ou sans l'aide du script.**

An email from Emma to her family. She's with her grandmother in Vermont.

Hi everyone,

Aren't we a typical 21st century family? You're in India or Australia or somewhere in between, Dad. Mum and Jeff are in NY, but Mum will soon fly to Vancouver. Evan is in Hawaii and I am staying with Grandma for the weekend. Vermont is so beautiful at this time of year. I love the countryside.

I'm having a great time, in case you were wondering. I'm fine. Everything is going according to plan. Well, almost everything: I sprained my ankle after walking for hours around Lake Champlain. No harm done! I just need to rest a little bit.

While resting, I thought we should have our next family reunion here, don't you think? You all love skiing, don't you? Vermont is *the* place to be if you like skiing. Plus, Mum told me she wanted to see Grandma, right, Mum? So we have no choice. I suggest we all meet up here for Christmas. What do you think?

I'm going to go moose watching in two days' time, near Montpelier. I hope bears haven't started hibernating yet. Don't you wish you were here? I do!

I look forward to hearing from you all soon.
Lots of love,
Emma xxx

TRADUCTION P. 283

2 **Répondez aux questions suivantes.**

1. Où est Emma ?
- ❑ a. Dans le Vermont.
- ❑ b. À New York.
- ❑ c. À Vancouver.

2. Que s'est-il passé ?
- ❑ a. Elle s'est cassé le bras.
- ❑ b. Elle s'est foulé la cheville.
- ❑ c. Elle n'a pas dormi de la nuit.

3. Pour quel sport le Vermont est-il idéal ?
- ❑ a. Le vélo.
- ❑ b. La randonnée.
- ❑ c. Le ski.

4. Quels animaux Emma va-t-elle voir ?
- ❑ a. Des loups.
- ❑ b. Des élans.
- ❑ c. Des cerfs.

Demander son avis à quelqu'un

- **It's nice, isn't it?** C'est sympa, hein ?
- **I think we should leave, don't you?** Je pense qu'on devrait partir. Et toi ?

- **What do you think?/What's your opinion?** Qu'en pensez-vous ?
- **What do you think about the economic situation?** Que pensez-vous de la situation économique ?
- **What's your honest opinion about it?** Qu'en penses-tu vraiment ?
- **I loved the show. What about you?** J'ai adoré ce spectacle. Et toi ?
- **Do you feel the same as me?** Tu éprouves la même chose que moi ?
- **How do you feel about it?** Qu'en penses-tu ?

- **Do you agree that this museum should be available to the public?** Vous êtes d'accord que ce musée devrait être accessible au public ?

3 Traduisez.

1. Je trouve qu'il fait froid. Et toi ?
2. Il est trop tard. Qu'en penses-tu ?
3. Vous êtes d'accord pour qu'on interdise les voitures le dimanche ?
4. Que penses-tu de la politique *(policy)* du gouvernement ?
5. J'ai bien aimé ce qu'elle a dit. Et vous ?

La campagne

- **the country, the countryside:** la campagne
- **a country dweller:** un habitant des campagnes
- **to live on a farm:** vivre dans une ferme
- **a market town:** un bourg
- **an inn:** une auberge
- **rural:** rural
- **a second home:** une résidence secondaire
- **secluded:** isolé

- **a lane:** un chemin
- **a path:** un sentier
- **a ditch:** un fossé

- **a bank:** un talus
- **a field:** un champ
- **a plot:** un lopin de terre
- **a hill:** une colline
- **a hedge:** une haie
- **a fence:** une clôture
- **a bush:** un buisson
- **a puddle:** une flaque d'eau
- **a stream:** un ruisseau
- **a swamp:** un marais
- **a moor:** une lande
- **game:** le gibier
- **a wild boar:** un sanglier
- **a hare:** un lièvre

4 Complétez en vous aidant des indications entre parenthèses ou du contexte.

1. An ... is like a small hotel in the countryside.
2. It's been raining. Mind the ... (flaques d'eau).
3. I much prefer ... (haies) to ... (clôtures).
4. A ... is much smaller than a mountain.
5. Raised land along a river is called a ... .

Les question tags

• Les **tags** ou **question tags** correspondent à « n'est-ce pas ? », « hein ? », « non ? ».

phrase positive	tag négatif (toujours n't)
It's convenient,	isn't it?
She's got a large house,	hasn't she?
You can ski,	can't you?

• Pour former un **tag**, on utilise le même auxiliaire ou modal que dans la phrase principale.

phrase négative	tag positif
It's not convenient,	is it?
She hasn't got a large house,	has she?
You can't ski,	can you?

• S'il n'y a pas d'auxiliaire dans la phrase principale, on emploie **don't** ou **doesn't** au présent et **didn't** au prétérit.

You love skiing,	don't you?
She hates cycling,	doesn't she?
They hated the hotel,	didn't they?

• Avec les **tags**, l'intonation est descendante, car ce ne sont pas de vraies questions.

5 Complétez à l'aide d'un *question tag*.

1. They don't live in Minnesota, ... ?
2. You didn't return her call, ... ?
3. She plays tennis, ... ?
4. They will retire at the end of the year, ... ?
5. Jason can drive, ... ?

Les phrases interro-négatives

• Dans les phrases interro-négatives, on utilise la forme contractée des négations (**isn't**, **aren't**, **don't**, **didn't**, etc.), suivie du sujet.
Don't you wish you were here? Vous n'aimeriez pas être ici ?
Can't you cook? Tu ne sais pas cuisiner ?

• À la 1re personne du singulier, on emploie **aren't I**?.
Aren't I clever? Je suis malin, non ?

• Les phrases interro-négatives peuvent exprimer une exclamation.
Didn't he look funny! Ce qu'il avait l'air drôle !

6 Transformez ces phrases en interro-négatives.

1. Paul is from Bristol.
2. He looks unhappy.
3. Leila was surprised to see them.
4. Mr Martin can drive.
5. They will leave at the end of the month.

Pour terminer

7 Complétez ces phrases avec le vocabulaire de l'épisode.

1. Pat is a farmer but he doesn't live ... a ... .
2. A "... ..." is a small town in the countryside.
3. So, what do you think? What's your ... on the matter?
4. I wouldn't mind buying a ... (lopin de terre) in the ... (à la campagne).
5. I want to live in a village. ... ... ? (Et toi ?)

8 *Let's move to the country.* Écoutez ce dialogue et complétez le script.

– I just love the ... . Listen to nature. Can you hear the ... at the foot of the ... and the leaves in the trees? Oh happy ... ... , how I envy your life in these ... places! ... ... as me?
– Yes, it's very nice, ... ? I think we should buy ... ... here, ... ?
– Don't be ridiculous. Who wants to live in a place with no pubs, clubs or bars?

CORRIGÉ DES EXERCICES

2 **1. a.** Dans le Vermont. **2. b.** Elle s'est foulé la cheville. **3. c.** Le ski. **4. b.** Des élans.

3 **1.** I think it's cold, don't you?/what about you? **2.** It's too late. What do you think? **3.** Do you agree that we should ban cars on Sundays? **4.** What do you think about/How do you feel about the government's policy? **5.** I liked what she said, didn't you?/I liked what she said. What about you?

4 **1.** An inn is like a small hotel in the countryside. **2.** It's been raining. Mind the puddles. **3.** I much prefer hedges to fences. **4.** A hill is much smaller than a mountain. **5.** Raised land along a river is called a bank.

5 **1.** They don't live in Minnesota, do they? **2.** You didn't return her call, did you? **3.** She plays tennis, doesn't she? **4.** They will retire at the end of the year, won't they? **5.** Jason can drive, can't he?

6 **1.** Isn't Paul from Bristol? **2.** Doesn't he look unhappy? **3.** Wasn't Leila surprised to see them? **4.** Can't Mr Martin drive? **5.** Won't they leave at the end of the month?

7 **1.** Pat is a farmer but he doesn't live on a farm. **2.** A "market town" is a small town in the countryside. **3.** So, what do you think? What's your opinion on the matter? **4.** I wouldn't mind buying a plot in the country/countryside. **5.** I want to live in a village. What about you?

8 – I just love the countryside. Listen to nature. Can you hear the stream at the foot of the hill and the leaves in the trees? Oh happy country dwellers, how I envy your life in these secluded places! Do you feel the same as me?
– Yes, it's very nice, isn't it? I think we should buy a second home here, don't you?
– Don't be ridiculous. Who wants to live in a place with no pubs, clubs or bars?

Focus on...

The English countryside

View of Ipswich **by Thomas Gainsborough (1727-1788).**

Louise, 32, is a history teacher. She lives in Greenwich. She tells us how important the countryside is in British culture.

"The countryside has always **held** a special place in the hearts of the English. To me, it **conjures up** images of sheep **grazing** on the hillside.

When you talk to English people about it, you get a feeling that most people in England, or Britain actually, would like to live in a rural area. They want a plot in the countryside or, if they can afford it, a cottage with a nice view, preferably of **rolling hills** or a lake, and needless to say, a country lane **winding** through hills, bordered by bushes and **thickets**.

There's immense respect for country life in Britain: its wild animals, the seasons, what trees do, the changing colours in the autumn or spring. It may be interpreted as nostalgia for days gone by, but it's definitely part of our culture. So we like going to the country just to experience a different **pace** or solitude. Yes, that's what I miss in London: this feeling of solitude."

to hold, held, held : tenir • **to conjure up:** évoquer • **to graze:** brouter, paître • **rolling hills:** des collines vallonnées • **to wind:** serpenter • **a thicket:** un fourré • **a pace:** un rythme

PARKS IN BRITAIN

"All cities in Britain have large parks where you can watch birds, feed ducks, **spot** foxes, walk on grass, feel nature. It's like a painting by Gainsborough, if you like, with its large trees and often **a pond** or a lake and its thick clouds.

To an English person, all this is extremely precious, even if we've become city dwellers. The dream of living in the country still **haunts** us. That's probably why we love our back gardens, however small they may be, and even if they're not always well kept!"

to spot: observer, repérer • **a pond:** un étang • **to haunt:** hanter

Going further

⇒ **Gainsborough** is a famous portrait and landscape painter (1727-1788). Type "paintings by Gainsborough" on a search engine to see idealized English landscapes.

⇒ If you prefer contemporary artists, type "landscapes by **David Hockney**" to see very colourful paintings of East Yorkshire, especially "The Road across the Wolds".

⇒ If you want to find out more about **parks and gardens** in Britain, check English Heritage's website: http://www.english-heritage.org.uk (search "parks and gardens").

English Heritage is sponsored by the UK government. Its task is to secure the preservation of man-made heritage. It owns some historic sites. Members of the public are encouraged to join English Heritage. As a member, you don't have to pay to see its properties, like Stonehenge or Dover Castle.

TRADUCTION DU SCRIPT

Salut tout le monde,

Est-ce qu'on ne serait pas une famille typique du 21e siècle ? Tu es en Inde ou en Australie ou quelque part entre les deux, Papa. Maman et Jeff sont à New York, mais Maman va bientôt partir pour Vancouver. Evan est à Hawaï et moi je suis chez Grand-mère pour le week-end. Le Vermont est tellement beau en ce moment. J'adore la campagne. Je m'amuse bien, si vous voulez savoir. Je vais bien. Tout se passe comme prévu. Enfin, presque tout : je me suis foulé la cheville après avoir marché des heures autour du Lac Champlain. Pas grave ! Il faut juste que je me repose un peu. En me reposant, je me suis dit que notre prochaine réunion de famille, ça devrait être ici. Vous ne trouvez pas ?

Vous adorez tous skier, hein ? Le Vermont, c'est l'endroit idéal si on aime skier. En plus, Maman m'a dit qu'elle voulait voir Grand-mère, n'est-ce pas, Maman ? On n'a donc pas le choix. Je propose qu'on se retrouve tous ici pour Noël. Qu'est-ce que vous en pensez ? Je vais aller voir des élans dans deux jours, près de Montpelier. J'espère que les ours n'ont pas déjà commencé à hiberner.
Ça vous dirait bien d'être ici, non ? Moi, oui !
J'attends de vos nouvelles avec impatience.
Bisous,
Emma *

* À la fin d'une lettre ou d'un message, un x représente une bise et un o une accolade. Il est courant de terminer par xxx ou xoxo.

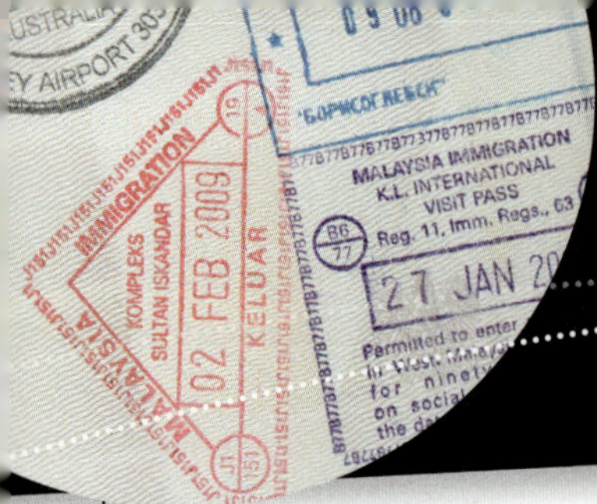

42 Whose bag is this?

Pour les doc audio et + d'exercices, voir le site.

L'épisode

1 Écoutez le dialogue avec ou sans l'aide du script.

Oliver and a female customs officer in Sydney. They've found unattended luggage.

Officer – Sorry for keeping you waiting but there was a man whose visa had expired so we couldn't let him in the country. I felt sorry for the poor guy.

Oliver – Yes, it must be awful to have to fly back after such a long journey.

Checking Oliver's papers...

Officer – Whose suitcase is this? It's not yours, is it?

Oliver – No, it's not. I've got mine with me.

Officer – Does anyone know whose suitcase this is? I hope it doesn't belong to the man who had to be sent back. We might have to destroy it. I feel even more sorry for him. It's actually the airline's fault. They are supposed to check all passports and visas. They didn't do their job.

Another customs officer arrives, with the "poor guy".

The other customs officer – This is Geoffrey, whose visa had expired, but who had forgotten that he had another visa on another page!

Officer – Yes, and who had also forgotten that he had another suitcase! *(Sighing...)* Welcome to Australia, the country whose customs officers are also detectives!

> TRADUCTION P. 289

2 Répondez aux questions suivantes.

1. Que se passe-t-il ?
- ❑ **a.** Un passager n'a pas de billet valable.
- ❑ **b.** Il n'a pas de visa.
- ❑ **c.** Son visa a expiré.

2. La valise retrouvée :
- ❑ **a.** Sera sûrement détruite.
- ❑ **b.** Sera probablement détruite.
- ❑ **c.** Pourrait être détruite.

3. Qui est responsable ?
- ❑ **a.** Le consulat.
- ❑ **b.** Le passager.
- ❑ **c.** La compagnie aérienne.

4. La douanière se compare à :
- ❑ **a.** Un détective.
- ❑ **b.** Un policier.
- ❑ **c.** Un soldat.

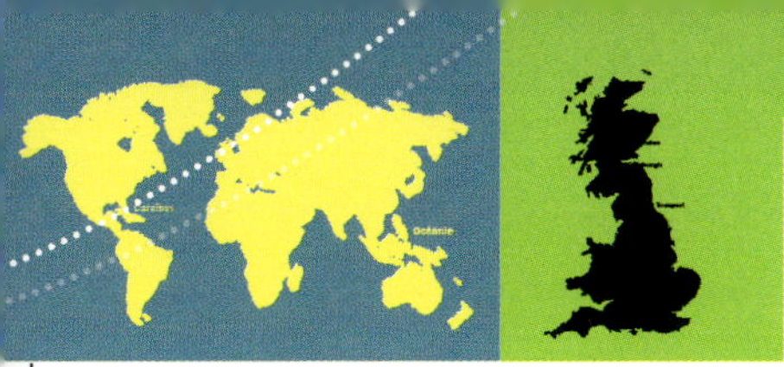

À qui est-ce ?

- **Whose car is this?/Whose is this car?** À qui est cette voiture ?
- **Who is the owner of that car?** Qui est le propriétaire de cette voiture ?
- **Do you know who this bag belongs to?** Vous savez à qui appartient ce sac ?
- **Please keep your personal belongings/effects with you at all times.** Veuillez garder vos effets personnels avec vous à tout moment.
- **Don't touch it. It's mine./It's Paul's.** Ne touche pas à ça. C'est à moi./C'est à Paul.

- **You should respect other people's property.** Tu devrais respecter la propriété d'autrui.
- **The landlord has changed the locks! Are you sure you paid the rent?** Le propriétaire a changé les serrures ! Tu es sûr d'avoir payé le loyer ?
- **They own/possess a small house by the sea.** Ils possèdent une petite maison près de la mer.

3 Traduisez.

1. À qui sont ces sacs ?
2. Je ne possède pas grand-chose.
3. C'est toi le propriétaire de ce lopin de terre ?
4. C'est à toi ou à Lucia ?
5. Cette voiture ne m'appartient pas. Je l'ai louée.

À la frontière

- **to go through customs:** passer la douane
- **a customs officer:** un douanier
- **passport control:** le contrôle des passeports

- **to show some identification:** montrer ses papiers
- **an ID/a proof of identity:** une pièce d'identité
- **an ID card/an identity card:** une carte d'identité
- **a proof of residence:** un certificat de résidence

- **a utility bill:** une facture d'eau, d'électricité…
- **a work permit:** un permis de travail
- **a residence permit:** un permis de séjour
- **a green card** (US): une carte verte [permis de travail]
- **a passport photo:** une photo d'identité
- **valid until:** valide jusqu'à
- **a tourist visa:** un visa touristique

- **to search a bag:** fouiller un sac
- **to cross a border:** franchir une frontière
- **illegal goods:** des produits illicites
- **smuggling:** la contrebande

4 Complétez en vous aidant des indications entre parenthèses ou du contexte.

1. I'm here on business. I'm not travelling on a ... visa.
2. Please, have your ... card ready to go ... customs.
3. My passport is only ... ... tomorrow! I won't be able to travel abroad in two days.
4. To get my passport renewed, I had to provide a ... ... (facture d'eau, d'électricité).
5. I have a foreign passport, but I can work here because I have a ... .

Whose interrogatif et whose relatif

• **Whose** interrogatif sert à demander à qui appartient quelque chose.
On répond habituellement à l'aide d'un pronom possessif ou d'un génitif.
"Whose suitcase is this?/Whose is this suitcase?" "It's hers./It's Emma's."
« À qui est cette valise ? » « Elle est à elle./Elle est à Emma. »

• **Whose** peut aussi être un pronom relatif. Il correspond alors à « dont ».
On l'emploie pour des personnes ou des objets.
There was a man whose _ visa had expired.
Il y avait un homme dont le visa avait expiré.
They live in a house whose _ basement is haunted.
Ils vivent dans une maison dont la cave est hantée.

5 Traduisez.

1. Whose is this car?
2. Whose dogs are these?
3. That's Jon, whose wife is from Kyoto.
4. The house whose windows are broken is mine.

La traduction de « dont »

• « Dont » se traduit par **whose** uniquement quand on a « nom + dont + nom ».
Quand « dont » est complément de verbe (dont je parle) ou complément d'adjectif (dont je suis content), souvent on ne le traduit pas.
The person _ I'm talking about is Jo. La personne dont je parle est Jo.
It's the only photo _ I'm proud of. C'est la seule photo dont je sois fière.

• On emploie aussi « dont » pour parler d'une partie d'un groupe. On traduit par **of whom** ou **of which**.
I have four children, two of whom live in Wales.
J'ai quatre enfants dont deux vivent au pays de Galles.
Elsa has over a thousand stamps, three of which are very rare.
Elsa a plus de mille timbres, dont trois sont très rares.

6 Traduisez.

1. Le voisin dont je te parlais...
2. Le voisin dont la fille est maire *(a mayor)*...
3. Un voisin dont je suis proche...
4. Dix voisins, dont trois sont sympas...

Pour terminer

7 Complétez ces phrases avec le vocabulaire de l'épisode.

1. You'll have to show some ... (des papiers) when you go through ... .
2. I love crossing ... , that is, going from one country to another.
3. Someone who owns property to rent is called a ... .
4. A synonym of the verb "possess" is "...".
5. The things that you carry with you are called your personal ... .

8 *Nothing to declare.* Écoutez ce dialogue et complétez le script.

– ... ... never stop me. It's a first.
– You're travelling on ... ... but you don't sound American.
– I was born in Ireland, but then I got a ... ... in LA, and finally I took up US citizenship.
– Does this suitcase ... ... you?
– Yes, it does. I'm the proud ... of this suitcase. You can ... it. It's totally empty in fact. I always travel with it. Well-informed people know it costs over $2000.

CORRIGÉ DES EXERCICES

2 **1. c.** Son visa a expiré. **2. c.** Pourrait être détruite. **3. c.** La compagnie aérienne. **4. a.** Un détective.

3 **1.** Whose bags are these?/Whose are these bags? **2.** I don't own/possess much. **3.** Are you the owner of this plot? **4.** Is it yours or Lucia's? **5.** This car doesn't belong to me. I've rented it.

4 **1.** I'm here on business. I'm not travelling on a tourist visa. **2.** Please, have your ID/identity card ready to go through customs. **3.** My passport is only valid until tomorrow! I won't be able to travel abroad in two days. **4.** To get my passport renewed, I had to provide a utility bill. **5.** I have a foreign passport, but I can work here because I have a work permit/green card.

5 **1.** À qui est/appartient cette voiture ? **2.** À qui sont/appartiennent ces chiens ? **3.** Voici Jon, dont la femme est de Kyoto. **4.** La maison dont les fenêtres sont cassées est à moi.

6 **1.** The neighbour _ I was telling you about/I was talking to you about... **2.** The neighbour whose daughter is a mayor... **3.** A neighbour _ I'm close to... **4.** Ten neighbours, three of whom are friendly...

7 **1.** You'll have to show some identification when you go through customs. **2.** I love crossing borders, that is, going from one country to another. **3.** Someone who owns property to rent is called a landlord. **4.** A synonym of the verb "possess" is "own". **5.** The things that you carry with you are called your personal belongings/effects.

8 – Customs officers never stop me. It's a first.
– You're travelling on an American passport but you don't sound American.
– I was born in Ireland, but then I got a work permit in LA, and finally I took up US citizenship.
– Does this suitcase belong to you?
– Yes, it does. I'm the proud owner of this suitcase. You can search it. It's totally empty in fact. I always travel with it. Well-informed people know it costs over $2000.

Focus on...

The citizenship test

An American teacher with a group of European immigrants (1949).

In many countries, like Canada or the USA, foreigners have to take a citizenship test if they want to become citizens of the country they've settled in.

There is now a citizenship test in the UK. As several newspapers have **pointed out**, it's **slightly** ironical that many British people would not pass this test. In other words, **foreigners could be required** to know more about Britain than many British citizens themselves.

This test is **compulsory** for people who want to **apply for** naturalisation or permanent residence in the UK. However, if you are a national from a country in the European Economic Area (which includes all European Union states) or from Switzerland, you don't have to take the test. You're not even asked to demonstrate a level of English.

The official test lasts 45 minutes. You have to answer 24 multiple-choice questions. At the end of the test, you will be given a PASS or FAIL mark. The pass mark is 75%, which means that you have to answer 75% of the questions correctly in order to get a pass.

If you want to prepare for the test, even just for fun, you can read an official book called *Life in the United Kingdom: A Journey to Citizenship*. Reading it will allow you to learn a lot about... life in the UK. People who want to take the test are asked to read it. The questions are not as difficult as they might seem, because the answers can be found in the official book.

to point out: souligner • **slightly:** légèrement • **foreigners could be required:** on pourrait exiger des étrangers • **compulsory:** obligatoire • **to apply for:** postuler à

COULD YOU PASS THE TEST?

These two questions are taken from the *Official Practice Citizenship Test*. Can you answer them?

Who is the monarch not allowed to marry?
The monarch is not allowed to marry anyone who is not a Protestant. This policy was introduced under the reign of Queen Anne, in 1701, in order to prevent future religious conflicts.

What type of constitution does the UK have?
The UK is one of the very few countries not to have a single constitutional document. The constitution is embodied in written and unwritten documents, like some royal prerogatives. That's why the UK is traditionally said to have an "unwritten constitution", even though it is based on some written documents.

Going further

⇒ To find online practical tests about the ***Life in the UK test***, go to http://lifeintheuk.net/index.php/test/

⇒ Here is an official site that helps people to prepare for the *Life in the UK test*: http://lifeintheuktest.ukba.homeoffice.gov.uk/

But don't forget that you don't need to take the test if you hold a European Union or Swiss passport.

TRADUCTION DU SCRIPT

La douanière – Désolée de vous avoir fait attendre mais il y avait quelqu'un dont le visa avait expiré et donc on ne pouvait pas le laisser entrer en Australie. J'étais désolée pour le pauvre gars.

Oliver – Oui, ça doit être terrible de devoir repartir après avoir fait tout ce voyage.

Elle vérifie les papiers d'Oliver.

La douanière – Elle est à qui, cette valise ? Elle n'est pas à vous ?

Oliver – Non. J'ai la mienne avec moi.

La douanière – Est-ce que quelqu'un sait à qui est cette valise ? J'espère qu'elle n'appartient pas au voyageur qu'on a dû renvoyer. On va peut-être devoir la détruire. Je suis encore plus désolée pour lui. En fait, c'est la faute de la compagnie aérienne. Ils sont censés vérifier tous les passeports et tous les visas. Ils n'ont pas fait leur boulot.

Un autre douanier arrive, avec le « pauvre gars ».

Autre douanier – Voici Geoffrey, dont le visa avait expiré, mais qui avait oublié qu'il avait un autre visa sur une autre page !

La douanière – Oui, et qui avait aussi oublié qu'il avait une autre valise ! *(Elle soupire...)* Bienvenue en Australie, le pays dont les douaniers sont aussi des détectives !

Check it! 37 > 42

What did they say ?

1 Cinq erreurs se sont glissées dans ce résumé des épisodes 37-39. **Corrigez-les.**

Oliver is visiting the Tower of London. He's talking to two American tourists, Laura and Derek, about Anne Boleyn, who was hanged in the Tower. They spend the evening together and go to the Italian restaurant that a friend had recommended. In an email the next day, Oliver asks Jennifer if Jeff has received the DVD he sent him. Oliver is on a plane to Australia via Bangkok. He's talking to a steward, Raj.

SCORE : ... / 10

2 Cinq blancs se sont glissés dans ce résumé des épisodes 40-42. **Complétez-les.**

Oliver and another passenger are waiting for their luggage at Bangkok Airport. The other passenger owns a ... in town. He is told off by an old lady, who finds him rude because he ... at her.
Some time later, the whole family receives an email from Emma. She's fine, even though she ... her ankle.
Oliver finally arrives in Sydney, Australia. He has to go through ... first. The customs officer notices an unattended suitcase. It may belong to a man whose visa had expired and who had to be ... .

SCORE : ... / 10

Express yourself

3 **Retrouvez** le sens de ces cinq mots.

1. a fairy tale: ...
2. a layer: ...
3. the sink: ...
4. abusive: ...
5. secluded: ...

SCORE : ... / 10

4 Que diriez-vous dans les contextes suivants ?

1. How I wish we lived in an ordinary apartment instead of a castle! I ... marrying a count.
2. My daughter is ... on cycling. She's going to take part in a cycling race in May.
3. To be ..., I don't think she'll win the race. But I know she'll enjoy herself.
4. I loved that film. What about you? How did you ... about it?
5. "I know who this car belongs to." "Really? Whose is it? Who ... such a beautiful car?"

SCORE : ... / 10

5 Dites-le en anglais.

1. À qui est cette pièce d'identité ? Elle est à vous ?
2. Si j'avais su, je n'aurais pas lu ce conte de fées.
3. « Elle était emballée par la visite guidée et elle a acheté le catalogue. » « Génial ! »
4. Je vous recommande absolument cette cuisinière et ce four.
5. « Je voudrais vivre dans une ferme isolée avec toi. » « Je suis d'accord. »

SCORE : ... / 10

Afraid of grammar ?

6 Traduisez.

1. Il y avait de l'argent sur le comptoir *(counter)*. Je ne savais pas s'il était à toi.
2. Vous voulez du beurre avec votre pain ?
3. Malheureusement, on n'a pas vu de loups en Alaska.
4. « Je peux prendre quel bus ? » « N'importe lequel. Ils vont tous à la gare. »
5. Je sais que vous vendez des chaussures. Vous vendez aussi des lacets *(laces)* ?

SCORE : ... / 10

7 Complétez par *who, which, that* ou Ø (pronom relatif zéro).

1. Hyacinth is the friend ... I was telling you about.
2. This is Mrs Chadha, ... was my maths teacher.
3. Where did you put the souvenir ... we bought in Memphis?
4. The customers ... were in a hurry *(pressés)* were served first.
5. I'd like to go to that pub, *The Black Swan*, ... your parents liked so much.

SCORE : ... / 10

8 Complétez par un *question tag*.

1. It's great, ... ?
2. You don't fancy her, ... ?
3. She didn't pass her exam, ... ?
4. You hated chemistry as a child, ... ?
5. We're late, ... ?

SCORE : ... / 10

Cultural quiz

9 Épisodes 37-39

1. Who was Henry VIII's first wife? ❑ a. Anne Boleyn. ❑ b. Catherine of Aragon.
2. Anne Boleyn, who was accused of adultery, was: ❑ a. Innocent. ❑ b. Guilty.
3. The Tate Modern stands next to the Globe Theatre. ❑ a. True. ❑ b. False.
4. "The Tate" includes: ❑ a. Two museums. ❑ b. Four museums.
5. What is banned in some Indian states? ❑ a. Selling beef. ❑ b. Killing cows.

SCORE : ... / 10

10 Épisodes 40-42

1. If you want to be politically correct, never use ... like "shit"!
2. The ... with its rolling hills holds a special place in the hearts of the British.
3. Constable, ... and Turner are some of the greatest English landscape painters.
4. The British monarch can only marry a ... .
5. The UK is traditionally said to have an ... constitution.

SCORE : ... / 10

Corrigés p. 292 (2 points par bonne réponse). SCORE : ... / 100

corrigés

1 Oliver is visiting the Tower of London. He's talking to two American tourists, Laura and Derek, about Anne Boleyn, who was ~~hanged~~ **beheaded** in the Tower.
They spend the evening together and go to the ~~Italian~~ **Indian** restaurant that ~~a friend~~ **Jennifer** had recommended. In an email the next day, Oliver asks Jennifer if Jeff has received the ~~DVD~~ **T-shirt** he sent him.
Oliver is on a plane to Australia via Bangkok. He's talking to a ~~steward~~ **fellow passenger**, Raj.

2 Oliver and another passenger are waiting for their luggage at Bangkok Airport. The other passenger owns a **restaurant** in town. He is told off by an old lady, who finds him rude because he **shouted** at her. Some time later, the whole family receives an email from Emma. She's fine, even though she **sprained** her ankle.
Oliver finally arrives in Sydney, Australia. He has to go through **customs** first. The customs officer notices an unattended suitcase. It may belong to a man whose visa had expired and who had to be **sent back**.

3 **1.** a fairy tale: un conte de fées **2.** a layer: une couche **3.** the sink: l'évier **4.** abusive: grossier, injurieux **5.** secluded: isolé

4 **1.** How I wish we lived in an ordinary apartment instead of a castle! I **regret** marrying a count. **2.** My daughter is **keen** on cycling. She's going to take part in a cycling race in May. **3.** To be **honest**, I don't think she'll win the race. But I know she'll enjoy herself. **4.** I loved that film. What about you? How did you **feel** about it? **5.** "I know who this car belongs to." "Really? Whose is it? Who **owns** such a beautiful car?"

5 **1.** Whose ID is this?/Whose is this ID? Is it yours? **2.** If I'd (had) known, I wouldn't (would not) have read this fairy tale. **3.** "She was very enthusiastic about the guided tour and bought the catalogue." "Great!/Fantastic!" **4.** I strongly recommend this cooker/stove and this oven. **5.** "I'd like to live on a secluded farm with you." "I agree."

6 **1.** There was some money on the counter. I didn't know if it was yours. **2.** Would you like/Do you want some butter with your bread? **3.** Unfortunately, we didn't see any wolves/we saw no wolves in Alaska. **4.** "Which bus can I take?" "Any./Any bus. They all go to the station." **5.** I know you sell shoes. Do you also sell laces?

7 **1.** Hyacinth is the friend **Ø/who/that** I was telling you about. **2.** This is Mrs Chadha, **who** was my maths teacher. **3.** Where did you put the souvenir **Ø/that/which** we bought in Memphis? **4.** The customers **who/that** were in a hurry were served first. **5.** I'd like to go to that pub, *The Black Swan*, **which** your parents liked so much.

8 **1.** It's great, **isn't it**? **2.** You don't fancy her, **do you**? **3.** She didn't pass her exam, **did she**? **4.** You hated chemistry as a child, **didn't you**? **5.** We're late, **aren't we**?

9 **1. b.** Catherine of Aragon. **2. a.** Innocent. **3. a.** True. **4. b.** Four museums. **5. b.** Killing cows.

10 **1.** Swear words. **2.** Countryside. **3.** (Thomas) Gainsborough. **4.** Protestant. **5.** Unwritten.

PARTIE 8

43 At the Sydney Opera House

Oliver and Helena Retsas, a local entrepreneur, are talking about their afternoon meeting.

Communication Donner son opinion p. 295
Vocabulaire Les élections p. 295
Grammaire Le *present perfect* en *be* + *-ing* p. 296
Focus on *The Sydney Opera House* p. 298

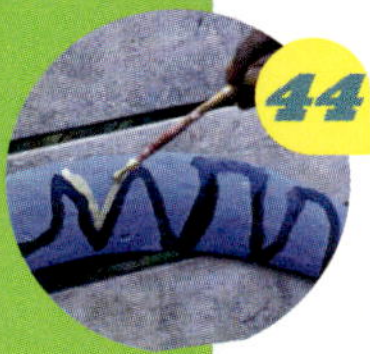

44 When I was a child

The next day, Oliver is having lunch with Helena.

Communication Parler du révolu p. 301
Vocabulaire La mémoire, l'oubli p. 301
Grammaire *Use, used to* et *would* p. 302
Focus on *Aboriginal culture* p. 304

45 I miss you...

Jennifer is calling her husband, Oliver. She's in Vancouver.

Communication Ordonner p. 307
Vocabulaire L'amour et l'amitié p. 307
Grammaire *Make sb do sth* • *Make* ou *do?* p. 308
Focus on *Vancouver* p. 310

46 You must be kidding!

Jennifer, Emma and Jeff are discussing the idea of a white Christmas.

Communication Exprimer son accord... p. 313
Vocabulaire L'énervement, la colère p. 313
Grammaire Moi aussi, moi non plus p. 314
Focus on *The great British sea explorers* p. 316

47 A weird idea

An email from Oliver to his wife and children.

Communication Exprimer une préférence p. 319
Vocabulaire La violence urbaine p. 319
Grammaire Les verbes en deux et trois parties p. 320
Focus on *The Southern belle* p. 322

48 It's a big Yes!

Emma's reply to the proposed vacation in New Orleans.

Communication Exprimer son impatience p. 325
Vocabulaire L'humour, la plaisanterie p. 325
Grammaire *Phrasal verbs* et complément p. 326
Focus on *Parades* p. 328

p. 330-332 **Check it!** 43 > 48

43 At the Sydney Opera House

Pour les doc audio et + d'exercices, voir le site.

L'épisode

1 Écoutez le dialogue avec ou sans l'aide du script.

Oliver and Helena Retsas, a local entrepreneur, are talking about their afternoon meeting.

HELENA – Listen, Oliver, I've been thinking a lot about the possibility of offshore wind turbines. We're all convinced you made some interesting points in your presentation. The problem is of course the costs.

OLIVER – Yes, I know. I'm a great believer in this technology, as you know, and not only because it's my job. I've been working on it for ten years now. I can assure you that it's the energy of the future.

HELENA – Your arguments were very persuasive and I know for sure that we'll have more wind farms at some point in the future but prices still have to come down.

OLIVER – Prices have been coming down for the past few years, while the price of electricity has been rising faster than the inflation rate for the last ten years.

HELENA – Yes, you're right. The problem is that you'll also have to convince the local government.

Alexandra approaches.

ALEXANDRA – You guys have been talking business. I can tell. Stop it! This is an interval. You're not supposed to be talking about business! Relax!

> TRADUCTION P. 299

2 Répondez aux questions suivantes.

1. Selon Helena, quel est le problème ?
- ❑ a. Le coût des éoliennes.
- ❑ b. Le bruit des éoliennes.
- ❑ c. La pollution visuelle des éoliennes.

2. Oliver travaille dans son domaine :
- ❑ a. Depuis cinq ans.
- ❑ b. Depuis dix ans.
- ❑ c. Depuis quinze ans.

3. Qui faut-il convaincre ?
- ❑ a. Les collectivités locales.
- ❑ b. Le gouvernement australien.
- ❑ c. Ses collègues.

4. Que propose Alexandra ?
- ❑ a. De parler musique.
- ❑ b. De se détendre.
- ❑ c. De parler affaires.

Donner son opinion

- **In my opinion/From my point of view...** À mon avis...
- **My opinion is that...** Mon opinion est que...
- **My belief is that...** Ma conviction est que...
- **As far as I know...** Pour autant que je sache...
- **As far as I'm concerned, everything's fine.** En ce qui me concerne, tout va bien.
- **Personally, I think/believe that...** Personnellement, je pense que...
- **I have the feeling that...** J'ai le sentiment que...
- **I don't think much of that idea.** Cette idée ne me dit pas grand-chose.
- **It depends. It's hard to tell.** Ça dépend. C'est difficile à dire.
- **I don't have a firm/strong opinion on the matter.** Je n'ai pas d'opinion arrêtée sur ce sujet.

« Selon moi » ne se dit pas ~~according to me~~, mais **to me/in my opinion**. En revanche, on peut dire **according to Joan/them** (selon Joan/eux).

3 Traduisez.

1. Selon moi, c'est une histoire incroyable.
2. Elle a une opinion arrêtée sur l'histoire de l'Australie.
3. Personnellement, je préfère Sydney à Melbourne. Et toi ? *(What about you?)*
4. J'ai le sentiment qu'ils ne m'aiment plus.
5. En ce qui me concerne, il n'y a pas de problème.

Les élections

- **politics:** la politique
- **a policy:** une politique
- **a majority:** une majorité
- **a minority:** une minorité
- **a political platform:** une plate-forme politique
- **conservative:** conservateur
- **progressive:** progressiste
- **to vote:** voter
- **a ballot, a vote:** un vote
- **a ballot box:** une urne
- **a voting/polling booth:** un isoloir
- **a swing state** [US]: un état clé
- **a candidate:** un candidat
- **an election:** une élection
- **to elect:** élire
- **to run for President:** être candidat à la présidence
- **to stand for Parliament** [GB]: se présenter aux élections législatives
- **the House of Commons:** la chambre des Communes
- **a Member of Parliament/an MP** [GB]: un député
- **the White House:** la Maison Blanche
- **the Senate** [US]: le Sénat
- **the House of Representatives** [US]: la chambre des Représentants

4 **Complétez en vous aidant des indications entre parenthèses ou du contexte.**

1. When you ... , you cast a ... in a ... box.
2. In democratic countries, the use of a ... (isoloir) is compulsory.
3. The ... of ... is the lower house of the Parliament of the UK.
4. A political ... is a set of ideas put forward by a political party.

Le present perfect en be + -ing

• Le **present perfect** en **be + -ing** se forme avec **have** au présent, suivi de **been** et du verbe + **-ing** : **I have been working/she has been working.**

• On l'emploie souvent pour dire qu'on voit des **traces** d'une activité passée.
Sorry, I'm out of breath: I've been running. Désolé, je suis essoufflé. J'ai couru.

• Avec le **present perfect** en **be + -ing**, on s'intéresse à une **activité** passée.
Avec le **present perfect** simple, on s'intéresse à un **résultat** présent.
They've been repairing the roof. [Ce n'est peut-être pas terminé.]
They've repaired the roof. [Le toit est réparé.]

5 **Mettez le verbe entre parenthèses au *present perfect* en *be + -ing*.**

1. My hands are dirty. I ... (fix) my motorbike.
2. Look! It ... (snow)!
3. You ... (smoke). I can smell it.
4. You ... (eat) my chocolates. There aren't many left.
5. Your sister ... (work) hard. She looks tired.

Avec for, since et how long

• Avec un **present perfect**, **for** et **since** se traduisent par « depuis » et **how long** par « depuis quand ? ». Dans ce cas, le **present perfect** se traduit par un présent.

• Avec **for**, **since** et **how long**, d'une manière générale, on préfère le **present perfect** en **be + -ing**.
I've been working on it for ten years.

• Pour les verbes qui s'emploient peu avec **be + -ing**, on utilise le **present perfect** simple (voir p. 34).
He has known her for a few days. Il la connaît depuis quelques jours.
I've hated it since my childhood. Je déteste ça depuis mon enfance.

6 **Mettez le verbe au *present perfect* simple ou en *be + -ing*.**

1. I ... (watch) TV since noon.
2. They ... (be) in Montana for ten years.
3. Her brother ... (drive) since he was eighteen.

4. He ... (have) a car since then.
5. How long ... (you/work) as a computer expert?

Pour terminer

7 Complétez ces phrases avec le vocabulaire de l'épisode.

1. She's been in the ... of ... for over twenty years. She represents Louisiana.
2. I have the ... that you don't like their platform.
3. "MP" is an abbreviation for "... ... ... ".
4. In the US you ... for president, in the UK, you ... for Parliament.
5. ... (Pour autant que je sache), a senator votes in the ... .

8 *If I were...* Écoutez ce dialogue et complétez le script.

– If I were a ... ... I would make ... compulsory.
– ... , ... the matter but you can't force people to ... .
– Yes, you can. It's to ... ... that's going to pass laws that affect your everyday life.
– ... ... , that would be undemocratic.
– ... ... many politicians, whether ... or ... , real democracy is only achieved if every citizen uses ... ...
– ... ... using authoritarian methods to achieve democracy is a contradiction.

CORRIGÉ DES EXERCICES

2 **1. a.** Le coût des éoliennes. **2. b.** Dix ans. **3. a.** Les collectivités locales. **4. b.** De se détendre.

3 **1.** To me/In my opinion it's an incredible story. **2.** She has a firm/strong opinion on the history of Australia. **3.** Personally, I prefer Sydney to Melbourne. What about you? **4.** I have the feeling that they don't like me any more. **5.** As far as I'm concerned, there is no problem.

4 **1.** When you vote, you cast a ballot/a vote in a ballot box. **2.** In democratic countries, the use of a voting booth/a polling booth is compulsory. **3.** The House of Commons is the lower house of the Parliament of the UK. **4.** A political platform is a set of ideas put forward by a political party.

5 **1.** My hands are dirty. I've (have) been fixing my motorbike. **2.** Look! It's (has) been snowing! **3.** You've (have) been smoking. I can smell it. **4.** You've (have) been eating my chocolates. There aren't many left. **5.** Your sister has been working hard. She looks tired.

6 **1.** I've (have) been watching TV since noon. **2.** They've (have) been in Montana for ten years. **3.** Her brother has been driving since he was eighteen. **4.** He's (has) had a car since then. **5.** How long have you been working as a computer expert?

7 **1.** She's been in the House of Representatives for over twenty years. She represents Louisiana. **2.** I have the feeling that you don't like their platform. **3.** "MP" is an abbreviation for "Member of Parliament". **4.** In the US you run for president, in the UK, you stand for Parliament. **5.** As far as I know, a senator votes in the Senate.

8 – If I were a Member of Parliament I would make voting compulsory.
– Personally, I don't have a firm opinion on the matter but you can't force people to vote.
– Yes, you can. It's to elect a government that's going to pass laws that affect your everyday life.
– In my opinion, that would be undemocratic.
– According to many politicians, whether conservative or progressive, real democracy is only achieved if every citizen uses the polling booth.
– As far as I'm concerned using authoritarian methods to achieve democracy is a contradiction.

Focus on... The Sydney Opera House

A full moon rises over the Sydney Opera House.

The Sydney Opera House and Peach Melba? I fail to see the connection.

The Sydney Opera House is one of the world's most recognizable opera houses and **landmarks**. It was designed by a Danish architect, Jørn Utzon. The construction started in 1959 and was completed in 1973, when it was opened by Queen Elizabeth II. However, **due to** tensions with contractors, engineers and politicians, Jørn Utzon resigned from the project. He left the country in 1966 and never returned to Australia.

The Opera House was declared a UNESCO World Heritage Site in 2007. The report to the UNESCO World Heritage Committee **states**: "It stands by itself as one of the indisputable masterpieces of human creativity, not only in the 20th century but in the history of humankind."

The Sydney Opera House is **arguably** one of the most beautiful in the world, not only because of its own architecture, but also because of its **setting**: it overlooks the natural harbour of Sydney. It is often compared with a series of sailing boats.

The Opera House is built on a narrow point called Bennelong Point. Along the point, you'll find lots of **trendy** outdoor cafés and restaurants – the weather is usually mild in Sydney all year round – from which you can enjoy the view of the Opera House and the Sydney Harbour Bridge, and of course your food and drinks.

If we add that the Sydney Opera House hosts over 1,500 performances each year, we see that we're a long way from the usual – and contradictory – clichés about Australia. No, the country is not one **huge** desert, full of cute **cuddly** animals, where everyone practically lives at the beach, and goes surfing every day, because everyone is mad about sports...

a landmark: un monument célèbre • **due to:** en raison de • **to state:** affirmer • **arguably:** sans doute • **a setting:** un cadre • **trendy:** branché • **huge:** immense • **to cuddle:** câliner

PEACH MELBA

You've all heard of "Peach Melba" but do you know the story behind it? "Peach Melba" is a classic dessert invented by the French chef Escoffier for a dinner party given in London by the Duke of Orléans, who wanted to honour the Australian opera singer Nellie Melba. The Duke and Nellie Melba were lovers... She was one of the greatest opera singers of her time (she died in 1931).

Going further

⇒ Here are the official sites of **the best-known opera houses** in the English-speaking world:
The Sydney Opera House:http://www.sydneyoperahouse.com
The Metropolitan Opera (New York):http://www.metoperafamily.org/metopera/index.aspx
The Royal Opera House (London):http://www.roh.org.uk

⇒ You can still listen to Nellie Melba's voice. All you have to do is type her name on an Internet search engine.

TRADUCTION DU SCRIPT

Helena – Écoutez, Oliver, j'ai beaucoup réfléchi à la possibilité d'avoir des éoliennes *offshore*. On est tous convaincus que vous avez fait des remarques intéressantes dans votre exposé. Le problème, c'est bien sûr le coût.

Oliver – Oui, je sais. Je crois beaucoup à cette technologie, comme vous le savez, et pas seulement parce que c'est mon métier. J'y travaille depuis dix ans maintenant. Je peux vous assurer que c'est l'énergie du futur.

Helena – Vos arguments étaient très convaincants et je suis sûre qu'on aura plus de champs d'éoliennes à l'avenir mais il faut encore que les prix diminuent.

Oliver – Les prix baissent depuis quelques années, alors que le prix de l'électricité augmente plus vite que l'inflation depuis dix ans.

Helena – Oui, vous avez raison. Le problème est qu'il faudra aussi convaincre les collectivités locales.

Alexandra s'approche.

Alexandra – Vous, vous avez parlé affaires, je le vois bien. Arrêtez ! C'est un entracte. Vous n'êtes pas censés parler affaires ! Détendez-vous !

44 When I was a child

Pour les doc audio et + d'exercices, voir le site.

L'épisode

1 Écoutez le dialogue avec ou sans l'aide du script.

The next day, Oliver is having lunch with Helena.

HELENA – If you have time, you should visit the Australian Museum.

OLIVER – Actually, I have visited it. I learned a lot about the Aboriginal way of life and how they used to live before the arrival of the Europeans.

HELENA – Yes, and it tells you a lot about what we did to the Aborigines. We do try to improve things but there's still much room for improvement! It's hard to believe that they were only given full voting rights in 1965 and that many Aboriginal children were forcibly taken away from their families until the 1960s. When I was a child, we would go to Alice Springs every year – we used to drive there! I have vivid memories of my holidays in that area. I learned so much about the Aborigines then and about discrimination.

OLIVER – Well, as you know we had segregation until the 60s in the Southern states of the US. That doesn't mean we can't have an African American president!

HELENA – Yes, you did elect a black President, which gives us hope. Who knows? Maybe we'll have an Aboriginal Prime Minister one day.

> TRADUCTION P. 305

2 Répondez aux questions suivantes.

1. **Helena mentionne l'*Australian Museum*.**

❑ a. Oliver compte y aller.
❑ b. Il ne pourra pas y aller.
❑ c. Il y est déjà allé.

2. **Enfant, elle passait ses vacances :**

❑ a. À Uluru.
❑ b. À Alice Springs.
❑ c. À l'étranger.

3. **Quel phénomène politique est mentionné par Oliver ?**

❑ a. Les discriminations.
❑ b. La ségrégation.
❑ c. La guerre de Sécession.

4. **Pour Helena, avoir un premier ministre aborigène, c'est :**

❑ a. Possible.
❑ b. Probable.
❑ c. Impossible.

Parler de quelque chose de révolu

- **We used to live in York.** Avant, on habitait à York.
- **We don't live in York any more.** On n'habite plus à York.
- **It was easier back then.** C'était plus facile à l'époque.
- **He was still in office at the time.** Il était encore en fonction à l'époque.
- **In those days coffee didn't taste the same.** En ce temps-là le café n'avait pas le même goût.
- **It was formerly called something else.** Ça avait un autre nom autrefois.
- **They were ministers in the former government.** Ils étaient ministres dans l'ancien gouvernement.
- **There was a time when...** Il fut un temps où...
- **Not that long ago...** Il n'y a pas si longtemps...
- **Once upon a time, in a land of magic...** Il était une fois, dans un pays où régnait la magie...

3 Traduisez.

1. Avant, je me levais très tôt.
2. Il n'y a pas si longtemps, nous étions entourés *(surrounded by)* d'arbres.
3. J'étais malheureux à l'époque.
4. En ce temps-là, j'étais sans le sou *(to be penniless)*.
5. Le Sri Lanka s'appelait autrefois Ceylan *(Ceylon)*.

La mémoire, l'oubli

- **a memory:** un souvenir
- **a souvenir:** un souvenir [objet]
- **to jog sb's memory:** rafraîchir la mémoire de qqn
- **It brings back nice memories.** Cela me rappelle de bons souvenirs.
- **to remember/to recall sth:** se souvenir de qqch.
- **As far as I can remember...** D'aussi loin que je m'en souvienne...
- **a vague recollection of:** un vague souvenir de
- **to remind sb of sth:** rappeler qqch. à qqn
- **a reminder:** un rappel
- **to forget:** oublier
- **absent-minded:** distrait
- **to sink into oblivion:** sombrer dans l'oubli
- **unforgettable, memorable:** inoubliable
- **forgetfulness:** l'étourderie
- **Out of sight, out of mind.** Loin des yeux, loin du cœur.
- **My mind went blank.** J'ai eu un trou de mémoire.
- **I've got a memory like a sieve.** Ma mémoire est une vraie passoire.

4 Complétez en vous aidant des indications entre parenthèses ou du contexte.

1. This video brought back nice ... of my childhood.
2. I was supposed to do some shopping but I completely ... .
3. As ... as I can ... she was a nice colleague.
4. I've brought a nice ... from my holiday in Northern Ireland.
5. This film ... ... (me rappelle) my best friend, Harry.

Le verbe use

• Le verbe **use** signifie « utiliser ».
I never use that phrase. Je n'utilise jamais cette expression.

• **Be used to** est l'équivalent de « être habitué à » et **get used to** de « s'habituer à ». Ces constructions sont suivies d'un nom ou de V-**ing**.
I'm used to working in English. J'ai l'habitude de travailler en anglais.
I've got used to working in English. Je me suis habitué à travailler en anglais.

5 Traduisez.

1. Utilise des ciseaux plutôt *(scissors instead).*
2. Il s'est habitué à ses nouveaux co-locataires.
3. On *(We)* s'est habitués à écouter de la musique australienne.
4. Il était habitué à vivre seul.
5. Je ne m'habituerai jamais à vivre seul.

Used to et would

• On emploie « **used to** + verbe » pour décrire des habitudes ou des faits passés, coupés du présent. On le traduit souvent par « avant/autrefois + imparfait ».
I used to live in Bath. Avant, j'habitais à Bath.

• Dans les négations, on emploie **didn't use to** et dans les questions « **did** + sujet + **to** » : **I didn't use to live in Bath./Did you use to live in Bath?**

• On peut aussi employer « **would** + verbe » pour parler d'une habitude dans le passé. On le traduit aussi par un imparfait.
When I was a child, we would go to Alice Springs every year.
Quand j'étais enfant, on allait à Alice Springs tous les ans.

• Il ne faut surtout pas confondre avec **would** conditionnel !
We would go to Uluru if we could afford it. On irait à Uluru si on avait les moyens.

• **Would rather ('d rather)** exprime la préférence.
I'd rather go with you. Je préférerais partir avec toi.

6 Traduisez en employant *used to* ou *would*.

1. Avant, j'avais peur de prendre l'avion *(to fly)*.
2. Autrefois ma famille n'allait pas à la mer *(seaside)*.
3. Il y avait des arbres ici autrefois.
4. On allait à la montagne *(the mountains)* tous les ans.

Pour terminer

7 Complétez ces phrases avec le vocabulaire de l'épisode.

1. I ... (J'ai oublié) to wish Grandma "Happy Birthday" yesterday.
2. Most fairy tales start with "... ... ..." .
3. They asked me my opinion and my mind ... . I couldn't say a word.
4. Well, you know the proverb "Out of sight, ... ".
5. That's what you said ... ... (il n'y a pas si longtemps).

8 *Fond memories.* Écoutez ce dialogue et complétez le script.

– These pictures ... ... fond ... . Do you ... the lovely ... I brought back from my trips?
– How could I ... them? You keep ... me of the fortune you ... ... spend on me.
– That's because we weren't married ... ...
– By the way, it's your turn to pay the bills.
– The problem is that I've got ... ... I only have ... ... of what the word "bills" means. Could you ... ... ?

CORRIGÉ DES EXERCICES

2 **1. c.** Il y est déjà allé. **2. b.** À Alice Springs. **3. b.** La ségrégation. **4. a.** Possible.

3 **1.** I used to get up very early. **2.** Not that long ago we were surrounded by trees. **3.** I was unhappy then/at the time. **4.** In those days I was penniless. **5.** Sri Lanka was formerly called Ceylon.

4 **1.** This video brought back nice memories of my childhood. **2.** I was supposed to do some shopping but I completely forgot. **3.** As far as I can remember she was a nice colleague. **4.** I've brought a nice souvenir from my holiday in Northern Ireland. **5.** This film reminds me of my best friend, Harry.

5 **1.** Use scissors instead. **2.** He's (has) got used to his new flatmates. **3.** We've (have) got used to listening to Australian music. **4.** He was used to living alone. **5.** I'll never get used to living alone.

6 **1.** I used to be scared/afraid of flying. **2.** My family didn't use to go to the seaside. **3.** There used to be trees here. **4.** We used to go/We would go to the mountains every year.

7 **1.** I forgot to wish Grandma "Happy Birthday" yesterday. **2.** Most fairy tales start with "Once upon a time". **3.** They asked me my opinion and my mind went blank. I couldn't say a word. **4.** Well, you know the proverb "Out of sight, out of mind". **5.** That's what you said not that long ago.

8 – These pictures bring back fond memories. Do you remember the lovely souvenirs I brought back from my trips?
– How could I forget them? You keep reminding me of the fortune you used to spend on me.
– That's because we weren't married in those days.
– By the way, it's your turn to pay the bills.
– The problem is that I've got a memory like a sieve. I only have a vague recollection of what the word "bills" means. Could you jog my memory?

Focus on... Aboriginal culture

Painting by M. J. S. Gabori (2006).

Aboriginal civilization goes back some 40,000 years. How come Australia was considered an empty land by European settlers?

Some people have a tendency to believe that visual arts are mainly "pretty pictures". You often hear comments like "How pretty!" or "This painting would go well in my living room". To others, of course, art is much more than prettiness. That's especially true of Aboriginal art, because the designs used by the artists have deep cultural significance.

It is said that traditional Aboriginal paintings always tell a story and that nearly every painting has a song, often about important ceremonial facts. But these facts are sacred to Aboriginal people and therefore remain **hidden to** the outsider.

To many people, **dot art** has become the trademark of the contemporary Aboriginal Art movement. But Aboriginal art is very diverse and it varies according to the region. For example, Aboriginal dot art originated in the desert, and more precisely from the Central Desert, west of Alice Springs.

Aboriginal art is one of the oldest surviving art forms. It started as rock art (that is, painting on rock) in Western Australia's Pilbara region around 40,000 years ago. Rock art provides descriptive information about social activities, myths and religion. Today, some designs that have been used for centuries are painted on **canvas** or wood.

As for Mirdidingkingathi Juwarnda Sally Gabori, she was born around 1924 but she took up painting in her early eighties. She's now one of Australia's most important contemporary artists.

to go back: remonter à
How come...? Comment se fait-il que...?
hidden to: caché à
a dot: un point
canvas: de la toile

DID YOU SAY "TERRA NULLIUS"?

So, Aboriginal art has been around for 40,000 years. And yet, until 1992, the *terra nullius* theory (theory of the empty land) **prevailed** in Australia. According to this theory, the land **belonged to** no one before the arrival of the Europeans, because it was considered "empty". The legal doctrine of *terra nullius* **was overturned** thanks to the fight of people like Eddie Koiki Mabo, who campaigned for Indigenous land rights.

to prevail: dominer • **to belong to:** appartenir à • **to be overtuned:** être aboli

Going further

⇒ Only a handful of museums are dedicated to Aboriginal art outside Australia. Here are the most important ones:

The **Museum for Australian Aboriginal art** ("La Grange") at Neuchâtel, Switzerland (http://www.fondation-bf.ch/) • **The Museum of Contemporary Aboriginal Art** in Utrecht, in the Netherlands (http://www.aamu.nl/museum-information). • **The Kluge-Ruhe Aboriginal Art Collection** of the University of Virginia (http://www.kluge-ruhe.org/). • The ***musée du quai Branly*** in Paris (http://www.quaibranly.fr).

TRADUCTION DU SCRIPT

Helena – Si vous avez le temps, vous devriez visiter l'Australian Museum.

Oliver – En fait, je l'ai déjà vu. J'ai beaucoup appris sur le mode de vie des Aborigènes et comment ils vivaient avant l'arrivée des Européens.

Helena – Oui, et il donne beaucoup de renseignements sur ce qu'on a fait aux Aborigènes. On essaie vraiment d'améliorer les choses mais il nous reste des progrès à faire ! On a du mal à croire qu'ils n'ont eu un vrai droit de vote qu'en 1965 et que beaucoup d'enfants aborigènes ont été enlevés de force à leur famille jusqu'aux années 60. Quand j'étais petite, on allait à Alice Springs chaque année – on y allait en voiture ! J'ai des souvenirs très nets de mes vacances dans cette région. J'ai tellement appris à ce moment-là sur les Aborigènes et sur la discrimination.

Oliver – Comme vous le savez, on a eu la ségrégation jusqu'aux années 60 dans les états du sud des États-Unis. Ça ne veut pas dire qu'on ne peut pas avoir un Président afro-américain !

Helena – Vous avez en effet élu un Président noir, ce qui nous donne de l'espoir. Qui sait ? Peut-être qu'on aura un Premier ministre aborigène un jour.

45 I miss you...

Pour les doc audio et + d'exercices, voir le site.

L'épisode

1 Écoutez le dialogue avec ou sans l'aide du script.

Jennifer is calling her husband, Oliver. She's in Vancouver.

JENNIFER – Hi darling. Everything OK? I can't talk too loud because I'm visiting the Museum of Vancouver and it made me think of you.

OLIVER – What? You need a museum to think of me? Is that supposed to make me feel good? Just kidding.

JENNIFER – You know what I mean. It made me think of you because you like Native American art so much.

OLIVER – Great minds think alike. I went to see a contemporary exhibition on Aboriginal art. It was fantastic. It would have been even better with you, though.

JENNIFER – So the exhibition made you realize how much you miss me! Just kidding, honey! Anyway, I miss you. It's been a long time. You must come home soon! I beg you, no, I command you to come home! It's an order!

OLIVER – I miss you, too. Two more weeks, honey, and I'll be with you.

JENNIFER – And I'm flying home tomorrow. I can't wait to see you.

OLIVER – Me neither.

> TRADUCTION P. 311

2 Répondez aux questions suivantes.

1. Où se trouve Jennifer ?
- ❑ a. Dans un train.
- ❑ b. Dans un musée.
- ❑ c. Dans un magasin.

2. Oliver est allé voir :
- ❑ a. Une exposition.
- ❑ b. Un film.
- ❑ c. Un monument.

3. Quand rentre Oliver ?
- ❑ a. Dans une semaine.
- ❑ b. Dans deux semaines.
- ❑ c. Dans trois semaines.

4. Quand rentre Jennifer ?
- ❑ a. Dans un jour.
- ❑ b. Dans deux jours.
- ❑ c. Dans trois jours.

Ordonner

- **I asked them to hurry up.** Je leur ai demandé de se dépêcher.
- **I requested that the meeting be held tonight.** J'ai demandé que la réunion se tienne ce soir.
- **She commanded them to tell the truth.** Elle leur a ordonné de dire la vérité.
- **I demand that he arrive earlier.** J'exige qu'il arrive plus tôt.
- **I want you to shut up.** Je veux que tu te taises.
- **Do as you're told.** Fais ce qu'on te dit.
- **You can't order me around like this.** Tu ne peux pas me commander comme ça.
- **Will you stop arguing?** Vous voulez bien arrêter de vous disputer ?
- **Couldn't you be quiet for a moment?** Tu ne pourrais pas te taire deux secondes ?
- **They're so bossy. They give orders to everyone.** Ils sont tellement autoritaires. Ils donnent des ordres à tout le monde.

Avec les verbes exprimant un ordre, on emploie la base verbale après **that**.
I requested that the meeting be held tonight. / I demand that he arrive earlier.

3 Traduisez.

1. Tu veux bien arrêter de m'embêter *(to annoy sb)* ?
2. Je vous demande de répondre à mes questions immédiatement.
3. Tu ne pourrais pas me laisser tranquille *(to leave sb alone)* deux secondes ?
4. J'exige que Liz s'excuse *(to apologize)*.
5. Je veux que tu sois mon ami.

L'amour et l'amitié

- **to be fond of:** bien aimer
- **a lover:** un amant
- **to be in love with:** être amoureux de
- **to fall in love with:** tomber amoureux de
- **to make love:** faire l'amour
- **to fall for sb:** craquer pour qqn
- **to dote on sb:** être fou de qqn
- **friendship:** l'amitié
- **a close friend:** un ami proche
- **friendly:** amical, sympa
- **a mate (UK), a buddy:** un copain
- **an acquaintance:** une connaissance
- **to make friends:** se faire des amis
- **to take to sb:** se prendre de sympathie pour qqn
- **to get along/on with sb:** bien s'entendre avec qqn

4 Complétez en vous aidant du contexte.

1. My sister and her husband ... on their new baby.
2. I ... in ... with Jake the moment I saw him. It was love at first sight.
3. I wouldn't call him a friend, but we've been ... for years.
4. My wife and I ... to our neighbours at once.

Make sb do sth

• « Faire + verbe » se traduit souvent par « **make** + verbe ».
On peut aussi employer « **have** + verbe » pour des instructions ou des ordres.
It made me think of you. Ça m'a fait penser à toi.
I have them clean their rooms. Je leur fais nettoyer leur chambre.

• « Se faire comprendre/entendre » : **make** + pronom réfléchi + **understood/heard**.
I can't make myself understood. Je ne peux pas me faire comprendre.

• « Faire » suivi d'un verbe à sens passif : **have** + participe passé.
He had his computer repaired (by Jane). Il a fait réparer son ordinateur (par Jane).

• Retenez la traduction de ces expressions :
faire attendre qqn : **to keep sb waiting**
faire démarrer qqch. : **to start sth**
faire entrer qqn : **to let sb in**
faire chanter qqn : **to blackmail sb**

5 Traduisez.

1. Ce film me fait pleurer à chaque fois que *(whenever)* je le regarde.
2. Tu ne me fais plus rire.
3. Je n'arrive pas à me faire entendre dans ce brouhaha *(noise)*.
4. J'ai fait réparer ma voiture deux fois *(twice)* cette semaine. Ça suffit ! *(That's enough!)*

Make ou do?

Quand « faire » n'est pas suivi d'un verbe, on le traduit par **make** ou **do**.

make the bed: faire le lit
make a mistake: faire une erreur
make a noise: faire du bruit
make money: faire de l'argent

do the crosswords: faire les mots-croisés
do the housework: faire le ménage
do some sport: faire du sport
do one's best: faire de son mieux

6 Traduisez.

1. Ce n'est pas à ton tour de faire le ménage ?
2. J'ai fait de mon mieux, mais ce n'était pas assez.
3. Et si *(What about...?)* on faisait du sport pendant les vacances ?
4. Je t'accorde que j'ai fait une erreur.

Pour terminer

7 Complétez ces phrases avec le vocabulaire de l'épisode.

1. Anne Boleyn refused to be the king's ... . That's why he had to marry her.
2. I'm ... of my mother-in-law. She makes me laugh.
3. They're so ... , they're always telling you what to do.
4. I demand that you stop ... me around like this.
5. James wants to live with Natalie. He's really ... for her.

8 *Your wish is my command.* Écoutez ce dialogue et complétez le script.

– Take the rubbish out. And you must phone our new ..., the Martins, this morning.
– Any other ... ? Your wish is my command.
– I ... ... call the restaurant for tonight. I ... a table by the window. Do it before it's too late.
– Will do. But ... ... invite my parents over on Sunday. Call them today.
– You ... ... ! You're never to speak to me like this. I don't take ... from anyone.
– Yes, ma'am!

CORRIGÉ DES EXERCICES

2 **1. b.** Dans un musée. **2. a.** Une exposition. **3. b.** Dans deux semaines. **4. a.** Dans un jour.

3 **1.** Will you stop annoying me? **2.** I'm asking you to answer my questions immediately. **3.** Couldn't you leave me alone for a moment? **4.** I demand that Liz apologize. **5.** I want you to be my friend.

4 **1.** My sister and her husband dote on their new baby. **2.** I fell in love with Jake the moment I saw him. It was love at first sight. **3.** I wouldn't call him a friend, but we've been mates/buddies for years. **4.** My wife and I took to our neighbours at once.

5 **1.** This movie/This film makes me cry whenever I watch it. **2.** You don't make me laugh any more. **3.** I can't make myself heard in that noise. **4.** I had my car repaired twice this week. That's enough.

6 **1.** Isn't it your turn to do the housework? **2.** I did my best but it wasn't enough. **3.** What about doing some sport during the holidays. **4.** I must admit (that) I made a mistake.

7 **1.** Anne Boleyn refused to be the king's lover. That's why he had to marry her. **2.** I'm fond of my mother-in-law. She makes me laugh. **3.** They're so bossy, they're always telling you what to do. **4.** I demand that you stop ordering me around like this. **5.** James wants to live with Natalie. He's really fallen for her.

8 – Take the rubbish out. And you must phone our new acquaintances, the Martins, this morning.
– Any other orders? Your wish is my command.
– I want you to call the restaurant for tonight. I demand a table by the window. Do it before it's too late.
– Will do. But I want you to invite my parents over on Sunday. Call them today.
– You can't order me around like this! You're never to speak to me like this. I don't take orders from anyone.
– Yes, ma'am!

Focus on... Vancouver

The Knowledge Totem, near the Parliament in Victoria, British Columbia, Canada.

Too many Vancouvers?

As you know, Canada is divided into provinces, not states as in the neighbouring USA. British Columbia is said to be one of the most diverse and multicultural areas of Western North America. This is partly due to its position as an Asia-Pacific **gateway**.

The province has had close relations with East Asia for a long time. About 20% of the population is of Asian descent, which means that they were originally from places like China, South Asia, Japan, the Philippines or Korea. There have been occasional **displays of animosity** toward these immigrants. As in the USA, during the Second World War many people of Japanese descent were **relocated** or interned in the interior of the province (it began in December 1941, after the Pearl Harbor attack).

Today, British Columbia is a dynamic province, with Vancouver as its most **populous** city. It is also known as "Hollywood North": many television series and films are **shot** in British Columbia, like *Twilight* or *The X-Files*. But what people usually like most about Vancouver is its inner harbour – a bit like Sydney –, and the fact that it's surrounded by mountains, unlike Sydney. **Nevertheless**, Sydney gets more sunshine than Vancouver...

What is a bit confusing is that the word "Vancouver" is used both for the city and for a large island, **off** Vancouver Harbour, called Vancouver Island, which is about the size of Belgium. To cut a long story short, Vancouver (George) was an 18th century English explorer. Vancouver is a city in British Columbia and Vancouver Island is an island off... Vancouver.

a gateway: une voie d'accès • **displays of animosity:** des manifestations hostiles • **relocated:** déplacé • **populous:** peuplé • **to shoot, shot, shot:** filmer • **nevertheless:** néanmoins • **off:** au large de

THE PACIFIC CREST TRAIL

One of the longest **hiking trails** in the world starts in Mexico and ends in British Columbia, just north of the US border. It's called the Pacific Crest Trail. It **lies** 100 to 150 miles east of the Pacific coast and avoids civilization. It's over 2,600 miles (over 4,200 km) long. It starts just above sea level in British Columbia and goes up to 4,000 meters in the Sierra Nevada. Some people walk the whole distance every year. Others prefer enjoying the views from the comfort of their homes, like me.

a hiking trail: un sentier de randonnée
to lie, lay, lain: s'étendre ≠ **to lie:** mentir

Going further

- Visit the **Pacific Crest Trail Association** site on http://www.pcta.org.
- You can visit the **Museum of Vancouver** online.

TRADUCTION DU SCRIPT

Jennifer – Bonjour, chéri. Tout va bien ? Je ne peux pas parler trop fort parce que je suis en train de visiter le Musée de Vancouver et il m'a fait penser à toi.

Oliver – Quoi ? Tu as besoin d'un musée pour penser à moi ? C'est censé me faire plaisir ? Je plaisante.

Jennifer – Tu sais bien ce que je veux dire. Il m'a fait penser à toi parce que tu aimes tellement l'art amérindien.

Oliver – Les grands esprits se rencontrent ! Je suis allé voir une exposition contemporaine sur l'art aborigène. C'était génial. Mais ça aurait été mieux avec toi.

Jennifer – Donc l'exposition t'a fait comprendre à quel point je te manque ! Je plaisante, chéri. Bon, tu me manques. Ça fait longtemps. Il faut que tu rentres bientôt ! Je t'en supplie, non, je te l'ordonne ! C'est un ordre !

Oliver – Tu me manques aussi. Encore deux semaines, ma chérie, et je serai avec toi.

Jennifer – Et moi, je rentre demain. J'ai hâte de te revoir.

Oliver – Moi aussi.

46 You must be kidding!

Pour les doc audio et + d'exercices, voir le site.

L'épisode

1 Écoutez le dialogue avec ou sans l'aide du script.

Jennifer, Emma and Jeff are discussing the idea of a white Christmas.

JENNIFER – I can't wait for your dad to come home. It's going to be great: a traditional white Christmas at home... You don't look very enthusiastic, Jeff. You don't agree?

JEFF – It's great, but I sometimes dream of Christmas in a warm place. I don't know, the West Indies or South America for instance.

EMMA – What planet do you live on, Jeff? Do you know how much it costs to fly there? You're getting on my nerves, Jeff.

JENNIFER – Don't be so hard on him. He's only a kid.

JEFF – Unlike you, I haven't left Brooklyn for ages!

JENNIFER – I'm sorry, Jeff, but it's got to be a white Christmas. Your dad and I are not going anywhere else. We need a rest. So do you. We'll have the pies you both love, sweet potato pie and pumpkin pie and, of course, plenty of Christmas decorations.

JEFF – I do love Christmas decorations but I'm sure we can get all of that in a warmer place. And you're always saying: "Where there's a will, there's a way", aren't you?

JENNIFER – Don't be so arrogant. I'm sure you'll go some day, but not until you can pay for it yourself.

EMMA – Don't be so hard on him, mum. He's only a kid!

> TRADUCTION P. 317

2 Répondez aux questions suivantes.

1. De quoi rêve Jeff ?
- ❑ a. D'un Noël sous la neige.
- ❑ b. D'un Noël au soleil.
- ❑ c. D'un Noël chez des amis.

2. Emma est :
- ❑ a. Énervée.
- ❑ b. Compatissante.
- ❑ c. Indifférente.

3. Jennifer a besoin :
- ❑ a. De travailler.
- ❑ b. De voyager.
- ❑ c. De se reposer.

4. Jennifer reproche à Jeff :
- ❑ a. D'être impatient.
- ❑ b. D'être arrogant.
- ❑ c. D'être immature.

Exprimer son accord/son désaccord

- **I totally agree with them.** Je suis tout à fait d'accord avec eux.
- **We agree that it's a fantastic idea.** On est d'accord que c'est une idée géniale.
- **They've agreed to lend me some money.** Ils ont accepté de me prêter de l'argent.
- **I share his point of view.** Je partage son point de vue.

- **I disagree with you on this point.** Je ne suis pas d'accord avec toi sur ce point.
- **I personally take a different view.** Moi, j'ai un point de vue différent.
- **That's debatable. I personally won't buy that idea.**
  Ça se discute. Personnellement je n'accepte pas cette idée.

3 Traduisez.

1. Vous ne partagez pas mon point de vue ?
2. J'ai accepté de les rencontrer ce soir.
3. Elle n'est pas d'accord avec ses collègues.
4. Ça se discute. Personnellement, ça m'est égal *(I don't mind)*.
5. Gladys a toujours un point de vue différent.

L'énervement, la colère

- **anger:** la colère
- **aggressiveness:** l'agressivité
- **to be angry with sb:** être en colère contre qqn
- **to lose one's temper:** se mettre en colère
- **to drive sb mad/crazy:** rendre qqn fou
- **to infuriate, to aggravate:** exaspérer
- **furious:** très en colère
- **I was beside myself.** J'étais hors de moi.
- **cross with, mad at:** fâché contre
- **testy, irritable:** irritable
- **to be fed up with/sick of:** en avoir assez de
- **to get on sb's nerves:** taper sur les nerfs de qqn
- **to pick on sb:** s'en prendre à qqn
- **to swear at sb:** jurer contre qqn
- **to tell sb off:** engueuler qqn

4 Complétez en vous aidant du contexte.

1. Stop ... ! You can't use words like these in front of your grandma.
2. Why are you ... on me? What have I done to you?
3. I lost my ... when I heard them scream.
4. "Irritable" is a synonym for "...".
5. The neighbours' children sometimes drive me ... .

Do pour insister

• On emploie parfois **do/does/did** pour insister sur ce que l'on dit. **Do** est accentué à l'oral. À l'écrit, on le souligne ou on le met en italiques.
I *do* agree. Je suis bien/tout à fait d'accord.
"You didn't tell me about it." "I *did* tell you."
« Tu ne m'en as pas parlé. » « Mais si, je t'en ai parlé. »

• **Do** ne s'emploie pas avec les auxiliaires **be** et **have**, ni avec les modaux.
Pour insister avec **be** et **have** ou un modal, on les accentue à l'oral. À l'écrit, on les souligne ou on les met en italiques.
"It's a pity you can't swim." "But I *can* swim."
« Dommage que tu ne saches pas nager. » « Mais si, je sais nager. »

5 Traduisez.

1. « Tu ne m'aimes pas. » « Si, je t'aime, mais je suis très occupé en ce moment. »
2. « Il est tard. » « Oui, il est vraiment tard. Il est minuit passé. »
3. Ils ont tort : je peux tout à fait faire ce travail mais je ne veux pas.
4. Je me suis bien excusé. Qu'est-ce que je peux faire d'autre ?
5. « Un pain, s'il vous plaît. » « On vend bien du pain, mais pas le dimanche. »

Les reprises en **so/neither** (ou **nor**)

• L'équivalent de « Moi aussi », « Emma aussi » est « **So** + auxiliaire + sujet ».
"I've always wanted to go to South America." "So have I."/"So has George."
« J'ai toujours voulu aller en Amérique du Sud. » « Moi aussi. »/« George aussi. »

• Quand il n'y a pas d'auxiliaire dans la première phrase, on emploie **do** ou **does** au présent et **did** au prétérit.
"I love Christmas decorations." "So do I."/"So does Emma."
« J'adore les décorations de Noël. » « Moi aussi. »/« Emma aussi. »
"I hated that movie." "So did I."
« J'ai détesté ce film. » « Moi aussi. »

• À l'oral, on peut dire **Me too**.
Ce n'est possible qu'à la 1re personne du singulier.

• « Moi non plus », « Emma non plus » se dit « **Neither** + auxiliaire + sujet ».
We're not going anywhere. Neither are you./Neither is Emma.
On ne va nulle part. Vous non plus./Emma non plus.

• À l'oral, on peut dire **Me neither**.
Ce n'est possible qu'à la 1re personne du singulier.

6 Traduisez les segments entre parenthèses.

1. "She's from Canada." " ... ." (Moi aussi.)
2. "Tom has just called." " ... ." (Mary aussi.)
3. "We went to Wales last summer." " ... ." (Elle aussi.)
4. "I love you." " ... ." (Moi aussi.)
5. "I don't like rain." " ... ." (Moi non plus.)

Pour terminer

7 Complétez ces phrases avec le vocabulaire de l'épisode.

1. You can either say "I don't agree" or "I ...".
2. The noun formed from the adjective "aggressive" is "..." .
3. If you ... their opinion, that means you agree with them.
4. The verbs "infuriate" and "..." are synonyms.
5. It's not clear; it's open to question. In other words, it's ... .

8 *Stop picking on me!* Écoutez ce dialogue et complétez le script.

– You're always ... ... me.
– Why are you so ... ? Don't be ... with me.
– It just ... ... because you always ... with me.
– No, I just ... ... So, don't ... ...
– I can't help it. I'm ... .
– Really? Where? I can't see your alter ego.

CORRIGÉ DES EXERCICES

2 **1. b.** D'un Noël au soleil. **2. a.** Énervée. **3. c.** De se reposer. **4. b.** D'être arrogant.

3 **1.** You don't share my point of view? **2.** I've agreed to meet them tonight. **3.** She disagrees/She doesn't agree with her colleagues. **4.** That's debatable. Personally, I don't mind. **5.** Gladys always takes a different view.

4 **1.** Stop swearing! You can't use words like these in front of your grandma. **2.** Why are you picking on me? What have I done to you? **3.** I lost my temper when I heard them scream. **4.** "Irritable" is a synonym for "testy". **5.** The neighbours' children sometimes drive me crazy/mad.

5 **1.** "You don't love me." "I *do* love you but I'm very busy at the moment." **2.** "It's late." "Yes, it *is* late. It's past midnight." **3.** They're wrong: I *can* do this job but I don't want to. **4.** I *have* apologized./I *did* apologize. What else can I do? **5.** "One loaf of bread, please." "We *do* sell bread but not on Sundays."

6 **1.** "She's from Canada." "So am I./Me too." **2.** "Tom has just called." "So has Mary." **3.** "We went to Wales last summer." "So did she." **4.** "I love you." "So do I./Me too." **5.** "I don't like rain." "Neither do I. (*ou* Nor do I.)/Me neither."

7 **1.** You can either say "I don't agree" or "I disagree". **2.** The noun formed from the adjective "aggressive" is "aggressiveness". **3.** If you share their opinion, that means you agree with them. **4.** The verbs "infuriate" and "aggravate" are synonyms. **5.** It's not clear; it's open to question. In other words, it's debatable.

8 – You're always picking on me.
– Why are you so testy? Don't be cross with me.
– It just drives me crazy because you always disagree with me.
– No, I just take a different view. So, don't lose your temper.
– I can't help it. I'm beside myself.
– Really? Where? I can't see your alter ego.

Focus on...

The great British sea explorers

Portrait of Sir Walter Raleigh (circa 1552-1618)

England would not be the same without its sea captains, that's for sure!

Every English person knows that the sea is very important to England. For one thing, their country is surrounded by the sea: nobody in England (and in the UK for that matter) lives more than 75 miles (120 km) from the sea, and most live a lot closer.

For centuries, the sea was the only **route** to get British goods to other countries, or for other countries to **ship** their goods to Britain. Because it is an island nation, Britain needed a strong navy, which allowed it to protect trade routes. That's how the country developed a powerful navy, with which it conquered new lands and opened up colonies, which in turn required an even more powerful navy...

The navy couldn't have been powerful without its sea captains, some of whom became very famous explorers, and sometimes powerful politicians. One of them was Sir Walter Raleigh, who **led** many expeditions to America. He established the first English colony there, which he named Virginia, after Queen Elizabeth, who was unmarried. He was also a courtier, a poet and a writer. He spent several years in the Tower of London (not for pleasure, but as a prisoner). Sir Walter Raleigh didn't sail to the Pacific. Nobody's perfect. He was executed for piracy in 1618.

Another important sea explorer was Sir Francis Drake. He made a fortune in the slave trade. He was the first Englishman to sail around the world. He started from Plymouth in November 1577 and finally returned to England in September 1580. Can you imagine? Three long years on a ship... He left with 164 men and returned with 59.

a route: une voie, un itinéraire • **to ship:** livrer (à l'origine par bateau) • **to lead, led, led:** mener

JAMES COOK

Sir Francis Drake was followed notably by James Cook, in the 18th century, who was the first European to **encounter** Australia's Eastern coastline and to **circumnavigate** New Zealand, circa 1769.

to encounter: aborder • **to circumnavigate:** faire le tour (d'une île) en bateau

Going further

⇒ To learn more about **James Cook**, you can visit the Captain Cook Memorial Museum online at http://www.cookmuseumwhitby.co.uk. The museum is located in Whitby, a seaside town in North Yorkshire.

⇒ You may have heard of **Ellen MacArthur**, or rather Dame Ellen MacArthur. She's a British sailor. She was made Dame Commander of the order of the British Empire in 2005, after she broke the world record for the fastest solo circumnavigation of the globe. She launched a charity *(association caritative)* in 2010: the Ellen MacArthur Foundation. Here is her official website: http://www.ellenmacarthur.com.

TRADUCTION DU SCRIPT

Jennifer – J'ai hâte que votre père rentre. Ce sera super : un Noël sous la neige traditionnel à la maison... Tu n'as pas l'air très enthousiaste, Jeff. Tu n'es pas d'accord ?

Jeff – C'est super, mais parfois je rêve de Noël dans un endroit chaud. Je ne sais pas, les Antilles ou l'Amérique du Sud, par exemple.

Emma – Tu vis sur quelle planète, Jeff ? Tu sais combien ça coûte d'y aller ? Tu m'énerves, Jeff.

Jennifer – Ne sois pas si dure avec lui. C'est encore un enfant.

Jeff – Contrairement à vous, ça fait une éternité que je n'ai pas quitté Brooklyn.

Jennifer – Désolée, Jeff, mais ce sera un Noël sous la neige. Ton père et moi, on ne va nulle part ailleurs. On a besoin de repos. Toi aussi. Vous aurez les *pies* que vous aimez tous les deux, à la patate douce et au potiron, et bien sûr plein de décorations de Noël.

Jeff – J'aime beaucoup les décorations de Noël, mais je suis sûr qu'on peut avoir tout ça dans un endroit plus chaud. Et tu dis toujours : « Quand on veut, on peut », non ?

Jennifer – Ne sois pas si arrogant. Je suis certaine que tu iras un jour, mais quand tu pourras te le payer.

Emma – Ne sois pas si dure avec lui, Maman. C'est encore un enfant !

47 A weird idea

Pour les doc audio et + d'exercices, voir le site.

L'épisode

1 **Écoutez le contenu de l'e-mail avec ou sans l'aide du script.**

An email from Oliver to his wife and children.

Dear all,

I look forward to spending Christmas at home with you all. It's summer here but I'm longing for a white Christmas in New York. I know, Jeff, that you'd rather go somewhere hot (your mother told me so!) but I have a weird, no, a brilliant idea: Why don't we also meet up for Easter in Louisiana? I have to use all my frequent-flier miles in the next ten months and I've worked out that I can get us all free tickets to New Orleans! So don't worry, Emma! And please, don't tell me about urban violence in New Orleans. I've come upon an article about shootings or stabbings in New York. All big cities are the same!

What do you think? Another strange idea from Dad? OK, but it's workable, I assure you. I have a close friend from college who could put us up in his house, near the *Vieux Carré* (have you heard of it before?). I suggest you all consult your Mum about it. We've still got time but I'd like to get in touch with my friend and get everything organized quickly. Let me know asap. I'm leaving Sydney for two days and then I'll be back home!

Lots of love

Dad xxx

> TRADUCTION P. 323

2 **Répondez aux questions suivantes.**

1. Oliver pense aux vacances :
   - ❑ a. De Noël.
   - ❑ b. De Pâques.
   - ❑ c. D'été.
2. Il envisage un séjour :
   - ❑ a. À Hawaï.
   - ❑ b. Dans le Vermont.
   - ❑ c. En Louisiane.
3. Ce serait :
   - ❑ a. À l'hôtel.
   - ❑ b. Chez un ami.
   - ❑ c. Dans une location.
4. Il sera de retour à la maison :
   - ❑ a. Le lendemain.
   - ❑ b. Dans deux jours.
   - ❑ c. Dans plus de deux jours.

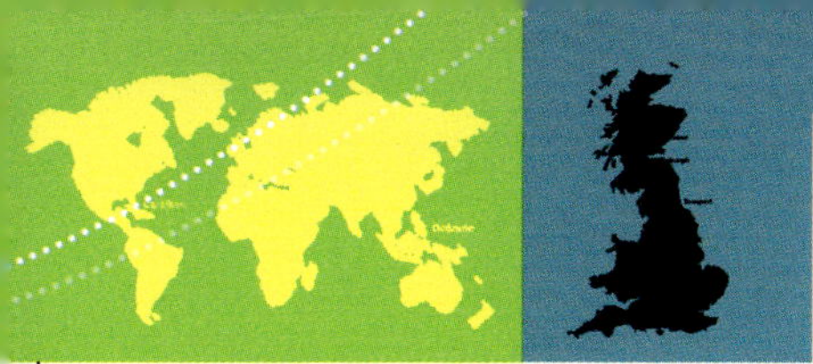

Exprimer une préférence

- **I prefer fiction to poetry.**
  I like fiction better than poetry.
  Je préfère les romans à la poésie.
- **I prefer walking to driving.** Je préfère marcher plutôt que conduire.
- **What I like best is staying at home.** Ce que je préfère, c'est rester chez moi.
- **That's by far my favourite hobby/pastime!** C'est de loin mon passe-temps préféré !
- **I'd (would) prefer to forget what you said.**
  Je préférerais oublier ce que tu as dit.
- **I'd (would) rather go out than stay at home.**
  J'aimerais mieux sortir que rester à la maison.
- **I'd (would) rather you didn't complain all the time.**
  Je préférerais que tu ne te plaignes pas tout le temps.

3 Traduisez.

1. Ce qu'on préfère, ma copine et moi, c'est rester à la maison.
2. Faire des courses *(Going shopping)* est le passe-temps préféré de mon grand-père.
3. Eux, ils préféreraient aller en boîte *(to go clubbing)*.
4. Franchement *(Honestly)*, je préférerais qu'on prenne les transports en commun.
5. Je crois que Layla préfère la mer à la montagne *(the mountains)*.

La violence urbaine

- **everyday violence:**
  la violence au quotidien
- **street gangs:** les gangs de rue
- **gang warfare:** la guerre des gangs
- **an armed group:** un groupe armé
- **an outbreak of violence:**
  une explosion de violence
- **the escalation of violence:**
  l'escalade de la violence
- **social unrest:** les troubles sociaux
- **a slum, a shanty town:** un bidonville
- **insecurity:** l'insécurité
- **a pervasive problem:**
  un problème envahissant
- **an irrational fear:**
  une peur irrationnelle
- **a delinquent:** un délinquant
- **crime prevention:**
  la prévention de la criminalité
- **to shoot at sb:** tirer sur qqn
- **a gun:** une arme à feu
- **to stab:** poignarder
- **armed robbery:** le vol à main armée
- **to plunder, to loot:** piller
- **to go on a/the rampage:**
  tout saccager
- **rough, brutal:** brutal

4 Complétez en vous aidant du contexte.

1. "..." is a synonym for "shanty town".
2. It's a well-known fact that the British police don't carry ... .
3. The shops were ... during the riots.
4. The two gangsters who ... at the police officers have been jailed.
5. "To ..." means to injure with a knife.

Les verbes en deux parties

• Certains verbes sont suivis d'un petit mot qui en change le sens : **away**, **down**, **in**, **off**, **on**, **out**, **up**, etc. On les appelle des **phrasal verbs**. Les **phrasal verbs** suivants se construisent sans complément.

to break down: tomber en panne
to come in: entrer
to get up: se lever
to go on: continuer
to hang up: raccrocher
to meet up: se retrouver
to set off: se mettre en route
to show off: crâner
to take off: décoller
to wash up: faire la vaisselle

Stop showing off! Arrête de crâner !

5 Traduisez.

1. Dans cet aéroport, un avion décolle toutes les deux minutes *(every two minutes)*.
2. C'est à toi *(your turn to)* de faire la vaisselle !
3. Si tu continues comme ça, tu réussiras *(to pass)* ton examen.
4. La locomotive est tombée en panne après le tunnel.
5. Comme je n'entendais rien, j'ai raccroché.

Les verbes en trois parties

Certains verbes sont suivis de deux petits mots (particule puis préposition). Ils sont suivis d'un complément.

to catch up with sb: rattraper qqn
to get along/on with sb: bien s'entendre avec qqn
to look forward to sb/sth: attendre qqn/qqch. avec impatience
to look up to sb: admirer qqn
to make up for sth: compenser qqch.
to put up with sth: supporter qqch.
to stick up for sb: défendre qqn
to talk down to sb: prendre qqn de haut
to walk out on sb: quitter qqn

I intend to make up for my absence. J'ai l'intention de compenser mon absence.

6 Traduisez.

1. Je ne sais pas comment tu peux les supporter.
2. Joe a quitté Lucy l'année dernière.
3. Ils nous prennent de haut comme si on était des idiots.
4. Pour moi, ce sont des héros. Je les admire.
5. Allez-y maintenant. Je vous rattraperai.

Pour terminer

7 Complétez ces phrases avec le vocabulaire de l'épisode.

1. We all ... forward ... meeting your parents.
2. I'd ... go shopping ... stay at home.
3. A juvenile ... is a young person who behaves in a way that is illegal.
4. The crowd went ... ... through the city. Many shops were destroyed.
5. Who's to blame for ... ... (les troubles sociaux), ... (l'insécurité) and unemployment?

8 *Too much violence.* Écoutez ce dialogue et complétez le script.

– I'd ... not watch this channel. All they talk about is ..., ..., ..., ... and ... .
– You're right. They're only interested in ..., ... and ... .
– I ... watching something less violent.
– Me too. Watching films is one of ... ... Let's watch a good film: *Chainsaw Massacre* or *Portrait of a Serial Killer.*

CORRIGÉ DES EXERCICES

2 **1. b.** De Pâques. **2. c.** En Louisiane. **3. b.** Chez un ami. **4. c.** Dans plus de deux jours.

3 **1.** What my girlfriend and I prefer is staying at home. **2.** Going shopping is my grandfather's favourite hobby/pastime. **3.** *They*'d (would) prefer to go/*They*'d rather go clubbing. **4.** Honestly, I'd rather we took public transport. **5.** I think Layla prefers the sea to the mountains.

4 **1.** "Slum" is a synonym for "shanty town". **2.** It's a well-known fact that the British police don't carry guns. **3.** The shops were plundered/looted during the riots. **4.** The two gangsters who shot at the police officers have been jailed. **5.** "To stab" means to injure with a knife.

5 **1.** In this airport, a plane takes off every two minutes. **2.** It's your turn to wash up. **3.** If you go on like this, you'll pass your exam. **4.** The locomotive broke down after the tunnel. **5.** As I couldn't hear anything, I hung up.

6 **1.** I don't know how you can put up with them. **2.** Joe walked out on Lucy last year. **3.** They talk down to us as if we were idiots. **4.** To me, they are heroes. I look up to them. **5.** Go now. I'll catch up with you.

7 **1.** We all look forward to meeting your parents. **2.** I'd rather go shopping than stay at home. **3.** A juvenile delinquent is a young person who behaves in a way that is illegal. **4.** The crowd went on a/the rampage through the city. Many shops were destroyed. **5.** Who's to blame for social unrest, insecurity and unemployment?

8 – I'd rather not watch this channel. All they talk about is crime, robbery, social unrest, insecurity and murderers.
– You're right. They're only interested in murders, gangs and violence.
– I prefer watching something less violent.
– Me too. Watching films is one of my favourite hobbies. Let's watch a good film: *Chainsaw Massacre* or *Portrait of a Serial Killer.*

Focus on...

The Southern belle

Gone with the Wind **(Autant en emporte le vent), Victor Fleming (1939).**

The Southern belle is the archetype of a young woman of the Old South's upper class, supposed to embody Southern hospitality and beauty.

Today, the myth of the Southern belle is perpetuated by debutantes in the Southern United States. They sometimes still call themselves "Southern belles". Debutantes are rich young women who go to social events in order to be introduced to other young people of high social rank.

To some people, the Southern belle has become an idealized symbol of years **gone by**, a symbol used to promote social hierarchy and a defence of **Civil War** revisionism. A belle is expected to always dress well, to smile, to have an education, to be religious, to respect her **elders**, and to call her friends "sugar", "sweetheart", "darlin" (Southern pronunciation of "darling") or "baby".

Let's start with the most famous of them all: Scarlett O'Hara, the **vain**, self-centred Southern belle in the 1939 film *Gone with the Wind*, adapted from Margaret Mitchell's 1936 novel. She loved three men, married two and ended up alone. Not quite a role model for today's Southern belles.

gone by: passé
the Civil War: la guerre de Sécession
the elders: les aînés
vain: vaniteuse

Another famous Southern belle is Blanche Dubois. She's one of the protagonists in *A Streetcar Named Desire*, a play by the American playwright Tennessee Williams, **premiered** in 1947.

Blanche wants to be seen as virtuous, when she's in fact a **drunkard**. She has an affair with a 17-year old pupil in the school in which she used to teach. Her husband commits suicide after Blanche finds out that he's having an affair with a man. At the end of the play, she's sent to a mental institution. Tennessee Williams clearly **debunks the myth** of the Southern belle.

premiered: créé
a drunkard: un(e) alcoolique
to debunk a myth: briser un mythe

THE HAYS CODE

From 1930 to 1968, the production of United States pictures was governed by a strict moral code called the Hays Code, after Hollywood's chief censor of the time, Will H. Hays.
In Tennessee Williams's play, the husband's homosexuality is clear. In the film, Blanche's husband commits suicide because she despises him – so no homosexuality at all there.

Going further

⇒ **Vivien Leigh**, a British actress, played Scarlet O'Hara and Blanche Dubois. Listen to her perfect southern accent in the two films.

⇒ Find out about the **Hays Code** by typing "Hays Code" on an Internet search engine. Other times, other manners.

TRADUCTION DU SCRIPT

Chers tous,

J'ai hâte de passer Noël à la maison avec vous tous. C'est l'été ici mais j'ai très envie d'un Noël sous la neige à New York. Je sais, Jeff, que tu préférerais aller dans un endroit chaud (ta mère me l'a dit !) mais j'ai une idée bizarre, non, brillante : pourquoi on ne se retrouverait pas aussi à Pâques en Louisiane ? Je dois utiliser tous mes miles de fidélité dans les dix mois qui viennent et j'ai calculé que je peux avoir des billets gratuits pour la Nouvelle-Orléans ! Donc, ne t'en fais pas, Emma !

Et ne me parlez pas de violence urbaine à la Nouvelle-Orléans ! Je suis tombé sur un article sur les agressions au fusil et à l'arme blanche à New York. Toutes les grandes villes se ressemblent !

Qu'est-ce que vous en pensez ? Encore une idée bizarre de votre père ? D'accord, mais c'est faisable, je vous assure. J'ai un bon ami de la fac qui pourrait nous héberger chez lui, près du Vieux Carré (vous en avez déjà entendu parler ?). Je vous propose d'en parler avec votre mère. On a encore le temps mais j'aimerais contacter mon ami et tout organiser rapidement. Dites-moi dès que possible. Je quitte Sydney pour deux jours et ensuite je reviens à la maison !

Bisous

Papa

48 It's a big Yes!

Pour les doc audio et + d'exercices, voir le site.

L'épisode

1 **Écoutez le contenu de l'e-mail avec ou sans l'aide du script.**

Emma's reply to the proposed vacation in New Orleans.

Hi Dad,

It has taken us less than two hours to reach a decision: it's a big Yes! We'd love to meet up in New Orleans for Easter. The more I think about it, the less I think it's a weird idea.

How lucky we are! Many, many thanks from all of us. I can't wait to see New Orleans and its surroundings. And yes, your daughter has heard of the *Vieux Carré*. I'm less ignorant than you think. As for Evan, it's another story (just kidding). And, needless to say, Jeff is triumphant. The spoilt brat ☺ has had it his way! Well, sort of...

I'm on a diet, for a change, especially as we approach the festive season. I drink sparkling water when I'm thirsty rather than beer and I try not to eat too much. And I'll eat less chocolate and drink less champagne than last Christmas!

We'll give you our very specific dates by the end of the week, so that you can book the tickets quickly. So, it'll be New Year's Eve in Times Square and the Easter parade in New Orleans. I'll miss the Easter parade in NYC. Well, you can't have your cake and eat it. *C'est la vie*, as they say.

Everyone sends their love.

Emma xxx

> TRADUCTION P. 329

2 **Répondez aux questions suivantes.**

1. La famille a pris une décision en :
- ❑ a. Deux heures.
- ❑ b. Vingt-quatre heures.
- ❑ c. Deux jours.

2. Emma envisage de visiter :
- ❑ a. Le Vieux Carré.
- ❑ b. La Louisiane.
- ❑ c. La Nouvelle-Orléans et ses environs.

3. Que prévoit-elle de boire avant les fêtes ?
- ❑ a. De la bière.
- ❑ b. Du champagne.
- ❑ c. De l'eau gazeuse.

4. Où va-t-elle passer le réveillon ?
- ❑ a. Chez des amis.
- ❑ b. À Manhattan.
- ❑ c. À la maison.

Exprimer son impatience

- **He's dying for a beer.** Il meurt d'envie de boire une bière.
- **I'm dying to go to the country.** J'ai très envie d'aller à la campagne.
- **I'm longing for a week in the mountains.** J'ai très envie d'une semaine à la montagne.
- **I can't wait to see you both.** J'ai hâte de vous revoir tous les deux.
- **I so much look forward to your updates.** J'attends avec impatience d'avoir les dernières nouvelles.
- **I'd give anything/I'd give my right arm to see them.** Je ferais tout pour les voir.
- **We're impatient to get started.** On est impatient de commencer.

3 Traduisez.

1. Sue a hâte de revoir son copain.
2. Mes étudiants ont hâte de reprendre les cours *(to go back to school).*
3. On a très envie de vous montrer *(to show sb around)* nos locaux *(premises).*
4. J'attends le week-end avec impatience.
5. Je ferais tout pour retomber amoureux.

L'humour, la plaisanterie

- **humorous, funny, amusing:** amusant
- **to laugh:** rire
- **laughter:** le rire
- **to burst into laughter:** éclater de rire
- **to have the giggles:** avoir un fou rire
- **a pun:** un jeu de mots
- **a funny story:** une histoire drôle
- **a joke:** une blague
- **a practical joke:** une farce
- **You must be joking!** Tu plaisantes !
- **I'm not kidding.** Je ne blague pas.
- **to have a sense of humour** [GB]/ **humor** [US]**:** avoir de l'humour
- **to have great wit:** avoir de l'esprit
- **to have a dry wit:** être pince-sans-rire
- **a witticism:** un mot d'esprit
- **witty:** spirituel
- **not to take sth at face value:** prendre qqch. au second degré

4 Complétez en vous aidant du contexte.

1. A synonym for "a play on words" is "a ...".
2. We just couldn't stop laughing. We had ... .
3. He's so dreary *(ennuyeux).* He has no ... of ... .
4. "To laugh" is a verb. The corresponding noun is "...".
5. I'm dead serious. I swear I'm not ... .

Les phrasal verbs : complément à la fin

Certains **phrasal verbs** sont suivis d'un complément d'objet, placé toujours après le petit mot (préposition). En font partie les **phrasal verbs** suivants.

to bump/run into sb: tomber sur qqn
to come into sth: hériter qqch.
to count on sb: compter sur qqn
to do without sth: se passer de qqch.
to fall for sb: en pincer pour qqn
to feel for sb: avoir de la peine pour qqn
to grow on sb: s'imposer petit à petit à qqn
to part with sb: se séparer de qqn
to pick on sb: s'en prendre à qqn
to take after sb: tenir de qqn

I look after kids. Je m'occupe d'enfants.
They broke into my office. Ils sont entrés dans mon bureau par effraction.

5 Traduisez.

1. J'ai de la peine pour Pat et Sam.
2. Je suis tombé sur mes voisins dans un village du Wisconsin !
3. On a dû se passer de téléphone dans cette île.
4. On a hérité d'un peu d'argent il y a quelques mois.
5. Tu peux compter sur moi.

Les phrasal verbs : complément à la fin ou non

• Certains **phrasal verbs** sont suivis d'un complément d'objet, placé avant ou après le petit mot (particule). En font partie les **phrasal verbs** suivants.

to bring up: élever
to call back: rappeler
to drop off: déposer
to find out: découvrir
to give up: abandonner
to mix up: confondre
to put off: remettre à plus tard/décourager
to put on: mettre [vêtements]
to put up: héberger
to take off: enlever [vêtements]

Turn the light off./Turn off the light. Éteins la lumière.
I told off the kids./I told the kids off. J'ai engueulé les enfants.

• Mais si le complément est un pronom, un seul ordre est possible.
I told them off. (~~I told off them.~~) Je les ai engueulés.

6 Traduisez.

1. Mets tes chaussures, on sort.
2. J'ai dû remonter le moral *(to cheer up)* de mon frère.
3. Je vais regarder *(to look up)* ce mot dans le dictionnaire.
4. On a remis le mariage *(the wedding)* à *(until)* juin.
5. Tu devrais noter *(to write down)* mon numéro de téléphone. Note-le tout de suite.

Pour terminer

7 Complétez ces phrases avec le vocabulaire de l'épisode.

1. I'm so thirsty. I'm ... ... a glass of cold water.
2. I ... into ... every time I see them. They're so funny!
3. I'm ... ... going to that show. It's said to be stunning.
4. He played a ... ... on his parents: he added sugar to the pasta!

8 *You're so funny.* Écoutez ce dialogue et complétez le script.

– This comedian has a good ... ...
– You're ..., right?
– Oh, no, I ... ... whenever I see him.
– Sorry, but his ... are lost on me.
– I'm ... ... meet him. I really ... . I'd ... ... for an evening with him.
– I have higher standards. I'd ... ... play the guitar like a pro!
– Are you trying to be ... ?

CORRIGÉ DES EXERCICES

2 **1. a.** Deux heures. **2. c.** La Nouvelle-Orléans et ses environs. **3. c.** De l'eau gazeuse. **4. b.** À Manhattan.

3 **1.** Sue can't wait to see/looks forward to seeing her boyfriend again. **2.** My students can't wait to go back/look forward to going back to school. **3.** We're dying to show you around our premises. **4.** I so much look forward to the weekend. **5.** I'd give anything/my right arm to fall in love again.

4 **1.** A synonym for "a play on words" is "a pun". **2.** We just couldn't stop laughing. We had the giggles. **3.** He's so dreary. He has no sense of humour. **4.** "To laugh" is a verb. The corresponding noun is "laughter". **5.** I'm dead serious. I swear I'm not kidding/joking.

5 **1.** I feel for Pat and Sam. **2.** I bumped into/I ran into my neighbours in a village in Wisconsin! **3.** We had to do without a telephone on that island. **4.** We came into a bit of/some money a few months ago. **5.** You can count on me.

6 **1.** Put your shoes on/Put on your shoes, we're going out. **2.** I had to cheer up my brother/cheer my brother up. **3.** I'm going to look up this word/look this word up in the dictionary. **4.** We've put off the wedding/We've put the wedding off until June. **5.** You should write down my phone number/write my phone number down. Write it down right now.

7 **1.** I'm so thirsty. I'm dying for a glass of cold water. **2.** I burst into laughter every time I see them. They're so funny! **3.** I'm looking forward to going to that show. It's said to be stunning. **4.** He played a practical joke on his parents: he added sugar to the pasta!

8 – This comedian has a good sense of humour.
– You're kidding, right?
– Oh, no, I burst into laughter whenever I see him.
– Sorry, but his jokes are lost on me.
– I'm dying to meet him. I really can't wait. I'd give my right arm for an evening with him.
– I have higher standards. I'd give my right arm to play the guitar like a pro!
– Are you trying to be funny?

Focus on... Parades

A souvenir from the famous Fifth Avenue Easter Parade (New York, 2006). Is everyone having fun?

Everyone loves a parade!
Take your pick.

Parades are very popular in the United States. You find all sorts of parades there, like "kiddie parades", that is, children's parades, in which children **march** down the streets, for example with signs bearing the name of their school, or in specially made **floats**.

These are small local parades, **especially** when compared with the big ones, like the New Orleans Mardi Gras Parade or the Pasadena Rose Parade, held on New Year's Day (in California). These are two of the largest parades in the US. It is estimated that close to a million people **attend** Mardi Gras in New Orleans.

New York has quite a few parades, too, like the Village Halloween Parade, held the night of every Halloween in "the Village" (Greenwich Village). This cultural event **draws** hundreds of thousands of people and is watched by millions on television.

It also has an Independence Day Parade (on 4 July), and a Saint Patrick's Day Parade, among others. Saint Patrick's Day Parade is held in honour of Ireland's patron saint. It's the oldest parade in America, first held in 1766 by Irishmen serving in a military unit.

More surprisingly, New York has an Easter parade, in which people – and sometimes pets, as in the picture – dress in fashionable clothing, often with colourful hats.

Take your pick! Faites votre choix ! • **to march:** défiler • **a float:** un char • **especially:** surtout • **to attend:** assister à • **to draw:** attirer

The Easter parade is associated with Fifth Avenue, one of the most expensive shopping streets in the world. It has declined in popularity in recent years. What hasn't declined is the popularity of Easter traditions, like colouring hard-boiled eggs and giving baskets of candy.

Some places have egg tapping: you tap a hard-boiled egg against the egg of another competitor, while trying not to break your own. Marksville, in Louisiana, is said to host the oldest egg-tapping competition in the US, dating back to the 1950s. Maybe not what the Martins had in mind, though...

EASTER EGG ROLL

On Easter Monday, the President of the United States holds an "Easter egg roll" on the White House lawn for children. It's a race where children push an egg with a **long-handled** spoon. The egg was a symbol of the **rebirth** of the earth in **pagan** tradition and was adopted as a symbol of rebirth by early Christians.

long-handled: à long manche • **rebirth:** la renaissance • **pagan:** païen

Going further

⇒ To learn more about the "Easter egg roll" tradition in the **White House**, log on to the White House's official website www.whitehouse.gov and type "Easter egg roll" in the "What are you looking for?" search box. It's a serious matter!

⇒ Needless to say, there's much more to learn on this website, including the President's policies and how America's federal, state and local governments work.

TRADUCTION DU SCRIPT

Salut, Papa,

Il nous a fallu moins de deux heures pour prendre une décision : c'est OUI ! On aimerait beaucoup se retrouver à la Nouvelle-Orléans pour Pâques. Plus j'y pense et moins je pense que c'est une idée bizarre.

Quelle chance on a ! Un grand merci de nous tous. J'ai hâte de voir la Nouvelle-Orléans et les environs. Et oui, ta fille a entendu parler du Vieux Carré. Je suis moins ignorante que tu ne penses. Quant à Evan, c'est une autre histoire (je rigole). Et, inutile de dire, Jeff est triomphant. L'enfant gâté ☺ a eu ce qu'il voulait ! Enfin, presque...

Je suis au régime, pour changer, surtout qu'on approche des fêtes de fin d'année. Je bois de l'eau gazeuse quand j'ai soif plutôt que de la bière, et j'essaie de ne pas trop manger. Et je mangerai moins de chocolat et je boirai moins de champagne qu'à Noël dernier.

On te donnera nos dates très précises d'ici la fin de la semaine pour que tu puisses réserver les billets rapidement. Donc, ce sera le réveillon du Jour de l'an à Times Square et le défilé de Pâques à la Nouvelle-Orléans. Je raterai le défilé de Pâques à NYC. Bon, on ne peut pas avoir le beurre et l'argent du beurre. « C'est la vie », comme on dit.

Tout le monde t'embrasse,

Emma

What did they say ?

1 **Cinq erreurs se sont glissées dans ce résumé des épisodes 43-45. Corrigez-les.**

Oliver is talking to Helena about offshore wind turbines. She says that they're still too complicated to build. The next day, they talk about the fact that the Aborigines were only given full voting rights in 1975. Later on, Jennifer calls her husband from Toronto. They first talk about museums. Jennifer tells Oliver how much he misses her. It's been too long! Oliver is not going back home for another ten days, whereas she's flying to New York the next day.

SCORE : ... / 10

2 **Cinq blancs se sont glissés dans ce résumé des épisodes 46-48. Complétez-les.**

Jennifer, Emma and Jeff are talking about Christmas. Jeff would like to go to a warm place for Christmas, but Jennifer is adamant *(catégorique)* : it's got to be a ... Christmas. Oliver suggests that they all meet up for Easter in Louisiana. He can use his ... miles and a friend from college could ... them up. It takes the family less than two hours to reach a ... ; they're all happy to go to New Orleans. Emma will miss the Easter parade in New York, but you can't have your cake and ...

SCORE : ... / 10

Express yourself

3 **Retrouvez le sens de ces cinq mots ou expressions.**

1. a reminder: ...
2. to take to sb: ...
3. to be fed up with sb: ...
4. to plunder: ...
5. a witticism: ...

SCORE : ... / 10

4 **Que diriez-vous dans les contextes suivants ?**

1. Please, tell us what you really think. Who, ... opinion, is the best candidate?
2. There ... when you loved being with me. Those days are gone.
3. You were late. That's why I asked you to ... . I didn't want to miss the beginning.
4. Would you ... stay at home? We don't have to go out if you don't want to.
5. This is ... the best restaurant we've eaten at. It's so much better than all the others.

SCORE : ... / 10

5 **Dites-le en anglais.**

1. Vous voulez savoir si c'est une bonne politique. Ça dépend, en fait. C'est difficile à dire.
2. En ce temps-là, personne n'avait besoin de me rafraîchir la mémoire !
3. J'exige qu'elle invite le gars dont elle est folle.
4. Vous me tapez tous sur les nerfs !
5. Jack est impatient de la voir. Elle a un bon sens de l'humour. Elle blague tout le temps !

SCORE : ... / 10

Afraid of grammar ?

6 Traduisez.

1. « Est-ce qu'il a neigé ? » « Non, les voisins ont repeint *(to paint)* leur maison en blanc ! »
2. Désolé, mes mains sont sales. J'ai réparé la voiture. J'espère terminer ce soir.
3. Ça fait combien de temps qu'ils attendent, ces clients ?
4. Ça fait combien de temps que tu les connais ?
5. J'apprends l'anglais depuis l'âge de dix ans *(the age of ten)*.

SCORE : ... / 10

7 Complétez à l'aide d'un *phrasal verb*.

1. Hanna ... before me. She had already had breakfast when I got out of bed.
2. "Mr Khan is here to see you." "Have him ... ."
3. Since *(Puisque)* we'll both be in Chicago tomorrow, why don't we ... for lunch?
4. "Do you ... your mother-in-law?" "Yes, I do. She's like a friend to me."
5. When I was a kid, my big sister always ... me, even when I was wrong!

SCORE : ... / 10

8 Traduisez.

1. Toutes les femmes en pincent pour lui. Je me demande pourquoi.
2. Ce n'était pas mon genre de musique, mais elle s'est imposée à moi petit à petit.
3. Ils ont élevé leurs enfants à la campagne.
4. On a hébergé nos voisins pendant les travaux *(the works)*.
5. On les a hébergés pendant les travaux.

SCORE : ... / 10

Cultural quiz

9 Épisodes 43-45

1. The Sydney Opera House was designed by: ❑ **a.** An American. ❑ **b.** A European.
2. When did Aboriginal art start? ❑ **a.** 4,000 years ago. ❑ **b.** 40,000 years ago.
3. The doctrine of *terra nullius* was overturned: ❑ **a.** In the 60s. ❑ **b.** In the 90s.
4. Vancouver was named after: ❑ **a.** An English explorer. ❑ **b.** An English politician.
5. Where is Vancouver Island? ❑ **a.** In Vancouver Harbour. ❑ **b.** Off Vancouver Harbour.

SCORE : ... / 10

10 Épisodes 46-48

1. The first English colony in America was called ... , after Queen Elizabeth I.
2. The first European explorer who circumnavigated New Zealand was Sir ... .
3. Margaret Mitchell's novel ... was made into a film in 1939.
4. The play *A Streetcar Named Desire* was written by ... .
5. The oldest parade in America is called ... . It was first held in 1766.

SCORE : ... / 10

Corrigés p. 332 (2 points par bonne réponse). **SCORE : ... / 100**

corrigés

1 Oliver is talking to Helena about offshore wind turbines. She says that they're still ~~too complicated to build~~ **too expensive**. The next day, they talk about the fact that the Aborigines were only given full voting rights in ~~1975~~ **1965**. Later on, Jennifer calls her husband from ~~Toronto~~ **Vancouver**. They first talk about museums. Jennifer tells Oliver how much ~~he misses her~~ **she misses him**. It's been too long! Oliver is not going back home for another ~~ten days~~ **two weeks**, whereas she's flying to New York the next day.

2 Jennifer, Emma and Jeff are talking about Christmas. Jeff would like to go to a warm place for Christmas, but Jennifer is adamant: it's got to be a **white** Christmas. Oliver suggests that they all meet up for Easter in Louisiana. He can use his **frequent-flier** miles and a friend from college could **put** them up. It takes the family less than two hours to reach a **decision**; they're all happy to go to New Orleans. Emma will miss the Easter parade in New York, but you can't have your cake and **eat it**.

3 **1.** a reminder: un rappel **2.** to take to sb: se prendre de sympathie pour qqn **3.** to be fed up with sb : en avoir assez de qqn **4.** to plunder: piller **5.** a witticism: un mot d'esprit

4 **1.** Please, tell us what you really think. Who, **in your** opinion, is the best candidate? **2.** There **was a time** when you loved being with me. Those days are gone. **3.** You were late. That's why I asked you to **hurry up**. I didn't want to miss the beginning. **4.** Would you **rather** stay/**prefer to** stay at home? We don't have to go out if you don't want to. **5.** This is **by far** the best restaurant we've eaten at. It's so much better than all the others.

5 **1.** You want to know if it's a good policy. It depends, in fact. It's hard to tell. **2.** In those days, nobody/no one needed to jog my memory! **3.** I demand that she invite the guy (that) she dotes on/she's crazy about. **4.** You all get on my nerves! **5.** Jack is impatient to see her. She has a good sense of humour. She's always kidding/joking!

6 **1.** "Has it been snowing?" "No (, it hasn't). The neighbours have painted their house white!" **2.** Sorry, my hands are dirty. I've been repairing the car. I'm hoping/I hope to finish tonight. **3.** How long have these customers/clients been waiting (for)? **4.** How long have you known them? **5.** I've been learning English since the age of ten/since I was ten.

7 **1.** Hanna **got up** before me. She had already had breakfast when I got out of bed. **2.** "Mr Khan is here to see you." "Have him **come in**." **3.** Since we'll both be in Chicago tomorrow, why don't we **meet up** for lunch? **4.** "Do you **get along/on with** your mother-in-law?" "Yes, I do. She's like a friend to me." **5.** When I was a kid, my big sister always **stuck up for** me, even when I was wrong!

8 **1.** All women fall for him. I wonder why. **2.** It wasn't my type of music, but it's grown on me. **3.** They brought up their children/brought their children up in the country. **4.** We put up our neighbours/put our neighbours up during the works. **5.** We put them up during the works. (~~put up them~~ impossible)

9 **1. b.** A European. **2. b.** 40,000 years ago. **3. b.** In the 90s. **4. a.** An English explorer. **5. b.** Off Vancouver Harbour.

10 **1.** Virginia. **2.** James Cook. **3.** *Gone with the Wind*. **4.** Tennessee Williams. **5.** Saint Patrick's Day Parade.

ANNEXES

- Verbes irréguliers p. 334
- Verbes à particule p. 336
- Lexique anglais/français p. 338
- Lexique français/anglais p. 349

Verbes irréguliers

INFINITIF	PRÉTÉRIT	P. PASSÉ	
awake	awoke	awoken	s'éveiller
be	was, were	been	être
bear /eə/	bore	borne be born	porter naître
beat	beat	beaten	battre
become	became	become	devenir
begin	began	begun	commencer
bend	bent	bent	courber
bet	bet	bet	parier
bite	bit	bitten	mordre
bleed	bled	bled	saigner
blow	blew	blown	souffler
break	broke	broken	casser
breed	bred	bred	élever
bring	brought	brought	apporter
build /ɪ/	built	built	construire
burn	burnt	burnt	brûler
burst	burst	burst	éclater
buy	bought	bought	acheter
cast	cast	cast	jeter
catch	caught	caught	attraper
choose /uː/	chose /əʊ/	chosen /əʊ/	choisir
cling	clung	clung	s'accrocher
come	came	come	venir
cost	cost	cost	coûter
creep	crept	crept	ramper
cut	cut	cut	couper
deal /iː/	dealt /e/	dealt /e/	distribuer
dig	dug	dug	creuser
do	did	done	faire
draw	drew	drawn	dessiner/tirer
dream	dreamt	dreamt	rêver
drink	drank	drunk	boire
drive	drove	driven	conduire
dwell	dwelt	dwelt	résider
eat	ate /eɪ/	eaten	manger
fall	fell	fallen	tomber

INFINITIF	PRÉTÉRIT	P. PASSÉ	
feed	fed	fed	nourrir
feel	felt	felt	ressentir
fight	fought	fought	combattre
find	found	found	trouver
flee	fled	fled	fuir
fly	flew	flown	voler (avec des ailes)
forbid	forbade	forbidden	interdire
forecast	forecast	forecast	prévoir
forget	forgot	forgotten	oublier
freeze	froze	frozen	geler
get	got	got/gotten (US)	obtenir
give	gave	given	donner
go	went	gone	aller
grow	grew	grown	pousser
hang	hung	hung	pendre
have	had	had	avoir
hear /ɪə/	heard /ɜː/	heard /ɜː/	entendre
hide /aɪ/	hid /ɪ/	hidden /ɪ/	cacher
hit	hit	hit	frapper
hold /əʊ/	held	held	tenir
hurt /ɜː/	hurt	hurt	faire mal
keep	kept	kept	garder
kneel	knelt	knelt	s'agenouiller
know /əʊ/	knew	known	savoir/ connaître
lay	laid	laid	étendre/poser
lead /iː/	led	led	mener
lean /iː/	leant /e/	leant /e/	appuyer
leap /iː/	leapt /e/	leapt /e/	sauter
learn	learnt	learnt	apprendre
leave	left	left	quitter
lend	lent	lent	prêter
let	let	let	laisser/louer
lie	lay	lain	être allongé
light	lit	lit	allumer
lose /uː/	lost /ɒ/	lost /ɒ/	perdre

INFINITIF	PRÉTÉRIT	P. PASSÉ	
make	made	made	faire
mean /iː/	meant /e/	meant /e/	vouloir dire
meet /iː/	met /e/	met /e/	rencontrer
pay	paid	paid	payer
put	put	put	poser
quit	quit	quit	abandonner
read /iː/	read /e/	read /e/	lire
rid	rid	rid	débarrasser
ride	rode	ridden	aller à cheval/ à bicyclette
ring	rang	rung	sonner
rise	rose	risen	se lever
run	ran	run	courir
saw	sawed	sawed/sawn	scier
say /eɪ/	said /e/	said /e/	dire
see	saw	seen	voir
seek	sought	sought	chercher
sell	sold	sold	vendre
send	sent	sent	envoyer
set	set	set	placer/fixer
shake	shook	shaken	secouer
shine	shone	shone	briller
shoot	shot	shot	tirer/abattre/ filmer
show	showed	shown	montrer
shrink	shrank	shrunk	rétrécir
shut	shut	shut	fermer
sing	sang	sung	chanter
sink	sank	sunk	sombrer
sit	sat	sat	être assis
sleep /iː/	slept /e/	slept /e/	dormir
slide	slid	slid	glisser
slit	slit	slit	fendre
smell	smelt	smelt	sentir
sow	sowed	sown/sowed	semer
speak	spoke	spoken	parler
spell	spelt	spelt	épeler

INFINITIF	PRÉTÉRIT	P. PASSÉ	
spend	spent	spent	passer/ dépenser
spill	spilt	spilt	renverser
spit	spat	spat	cracher
split	split	split	fendre/ séparer
spoil	spoilt	spoilt	gâcher
spread /e/	spread	spread	étaler
spring	sprang	sprung	bondir
stand	stood	stood	être debout
steal	stole	stolen	dérober
stick	stuck	stuck	coller
sting	stung	stung	piquer
stink	stank	stunk	sentir mauvais
strike	struck	struck	frapper
swear	swore	sworn	jurer
sweep	swept	swept	balayer
swim	swam	swum	nager
swing	swung	swung	balancer
take	took	taken	prendre
teach	taught	taught	enseigner
tear	tore	torn	déchirer
tell	told	told	dire/raconter
think	thought	thought	penser
throw /əʊ/	threw /uː/	thrown /əʊ/	lancer
understand	understood	understood	comprendre
undertake	undertook	undertaken	entreprendre
upset	upset	upset	bouleverser
wake	woke	woken	réveiller
wear /eə/	wore	worn	porter (vêtement)
weep	wept	wept	pleurer
win	won /ʌ/	won /ʌ/	gagner
withdraw	withdrew	withdrawn	retirer
write /raɪt/	wrote /rəʊt/	written /rɪtən/	écrire

Verbes à particule

Verbes sans complément

to blow up: exploser
to break down: tomber en panne, faire une dépression
to break in: entrer par effraction
to break out: s'évader
to break up: rompre (couple)
to calm down: se calmer
to catch up: rattraper son retard
to check in: s'enregistrer (dans un hôtel)
to check out: quitter un hôtel
to cheer up: reprendre courage
to come apart: se détacher
to dress up: (bien) s'habiller, se déguiser
to drop in/by/over: passer (par hasard chez qqn)
to drop out: abandonner (des études)
to eat out: manger au restaurant
to fall apart: tomber en morceaux
to fall down: s'effondrer
to fill up: faire le plein
to get along/on: bien s'entendre
to get away: partir, s'échapper
to get back: rentrer
to get together: se réunir
to get up: se lever
to go ahead: avancer
to go back: revenir
to go out: sortir
to grow apart: se détacher
to grow back: repousser
to grow up: grandir
to hang on/hold on: attendre
to hang out: habiter, traîner
to hang up: raccrocher
to look out: faire attention
to make up: se réconcilier
to pass out: s'évanouir
to run away: s'enfuir
to shop around: comparer les prix
to show off: crâner
to take off: décoller
to turn up: arriver, se pointer
to wake up: se réveiller
to warm up: s'échauffer
to wear off: disparaître
to work out: s'entraîner, marcher (plan)

Verbes suivis d'une préposition + complément

to break into sth: entrer par effraction
to call on sb: rendre visite
to come across sth: trouver par hasard
to count on sb/sth: compter sur
to go over sth: revoir, vérifier
to go without sb/sth: se passer de
to look after sb/sth: s'occuper de
to look for sb/sth: chercher
to run into sb: tomber sur
to run over sb/sth: renverser (voiture)
to stick to sth: s'en tenir à
to take after sb: ressembler à

Verbes suivis d'un complément + particule ou d'une particule + complément

to ask sb out: inviter (à sortir)
to back sb up: soutenir
to break sth down: décomposer
to bring sb up: élever
to call sb back: rappeler
to call sth off: annuler
to call sb up: téléphoner
to cheer sb up: égayer
to clean sth up: nettoyer
to cross sth out: rayer
to cut sth down: abattre
to drop sb off: déposer
to figure sth out: résoudre, comprendre
to fill sth in/out: remplir (document)
to find sth out: découvrir
to get sth across/over: faire comprendre
to get sth back: récupérer

to get on (a bus): monter
to get over sth: se remettre de
to give sth away: donner (en cadeau)
to give sth back: rendre
to give sth up: renoncer à
to hand sth out: distribuer
to hold sth back: réprimer
to keep sb/sth out: empêcher d'entrer
to keep sth up: poursuivre
to let sb down: décevoir
to let sb in: laisser rentrer
to look sth up: rechercher (dans un dictionnaire)
to make sth up: inventer
to pass sth up: laisser passer
to pay sb back: rembourser
to point sth out: faire remarquer
to put sth down: poser
to put sth off: reporter (à plus tard)
to put sth out: éteindre
to put sth on/off: mettre/enlever (vêtements)
to send sth back: renvoyer
to set sth up: organiser
to sort sth out: trier
to switch sth off/on: éteindre/allumer
to take sth apart: démonter
to take sth out: enlever, arracher
to take sb out: inviter (à sortir)
to tear sth up: déchirer
to think sth over: considérer
to throw sth away: jeter
to turn sth down: refuser
to turn sth down/up: diminuer/augmenter
to turn sth off/on: éteindre/allumer
to try sth on: essayer (vêtements)
to use sth up: (tout) utiliser
to warm sb/sth up: réchauffer

Verbes suivis d'une particule + préposition + complément

to add up to sth: équivaloir à
to cut back on sth: réduire
to do away with sth: en finir avec
to give in to sb: céder à
to go out with sb: sortir avec
to grow out of sth: ne plus aller (vêtements)
to hold onto sb/sth: conserver
to look down on sb: dédaigner
to look forward to sth: attendre avec impatience
to look out for sb/sth: faire attention à
to look up to sb: admirer
to put up with sb/sth: tolérer
to run out of sth: être à court de

LEXIQUE ANGLAIS/FRANÇAIS

des mots figurant dans le corps de l'ouvrage

A

to abdicate: abdiquer
absent-minded: distrait
abusive: grossier, injurieux
to access a website: consulter un site
an accompaniment: une garniture
acid rain: les pluies acides
an acquaintance: une relation
acrylic/oil painting: la peinture acrylique/ à l'huile
an actor/actress: un acteur, une actrice
AD (Anno Domini): après J.-C.
an ad/advertisement: une publicité
to aggravate: énerver
aggressiveness: l'agressivité
AIDS: le SIDA
alcoholic: alcoolisé
amusing: amusant
anger: la colère
to be angry with sb: être en colère contre qqn
the ankle: la cheville
annoyed: contrarié
an answering machine: un répondeur
apologetic: confus, désolé
to apologize: s'excuser
an appetizer: un amuse-gueule
to applaud: applaudir
the applause: les applaudissements
an appointment: un rendez-vous
an apprentice: un apprenti
the arm: le bras
an armed group: un groupe armé
armed robbery: le vol à main armée
an ATM: un distributeur automatique
to attach: joindre (un fichier)
an attachment: un fichier joint
to attend a show: assister à un spectacle
an attic: un grenier
the audience: les spectateurs

B

the background: l'arrière-plan
a backpack [US]**:** un sac à dos
bad weather: les intempéries
baggage (indén.)**:** les bagages
to bake: cuire au four
a ballot: un vote
a ballot box: une urne
a ballpoint (pen): un stylo bille
a bank: un talus, une banque
the basement: le sous-sol
a bath, a bathtub [US]**:** une baignoire
to bathe: se baigner
the bathroom: la salle de bains
BC (Before Christ): avant J.-C.
a beach (pl. **beaches**)**:** une plage
a belt: une ceinture
a binder: un classeur
biofuel: les biocarburants
bitter: amer
black pudding: du boudin
to be in the black: être créditeur
bland: insipide, fade
to bleed: saigner
a blockbuster: un film à grand succès
blond/dark: blond/brun
a blouse: un chemisier
to board: embarquer
a boarding pass: une carte d'embarquement
bodybuilding: la musculation
to boil: bouillir
to boo: huer
a bookshop: une librairie
to borrow sth from sb: emprunter qqch. à qqn
bread: du pain
a breakdown: une panne
breakfast cereals: des céréales
the breasts: les seins
a breath test: un alcootest
to be out of breath: être essoufflé
bright: radieux
to broadcast: diffuser
to be broken-hearted: avoir le cœur brisé
a bruise: un bleu
a brushstroke: un coup de pinceau
brutal: brutal

a buffet: un buffet
to burst into laughter: éclater de rire
to burst into tears: fondre en larmes
a bush: un buisson
the bustle: l'animation
a busy street: une rue très fréquentée
butter: du beurre
the buttocks: les fesses
to buy on credit: acheter à crédit
to buy a round: payer une tournée

C

to call sb: appeler qqn
to call sb back: rappeler qqn
a candidate: un candidat
a cap: une casquette
a car park: un parking
car pooling: le covoiturage
carbon gas emissions: les émissions de gaz carbonique
a career: une carrière
a carousel: un tapis à bagages
a cash dispenser/a cash machine: un distributeur automatique
a cashier: un caissier
the cast: la distribution
a castle: un château fort
casual: décontracté
the catalogue/catalog [US]**:** le catalogue
a catastrophe: une catastrophe
to catch (the train): attraper (le train)
the cellar: la cave
the central heating: le chauffage central
some change: de la monnaie
changeable: variable
a channel: une chaîne
to channel-hop: zapper
to check in: s'enregistrer
to check out: quitter l'hôtel, régler sa note
check-out time: l'heure limite de départ
cheerful: gai
the chest: la poitrine
a child (pl. **children):** un enfant
cider: du cidre
a cinema [GB]**, a movie theater** [US]**:** un cinéma
the circulation: le tirage
the city centre [GB]**/center** [US]**:** le centre-ville
a city dweller: un citadin
civilized: civilisé
to clap: applaudir
clever: intelligent
a cliff: une falaise
climate change: les changements climatiques
a close friend: un ami proche
a close-up: un gros plan
a clothes shop: un magasin de vêtements
clumsy: maladroit
a coach: un entraîneur
a coach, a carriage [GB]**, a car** [US]**:** une voiture
a coat: un manteau
a cold: un rhume
a commercial: un spot publicitaire
a commuter: un banlieusard
a commuter train: un train de banlieue
a complaint: une réclamation
the complexion: le teint
comprehensive insurance: une assurance tous risques
conservative: conservateur
considerate: attentionné
continuing education: la formation continue
a cook: un cuisinier
a cooker, a stove: une cuisinière [meuble]
a correspondence course: un cours par correspondance
the country, the countryside: la campagne
a country dweller: un habitant des campagnes
courteous to sb: courtois envers qqn
the cover: la couverture
to crash: planter [ordinateur]
a credit card: une carte de crédit
the credits: le générique
the crew: l'équipage, l'équipe technique
crime prevention: la prévention de la criminalité
to cross a border: franchir une frontière
cross (with): fâché (contre)
a crossroads: un carrefour

a crowd: une foule
to crown: couronner
crutches: des béquilles
to cry: pleurer
a cult film: un film culte
a current account: un compte courant
a customs officer: un douanier
to be cut off: être coupé [téléphone]
the cutlery, the silverware: les couverts
a cycle lane/path: une piste cyclable

D

the day after tomorrow: après-demain
the day before yesterday: avant-hier
a daily: un quotidien
damp: humide
a delay: un retard
delighted: ravi
a delinquent: un délinquant
a department: un service
a department store: un grand magasin
the departure lounge: la salle d'embarquement
a deposit: un acompte
depressed: déprimé
depressing: déprimant
a desk: un bureau [meuble]
desperate: désespéré
dessert: le dessert
to dial a number: composer un numéro
the din: le vacarme
a dining room: une salle à manger
a (film) director: un réalisateur (de films)
disappointed: déçu
a disease: une maladie
a dish: un plat
a (satellite) dish: une parabole
disrespectful: irrespectueux
a district: un quartier
a ditch: un fossé
to do sport: faire du sport
to do a U-turn: faire demi-tour
to dote on sb: être fou de qqn
to download: télécharger
downtown [US]: en ville
draught beer: de la bière pression
to draw: dessiner
a dress: une robe
to drink up: finir son verre
to drive sb mad/crazy: rendre qqn fou
drought: la sécheresse
drugs: les médicaments
to be drunk: être ivre
a dubbed film/movie: un film doublé
the dustbin [GB], **the garbage can** [US]: la poubelle

E

to earn money: gagner de l'argent
an earthquake: un tremblement de terre
easygoing: décontracté, facile à vivre
to eat à la carte: manger à la carte
the ebb and flow: le flux et le reflux
eco-friendly: écologique
ecstatic: enthousiaste
editing: le montage
the elbow: le coude
to elect: élire
an electronic organizer: un agenda électronique
an empire: un empire
an employee: un employé
energy conservation: les économies d'énergie
to enter the world of work: entrer dans le monde du travail
the environment: l'environnement
an environmentalist: un écologiste
an eruption: une éruption volcanique
the escalation of violence: l'escalade de la violence
evening classes: des cours du soir
an event: une épreuve (sportive)
everyday violence: la violence au quotidien
excess baggage: un excédent de bagages
an exhibition: une exposition
expenses: les frais
an extra: un figurant
extra time: les prolongations

F

the face: le visage
a fairy tale: un conte de fées
to fall: diminuer [prix], tomber
to fall for sb: craquer pour qqn
to fall in love with: tomber amoureux de
the fare: le prix (du billet)
fashionable: branché, à la mode
a fast train: un train rapide
fat: gros
the father-in-law: le beau-père
to be fed up with: en avoir assez de
a fence: une clôture
a field: un champ
a fight: une bagarre
the figure: la silhouette
a file: un dossier
to fill: remplir
to find work/a job: trouver du travail
a fine: une amende, un PV
a finish: une finition
to be fired: être renvoyé
fizzy drinks: des boissons gazeuses
a flash of lightning: un éclair
a flash drive: une clé USB
a flat [GB], **an apartment** [US]: un appartement
a flip chart: un tableau à feuilles
flooding, a flood: une inondation
the flu: la grippe
to fly: voler, prendre l'avion
a folder: une chemise, un classeur
to be fond of: bien aimer
the foot (pl. feet): le pied
a football ground: un terrain de foot
the foreground: le premier plan
the forehead: le front
to forget: oublier
forgetfulness: l'étourderie
a fork: une fourchette
to be on/in good form: être en forme
formal: (bien) habillé
the foyer: le hall
a free newspaper: un gratuit
to freeze: geler
fried eggs: des œufs au plat
friendly: sympa
friendship: l'amitié
the front page: la une
to fry: faire frire
a frying pan: une poêle
full board: pension complète [hôtel]
funny: drôle
furious: très en colère

G

game: le gibier
a game show: un jeu télévisé
gang warfare: la guerre des gangs
generous: généreux
to get along/on: bien s'entendre
to get back to sb: rappeler qqn
to get disconnected: être coupé
to get into debt: s'endetter
to get on sb's nerves: taper sur les nerfs de qqn
to get on/off: monter/descendre [train]
to get ready: se préparer
the gift shop: la boutique de souvenirs
to giggle: glousser
glad: content
the glass ceiling: le plafond de verre
gloves: des gants
to go downstairs: descendre
to go for a hike: faire une randonnée
to go for a swim: aller se baigner
to go green: protéger l'environnement
to go on a/the rampage: tout saccager
to go on a diet: faire un régime
to go to the doctor's: aller chez le médecin
to go to the gym: aller dans un club de gym
to go to the theatre: aller au théâtre
to go through customs: passer la douane
to go upstairs: monter [à l'étage au-dessus]
a goal: un but
a goalkeeper: un gardien de but
a GP (general practitioner): un généraliste
grapefruit juice: du jus de pamplemousse
a green card [US]: un permis de travail
greenhouse gas: le gaz à effet de serre

grief: le chagrin
the ground floor [GB], **the first floor** [US]: le rez-de-chaussée
a guesthouse: une pension de famille
a guided tour: une visite guidée
a gun: une arme à feu
gymnastics: la gymnastique

H

half board: demi-pension [hôtel]
a half-brother: un demi-frère
a half-sister: une demi-sœur
ham: du jambon
hand luggage/baggage: les bagages à main
to hang up: raccrocher
a happy ending: une fin heureuse
hard-boiled eggs: des œufs durs
a hard disk: un disque dur
hard-working: travailleur
a hare: un lièvre
a hat: un chapeau
to have a bad temper: avoir mauvais caractère
to have one's bag stolen: se faire voler son sac
to have a dry wit: être pince-sans-rire
to have a fever: avoir de la fièvre
to have the giggles: avoir un fou rire
to have a good temper: avoir bon caractère
to have great wit: avoir de l'esprit
to have a headache: avoir mal à la tête
to have a sense of humour [GB]**/humor** [US]: avoir de l'humour
to have a toothache: avoir mal aux dents
a heading, a headline: un gros titre
a heat wave: une vague de chaleur
a hedge: une haie
helpful: serviable
a highlighter: un surligneur
a high-speed train: un train rapide
a hill: une colline
a holdall, a carryall [US]: un fourre-tout
a holiday job: un petit boulot de vacances
hopeless: désespéré
a host: un animateur
hot: très chaud, épicé
the House of Commons [GB]: la chambre des Communes
the House of Representatives [US]: la chambre des Représentants
house prices: le prix de l'immobilier
to humiliate: humilier
humorous: amusant
a hurricane: un ouragan
to hurry: se dépêcher
to hurt: faire mal
hybrid cars: les voitures hybrides

I J K

ice: de la glace, du verglas
an ID card/identity card: une carte d'identité
an ID/proof of identity: une pièce d'identité
illegal goods: des produits illicites
an illness: une maladie
impolite: grossier
an in-box, an in-tray: une corbeille d'arrivée
an income: un revenu
income tax: l'impôt sur le revenu
to infuriate: exaspérer
an inhabitant: un habitant
ink: de l'encre
an inn: une auberge
insecurity: l'insécurité
an insult: une insulte
to insult: injurier
the interest rate: le taux d'intérêt
an intern: un stagiaire
an internet provider: un fournisseur d'accès
Internet television/online TV: la télévision par internet
an internship contract: une convention de stage
an interval [GB], **an intermission** [US]: un entracte
an investment: un investissement
an irrational fear: une peur irrationnelle
a jacket: une veste
jam: de la confiture
to jeer: huer
a jersey: un maillot
to jog: faire un jogging

to jog sb's memory: rafraîchir la mémoire de
a joke: une blague
to joke: plaisanter, blaguer
a junction: un carrefour
to keep fit: garder la forme
the keyboard: le clavier
a kid: un enfant
kind: gentil
a kingdom: un royaume
the kitchen: la cuisine
a knapsack: un sac à dos
the knee: le genou
a knife: un couteau

L

to land: atterrir
a landline: un téléphone fixe
a landscape: un paysage
a lane: un chemin
a laptop (computer): un (ordinateur) portable
to laugh: rire
laughter: le rire
a layer: une couche
to leave a message: laisser un message
to lend sb sth: prêter qqch. à qqn
life insurance: une assurance vie
the lift [GB]/**the elevator** [US]: l'ascenseur
a line: une ligne
to live on a farm: vivre dans une ferme
lively: animé
a living room: un salon
a loan: un emprunt [souvent non immobilier]
the lobby: le hall
to log on: se connecter
to loot: piller
to lose one's temper: se mettre en colère
to lose the signal: perdre la connexion
to be in love with: être amoureux de
a lover: un amant
a loyalty card: une carte de fidélité
luggage (indén.): les bagages

M

mad (at): fâché (contre)
a main course, an entrée [US]: un plat principal
to make ends meet: boucler ses fins de mois
to make friends: se faire des amis
the management: la direction
a map: un plan
a market town: un bourg
marmalade: de la confiture d'agrumes
a mate [GB], **a buddy:** un copain
mean: méchant
medicine (indén.): les médicaments
medium: à point [cuisson]
a meeting room: une salle de réunion
to melt: fondre
melting of the ice caps: la fonte des glaces
a Member of Parliament/an MP [GB]: un député
memorable: inoubliable
a memory: un souvenir
a memory stick: une clé USB
menial work, a menial job: un petit boulot
mild: doux, peu épicé
miserable: malheureux
misery: le malheur
to miss the train: rater le train
mist: de la brume
a mobile [GB], **a cellphone** [US]: un portable
a monarchy: une monarchie
a moor: une lande
a mortgage: un prêt immobilier
the mother-in-law: la belle-mère
a motorway [GB], **a freeway** [US]: une autoroute
the mouth: la bouche
to move out/in: déménager/emménager
a mural: une peinture murale
mushrooms: des champignons

N O

the nails: les ongles
a napkin: une serviette
nasty: méchant
natural disasters: les catastrophes naturelles
nature conservation: la défense de l'environnement
the neck: le cou
a nephew: un neveu
the 6 o'clock news : le J. T. de 18 heures
the newsagent: le marchand de journaux

a newspaper: un journal
next year: l'année prochaine
nice: gentil
a niece: une nièce
noisy: bruyant
northbound/southbound: vers le nord/le sud
offensive: choquant
an office: un bureau [pièce]
oil and vinegar: de l'huile et du vinaigre
an omelette: une omelette
online news: des infos en ligne
on-the-job training: la formation sur le tas
the opening hours: les horaires d'ouverture
orange/apple juice: du jus d'orange/de pomme
organic (food): (de la nourriture) biologique
organized: organisé
in the original (version): en version originale
an outbreak of violence: une explosion de violence
an oven: un four
an overdraft: un découvert
overdraft charges: des agios
to overtake: doubler [voiture]
to own: posséder
the owner: le propriétaire
the ozone layer: la couche d'ozone

P

to pack: faire ses bagages
packed: bondé
pain: la douleur
a painting: un tableau
a pal: un copain
a palace: un palais, un château
pancakes: des crêpes
a paper: un journal
the partner: le compagnon, la compagne
a part-time job: un mi-temps
passport control: le contrôle des passeports
a passport photo: une photo d'identité
a path: un sentier
the pavement [GB], **the sidewalk** [US]: le trottoir
to pay for food and accommodation: se nourrir et se loger
pay per view: la télévision à la carte
a pay rise [GB], **a raise** [US]: une augmentation
a payslip: un bulletin de salaire
to pay tax/taxes: payer des impôts
pebbles: les galets
a (fountain) pen: un stylo
a pencil: un crayon
a performance : une représentation
a pervasive problem: un problème envahissant
a pharmacist, a chemist [GB]: un pharmacien
to phone sb: téléphoner à qqn
a phone number: un numéro de téléphone
to be on the phone: être au téléphone
a photocopier: une photocopieuse
to pick on sb: s'en prendre à qqn
a picture: un tableau
to be on the pill: prendre la pillule
pills: des cachets
pineapple juice: du jus d'ananas
a pitch: un terrain de foot
a plane: un avion
the platform: le quai, la voie
a play: une pièce de théâtre
a playwright: un auteur dramatique
pleased: content
a plot: un lopin de terre
the plot: l'intrigue
to plunder: piller
poached eggs: des œufs pochés
a pocket calculator: une calculatrice de poche
a police station: un commissariat de police
a policy: une politique
polite: poli
politeness: la politesse
a political platform: une plate-forme politique
politics: la politique
a polling booth: un isoloir
pollution (indén.): la pollution
porridge [GB], **oatmeal** [US]: du porridge
a post office: un bureau de poste
a practical joke: une farce
to practice: s'entraîner
practice: l'entraînement
prepaid tickets: des billets payés d'avance

a prescription: une ordonnance
a press conference: une conférence de presse
a preview: un vernissage
the price of petrol: le prix de l'essence
the printer: l'imprimante
private toilets: des toilettes particulières
a programme: une émission
progressive: progressiste
a proof of residence: un certificat de résidence
to protect the environment: protéger l'environnement
proud: fier
a puddle: une flaque d'eau
a pun: un jeu de mots
to punch: composter
a puncture: une crevaison

Q R

the quality press: la presse de qualité
to queue up [GB], to line up [US]: faire la queue
a rail station: une gare
railway(s): les chemins de fer
a rainbow: un arc-en-ciel
a raincoat: un imper
rare: saignant
raw: cru
to recall sth: se souvenir de qqch.
a recipe: une recette
a recollection of: un souvenir de
recycling: le recyclage
to be in the red: être à découvert
to be made redundant: être licencié
a referee: un arbitre
refined: raffiné
a rehearsal: une répétition
to reign: régner
a relative: un parent
to remember sth: se souvenir de qqch.
to remind sb of sth: rappeler qqch. à qqn
a reminder: un rappel
the remote (control): la télécommande
renewable energy: l'énergie renouvelable
to rent: louer
a rent allowance: une allocation logement
to repay: rembourser
a report: un reportage
a residence permit: un permis de séjour
a rest area: une aire de repos
a return ticket, a round trip: un aller-retour
to reverse: faire marche arrière
to revile: injurier
to ring sb: téléphoner à qqn
to rise: augmenter
a road sign: un panneau de signalisation
to roast: rôtir
rough: houleux [mer], brutal
a row of seats: une rangée de sièges
the royals: les membres de la famille royale
a rucksack: un sac à dos
rude: grossier
rush hours: les heures de pointe

S

to be sacked: être renvoyé
sad: triste
a salad bar: un buffet de crudités
a salary: un salaire
salt and pepper: du sel et du poivre
the sand: le sable
a saucepan: une casserole
sausages: des saucisses
to save (up) for: économiser pour
a savings account: un compte épargne
a scarf: une écharpe, un foulard
the scenery: les décors
ahead of/behind schedule: en avance/en retard
on schedule: à l'heure
to score a goal: marquer un but
scrambled eggs: des œufs brouillés
scuba diving: la plongée sous-marine
a seagull: une mouette
to search a bag: fouiller un sac
a seascape: une marine
the seaside: le bord de mer
to season: assaisonner
seaweed: les algues
secluded: isolé
a second home: une résidence secondaire

self-confident: sûr de soi
selfish: égoïste
the Senate [US]: le Sénat
a senior executive: un cadre supérieur
the sensational press: la presse à sensation
sensible: raisonnable
the set: les décors
shallow: peu profond
a shandy: un panaché
a shanty town: un bidonville
a shirt: une chemise
shocking: choquant
to shoot at sb: tirer sur qqn
the shore: le rivage
shorts: un short
a shot: un plan
the shoulder: l'épaule
a shoulder bag: un sac à bandoulière
a show: une émission
the shower: la douche
a shower: une averse
a showing: une séance
showtimes: les horaires
shy: timide
to be sick: être malade
to be sick of: en avoir assez de
to be on sick leave: être en arrêt maladie
to sigh: soupirer
silly: stupide
a single ticket, a one-way ticket: un aller simple
a single/double: une chambre simple/double
the sink: l'évier
to sink into oblivion: sombrer dans l'oubli
a sketch: une esquisse
skilful: habile, adroit
skinny: maigre
a skirt: une jupe
slender: mince
to slight: humilier
slim: mince
slippers: des chaussons
to slow down: ralentir
a slow train: un omnibus
a slum: un bidonville
a smaller size: la taille en-dessous
to smile: sourire
smooth: calme
smuggling: la contrebande
to sob: sangloter
social unrest: les troubles sociaux
socks: des chaussettes
soft/non-alcoholic drinks: les boissons sans alcool
software (indén.): les logiciels
solar panels: les panneaux solaires
to sound the horn: klaxonner
a souvenir: un souvenir [objet]
a sovereign: un souverain
sparkling water: de l'eau gazeuse
special effects: les effets spéciaux
the speed limit: la limitation de vitesse
spices: des épices
spicy: épicé
to splash: éclabousser
a spoon: une cuiller
to sprain: se faire une entorse à
to stab: poignarder
the stage: la scène
the stage door: l'entrée des artistes
a staple: une agrafe
a starter: une entrée
to stay in shape: garder la forme
to steam: cuire à la vapeur
to stew: faire mijoter
a stewardess: une hôtesse de l'air
a still life: une nature morte
still water: de l'eau plate
a stopover: une escale
a storm: une tempête
the strand: la grève [mer]
a stream: un ruisseau
street gangs: les gangs de rue
to strike a balance: trouver un équilibre
to be on strike: être en grève
a subscription: un abonnement
subtitles: des sous-titres
the suburbs: la banlieue

a suit: un costume
a suitcase on wheels: une valise à roulettes
to sunbathe: prendre un bain de soleil
a sunny spell: une éclaircie
suntanned: bronzé
the surgery, the office: le cabinet médical
sustainable development: le développement durable
a swamp: un marais
to swear at sb: jurer contre qqn
to sweat: transpirer
a sweater, a jumper: un pull
sweet: doux, sucré
swimming: la natation
swimming trunks [H], **a swimsuit** [F]: un maillot de bain
a swing state [US]: un état clé
to switch on/off: mettre en route/couper

T

to take off: décoller
to take out the dustbin: sortir la poubelle
to take to sb: se prendre de sympathie pour qqn
to take two days off: prendre deux jours de congé
tanned: bronzé
tap water: de l'eau du robinet
tasteless: insipide, fade
tasty: qui a du goût
tea and coffee making facilities: de quoi faire du thé et du café
a team: une équipe
to tell sb off: engueuler qqn
a tenant: un locataire
testy: irritable
to thaw: fondre
the thigh: la cuisse
a three-course meal: un repas complet
the thumb: le pouce
thunder: le tonnerre
a ticket: une amende, un PV
the ticket counter: le comptoir des billets
a ticket machine: un distributeur de tickets
a tidal wave: un raz de marée
the tide: la marée
tidy: ordonné
a tie: une cravate
tights: un collant
on time: à l'heure
a title: un titre
today's specials: les plats du jour
a toe: un orteil
a toll: un péage
tonight: ce soir/cette nuit
tomorrow: demain
a tooth (pl. **teeth**): une dent
a tornado: une tornade
a touch screen: un écran tactile
touchy: susceptible
the tourist office: l'office du tourisme
a tourist visa: un visa touristique
the town hall: la mairie
a tracksuit: un survêtement
the traffic: la circulation
a traffic jam: un embouteillage
traffic lights: des feux tricolores
a trailer: une bande annonce
a train station: une gare
to train: s'entraîner
to be trained as: recevoir une formation de
trainers [GB], **sneakers** [US]: des tennis
training: l'entraînement
a training course: une formation
a travel card: une carte de transport
to travel light: voyager léger
a treatment: un traitement
trendy: branché, à la mode
a trolley [GB]/**a cart** [US]: un chariot
trousers [GB], **pants** [US]: un pantalon
a tube [GB]/**subway** [US] **station:** une station de métro
to turn off, switch off: éteindre
to turn on, switch on: allumer
a TV series: une série télé
a twist: un rebondissement

U V

an unattended bag: un sac abandonné
to undergo training: être en formation
to be unemployed: être au chômage
unemployment: le chômage
unforgettable: inoubliable
unhappy: malheureux
to unpack: défaire ses bagages
unpleasant: antipathique
to uphold: soutenir
a utility bill: une facture d'eau, d'électricité...
valid until: valide jusqu'à
a variety show: des variétés
a viewer: un téléspectateur
vocational training: la formation professionnelle
a vote: un vote
a voting booth: un isoloir

W Y Z

wages: un salaire
the waist: la taille
the waiting room: la salle d'attente
waste separation: le tri sélectif
waste treatment: le retraitement des déchets
a wastepaper basket: une corbeille à papier
watercolour [GB], **watercolor** [US]: l'aquarelle
a wave: une vague
a weather forecast: un bulletin météo
the weatherman: le présentateur météo
to weep: pleurer
well-done: bien cuit
the White House: la Maison Blanche
a wild boar: un sanglier
a window/aisle seat: un siège côté hublot/couloir
the wings: les coulisses
to withdraw money: retirer de l'argent
a witticism: un mot d'esprit
witty: spirituel
to work part-time: travailler à mi-temps
a work permit: un permis de travail
the wrist: le poignet
yesterday: hier
a zebra crossing: un passage pour piétons

LEXIQUE FRANÇAIS/ANGLAIS

des mots figurant dans le corps de l'ouvrage

A

à l'heure : **on time, on schedule**
à point : **medium**
abdiquer : **to abdicate**
un abonnement : **a subscription**
acheter à crédit : **to buy on credit**
un acompte : **a deposit**
un acteur, une actrice : **an actor/actress**
un agenda électronique : **an electronic organizer**
des agios : **overdraft charges**
une agrafe : **a staple**
l'agressivité : **aggressiveness**
une aire de repos : **a rest area**
alcoolisé : **alcoholic**
un alcootest : **a breath test**
des algues : **seaweed**
un aller simple : **a single ticket, a one-way ticket**
un aller-retour : **a return ticket, a round trip**
aller au théâtre : **to go to the theatre**
aller chez le médecin : **to go to the doctor's**
aller dans un club de gym : **to go to the gym**
aller se baigner : **to go for a swim**
une allocation logement : **a rent allowance**
allumer : **to turn on, switch on**
un amant : **a lover**
une amende, un PV : **a fine, a ticket**
amer : **bitter**
un ami proche : **a close friend**
l'amitié : **friendship**
être amoureux de : **to be in love with**
amusant : **amusing, humorous**
un amuse-gueule : **an appetizer**
un animateur : **a host**
l'animation : **the bustle**
animé : **lively**
antipathique : **unpleasant**
un appartement : **a flat** [GB], **an apartment** [US]
appeler qqn : **to call sb**
applaudir : **to applaud, to clap**
les applaudissements : **the applause**
un apprenti : **an apprentice**
après J.-C. : **AD (Anno Domini)**
après-demain : **the day after tomorrow**
l'aquarelle : **watercolour** [GB], **watercolor** [US]
un arbitre : **a referee**
un arc-en-ciel : **a rainbow**
une arme à feu : **a gun**
l'arrière-plan : **the background**
l'ascenseur : **the lift** [GB]/**the elevator** [US]
assaisonner : **to season**
assister à un spectacle : **to attend a show**
une assurance tous risques : **comprehensive insurance**
une assurance vie : **life insurance**
attentionné : **considerate**
atterrir : **to land**
attraper (le train) : **to catch (the train)**
une auberge : **an inn**
une augmentation : **a pay rise** [GB], **a raise** [US]
augmenter : **to rise**
un auteur dramatique : **a playwright**
une autoroute : **a motorway** [GB], **a freeway, a highway** [US]
avant J.-C. : **BC (Before Christ)**
avant-hier : **the day before yesterday**
une averse : **a shower**
un avion : **a plane**
avoir bon caractère : **to have a good temper**
avoir le cœur brisé : **to be broken-hearted**
avoir de l'esprit : **to have great wit**
avoir de la fièvre : **to have a fever**
avoir un fou rire : **to have the giggles**
avoir de l'humour : **to have a sense of humour** [GB]/**humor** [US]
avoir mal aux dents : **to have a toothache**
avoir mal à la tête : **to have a headache**
avoir mauvais caractère : **to have a bad temper**

B

les bagages : **baggage, luggage** (indén.)
les bagages à main : **hand luggage/baggage**

une bagarre : **a fight**
se baigner : **to bathe**
une baignoire : **a bath, a bathtub** [US]
une bande annonce : **a trailer**
la banlieue : **the suburbs**
un banlieusard : **a commuter**
le beau-père : **the father-in-law**
la belle-mère : **the mother-in-law**
des béquilles : **crutches**
du beurre : **butter**
un bidonville : **a shanty town, a slum**
bien aimer : **to be fond of**
bien cuit : **well-done**
bien s'entendre : **to get along/on**
des billets payés d'avance : **prepaid tickets**
de la bière pression : **draught beer**
les biocarburants : **biofuel**
(de la nourriture) biologique : **organic (food)**
une blague : **a joke**
un bleu : **a bruise**
des boissons gazeuses : **fizzy drinks**
des boissons sans alcool : **soft/non-alcoholic drinks**
bondé : **packed**
le bord de mer : **the seaside**
la bouche : **the mouth**
boucler ses fins de mois : **to make ends meet**
du boudin : **black pudding**
bouillir : **to boil**
un bourg : **a market town**
la boutique de souvenirs : **the gift shop**
branché, à la mode : **fashionable, trendy**
le bras : **the arm**
bronzé : **suntanned, tanned**
de la brume : **mist**
brutal : **brutal, rough**
bruyant : **noisy**
un buffet : **a buffet**
un buffet de crudités : **a salad bar**
un buisson : **a bush**
un bulletin de salaire : **a payslip**
un bulletin météo : **a weather forecast**
un bureau [meuble] : **a desk**
un bureau [pièce] : **an office**
un bureau de poste : **a post office**
un but : **a goal**

C

un cabinet médical : **a surgery, an office**
un cadre supérieur : **a senior executive**
un caissier : **a cashier**
une calculatrice de poche : **a pocket calculator**
calme : **smooth**
la campagne : **the country, the countryside**
un candidat : **a candidate**
un carrefour : **a crossroads, a junction**
une carrière : **a career**
une carte d'embarquement : **a boarding pass**
une carte d'identité : **an ID card/identity card**
une carte de crédit : **a credit card**
une carte de fidélité : **a loyalty card**
une carte de transport : **a travel card**
une carte verte : **a green card** [US]
une casquette : **a cap**
une casserole : **a saucepan**
un catalogue : **a catalogue/catalog** [US]
une catastrophe : **a catastrophe**
les catastrophes naturelles : **natural disasters**
la cave : **the cellar**
une ceinture : **a belt**
le centre-ville : **the city centre** [GB]/**center** [US]
des céréales : **breakfast cereals**
un certificat de résidence : **a proof of residence**
du chagrin : **grief**
une chaîne : **a channel** (télévision)
une chambre simple/double : **a single/double**
la chambre des Communes : **the House of Commons** [GB]
la chambre des Représentants : **the House of Representatives** [US]
un champ : **a field**
des champignons : **mushrooms**
les changements climatiques : **climate change**
un chapeau : **a hat**
un chariot : **a trolley** [GB]/**a cart** [US]
un château fort : **a castle**
très chaud : **hot**
le chauffage central : **the central heating**

des chaussettes : **socks**
des chaussons : **slippers**
un chemin : **a lane**
les chemins de fer : **railway(s)**
une chemise : **a folder** [bureau]
une chemise : **a shirt** [vêtement]
un chemisier : **a blouse**
la cheville : **the ankle**
le chômage : **unemployment**
être au chômage : **to be unemployed**
choquant : **offensive, shocking**
du cidre : **cider**
un cinéma : **a cinema** [GB], **a movie theater** [US]
la circulation : **the traffic**
un citadin : **a city dweller**
civilisé : **civilized**
un classeur : **a binder**
un clavier : **a keyboard**
une clé USB : **a flash drive, a memory stick**
une clôture : **a fence**
la colère : **anger**
être en colère contre qqn : **to be angry with sb**
très en colère : **furious**
un collant : **tights**
une colline : **a hill**
un commissariat de police : **a police station**
le compagnon, la compagne : **the partner**
composer un numéro : **to dial a number**
composter : **to punch**
un compte courant : **a current account**
un compte épargne : **a savings account**
le comptoir des billets : **the ticket counter**
une conférence de presse : **a press conference**
de la confiture : **jam**
de la confiture d'agrumes : **marmalade**
confus, désolé : **apologetic**
se connecter : **to log on**
conservateur : **conservative**
consulter un site : **to access a website**
un conte de fées : **a fairy tale**
content : **glad, pleased**
contrarié : **annoyed**
la contrebande : **smuggling**
le contrôle des passeports : **passport control**
une convention de stage : **an internship contract**
un copain : **a mate** [GB], **a buddy, a pal**
une corbeille à papier : **a wastepaper basket**
une corbeille d'arrivée : **an in-box, an in-tray**
un costume : **a suit**
le cou : **the neck**
une couche : **a layer**
la couche d'ozone : **the ozone layer**
le coude : **the elbow**
les coulisses : **the wings**
un coup de pinceau : **a brushstroke**
être coupé [téléphone] : **to be cut off, to get disconnected**
couronner : **to crown**
des cours du soir : **evening classes**
un cours par correspondance : **a correspondence course**
courtois envers qqn : **courteous to sb**
un couteau : **a knife**
les couverts : **the cutlery, the silverware**
la couverture : **the cover**
le covoiturage : **car pooling**
craquer pour qqn : **to fall for sb**
un cravate : **a tie**
un crayon : **a pencil**
être créditeur : **to be in the black**
des crêpes : **pancakes**
une crevaison : **a puncture**
cru (cuisson) : **raw**
une cuiller : **a spoon**
cuire à la vapeur : **to steam**
cuire au four : **to bake**
la cuisine : **the kitchen**
un cuisinier : **a cook**
une cuisinière [meuble] : **a cooker, a stove**
la cuisse : **the thigh**

D

de quoi faire du thé et du café : **tea and coffee making facilities**
décoller : **to take off**
décontracté [tenue] : **casual**

décontracté [personne] : **easygoing**
les décors : **the scenery, the set**
un découvert : **an overdraft**
être à découvert : **to be in the red**
déçu : **disappointed**
défaire ses bagages : **to unpack**
la défense de l'environnement : **nature conservation**
un délinquant : **a delinquent**
demain : **tomorrow**
déménager/emménager : **to move out/in**
un demi-frère : **a half-brother**
en demi-pension [hôtel] : **half board**
une demi-sœur : **a half-sister**
une dent : **a tooth (pl. teeth)**
déprimant : **depressing**
déprimé : **depressed**
un député : **a Member of Parliament/an MP** [GB]
descendre : **to go downstairs**
désespéré : **desperate, hopeless**
le dessert : **dessert**
dessiner : **to draw**
le développement durable : **sustainable development**
diffuser : **to broadcast**
diminuer [prix] : **to fall**
la direction : **the management**
un disque dur : **a hard disk**
distrait : **absent-minded**
un distributeur automatique : **a cash dispenser/a cash machine/an ATM**
un distributeur de tickets : **a ticket machine**
la distribution : **the cast**
un dossier : **a file**
un douanier : **a customs officer**
doubler [voiture] : **to overtake**
la douche : **the shower**
la douleur : **pain**
doux [peu épicé] : **mild**
doux [sucré] : **sweet**
drôle : **funny**

E

de l'eau gazeuse : **sparkling water**
de l'eau plate : **still water**
de l'eau du robinet : **tap water**
une écharpe, un foulard : **a scarf**
éclabousser : **to splash**
un éclair : **a flash of lightning**
une éclaircie : **a sunny spell**
éclater de rire : **to burst into laughter**
écologique : **eco-friendly**
un écologiste : **an environmentalist**
les économies d'énergie : **energy conservation**
économiser pour : **to save (up) for**
un écran tactile : **a touch screen**
les effets spéciaux : **special effects**
égoïste : **selfish**
élire : **to elect**
embarquer : **to board**
un embouteillage : **a traffic jam**
une émission : **a programme, a show**
les émissions de gaz carbonique : **carbon gas emissions**
un empire : **an empire**
un employé : **an employee**
un emprunt [souvent non immobilier] : **a loan**
emprunter qqch. à qqn : **to borrow sth from sb**
en avance/en retard : **ahead of/behind schedule**
en avoir assez de : **to be fed up with, to be sick of**
en formation : **undergoing training**
en version originale : **in the original (version)**
en ville : **downtown** [US]
de l'encre : **ink**
s'endetter : **to get into debt**
l'énergie renouvelable : **renewable energy**
un enfant : **a child (pl. children), a kid**
engueuler qqn : **to tell sb off**
s'enregistrer : **to check in**
enthousiaste : **ecstatic**
un entracte : **an interval** [GB], **an intermission** [US]
l'entraînement : **practice, training**
un entraîneur : **a coach**

s'entraîner : **to practice, to train**
une entrée : **a starter**
l'entrée des artistes : **the stage door**
entrer dans le monde du travail :
to enter the world of work
l'environnement : **the environment**
l'épaule : **the shoulder**
des épices : **spices**
épicé : **hot, spicy**
une épreuve [sportive] : **an event**
l'équipage, l'équipe technique : **the crew**
une équipe : **a team**
une éruption volcanique : **an eruption**
l'escalade de la violence :
the escalation of violence
une escale : **a stopover**
une esquisse : **a sketch**
être essoufflé : **to be out of breath**
un état clé : **a swing state** [US]
éteindre : **to turn off, to switch off**
l'étourderie : **forgetfulness**
l'évier : **the sink**
exaspérer : **to aggravate, to infuriate**
un excédent de bagages : **excess baggage**
s'excuser : **to apologize**
une explosion de violence :
an outbreak of violence
une exposition : **an exhibition**

F

fâché (contre) : **cross (with), mad (at)**
une facture d'eau, d'électricité... : **a utility bill**
faire ses bagages : **to pack**
faire demi-tour : **to do a U-turn**
faire frire : **to fry**
faire un jogging : **to jog**
faire mal : **to hurt**
faire marche arrière : **to reverse**
faire mijoter : **to stew**
faire la queue : **to queue up** [GB], **to line up** [US]
faire une randonnée : **to go for a hike**
faire un régime : **to go on a diet**
faire du sport : **to do sport**
une falaise : **a cliff**
une farce : **a practical joke**
les fesses : **the buttocks**
des feux tricolores : **traffic lights**
un fichier joint : **an attachment**
fier : **proud**
un figurant : **an extra**
un film à grand succès : **a blockbuster**
un film culte : **a cult film**
un film doublé : **a dubbed film/movie**
une fin heureuse : **a happy ending**
finir son verre : **to drink up**
une finition : **a finish**
une flaque d'eau : **a puddle**
le flux et le reflux : **the ebb and flow**
fondre : **to melt, to thaw**
fondre en larmes : **to burst into tears**
la fonte des glaces : **melting of the ice caps**
une formation : **a training course**
la formation continue : **continuing education**
la formation professionnelle :
vocational training
la formation sur le tas : **on-the-job training**
être en forme : **to be on/in good form**
un fossé : **a ditch**
être fou de qqn : **to dote on sb**
fouiller un sac : **to search a bag**
une foule : **a crowd**
un four : **an oven**
une fourchette : **a fork**
un fournisseur d'accès : **an internet provider**
un fourre-tout : **a holdall, a carryall** [US]
les frais : **expenses**
franchir une frontière : **to cross a border**
le front : **the forehead**

G

gagner de l'argent : **to earn money**
gai : **cheerful**
des galets : **pebbles**
les gangs de rue : **street gangs**
des gants : **gloves**
garder la forme : **to keep fit, to stay in shape**
un gardien de but : **a goalkeeper**
une gare : **a rail station, a train station**

une garniture : **an accompaniment**
un gaz à effet de serre : **greenhouse gas**
geler : **to freeze**
un généraliste : **a GP (general practitioner)**
généreux : **generous**
le générique : **the credits**
le genou : **the knee**
du gibier : **game**
gentil : **kind, nice**
de la glace, du verglas : **ice**
glousser : **to giggle**
qui a du goût : **tasty**
un grand magasin : **a department store**
un gratuit : **a free newspaper**
un grenier : **an attic**
la grève [mer] : **the strand**
être en grève : **to be on strike**
la grippe : **the flu**
gros : **fat**
un gros plan : **a close-up**
un gros titre : **a heading, a headline**
grossier : **impolite, rude**
un groupe armé : **an armed group**
la guerre des gangs : **gang warfare**
la gymnastique : **gymnastics**

H

habile, adroit : **skilful**
(bien) habillé : **formal**
un habitant : **an inhabitant**
un habitant des campagnes : **a country dweller**
une haie : **a hedge**
le hall : **the foyer, the lobby**
l'heure limite de départ : **check-out time**
les heures de pointe : **rush hours**
hier : **yesterday**
les horaires : **showtimes**
les horaires d'ouverture : **the opening hours**
une hôtesse de l'air : **a stewardess**
houleux : **rough**
huer : **to boo, to jeer**
de l'huile et du vinaigre : **oil and vinegar**
humide : **damp, humid**
humilier : **to humiliate, to slight**

I J

un imper : **a raincoat**
l'impôt sur le revenu : **income tax**
l'imprimante : **the printer**
des infos en ligne : **online news**
injurier : **to insult, to revile**
injurieux : **abusive**
une inondation : **flooding, flood**
inoubliable : **memorable, unforgettable**
l'insécurité : **insecurity**
insipide, fade : **bland, tasteless**
une insulte : **an insult**
intelligent : **clever**
les intempéries : **bad weather**
l'intrigue : **the plot**
un investissement : **an investment**
irrespectueux : **disrespectful**
irritable : **irritable, testy**
isolé : **secluded**
un isoloir : **a polling booth, a voting booth**
être ivre : **to be drunk**
le J. T. de 18 heures : **the 6 o'clock news**
du jambon : **ham**
un jeu de mots : **a pun**
un jeu télévisé : **a game show**
joindre (un fichier) : **to attach (a file)**
un journal : **a newspaper, a paper**
une jupe : **a skirt**
jurer contre qqn : **to swear at sb**
du jus d'ananas : **pineapple juice**
du jus d'orange/de pomme : **orange/apple juice**
du jus de pamplemousse : **grapefruit juice**

K L

klaxonner : **to sound the horn**
laisser un message : **to leave a message**
une lande : **a moor**
une librairie : **a bookshop**
être licencié [travail] : **to be made redundant**
un lièvre : **a hare**
une ligne : **a line**
la limitation de vitesse : **the speed limit**
un locataire : **a tenant**

des logiciels : **software** (indén.)
un lopin de terre : **a plot**
louer : **to rent**

M

un magasin de vêtements : **a clothes shop**
maigre : **skinny**
un maillot : **a jersey**
un maillot de bain : **swimming trunks** [H], **a swimsuit** [F]
la mairie : **the town hall**
la Maison Blanche : **the White House**
être malade : **to be sick**
une maladie : **a disease, an illness**
être en arrêt maladie : **to be on sick leave**
maladroit : **clumsy**
un malheur : **misery**
malheureux : **miserable, unhappy**
manger à la carte : **to eat à la carte**
un manteau : **a coat**
un marais : **a swamp**
un marchand de journaux : **a newsagent**
la marée : **the tide**
une marine : **a seascape**
marquer un but : **to score a goal**
méchant : **mean, nasty**
des médicaments : **drugs, medicine** (indén.)
les membres de la famille royale : **the royals**
mettre en route/couper : **to switch on/off**
mince : **slender, slim**
un mi-temps : **a part-time job**
une monarchie : **a monarchy**
de la monnaie : **some change**
un montage : **editing**
monter [à l'étage au-dessus] : **to go upstairs**
monter/descendre [train] : **to get on/off**
un mot d'esprit : **a witticism**
une mouette : **a seagull**
la musculation : **bodybuilding**

N O

la natation : **swimming**
une nature morte : **a still life**
un neveu : **a nephew**
une nièce : **a niece**
un numéro de téléphone : **a phone number**
l'office du tourisme : **the tourist office**
une omelette : **an omelette**
un omnibus : **a slow train**
les ongles : **the nails**
des œufs au plat : **fried eggs**
des œufs brouillés : **scrambled eggs**
des œufs durs : **hard-boiled eggs**
des œufs pochés : **poached eggs**
un (ordinateur) portable : **a laptop (computer)**
une ordonnance : **a prescription**
ordonné : **tidy**
organisé : **organized**
un orteil : **a toe**
oublier : **to forget**
un ouragan : **a hurricane**

P

du pain : **bread**
un palais [un château] : **a palace**
un panaché : **a shandy**
une panne : **a breakdown**
un panneau de signalisation : **a road sign**
des panneaux solaires : **solar panels**
un pantalon : **trousers** [GB], **pants** [US]
une parabole : **a (satellite) dish**
un parent : **a relative**
un parking : **a car park**
un passage pour piétons : **a zebra crossing**
passer la douane : **to go through customs**
payer des impôts : **to pay tax/taxes**
payer une tournée : **to buy a round**
un paysage : **a landscape**
un péage : **a toll**
une peinture murale : **a mural**
la peinture acrylique/à l'huile : **acrylic/oil painting**
en pension complète [hôtel] : **full board**
une pension de famille : **a guesthouse**
perdre la connexion : **to lose the signal**
un permis de séjour : **a residence permit**
un permis de travail : **a work permit**
un petit boulot de vacances : **a holiday job**

un petit boulot : **menial work, a menial job**
peu profond : **shallow**
une peur irrationnelle : **an irrational fear**
un pharmacien : **a pharmacist, a chemist** [GB]
une photo d'identité : **a passport photo**
une photocopieuse : **a photocopier**
une pièce d'identité : **an ID/a proof of identity**
une pièce de théâtre : **a play**
un pied : **a foot** (pl. **feet**)
piller : **to loot, to plunder**
une piste cyclable : **a cycle lane/path**
le plafond de verre : **the glass ceiling**
une plage : **a beach** (pl. **beaches**)
un plan : **a map** [métro]
un plan : **a shot** [cinéma]
plaisanter, blaguer : **to joke**
planter : **to crash**
un plat : **a dish**
un plat principal : **a main course, an entrée** [US]
une plate-forme politique : **a political platform**
les plats du jour : **today's specials**
pleurer : **to cry, to weep**
la plongée sous-marine : **scuba diving**
les pluies acides : **acid rain**
une poêle : **a frying pan**
poignarder : **to stab**
le poignet : **the wrist**
la poitrine : **the chest**
poli : **polite**
la politesse : **politeness**
la politique : **politics**
une politique : **a policy**
la pollution : **pollution** (indén.)
du porridge : **porridge** [GB], **oatmeal** [US]
posséder : **to own**
la poubelle : **the dustbin** [GB], **the garbage (can)** [US]
le pouce : **the thumb**
le premier plan : **the foreground**
prendre un bain de soleil : **to sunbathe**
prendre deux jours de congé : **to take two days off**
prendre la pillule : **to be on the pill**
le présentateur météo : **the weatherman**
la presse à sensation : **the sensational press**
la presse de qualité : **the quality press**
un prêt immobilier : **a mortgage**
prêter qqch. à qqn : **to lend sb sth**
la prévention de la criminalité : **crime prevention**
le prix [du billet] : **the fare**
le prix de l'essence : **the price of petrol**
le prix de l'immobilier : **house prices**
un problème envahissant : **a pervasive problem**
des produits illicites : **illegal goods**
progressiste : **progressive**
les prolongations : **extra time**
le propriétaire : **the owner**
protéger l'environnement : **to go green, to protect the environment**
une publicité : **an ad/advertisement**
un pull : **a sweater, a jumper**

Q R

le quai, la voie : **the platform**
un quartier : **a district**
quitter l'hôtel, régler sa note : **to check out**
un quotidien : **a daily**
raccrocher : **to hang up**
radieux : **bright**
raffiné : **refined**
rafraîchir la mémoire : **to jog sb's memory**
raisonnable : **sensible**
ralentir : **to slow down**
une rangée de sièges : **a row of seats**
un rappel : **a reminder**
rappeler qqch. à qqn : **to remind sb of sth**
rappeler qqn : **to call sb back, to get back to sb**
rater le train : **to miss the train**
ravi : **delighted**
un raz de marée : **a tidal wave**
un réalisateur (de films) : **a (film) director**
un rebondissement : **a twist**
recevoir une formation de : **to be trained as**
une recette : **a recipe**
une réclamation : **a complaint**
le recyclage : **recycling**
régner : **to reign**

une relation : **an acquaintance**
rembourser : **to repay**
remplir : **to fill**
un rendez-vous : **an appointment**
rendre qqn fou : **to drive sb mad/crazy**
être renvoyé [travail] : **to be fired, to be sacked**
un repas complet : **a three-course meal**
une répétition : **a rehearsal**
un répondeur : **an answering machine**
un reportage : **a report**
une représentation : **a performance**
une résidence secondaire : **a second home**
un retard : **a delay**
retirer de l'argent : **to withdraw money**
le retraitement des déchets : **waste treatment**
un revenu : **an income**
le rez-de-chaussée : **the ground floor** [GB], **the first floor** [US]
un rhume : **a cold**
le rire : **laughter**
rire : **to laugh**
être pince-sans-rire : **to have a dry wit**
le rivage : **the shore**
une robe : **a dress**
rôtir : **to roast**
un royaume : **a kingdom**
une rue très fréquentée : **a busy street**
un ruisseau : **a stream**

S

tout saccager : **to go on a/the rampage**
s'en prendre à qqn : **to pick on sb**
le sable : **the sand**
un sac à bandoulière : **a shoulder bag**
un sac à dos : **a rucksack, a knapsack, a backpack** [US]
un sac abandonné : **an unattended bag**
saignant [cuisson] : **rare**
saigner : **to bleed**
le salaire : **salary, wages**
une salle à manger : **a dining room**
la salle d'attente : **the waiting room**
la salle de bains : **the bathroom**
la salle d'embarquement : **the departure lounge**
une salle de réunion : **a meeting room**
un salon : **a living room**
un sanglier : **a wild boar**
sangloter : **to sob**
des saucisses : **sausages**
la scène : **the stage**
se dépêcher : **to hurry**
se faire des amis : **to make friends**
se faire une entorse à : **to sprain**
se faire voler son sac : **to have one's bag stolen**
se mettre en colère : **to lose one's temper**
se nourrir et se loger : **to pay for food and accommodation**
se prendre de sympathie pour qqn : **to take to sb**
se préparer : **to get ready**
se souvenir de qqch. : **to recall sth, to remember sth**
une séance : **a showing**
la sécheresse : **drought**
les seins : **the breasts**
du sel et du poivre : **salt and pepper**
le Sénat : **the Senate** [US]
un sentier : **a path**
une série télé : **a TV series**
serviable : **helpful**
un service : **a department**
une serviette : **a napkin, a serviette**
un short : **shorts**
le SIDA : **AIDS**
un siège côté hublot/couloir : **a window/an aisle seat**
la silhouette : **the figure**
sombrer dans l'oubli : **to sink into oblivion**
sortir la poubelle : **to take out the dustbin**
soupirer : **to sigh**
sourire : **to smile**
le sous-sol : **the basement**
des sous-titres : **subtitles**
soutenir : **to uphold**
un souvenir : **a memory, a recollection**
un souvenir [objet] : **a souvenir**
un souverain : **a sovereign**
les spectateurs : **the audience**
spirituel : **witty**
un spot publicitaire : **a commercial**

un stagiaire : **an intern**
une station de métro :
a tube [GB]/**subway** [US] **station**
stupide : **silly, stupid**
un stylo : **a (fountain) pen**
un stylo bille : **a ballpoint (pen)**
sûr de soi : **self-confident**
un surligneur : **a highlighter**
un survêtement : **a tracksuit**
susceptible : **touchy**
sympa : **friendly**

T U

un tableau : **a painting, a picture**
un tableau à feuilles : **a flip chart**
la taille : **the waist**
un talus : **a bank**
taper sur les nerfs de qqn :
to get on sb's nerves
un tapis à bagages : **a carousel**
le taux d'intérêt : **the interest rate**
le teint : **the complexion**
télécharger : **to download**
la télécommande : **the remote (control)**
un téléphone fixe : **a landline**
un téléphone portable : **a mobile** [GB],
a cellphone [US]
être au téléphone : **to be on the phone**
téléphoner à qqn : **to phone sb, to ring sb**
un téléspectateur : **a viewer**
la télévision à la carte : **pay per view**
la télévision par internet : **Internet television/ online TV**
une tempête : **a storm**
des tennis : **trainers** [GB], **sneakers** [US]
un terrain de foot : **a football ground, a pitch**
timide : **shy**
le tirage [journal] : **the circulation**
tirer sur qqn : **to shoot at sb**
un titre : **a title**
des toilettes particulières : **private toilets**
tomber amoureux de : **to fall in love with**
le tonnerre : **thunder**
une tornade : **a tornado**
un train de banlieue : **a commuter train**
un train rapide : **a fast train, a high-speed train**
un traitement : **a treatment**
transpirer : **to sweat**
travailler à mi-temps : **to work part-time**
travailleur : **hard-working**
un tremblement de terre : **an earthquake**
le tri sélectif : **waste separation**
triste : **sad**
le trottoir : **the pavement** [GB], **the sidewalk** [US]
des troubles sociaux : **social unrest**
trouver du travail : **to find work/a job**
trouver un équilibre : **to strike a balance**
une urne : **a ballot box**
la une : **the front page**

V Z

le vacarme : **the din**
une vague : **a wave**
une vague de chaleur : **a heat wave**
valide jusqu'à : **valid until**
une valise à roulettes : **a suitcase on wheels**
variable [temps] : **changeable**
des variétés : **a variety show**
un vernissage : **a preview**
vers le nord/le sud : **northbound/southbound**
une veste : **a jacket**
la violence au quotidien : **everyday violence**
un visa touristique : **a tourist visa**
le visage : **the face**
une visite guidée : **a guided tour**
vivre dans une ferme : **to live on a farm**
une voiture [train] : **a coach, a carriage** [GB],
a car [US]
des voitures hybrides : **hybrid cars**
un vol à main armée : **armed robbery**
voler, prendre l'avion : **to fly**
un vote : **a ballot, a vote**
voyager léger : **to travel light**
zapper : **to channel-hop**

Table des illustrations

p. 4, hg : ph © Jean-Baptiste Rabouan/hemis.fr • p. 4, hd : ph © Andy Teebay/Trinity Mirror Nw2 • p. 4, mg : ph © Ben Fredman/AP/Sipa Press • p. 4, bd : ph © Ullstein Bild/Photo12 • p. 5, hg : ph © Jonathan Hordle/Rex F/Sipa Press • p. 5, hd : ph © Christophel • p. 5, md : ph © Martin Parr/Magnum Photos • p. 5, bg : ph © Richard l'Anson/Lonely Planet Image/Getty-Images • p. 5, bd : ph © Patrick Le Floch/Explorer/Gamma - Rapho • p. 7, 1 : ph © Photo12/Alamy • p. 7, 2 : ph © Eric Herchaft/Reporters-REA • p. 7, 3, 4 : © Shutterstock • p. 7, 5 : ph © Photo12/Alamy • p. 7, 6, 7, 8 : © Shutterstock • p. 7, 9 : ph © Photo12/Alamy • p. 7, 10 : © Shutterstock • p. 8, 1 : ph © Jim Henderson • p. 8, 2, 3 : © Shutterstock • p. 8, 4 : ph © Fanny Tondre/REA • p. 8, 5, 6, 7, 8 : © Shutterstock • p. 8, 9 : ph © Photo12/Alamy • p. 8, 10 : © Shutterstock • p. 9, 1, 2 : © Shutterstock • p. 9, 3 : ph © Photo12/Alamy • p. 9, 4 : © Fotolia • p. 9, 5, 6, 7, 8 : © Shutterstock • p. 9, 9 : ph © Photo12/Alamy • p. 9, 10 : © Shutterstock • p. 10, 1 : ph © Photo12/Alamy • p. 10, 2 : ph © Graham Howard/Report-Digital-REA • p. 10, 3 : © Shutterstock • p. 10, 4, 5, 6, 7 : ph © Photo12/Alamy • p. 10, 8 : ph © Jonathan Hordle/Rex F/Sipa Press • p. 10, 9 : © Shutterstock • p. 10, 10 : ph © Eric Lafforgue/Gamma - Rapho • p. 11, 1, 2 : © Shutterstock • p. 11, 3 : ph © Patrick Le Floch/Explorer/Gamma - Rapho • p. 11, 4 : ph © Richard l'Anson/Lonely Planet Image/Getty-Images • p. 11, 5 : ph © Photo12/Alamy • p. 11, 6, 7 : © Shutterstock • p. 11, 8 : ph © Seth Wenig/AP/Sipa Press • p. 13, 1 : ph © Photo12/Alamy • p. 13, 2 : ph © Eric Herchaft/Reporters-REA • p. 13, 3, 4 : © Shutterstock • p. 13, 5 : ph © Photo12/Alamy • p. 13, 6 : © Shutterstock • p. 14 : ph © Photo12/Alamy • p. 18 : ph © Andy Teebay/Trinity Mirror Nw2 • p. 19 : ph © Fulvio Zanettini/Laif-REA • p. 20 : ph © Eric Herchaft/Reporters-REA • p. 24 : ph © Bertrand Rieger/hemis.fr • p. 26 : © Shutterstock • p. 30 : ph © Photo12/Alamy • p. 31 : ph © Christian Vaisse/Hoa-Qui/Gamma - Rapho • p. 32 : © Shutterstock • p. 36 : Coll. Granada TV/Christophel • p. 38, 42, 43 : ph © Photo12/Alamy • p. 44 : © Shutterstock • p. 48 : ph © Andrew Winning/Reuters • p. 49 : ph © Lebrecht/Corbis. • p. 53, 1, 2 : © Shutterstock • p. 53, 3 : ph © Photo12/Alamy • p. 53, 4 : © Shutterstock • p. 53, 5 : ph © Jim Henderson • p. 53, 6 : © Shutterstock • p. 54 : © Shutterstock • p. 58 : © www.wallpaperweb.org/DR • p. 59 : Coll. Christophel/united artists • p. 60 : © Shutterstock • p. 64 : © Neil Hanna/Press Association Images • p. 66 : ph © Photo12/Alamy • p. 70 : © www.asterix.com © 2013 LES EDITIONS ALBERT RENE/GOSCINNY-UDERZO • p. 71 : ph © Photo12/Alamy • p. 72 : © Shutterstock • p. 76 : © National Maritime Museum, Greenwich, London. All rights reserved • p. 77 : ph © Yves Forestier/Sygma/Corbis • p. 78 : ph © Jim Henderson • p. 82 : ph © Jean-Baptiste Rabouan/hemis.fr • p. 83 : ph © Batchelder/Alamy • p. 84 : © Shutterstock • p. 86 : ph © Photo12/Alamy • p. 88 : ph © The Art Archive/Culver Pictures • p. 89 : ph © Museum of New Zealand Te Papa Tongarewa/The Bridgeman Art Library • p. 93, 1 : © Shutterstock • p. 93, 2 : ph © Fanny Tondre/REA • p. 93, 3, 4, 5, 6 : © Shutterstock • p. 94 : © Shutterstock • p. 98 : © CartoonStock • p. 99 : ph © Rue des Archives/BCA • p. 100 : ph © Fanny Tondre/REA • p. 104 : ph © Georg Gerster/Gamma - Rapho • p. 105 : © DR • p. 106 : © Shutterstock • p. 110 : ph © Matthieu Colin/hemis.fr • p. 112 : © Shutterstock • p. 116 : Coll. Christophel • p. 117 : © www.bridgemanart.com • p. 118 : © Shutterstock • p. 122 : © www.cartooStock.com • p. 124 : © Shutterstock • p. 128 : Coll. Fox/Christophel • p. 133, 1 : ph © Photo12/Alamy • p. 133, 2, 3, 4 : © Shutterstock • p. 133, 5 : ph © Photo12/Alamy • p. 133, 6 : © Fotolia • p. 134 : ph © Photo12/Alamy • p. 138, h : ph © John Sleezer/AP Photo/Sipa Press • p. 138, b : ph © James Leynse/REA • p. 140 : © Shutterstock • p. 144 : ph © Liu Xin/Xinhua Press/Corbis • p. 146 : © Shutterstock • p. 150 : Coll. Christophel • p. 151 : ph © he Granger Collection NYC/Rue des Archives • p. 152 : © Shutterstock • p. 156 : ph © Giulio Marcocchi/Sipa Press • p. 157 : ph © Ken Goff Photos/Sipa Press • p. 158 : ph © Photo12/Alamy • p. 162 : ph © Ben Fredman/AP/Sipa Press • p. 164 : © Fotolia • p. 168 : ph © Brian Summers/Firstligkt/Hoa-Qui/Gamma - Rapho • p. 168 : ph © Photo12/Alamy • p. 169 : Coll. Christophel • p. 173, 1, 2, 3, 4 : © Shutterstock • p. 173, 5 : ph © Photo12/Alamy • p. 173, 6 : © Shutterstock • p. 174 : © Shutterstock • p. 178 : ph © Martin Parr/Magnum Photos • p. 179 : ph © Photo12/Alamy • p. 180 : © Shutterstock • p. 184 : ph © Justin Tallis/Report-Digital-REA • p. 186, 190 : © Shutterstock

TABLE DES ILLUSTRATIONS

• p. 191, 192 : © Shutterstock • p. 196 : © www.bridgemanart.com • p. 197 : ph © Peter Macdiarmid/Getty-Images/AFP ImageForum • p. 198 : ph © Photo12/Alamy • p. 202 : © Matt Davies • p. 204 : © Shutterstock • p. 208 : ph © Atlantide Phototravel/Corbis • p. 213, 1 : ph © Photo12/Alamy • p. 213, 2 : ph © Graham Howard/Report-Digital-REA • p. 213, 3 : © Shutterstock • p. 213, 4, 5, 6 : ph © Photo12/Alamy • p. 214 : ph © Photo12/Alamy • p. 218 : ph © Keystone-France/Gamma - Rapho • p. 219 : Coll. Paramount pictures/Christophel • p. 220 : ph © Graham Howard/Report-Digital-REA • p. 224 : ph © Bay Ismoyo/AFP Photo • p. 226 : © Shutterstock • p. 230 : ph © Rex May/toonpool.com, all rights reserved • p. 231 : ph © Ullstein Bild/Photo12 • p. 232 : ph © Photo12/Alamy • p. 236 : ph © Dennis Stock/Magnum Photos • p. 237 : ph © Rue des Archives/PVDE • p. 238 : ph © Photo12/Alamy • p. 242 : ph © James Veysey/Camera Press/Gamma - Rapho • p. 243 : ph © Jean-Luc Grzeskowiak/Hoa-Qui/Gamma - Rapho • p. 244 : ph © Photo12/Alamy • p. 248 : ph © Andrew H. Walker/Getty-Images/AFP • p. 253, 1 : ph © Photo12/Alamy • p. 253, 2 : ph © Jonathan Hordle/Rex F/Sipa Press • p. 253, 3 : © Shutterstock • p. 253, 4 : ph © Eric Lafforgue/Gamma - Rapho • p. 253, 5, 6 : © Shutterstock • p. 254 : ph © Photo12/Alamy • p. 258 : © www.bridgemanart.com • p. 260 : ph © Jonathan Hordle/Rex F/Sipa Press • p. 264 : ph © Andy Rain/Epa/Corbis • p. 265 : ph © Rune Hellestad/Corbis • p. 266 : © Shutterstock • p. 270 : Coll. Christophel • p. 272 : ph © Eric Lafforgue/Gamma - Rapho • p. 276 : ph © Ian Jones/Gamma - Rapho • p. 278 : © Shutterstock • p. 282 : ph © Philip Mould Ltd, London/The Bridgeman Art Library • p. 284 : © Shutterstock • p. 288 : ph © Jack Fletcher/National Geographic Society/Corbis • p. 293, 1 : ph © Patrick Le Floch/Explorer/Gamma - Rapho • p. 293, 2 : ph © Richard l'Anson/Lonely Planet Image/Getty-Images • p. 293, 3 : ph © Photo12/Alamy • p. 293, 4, 5 : © Shutterstock • p. 293, 6 : ph © Seth Wenig/AP/Sipa Press • p. 294 : ph © Patrick Le Floch/Explorer/Gamma - Rapho • p. 298 : ph © Barbara Walton/Epa/Corbis • p. 299 : ph © Mary Evans/Rue des Archives • p. 300 : ph © Richard l'Anson/Lonely Planet Image/Getty-Images • p. 304 : © Musée du quai Branly, photo:Thierry Ollivier, Michel Urtado/© Adagp, Paris 2013 • p. 305 : © DR • p. 306 : ph © Photo12/Alamy • p. 310 : ph © Robert Harding/hemis.fr • p. 311 : ph © Photo12/Alamy • p. 312 : © Shutterstock • p. 316 : ph © Private Collection/The Stapleton Collection/The Bridgeman Art Library • p. 318 : © Shutterstock • p. 322 : Coll. Christophel • p. 324 : ph © Seth Wenig/AP/Sipa Press • p. 328 : ph © Francis Apesteguy/Sipa Press • p. 329 : ph © Photo12/Alamy

Conception graphique : Katy Lhaïk
Mise en page : Dany Mourain
Iconographie : Hatier Illustration
Illustrations : Juliette Baily
Cartographie : Corédoc

Achevé d'imprimer en Italie par L.E.G.O. S.p.A. - Lavis (TN)
Dépôt légal: 95218 - 0/01 - juillet 2013

PAPIER À BASE DE FIBRES CERTIFIÉES

Hatier s'engage pour l'environnement en réduisant l'empreinte carbone de ses livres. Celle de cet exemplaire est de : 1 kg éq. CO_2
Rendez-vous sur www.hatier-durable.fr